聖学院大学研究叢書 10

ティリッヒと逆説的合一の系譜

菊地 順

聖学院大学
出版会

ティリッヒと逆説的合一の系譜

目次

【凡　例】

（1）本書でのティリッヒの文献略号は下記の通り。

・ティリッヒ全集・主要著書

GW: *Gesammelte Werke*. Hreg.v. Renate Albrecht. (Stuttgart: Evangelisches Verlagswerk, 1959–1975).

EN: *Ergänzungs- und Nachlaßbände zu den Gesammelten Werken* (Stuttgart: Evangelisches Verlagswerk, 1971–)

MW: *Main Works / Hauptwerke*. ed. by Carl H. Ratschow. (Berlin / New York: de Gruyter, 1987–1998).

ST: *Systematic Theology*, Vol. I, II, III (Chicago: University of Chicago Press, 1951, 1957, 1963).

HCT: *A History of Christian Thought: From Its Judaic and Hellenistic Origins to Existentialism*. ed. by Carl E. Braaten. (New York: Simon and Schuster, 1967). 一九七二年版を使用

CB: *The Courage to Be* (New York: Yale University Press, 1952). 一九七九年版を使用

BRSUR: *Biblical Religion and the Search for Ultimate Reality* (Chicago: University of Chicago Press, 1955).

DF: *Dynamics of Faith* (New York: Harper & Row, 1957). 二〇〇一年版を使用

TC: *Theology of Culture* (Oxford: Oxford University Press, 1959).

・ティリッヒ説教集

SF: *The Shaking of the Foundations* (New York: C. Scribner's Sons, 1948).

NB: *The New Being* (New York: C. Scribner's Sons, 1955).
EtN: *The Eternal Now* (New York: C. Scribner's Sons, 1956). 一九六三年版を使用

・その他

『著作集』:『ティリッヒ著作集』全十巻、別巻三巻、白水社、一九七八—一九八〇年。なお、参照した『著作集』は、原典の表記の後にすべて記す。ただし、引用文の訳文は必ずしも翻訳通りではない。また、別巻を除く『著作集』はGWからの翻訳であるが、その後より綿密に校訂されたMWが出されたので、原典はMWを基本とする（MWに収められていない文献はGWのものを用いる）。ただし、MWを用いるときも、それに該当する『著作集』の箇所を付記する。

また、ティリッヒの講義をまとめた『キリスト教思想史』の翻訳は、『著作集』別巻二および三に収められているが、第一部の序論から第七章「宗教改革後のプロテスタント神学の発展」までを訳した別巻二は、*Vorlesungen über die Geschichte des christlichen Denkens, Teil 1, Urchristentum bis Nachreformation*, hrsg. und übers. von Ingeborg C. Henel, (Stuttgart: Evangelisches Verlagswerk, 1971), EN I に基づく。他方、第二部の序論から第五章「新しい調停の道」までを訳した別巻三は、*Perspectives on 19th and 20th Century Protestant Theology*, ed. by Carl E. Braaten, 1967 (*A History of Christian Thought*, ed. by Carl E. Braaten, (New York and Avanston: Harper & Row, 1968)) に基づく。この英語版とドイツ語版の作成の経緯については、別巻二の初めに記載されている「ドイツ語版編集者のまえがき」に詳しく記されているので、それを参照のこと。なお、本書では、英語版からの翻訳を『キリスト教思想史講義』と表記する。

（2）人名の日本語表記は、主に、『岩波 西洋人名辞典』増補版（岩波書店、二〇〇〇年）および『キリスト教人名辞典』（日本基督教団出版局、一九八六年）に拠った。その他、筆者の判断による。

（3）本文、注を問わず、［ ］内は、すべて筆者による説明や付加である。

（4）引用および参照文献に邦訳がある場合、引用文の翻訳は、原則として既存の訳を使用し、訳書情報を付した。既存の訳を修正して使用した場合ないし使用しなかった場合は、「参照」と付記した。

序論

第1節　目的

二十世紀を代表するプロテスタント神学者の一人パウル・ティリッヒ（Paul Tillich, 1886–1965）は、説教集『地の基震い動く』(1)に収められた説教「現実存在の深み」の中で、次のように語っている。

あらゆる時代、あらゆるところで語られる知恵は、私たちの深みに至る道について語っています。数知れぬさまざまな仕方で、その道が描かれています。しかし、告白、孤独な自己吟味、内的および外的破局、祈り、黙想を通じて、この道をめぐって関心を寄せた人々は、神秘家、祭司、詩人、哲学者、無学な人々、教養ある人々、そのいずれであろうとも、みな同じ経験を証言しています。彼らは、まさに表面が消え去り、その下により深い面が現れると、自分がかくあると信じていたものではなかったことに気づきました。そのより深い面自体が、さらに深い面が発見されると、表面となったのです。そして、このことは、その生命の続く限り、自分の深みへの道を歩み続ける限り、繰り返されるのです(2)。

ティリッヒは、あらゆる時代、あらゆるところで、存在の深みへの探求がなされてきたと語るのである。そして、この深みについて、さらにこうも語る。「この無限の、尽きることを知らぬ深み、そしていっさいの存在の根拠（根底）の名は、神です。この深みは、神という言葉が意味するものです」(3)。またティリッヒは、この深みを歴史にも見、「この無限の、尽きることを知らぬ歴史の根拠（根底）の名は、神です」(4)とも語る。このようにティリッヒは、「御霊はすべてのものをきわめ、神の深みまでもきわめる」との聖書の言葉（コリント人への第一の手紙二章一〇節）(5)に基づきながら、存在と歴史の究極の「深み」こそ神を意味するものであると語るのである。

さらにティリッヒは、このことは「苦しみ」を通して起こるとも語る。すなわち、苦しみを通して存在の全体が揺さぶられるときに、その「深み」が現れてくると言う。そのため、苦しみは「真理の深みへの扉」、しかも「唯一の扉」ともなる。(6)しかし、より重要なことは、その苦しみは決して苦しみに留まることはないということである。それどころか、ティリッヒによれば、それは「喜び」へと至るのである。苦しみを通して存在の究極の深みに至るとき、それは大いなる喜びへと変わるのである。そして、その喜びは、苦しみをはるかに凌駕していくのである。すなわち、ティリッヒは、「この世は深い、『昼』の考えたよりもさらに深い。この世の嘆きは深い。しかしよろこびは――断腸の悲しみよりも深い。嘆きの声は言う、『終わってくれ！』と。しかし、すべてのよろこびは永遠を欲してやまぬ――、――深い、深い永遠を欲してやまぬ！」とのフリードリヒ・ニーチェの言葉を引用しながら、この「逆説的」出来事について語るのである。(7)そして、その説教を以下の言葉で締め括っている。

永遠の喜びこそ神の道の極みです。それこそ、いっさいの宗教の告げるところです。神の国は平安と喜びです。それがキリスト教の告げるところなのです。しかし、永遠の喜びは、表面を生きるだけでは到達しえないものです。むしろ、その表面を突き破ること、自分自身と、世界と、神の深い事柄に透徹していくことによるのです。自分のさまざまな生活の最後の深みに達しえた瞬間こそ、私たちが永遠をそのうちに含む喜びを経験しうる瞬間です。もはや破壊されることのありえない希望、生も死もそれを土台に築かれる真理を経験しうるのです。なぜならば、深みのうちにこそ真理があるからです。深みのうちにこそ希望があるからです。深みのうちにこそ喜びがあるからです。(8)

ティリッヒは、「深みのうちにこそ真理がある」、「希望がある」、「喜びがある」と語る。そして、その真理、希望、喜びは、逆説的な仕方において到達されると語るのである。この一篇の説教に、ティリッヒがその神学を通して語ろうとした、その核心的部分が語られていると言える。そしてまた、その神学の特質も語られていると言えるであろう。ティリッヒは、何よりも、存在の「深み」(depth) について語ろうとした神学者であった。(9) それは、存在の「神秘」と言ってもよい。ティリッヒは、自分の思想的遍歴を振り返る中で、初めて「存在」という概念を用いたパルメニデスについて言及し、その概念がもたらした衝撃について語っているが、その衝撃はそのままティリッヒの思想ともなったのである。そして、ティリッヒは、その存在の深みから神について語り、またキリスト教の使信について語ったのである。それは、具体的には、神を「存在それ自体」(being-itself) として、またキリストを「新しい存在」(New Being) として、さらに聖霊を「霊的現臨」(Spiritual Presence) として語ることになったが、これらの存在論的概念の核心に、本書が神と人間との〈逆説的合一〉(paradoxical union) と理解する、両者の究極的な関係へと収斂される神秘的な内実が含まれているのである。そして、まさにこのところに、本書の最大の関心があるのである。それは、一つには、この内実がティリッヒ神学の核心をなすものと見なされるからであり、また他方では、それが西洋思想史に深く脈打っている一大潮流に属するものでもあるからである。すなわち、その潮流とは、ティリッヒの言葉で言えば、「アウグスティヌス的フランシスコ的伝統」（Augustinian-Franciscan tradition）と呼ばれるもので、ティリッヒは自らの思想をこの伝統の中に位置づける中で思索したのである。さらにまた、ティリッヒの神学は、このような特質をその中核とし、またその本質として展開されることになったが、それと同時に、キリスト教の福音を現代人によりわかりやすく、またよりふさわしく語ろうとする意図も加わり、最終的には弁証学的神学として実を結んだ。すなわち、ティリッヒは、現代の「状況」（situation）に注目し、そこに存在する諸問題に対し、キリスト教の「使信」（message）でもって答えるという仕方でその神学を展開したのである。ティリッヒは、それを「弁証学的神学」（apologetic theology）と規定し、また「答える神学」（answering theology）とも呼んだが、そうした弁証学的取り組みにティリッヒ神学のもう一つの重要な特色があるのである。そして、その中核に〈逆説的合一〉が位置している。そのため、本書の関心は、整理して言えば、以下の三点にある。すなわち（1）ティリッヒの弁証学的神学の中核をなすと考えらえる〈逆説的合一〉の内実とは何か、（2）〈逆説的合一〉はどのような仕方でティリッヒ神学の中で中核的位置を占めているのか、（3）〈逆説的合一〉は、キリスト教思想史において、特にティリッヒが自ら属すると語っている「アウグスティヌス的フランシスコ的伝統」に合致しているのかどうか、の三点である。したがって、この三点の考察を通して、ティリッヒ神学の本質と特質を明らかにするとともに、その現代的意味を尋ねることが、本書の目的である。

第2節　研究史

ティリッヒが一九六五年に没してからすでに半世紀以上が経ち、この間、ティリッヒの膨大な文献が整理されてきただけではなく、多くの研究が出現し、それ自体膨大なものになっている。したがって、一人の研究者がその全容を把握することは到底不可能である。そのため、研究史といっても、それは本書のテーマに沿った限りでの扱いとなるのはやむをえないであろう。しかし、おおよその動向を確認しておくことは必要であろう。この点に関し、日本でのティリッヒ研究の第一人者である芦名定道は、自身の目指すティリッヒの「トータルな理解」の視点から、その研究史について論じている。すなわち、まず芦名の語る「トータルな理解」とは、ティリッヒ神学の持つ体系性、その発展史的展開、そしてその核をなすと見られる個人的な実存的経験の総合的理解を意味するが、この視点からの研究史を、P・シュヴァンツやCh・シュヴェーベルといった先行する研究者の研究成果を援用しながら論じている。[10]それによると、ティリッヒ研究の動向には以下の三つの領域がある。①「主にティリッヒを主題的に扱っているいわゆるティリッヒの専門研究」、②「ティリッヒと複数の思想家との比較を行う比較研究」、③「一定のテーマに関して神学的あるいは哲学的研究を行う際にその代表的人物の一人としてティリッヒを扱う研究」である。[11]また芦名は、そうした研究結果が示すことは、ティリッヒ研究の個々のテーマは相互に複雑に絡み合っており、そのため「ティリッヒの思想全体に対する一定の見通しなしには個別的テーマの分析も十分に行うことは不可能である」ということであるとし、あらためてティリッヒ研究における三つの要素、すなわち「伝記的事柄」、「思想の全体的な在り方」、「個別的なテーマの具体的な議論」を明確にすることが必要であるとしている。[12]加えて芦名は、研究者自身の思想的な立場からの比較研究も見られるとし、主な比較の観点として以下の五つを挙げている。すなわち、①ティリッヒと同時代のプロテスタントの思想家との対比、②現代カトリックの神学者との対比、③東洋の宗教思想との対比、④キリスト教思想史における諸思想家との対比、⑤現代思想における諸思想家との対比、の五つである。(13) また芦名は、こうした研究分野の整理とともに、ティリッヒ神学が持つ特質から、その研究史の特有な動向をも指摘している。すなわち、芦名は、「ティリッヒ研究の傾向は一般的な神学の発展の諸傾向を反映している……。これは、現代に対する現実性が要求される問題設定にとって、ティリッヒの思想がいわば媒介機能を果たしている［からである］」とのシュヴェーベルの見解を踏まえ、「ティリッヒがその時代時代の問題設定に応じて様々な思想史の文脈で解釈されるべき事柄を有しているということは、ティリッヒの思想的幅を示すとともに、ティリッヒ研究の意義が、彼の提出した——そして多くは未決に終わっている——問題提起を新しい思想的課題の中で積極的に再検討することの内に、つまりティリッヒの思想が未来の思想形成に対して持つ意味を問い直すことの内にある、ということを示している」とし、最終的に、「ティリッヒ研究はティリッヒの思想をティリッヒ以前の思想史的関連、ティリッヒの生きた同時代の思想的文献、そして未来の思想形成に対する意義という三つの点から検討しなければならない」と結論づけている。(14)

以上の芦名の見解は、本書の展開にとっても、重要なティリッヒ研究の海図を与えてくれるものである。すなわち、芦名の見解に従えば、本研究はティリッヒ自身の思想研究を軸としながらも、キリスト教思想史、さらには西洋思想史における諸思想家との対比を視野に入れ、さらに将来の神学研究の展望も念頭においた研究と言えるであろう。

ところで、芦名はさらに、ティリッヒ神学の体系と発展史の研究史についても言及しているが（それは本書の直接的関心ではないため省略する）、芦名が指摘するこのようなティリッヒの総合的研究の世界的動向の中で、むしろ注目すべきものは、芦名自身の研究であろう。芦名は一九九四年に京都大学に提出した博士論文「Ｐ・ティリッヒの宗教思想研究」に補足と修正を加え、それを『ティリッヒと現代宗教論』（一九九四年）および『ティリッヒと弁証神学の挑戦』（一九九五年）との二冊に分けて公にしている。これは、世界のティリッヒ研究にも引けを取らない、ティリッヒの総合的研究となっている。それは、『ティリッヒと弁証神学の挑戦』を書評した安酸敏眞の以下の言葉にもよく表されていると言える。すなわち、「［本書は］その精緻を極める議論運びと、著者が変幻自在にゆきかいする学問領域の裾野の広さと、行間から滲み出る著者の並々ならぬ研究意欲とによって、読者を圧倒せずにはおかない。生半可な読者は言うに及ばず、通常のティリッヒ愛好家でも、読破の意欲が萎えてしまうほどの濃密な哲学的議論に満ちた本書は、世界のティリッヒ研究の現状に照らしても、間違いなく第一級のティリッヒ研究書であると断言できるものである。ティリッヒの著作並びに研究文献に対する著者の精通ぶりには目を見張るものがあり、また神学、哲学、キリスト教思想史、哲学史等についての該博かつ正確な知識には、著者の若年さを考えると、まことに驚嘆の念を禁じ得ない」[15]。この証言にも示されているように、芦名の研究は、質・量・広さにおいて他を圧倒するものがあり、筆者の知る限り、これを上回る総合的なティリッヒ研究はその後出ていないのではなかろうか。本書においても、ティリッヒ神学の全体の見通し、その時代区分、各テーマごとの研究史等において、学ぶところがはなはだ多かった。ただ、本書が主たるテーマとしているティリッヒの神秘主義的側面に関しては（思想史的研究は別としても）、必ずしも十分とは言えない[16]。この点に関しては、日本の研究者に限って言えば、むしろ近藤剛の『哲学と神学の境界――初期ティリッヒ研究』（ナカニシヤ出版、二〇一一年）のほうが重なる部分が多い。これは、総合的研究というよりは、ティリッヒ神学の「逆説」に注目し、初期の文献の研究を通して、その内容を明らかにしているものである。特に一九一三年の「組織神学」に注目し、その重要性を明確にしている点で優れた研究となっている。特に本書でも重要なテーマとなっている逆説の具体的内容としての「懐疑者の義認」に関しては、詳しい論述が展開されており、非常に学ぶところが多かった。しかし、本書のテーマからすると、それは初期に限られており、その限りでは限界があると言わなければならない。

ところで、本書でも深い関心を寄せているこの「逆説」の研究に関して、あらためて世界に目を向けてみると、より重要なのはウーヴェ・シャルフ（Uwe Carsten Scharf）の『啓示の逆説的突破』[17]（一九九九年）ではなかろうか。シャルフは、その著作の目的を、「存在論的‐形而上学的言語で啓示の〈神‐人〉相互関係を語る逆説（paradox）と突破（breakthrough）というティリッヒの二つの概念を明らかにすることを目的としている」と語るように、ティリッヒ神学の中核に位置づけられる〈逆説〉と〈突破〉という二つの概念をめぐって[18]、ティリッヒのほぼすべての著書と論文を渉猟し、その全体的な把握を試みている。したがって、この書は質量ともにこの二つの概念をめぐる研究の最高峰を示しており、特に〈逆説的合一〉に注目する本書にとって、いくつかの明確な方向性を与えるものとなっている。そこで、本論の展開に先立ち、シャルフの著書の内容をやや詳しく紹介することにより、今後の議論に資したいと思う。

まずシャルフは、「逆説」の性格を以下のように論じている。「逆説は理性を破壊せず、それを転倒させ、驚嘆させる。すなわち、それは理性を驚かす。それは反対を表現するのではなく、二つの要素、つまり二つの極の間の緊張を表現する。それらは、矛盾するように見えるとしても、同時に肯定されるのである。さらにまた、二つの極は、同時に否定される。したがって、真の逆説は、一方の極に対する肯定も、他の極に対する否定もなく、あるいは両者に対する単なる肯定も否定もなく、むしろ両極が同時に肯定され否定されるという緊張の中にある[19]」。この逆説の性格については、本論でもあらためて触れることになるが、シャルフはさらに、このような性格を持つ逆説と突破の関係を以下のように理解している。すなわち、「逆説は、それが担う両極の緊張を通して突破を生じさせ、また突破は、それ自体の中に、そこからそれが生じるところの逆説の諸要素を担う。極の緊張は保持され、維持される。すなわち、突破の瞬間に緊張は瞬時に保持される（止揚される）が、両極の分離は突破の出来事の後ですら維持され、その結果、極の緊張もまた維持される（止揚される）」[20]。そして、この突破と保持（維持）は、シャルフによれば、以下のような過程において展開されるのである。すなわち、「突破の出来事（event of breakthrough）、*Durchbruchs-Geschehen* のあと、新しい突破の一群（breakthrough-*constellation*）、あるいは突破形態（*Durchbruchs-Gestalt*）が出現し、そこにおいて、両極はもう一度、それらが一時的に突破（*Durchbrechen*）の行為において保持された後、保たれる」[21]。したがって、ティリッヒが語る突破の出来事には、ヘーゲルの語る正反合の弁証法の構造が見られているのである。しかしまた、シャルフによれば、ヘーゲルとティリッヒの間には相違もあり、それは「カイロス」の観点から次のように指摘されている。「ティリッヒの理解における逆説は、突破の出来事を生じさせるかもしれず、させないかもしれない。それは、神的なるものが人間的なものに突破する機会を与えるかもしれず、与えないかもしれない。このことは、神の良き時（God's good time）と人間の受容にかかっている。つまり、カイロス（*kairos*）の瞬間である特別の瞬間、すなわち突破の可能性（*Durchbruchsmöglichkeit*）を与える瞬間にかかっている。ティリッヒにおいては、突破は常に可能性として与えられているが、必然性としてではない。……ティリッヒには弁証法的必然性はなく、ただ逆説的可能性があるだけである」[22]。したがって、弁証法的構造を持つ突破というカイロスは、ティリッヒにおいては、ヘーゲルのように必然的にではなく、可能的に考えられているのである。そして、それはまた、そのように考えられただけではなく、ティリッヒにおいては、歴史的出来事として経験されたことでもあるのである。そして、その視点からシャルフは、ティリッヒ神学には二つの方向があると見ている。それは、カイロスを将来的に見る方向と、カイロスを過去的に見る方向との二つである。

そこで、その二つの方向を概観しておくと、まず前者に関して、シャルフは「神律」(theonomy)との関係において次のように指摘している。「カイロス・突破の現在・将来の方向は、新しい神律、つまり新しい神の支配を予期し、それに向かって働く運動の中で――それは人間の自律を破壊することなく、人間の自律を突破し、それ自身の深みの次元(depth-dimension)にそれを基礎づける――神が御自身をさまざまな(特別の)時と場において再び啓示することを保持する」[23]。したがって、そこには、つまり新しい神律の出現には、将来に対する希望が見られるのであり、それは具体的には、ティリッヒが取り組んだ宗教社会主義の運動であった。すなわち、シャルフによれば、「一九二〇年代半ばの宗教社会主義は、ティリッヒに新しい神律の約束を抱かせた。彼は、ドイツの社会に、正義と平等の原理に基づいて建てられる新しい社会秩序に導く新しい神の突破を経験するカイロスがあると信じた」。しかし、実際には、それは幻滅に終わったのである。そして、その幻滅は、「彼をして、カイロスは到来し、過ぎ去った、またそれとともに、ドイツ社会において起こる突破の機会も過ぎ去った」ことを気づかせることになった。そして時代は、宗教社会主義ではなく、国家社会主義の支配する時代となったのである。すなわち、「宗教社会主義の神律に代わる全体主義的なデモーニックな神政政治の創造を目指すデモーニックな力が、支配的となった。ナチス政権は、突破ではなく破壊の行為によって特徴づけられた」[24]。その結果、シャルフによれば、一九二〇年代後半以降、ティリッヒにおいて、〈突破〉概念の使用が減少するのである。すなわち、「突破は、四年間(一九二四―一九二七)に集中して用いられており、その後は散発的に見られるにすぎない」[25]のである。

しかし、この幻滅は、カイロスの方向と意味を変えることになった。すなわち、シャルフによれば、後期ティリッヒにおいては突破とカイロスは過去の方向のものとなり、また「より静止的で、時空的に制限された意味」となるのである。この点について、シャルフは以下のように指摘している。「もちろんティリッヒは、この後の［突破概念の］使用においても、キリストが信じる者の心の中で、*Buße*と*Bekehrung*の経験、つまり悔い改めの行為と回心の経験において、実存的に突破しているゆえに、突破のダイナミズムを維持していると主張するであろう。しかし、この後の実存的突破は、ティリッヒが宗教社会主義の中に突破を予想したような、全構造を揺り動かし、転倒させ、方向転換をさせるような社会的力はほとんどなかった。むしろ、突破はより私的なものとなり、また明確に神－人相互関係のより伝統的な『宗教的』経験となる」[26]。したがって、ティリッヒにおいては、カイロスの有無の経験がその思想にも深い影響を与え、その思想を大きく区分することにもなったのである。

しかし、それは反面、新しい展開を生み出すことにもなった。シャルフによれば、それは、芸術、特に絵画への関心である。ティリッヒは、そこに新しい「突破」を見出すことになったのである。この点について、シャルフは次のように語っている。「支配的となる突破の第二の意味は――それはまたより静止的な理解を表現している――絵画、彫刻、その他の芸術物における形式による内容を通しての形態（Gehalt）の突破を経験する熟考的様式である。ここで再び突破は、それは疑いもなく個々の見る人に強力な衝撃を与え、純粋な宗教的啓示経験と見なされうるとはいえ、限られたものである。にもかかわらず、イエス・キリストにおける過去の突破、回心行為における実存的突破、さらに芸術作品の鑑賞は、イエスと弟子たちの最初の絆が彼らの社会に創造したと報告されているものよりも、また宗教社会主義がドイツで一九二〇年代に創造する可能性があったものよりも、小さい感動を文字通り創造する」[27]。

このようにシャルフは、明確な見解と見通しを持って[28]、〈逆説〉と〈突破〉という二つの概念をめぐり、ティリッヒのほぼ全文書に当たり、その出典をことごとく精査し、ティリッヒ神学の発展における両概念の変遷を詳しく論じている。[29] その限り、この書に優る研究書は他にないと言える。また本書もこの書から多くの益を得た。特に、その概念をめぐる発展史の見解は、本書の依拠するところとなっている。しかしながら、その研究の重要性と意義を認めつつも、本書が扱おうとしているテーマからすると、必ずしも十分であるとは言えない。一つには、逆説の存在論的内容に関する分析とティリッヒ神学に占めるその構造的位置については、十分に論じられているとは言えないからである。また本書が目指しているもう一つのテーマである、逆説的合一の「系譜」に関しては、シャルフは無関心である。また、以上の点は別としても、シャルフに最も欠けていると思えるのは（ただし、これもシャルフの目的からすれば、当然であるとも言えるが）、本書で重要な位置を持つことになる〈参与〉(participation) の概念について、ほとんど論じていないという点である。後期ティリッヒにおいては、〈突破〉に代わる概念として〈参与〉の概念が重要となるが、その議論と位置づけは見られないのである。

ところで、以上の文献以外にも〈逆説〉の概念について言及している論文は多くあるが、[30] その中でも本書との関連で興味深いのは、カトリックの神学者たちの応答である。というのも、本書のテーマである〈逆説的合一〉という出来事は深い神秘性を包含しているが、その神秘性あるいは神秘主義に関しては、プロテスタントの神学者たちよりもカトリックの神学者たちのほうが積極的に応答していると言えるからである。そこで簡単にカトリックの神学者たちからのティリッヒ神学に対する応答を振り返っておきたい。まず、最初のまとまった応答は、一九六四年に出された『カトリック思想におけるパウル・ティリッヒ』[31] であろう。これにはＪ・トーマスの序文とともに十五人のカトリック神学者たちの論文が収められ、最後にティリッヒ自身の「後書き」が記されていて、大変興味深いものとなっている。しかし、それは、三十年後から見れば、「非常に用心深い」ものであった。というのも、「それは、カトリック神学の領域では非常に馴染みのない分野を切り開くことになった、パイオニア的仕事であった」からである。[32] しかし、それから三十年後に出された『パウル・ティリッヒ――新しいカトリックの評価』[33]においては、ティリッヒの思想が積極的に評価されている。これは十三人のカトリック神学者のティリッヒに関する論文と、それに対するプロテスタント神学者L・ギルキーの応答を掲載したものであるが、編集者のR・F・ブルマンとF・J・パレラは、「あとがき――カトリック神学の将来におけるティリッヒ」において、カトリック神学者たちのティリッヒ神学に対する主たる論点（関心）が四つあることを挙げている。すなわち、それは、（1）歴史的責任、（2）エキュメニカル的、宗際的関心、（3）象徴とサクラメント、（4）神秘主義とスピリチュアリティ、の四つである。[34] この四つの論点は、カトリックとプロテスタントの新しい可能性を切り開く事項でもあると言えるが、その一つに挙げられているのが「神秘主義とスピリチュアリティ」で、この指摘からも明らかなように、神秘主義はカトリックの神学者たちの重要な関心事なのである。

なかでも、論文「ティリッヒと現代のスピリチュアリティ」を執筆している編集者の一人でもあるパレラは、ティリッヒの神学を以下のように評している。すなわち、「プラトン的－アウグスティヌス的－フランシスコ的な参与の存在論の内においてその神学を創造することにより、ティリッヒは古典的神秘主義者と神秘主義的神学者たちにおいて見出された存在論的観点――そこにおいては、神は直接的に知られうるのであり、また神は人間の自己認知の基盤でもある――を回復したのである」（By creating his theology within the Platonic-Augustinian-Franciscan ontology of participation, Tillich retrieves the ontological perspective found in the classical mystics and mystical theologians in which God is immediately knowable and the ground of one's self-knowledge.）[35]。この一文は、まさに本書の結論を先取りしたよう指摘であるが、そのような指摘の背景には、一方では、ティリッヒには古代・中世を通してのカトリック思想に対する深い洞察と共感が見られるからであり、また他方では、ティリッヒが自らの神学において、プロテスタント原理とともに、霊的現臨を論じる中で「カトリック的実体」(Catholic substance)について語るなど、カトリックにも開かれた議論を展開しているからであろう。[36] いずれにしても、こういったカトリックの神学者たちの指摘は、筆者を大いに勇気づけるものである。特に「プラトン的 - アウグスティヌス的 - フランシスコ的な参与の存在論」というパレラの指摘は、まさに本書が詳しく追求しようとしているティリッヒ神学の本質を語るものである。ただし、パレラの指摘もそうであるが、それは論文集の一編において展開されている議論であるため、そこにはおのずから限界があると言わなければならない。[37]

以上で触れた研究書以外にも多くの研究書・論文があり、特に本書第Ⅲ部で扱う「系譜」に関するところでは、さまざまな研究成果を取り入れながら議論しなければならなかった。しかし、それをここで個々に紹介することは非常に煩雑になるため、それらは各本文中で言及するに留めたいと思う。

第3節　方法

本書は、ティリッヒ神学の核心をなすと考えられる〈逆説的合一〉というテーマを探究するにあたって、三つのことに留意した。一つは、ティリッヒの語ることに肉薄すること、第二に、その背景をなすと考えられる個人史的、思想史的背景を明らかにすること、第三に、ティリッヒの思想を具現化していると考えられる説教に(必要に応じて)立ち返り、その内容を確認すること、この三点である。

第一の点に関しては、これはあらためて言及すべきことでもないであろう。何よりも、語る者が語ろうとしていることをできるだけ正確に聞き取ることは、すべての研究の基本である。本書では、何よりもティリッヒ自身の議論と主張に耳を傾け、それをできるだけティリッヒの意向に沿って聞くことを基本とした。

第二の点に関しては、ティリッヒは、何よりも西洋思想に身を置いて思索した神学者である。また、それを通して多くの思想家から影響を受けた神学者でもある。したがって、ティリッヒの神学思想を解明するには、そうした思想的対話を明らかにすることが重要となる。また、本書が追求しているテーマの一つは、ティリッヒ神学の思想史的位置でもあり、その点からも、ティリッヒが出した結論的部分だけではなく、どのような神学的・哲学的対話を行ったのかを明らかにすることが不可欠である。そのため、本書では、しばしば煩雑ともなるであろうが、その思想史的対話を重視し、それをたどり、また吟味しながら、ティリッヒの思想に迫りたいと思う。

また、それと同時に、本書が注目するのはティリッヒの個人史である。というのも、ティリッヒの神学は、しばしば実存主義的神学などと呼ばれるが、その当否は別としても、ティリッヒの実存的生に深く根ざした思想であることは間違いない。すなわち、ティリッヒ研究者のヴィルヘルム・パウクが、ティリッヒを「自伝的思想家」(an autobiographical thinker) と呼んだように(38)、その思想と生活は密接に結びついており、その思想の解明には、その生活の理解が不可欠なのである。ただし、その生涯のすべてにわたって検討するということは、本書の目的ではないため、必要に応じて扱うことになるであろう。

以上の二つの目的を達成するために、本書では、できるだけティリッヒの個人史と思想的対話に耳を傾けたいと思う。そのためには、第一に、ティリッヒ自らが語る彼自身の人生および思想についての証言に注目したい。ティリッヒには、いくつかの自伝的文章がある。まとまったものとしてまず挙げられるのは、一九五二年に書かれた

「自伝的考察」であろう。これは、C・W・ケグレイとR・W・ブレッタールによって編集されたティリッヒに関する論文集『パウル・ティリッヒの神学』[39]の最初に収められたものである（この論文集の最後には、それらの論文の批判に対するティリッヒの応答も収められている）。この中でティリッヒは、それまでの自分の歩みを、「幼少年時代」「大戦［第一次世界大戦］前の時代」「大戦後の時代」そして「アメリカ時代」に分けて語っている。さらにティリッヒは、一九六二年に「境界に立って」[40]を書いている。これは、自分の思想を境界に立つものとして捉え、具体的に十二の境界について語ったものである。これら以外にも、断片的ながら自伝的記述が見られる。たとえば、一九四八年に出版された『プロテスタント時代』の序文として書かれた「プロテスタント時代」も、やはり思想的に自分自身について語ったところが多く、これも自伝的なものに入れることができるであろう。また、同様の観点から、ピーター・ジョンの速記に基づく『キリスト教思想史』[41]にも随所に自伝的言及が見られ、その意味ではこれも自伝的なものに加えることができるであろう。また日本で行った講演「私の神学の哲学的背景」も、小さいながらまさにティリッヒの思想的自伝である。以上のものに、さらに説教集を加えることができると思うが、それは以下であらためて扱いたいと思う。

第二に、これらの自伝的書物に加え、ティリッヒに関する伝記が何冊か出版されている。まず、世界的に見た場合、最も有名なのは、長年日本でも親しまれてきたパウク夫妻の著書『パウル・ティリッヒ　1生涯』[42]（一九七六年）であろう。近年では、レナーテ・アルブレヒトとヴェルナー・シュッスラー共著の『パウル・ティリッヒ――生涯』[43]（一九九三年）やイルゼ・ベルティネッティの『パウル・ティリッヒ』[44]（一九九〇年）がある。また小さいものでは、少し昔になるがゲルハルト・ヴェーアの『自己証言と伝記資料に基づくパウル・ティリッヒ』[45]（一九七九年）がある。また伝記とは言えないが、個人的回想としては、妻ハンナ・ティリッヒが書いた『折々に』[46]（一九七三年）、また精神分析家ロロ・メイの『パウルス』[47]（一九七三年）がある。これは、ティリッヒのかつての学生であり、また友人でもあるメイが、妻ハンナのものがティリッヒの実像をゆがめる危険性を感じて、それを修正するために書いたものである。またやや新しいものとしては、ティリッヒのハーバード時代、七年間ティリッヒの秘書を務めたグレイス・カリが、『私の触れたパウル・ティリッヒ――ハーバード時代の思い出』[48]（一九九五年）を出版している。その他、細かいものはまだ多くある。しかし、これらの中で、妻ハンナのものやカリのものは、基本的には個人的なものであるため、こうした書物で扱うにはあまり適当ではないであろう。また同じことが、ある程度ロロ・メイのものにも言えるかもしれない。しかし、それにはある客観性が見て取れる。しかも、精神分析家らしく、ティリッヒの個人的側面に心理学的な光を当てており、それがしばしばティリッヒの思想に触れるところもあり、その限りでは興味深い書物である。とはいえ、やはり重要なのは、ティリッヒについてのまとまった伝記であろう。

しかし、これにも問題がないわけではない。たとえば、アルブレヒトとシュッスラーも指摘しているように[49]、従来ティリッヒの伝記として重宝されてきたパウク夫妻の伝記は、実は出版当初からいろいろな問題点が指摘されてもいたのである。その最大の問題点は、いくつかの事実誤認とともに、著者たちがティリッヒがアメリカに亡命した一九三三年以前のドイツの事情にあまり精通しておらず、「アメリカの視点から書かれ、アメリカの読者に合わせた伝記」となっている点である[50]。たとえば、ティリッヒにとっても大事件であり、われわれにとっても大変興味深い第一次世界大戦への参戦に関しては、アルブレヒトとシュッスラーは、「すべての『よきドイツ人』は、祖国を守らなければならないという義務を感じた。ルター派の牧師館で育ったティリッヒのような人たちにとっても、いかなるためらいも疑いもなかった」と語る反面、ティリッヒ自身の心情に関しては、ティリッヒの「内心の恐怖」に触れた日記に基づきながら、ティリッヒには「戦争の熱狂や戦争の酩酊については、何も見出せない」とし、パウク夫妻の次の言葉を批判している。「戦争の勃発とともに、若者たちは、国家主義的情熱によってたきつけられ、ほとんど恍惚的な熱狂をもって志願した。ティリッヒも例外ではなかった」。アルブレヒトとシュッスラーによれば、この言葉はカール・ツックマイアーの回想に基づくもので、それはティリッヒ自身の経験を語ったものではなかったのである。[51] いずれにしても、アルブレヒトとシュッスラーは、伝記資料としてのインタヴューの用い方などに対する批判も含めて、パウク夫妻の伝記に重要な問題を感じたのである。またベルティネッティの伝記に関しても、「一部はパウク夫妻の伝記との無批判的な付き合いへと後退しているという伝記的欠点と並んで、理論的・本質的部分においてティリッヒの思想に対する大きな誤解を示している」[51]と批判している。またヴェーアの伝記に関しては、「最初の手引きとしては大変よいものであるが、しかしティリッヒの生涯についてわずかなことしか、またすでに知られていることしか、もたらさなかった」と語っている。[52] そのような認識の下、アルブレヒトとシュッスラーは、できるだけ客観的な資料に基づいた新しい伝記を書く必要性を感じ、その著『パウル・ティリッヒ』を著したのである。したがって、伝記に関しては、アルブレヒトとシュッスラーのものを基本としたいと思う。

しかし、上述のパウク夫妻の伝記は、確かに指摘されたような問題点はあるが、魅力的な内容を多く含んでおり、またアメリカの事情に精通している利点があり、また何よりも長年日本で親しまれてきた伝記でもあり、本書においては、客観性が確認される限り、これを用いたいと思う。また最近、日本でも、深井智朗の『パウル・ティリヒ――「多く赦された者」の神学』（岩波書店、二〇一六年）が上梓された。これは、時代的考察とともにティリッヒの私生活にも深く立ち入った伝記で、今まで一般には知られていなかった多くの興味ある事実が新たに発掘され、紹介されている。またそれだけではなく、一つの視点からその生涯全体を捉えており、その意味でもユニークな伝記となっている。

しかし、われわれの関心は、あくまでもティリッヒの〈自伝的〉部分である。もちろん、ティリッヒについての〈伝記〉にもそうした部分が含まれているわけであるが、ティリッヒが直接語るところを何よりも重んじたいと思う。すなわち、ティリッヒ自身がどう感じ、考え、行動したのか、またどのような思想的対話を行う中で、その神学思想が形成されていったのか、その点をできるだけ忠実にたどりながら、その思想の核心に迫りたいと思う。

また、第三の説教であるが、これを重んじるのは、何よりもティリッヒが優れた説教者であったことと、その説教を通して、しばしば難解とも思えるティリッヒの思想が、学生や一般の人々にも理解可能なものとして伝えられたからである。説教学を専門とする加藤常昭は、「一般的にいっても、すぐれた神学者は、説教者としてもすぐれているということが通例である」との見方を示しつつ、二十世紀神学を代表するバルトとティリッヒについて言及しているが、特にティリッヒに関しては、「説教こそは、彼の思想表現の方法の最も適切なものではなかったか」とさえ指摘している[53]。そのことを裏付ける証言として、加藤はパウク夫妻のティリッヒ伝からその証言を得ているが、パウク夫妻は、ティリッヒ本人やその著書がしばしば人々に大きな癒やしをもたらしたことに言及し、「ティリッヒの癒しの告知《メッセージ》は、彼の著書の中でも最もひろく読まれ、かつ多くの人たちがその最もすぐれた業績とみなしている説教の中に、はっきりと読み取られる[54]」と語っている。しかし、初めからそうであったのではない。パウク夫妻によれば、ティリッヒは一九一九年以来教会に出席する習慣を持たなかったが、ユニオン神学校に行ってからは、学長のコフィンの指摘も受け、礼拝を重んじるようになる中で、説教にも深い関心を示し、「苦労して彼ら[学生や同僚たち]に説教する術を会得し、ついにはユニオン神学校の説教壇上で、最も人気のある説教者の一人となった[55]」のである。その要因として、パウク夫妻は、その説教様式を指摘しているが、それは「生き生きとした実例、具体的な比喩、そして聴衆の一人一人が、恰もそれは自分に向けて語られているかのように感じる鋭い心理的洞察」[56]であった。また、パウク夫妻は、そうした成功を収めた最大の要因を、「彼が殆どつねに自らに対して語りかけ、したがってまた万人に対しても語りかけたという、簡単明瞭な事実」[57]に見ているが、そうした取り組みが説教を聞く人々に深い感銘と共感を与えたのである[58]。

こうした経緯と努力について、ティリッヒ自身、説教集『地の基震い動く』の「序文」の中で、このように語っている。「日曜日の礼拝の会衆の大部分は、用語の最も根本的な意味で、キリスト者の圏外から来た人たちであった。彼らに対しては、伝統的な聖書的な言語による説教は、何も意味しないであろう。それゆえ、わたしは、聖書的なあるいは教会的な用語が指し示す人間的経験を、他の用語によって表現するような言語を求めざるをえなかった。こうした状況において、『弁証学的』（apologetic）様式の説教が発展した[59]」。その結果、しばしば難解とも思われるティリッヒの思想も、その説教を通して、多くの人たちに理解可能なものとして浸透していったのである。したがって、ティリッヒの思想を理解するためにティリッヒの説教に立ち返るということは、ティリッヒ研究の一つの優れた方法であると言える。このティリッヒの説教に注目した研究としては、茂洋の『ティリッヒの人間理解』（新教出版社、一九八六年）を挙げることができよう。茂は、ティリッヒの説教に基づきながら、ティリッヒの人間理解の全容を捉え直しているが、このように説教に主眼を置くことは一つの見識であると言える。したがって、本書でも、すでに本序論の冒頭においてその一篇に言及したが、必要に応じてティリッヒの説教に立ち返り、ティリッヒ神学をより深く理解する一助としたい。ただし、茂が行ったような、全体を網羅するような仕方においてではなく、あくまでも必要に応じた扱いとなるであろう。

第4節　時代区分

芦名は、ティリッヒの時代区分に関して、「ティリッヒの自己理解」、「外的状況の変化」、「思想の内的発展による思想の枠組みの変化」の三点から総合的に判断して、以下の五つの時期に分けている。[60]

(1) 初期（～第一次世界大戦）
(2) 前期（第一次世界大戦～一九三三：ワイマール時代）。これは前期Ⅰ（一九二五：文化の神学と意味の形而上学の時期）と前期Ⅱ＝移行期Ⅰ（一九二六～一九三三）に区分される。
(3) 中期（一九三三～第二次世界大戦）＝移行期Ⅱ
(4) 後期（一九四六～一九六〇：『組織神学』、「相関の方法」、存在論的人間学の時期）
(5) 晩年期（一九六〇～一九六五：宗教史の神学の提唱）＝移行期（未完）

上記の区分は、特にティリッヒの思想的発展を厳密に精査する中で捉えられている点が優れており、非常に参考になる。したがって、本書でもこの区分を尊重したいと思う。ただ本書は、ある程度ティリッヒの思想的発展史に着目するものの、それほど厳密な区分を必要とはしていない。むしろ、明確にしておきたいのは、「初期」と、一九三三年以前と以後である。というのも、その「初期」にティリッヒの神学思想の基礎が築かれたと考えられるのと、すでにシャルフのところで見たように、ティリッヒ思想の大きな転換点はカイロスの喪失の経験にあり、それは一九三三年のアメリカへの移住時期とも接近しているからである。そこで、あらためて、この二つの時期を確認しておきたいが、後者に関してはすでにシャルフのところで触れたので、前者に関してのみ確認しておきたいと思う。

本書でも、芦名とほぼ同様（第一次世界大戦の位置づけが少し異なるが）、ティリッヒの「初期」を、第一次世界大戦が終了し、従軍牧師として入隊していた軍隊から除隊し、ベルリン大学の私講師となる一九一九年までと考える。それは、一九一二年にハレ大学から神学士の学位を得、その後ベルリンの労働者地区で牧会を経験した後、第一次世界大戦の開始とともに従軍牧師として参戦し、パウク夫妻の言葉を借りれば、「伝統的な帝政主義者から宗教社会主義者に、キリスト教の信仰者から文化悲観主義者に、抑制されたピューリタン的な青年から『野人』に」変貌し、「パウル・ティリッヒの生涯でまさに最初で最後、そして唯一の転換点」を経験したのが[61]、この時期であったからである。また、ティリッヒ自身、大学に入学した一九〇四年から一九一九年までの十五年間を振り返り、「戦争で中断されはしたが、同時にそれによってまた完成もされたこれら十五年にわたる準備期間を振り返ってみると、そこには哲学的考察のための素材が充満していたことがわかる」[62]と述懐している。したがって、大学時代から私講師となるまでの時期を、ティリッヒの「初期」（準備期間）と見なすことは自然であろう。

ところで、それ以後の展開であるが、アメリカへ亡命した一九三三年を次の区切りと見るのも、自然の見方であろう。これは、繰り返しになるが、アメリカへの亡命の時期と、カイロス経験に大きな変化が生じた時期とが接近しており、特に〈逆説的合一〉をテーマとする本書にとっては、重要な時期である。したがって、これを「前期」と捉えたい。それ以後については、ティリッヒは、その自伝的考察の中では、総括して「アメリカ時代」と呼んでいるが、それも一つのまとめ方だと言える。確かに、芦名が指摘するように、そこにも発展史が見て取れるが、それは芦名が指摘する「後期」（一九四六～一九六〇）を中心とするものである。また、本書がアメリカ時代で特に注目するのは、何よりも一九五一年から六五年にかけて書かれた『組織神学』である。そのため、芦名のやや細かい区分を避け、本書では、芦名が「後期」と規定する時期を中心としたアメリカ時代全体を、まとめて「後期」と捉えたい。したがって、本書では、幼少期を除けば、ティリッヒの時代区分を「初期」（一九一九年まで）、「前期」（一九三三年まで）、「後期」（それ以後）の三つに分け、三区分として扱いたいと思う。

注

（1）Paul Tillich, SF. 邦訳として、パウル・ティリッヒ「地の基が震い動く」加藤常昭訳、『ティリッヒ著作集　別巻1』（白水社、一九七八年）（ただし、二三篇のうち、訳されているのは六篇のみである。）および、パウル・ティリッヒ『地の基ふるい動く』後藤真訳（新教出版社、一九七四年）がある。なお、引用部分は加藤訳に筆者が手を加えたものである。
（2）Ibid., 56.（『著作集』別巻一、四七頁）
（3）Ibid., 57.（同上書、四七―四八頁）
（4）Ibid., 59.（同上書、五〇頁）
（5）聖書からの引用は、基本的に日本聖書協会『口語訳聖書』を用いる。
（6）Tillich, SF, 59.（『著作集』別巻一、五一頁）
（7）Ibid., 63.（同上書、五四―五五頁）ニーチェの引用は、「深夜の鐘の歌」、『ツァラトゥストラはこう言った　下』氷上英廣訳（岩波書店、一九七〇年）、一五二―一五三頁より。
（8）Ibid.（同上書、五五頁）

(9) 芦名定道によれば、「『深み』というメタファーは、アメリカ時代、とくに五〇年代のティリッヒにおいて文化の根拠づけとしての宗教を表現するために用いられたもの」である。ただし、「この『深みの次元』に相当する思想は二〇年代にすでに現れている」との指摘のように、その萌芽はすでに初期の論文にも見られ、それは本論の中で随時言及されるであろう。(芦名定道『ティリッヒと弁証神学の挑戦』創文社、一九九五年、二〇頁)なお、ティリッヒ自身は、こうした深みへと至る方法について、以下のように語っている。「今日、この方法の新しい形式がよく知られるようになりました。いわゆる『深層心理学』("Psychology of depth")がそれです。それは、私たちの自己知識の表面から、別の面へと導いてくれます。そこは、私たちが、意識の表面では何も知らなかったことが記憶されているところなのです」(Tillich, SF, 56.『著作集』別巻一、四七頁)。

(10) 芦名定道『ティリッヒと現代宗教論』北樹出版、一九九四年。ここで芦名が用いているシュヴァンツとシュヴェーベルの各論文は、以下のものである。Peter Schwanz, "Zur neueren deutschsprachigen Literatur über Paul Tillich," in Verkündigung und Forschung. Beihefte zu: *Evangelische Theologie* 24 (1979): 55–86; Christoph Schwöbel, "Tendenzen der Tillich-Forschung (1967–1963)," in *Theologische Rundshau* 51 (1986): 166–223.

(11) 同、二四頁。

(12) 同、二五頁。

(13) 同、二五―二六頁。

(14) 同、二六頁。

(15) 『宗教研究』第３１０号、日本宗教学会、一九九六年、一五九頁。

(16) ただし、芦名には、ティリッヒの神秘的側面を論じた以下の論文がある。「ティリッヒと神秘主義の問題」、『ティリッヒ研究』8、現代キリスト教思想研究会、二〇〇四年。

(17) Uwe Carsten Scharf, *The Paradoxical Breakthrough of Revelation* (Berlin: W. de Gruyter, 1999). 以下、PBRと略記する。

(18) 本書に序文を寄せているティリッヒ研究者のギルキー(Langdon Gilkey)は、「この二つの範疇〔逆説と突破〕は、その最初期の、そしてまたその円熟した諸形式において、ティリッヒ思想の核心部にわれわれを導く」(ibid., xv)と語っている。

(19) Ibid., 4-5.

(20) Ibid., 5. 強調はシャルフによる。

(21) Ibid. 強調はシャルフによる。

(22) Ibid. 強調はシャルフによる。

(23) Ibid.

(24) 以上、ibid., 6. 強調はシャルフによる。

(25) Ibid., 7. なお、本書の議論において重要な位置を持つティリッヒの主著『組織神学』全三巻では、シャルフの指摘では、「突破」の概念が明確に確認されるのはわずか一箇所だけである。すなわち、第一巻の啓示史を扱ったところ（Tillich, ST I, 143）である（Scharf, PBR, 278）。またシャルフは、『組織神学』の原典（英語版）の索引でもドイツ語の翻訳版の索引でも、「突破」の項目自体がないことを指摘し（ibid., note 2）、後期ティリッヒにおいては「突破」の概念がほぼ姿を消していることに言及している。

(26) Ibid., 6.

(27) Ibid., 6-7. 強調はシャルフによる。

(28) 以上のような〈突破〉と〈逆説〉ならびに〈カイロス〉をめぐる探究とともに、シャルフは、それに関連するもう一つ別のテーマを追求している。それは、啓示をめぐる問題である。というのも、ティリッヒは、この〈突破〉と〈逆説〉の性格を持つものこそ啓示であると考えるわけであるが、そうでない理解もあり、ティリッヒはそれに対して、徹底的に批判しているからである。それは、啓示に対する二つの極端な曲解である。すなわち、シャルフによれば、その一つの考えは、「如何なる特別な神の啓示も必要ない」とするものである。というのも、「われわれはすでに神的なものと結ばれているから、あるいは何らかの仕方で、われわれ自身によって人間性の中で神的なものに至る方法を知っているから」である。もう一つの曲解は、全く反対に、「神の事柄と人間の事柄の間には何の接点もない」とする考えで、両者の間には「徹底的な分離と完全な他者性」があるだけなのである（ibid., 8）。シャルフによれば、ティリッヒは一方の極端を観念論（idealism）と呼び、もう一方の極端を超自然主義（supernaturalism）と呼んでいるが、こうした批判がティリッヒにおいて展開されており、シャルフはそうした点も明らかにしているのである。そして、最終的には、以下のような結論に至る見通しをもってその論を展開している。すなわち、「突破と逆説の概念は、今日、『否なしの然り』また『然りなしの否』と呼ばれるような二つの極端な啓示理解に対し、啓示の観念を定義する解釈の道具として必要とされている。ティリッヒに観念論と超自然主義として知られているこれらの極端な理解は、現代、一方では、新しい時代精神の現象を通して、また他方では、宗教的ファンダメンタリズムを通して、再浮上している。キリスト教の伝統の内側から慎重に語り、再びそれに適応させようと努める組織的、哲学的神学は、無制約的なものの制約的なものへの突破の結果として出現する逆説的な然りと否を保持しようとするであろう。それは、したがってまた、啓示の神‐人相互関係を最もよく表現するために、非逆説的で、見た目は混在的で安定している、どちらか一方の極端を、避けるであろう」(ibid., 10)。

(29) なお、この書の全体的構成と資料に関して、シャルフは以下のように総括している。

「逆説と突破は、第2章と第3章における逆説の議論において、また第5章から第8章における突破の議論において、より詳細に特徴づけられるであろう。第4章は、突破と逆説を、両極を共に保ち、一つの極から他の極への突破の可能性をもたらす〈両方‐そして〉(both-and)の方法に、共にもたらす。[資料に関しては]第1章から5章は、原則一九一〇年代と二〇年代のティリッヒの二つの主要な組織的‐神学的資料、すなわち逆説に関しては『組織神学』(一九一三年)を、突破に関しては『教義学』(一九二五年)を扱うが、他方、第6章から第8章は、初期のものを超えて、「教義学」に加え、その概念を含む三八の資料が認められるが、そのティリッヒの文書に見られる〈突破〉の出現の包括的リストを提示することを試みる。突破は、逆説としての啓示理解を補完する概念、つまりその理解を展開するのみならず修正する概念であるため、本書のこの部分は、〈反対の一致〉(coincidentia oppositorum)としての逆説の、確立された諸境界を超える発展に、主として関心を持つであろう。補論は、原文のドイツ語でも未刊行の『組織神学』(一九一三年)の翻訳を提供するであろう」(ibid., 9)。

(30) たとえば、ティリッヒの「逆説」をテーマとした以下のような論文集がある。Gert Hummel, ed., *The Theological Paradox/ Das theologische Paradox* (Berlin: De Gruyter, 1995).

(31) T. A. O'Meara, C. D. Weisser, eds., *Paul Tillich in Catholic Thought* (foreword by J. H. Thomas, with an afterword by Paul Tillich) (London: Priory Press, 1964).

（32）Raymond F. Bulmann, Fredrick J. Parrella, eds., *Paul Tillich: A New Catholic Assessment* (Collegeville: Liturgical Press, 1994), 308. なお、この指摘は、本書の二人の編集者ブルマンとパレラの言葉である。

（33）Ibid.

（34）Ibid., 309.

（35）Ibid., 252.

（36）注（32）の論文集の中で、「カトリック的実体」について直接論じているのは、以下の二つである。Ronald Modras, Catholic Substance and the Catholic Church Today. および Julia A. Lamm, "'Catholic Substance' Revisited: Reversals of Expectation," in *Tillich' Doctrine of God*. なお、Modrasの論文や次の注（37）からも明らかなように、カトリック側からの関心の一つは教会論にある。

（37）なお、以上の二つの論文集以外にも、以下の論文集がある。*Paul Tillich's Theology of Church: A Cathlic Appraisal* (with a foreword by Hans Küng) (Detroit: Wayne State University Press, 1976).

（38）James L. Adams, Wilhelm Pauck, Roger L. Shinn, eds., *The Thought of Paul Tillich* (New York: Harper & Row, 1985), 32. 妻のマリオン・パウクも、序文を寄せているTillich, DF (New York: HarperCollins, 2001) の中で、同様の指摘をしている（viii）。

（39）Charles W. Kegley and Robert W. Brettal, eds., *The Theology of Paul Tillich* (New York: Macmillan, 1952). なお、本書ではCharles W. Kegley, ed., *Theology of Paul Tillich* (New York: Pilgrim Press, 1982) を用いた（以下、TPTと略記）。この版では、ブレッタールの死去により、編集者はケグレイのみとなり、また巻末にはRobert P. Scharlemannによる、ティリッヒの著書目録（一九〇九年から一九七三年まで）が新たに収められている。

（40）Tillich, Auf der Grenze, in *Auf der Grenze: aus dem Lebenswerk Paul Tillichs* (Stuttgart: Evangelisches Verlagswerk, 1962).

（41）Tillich, HCT, recorded and edited by Peter H. John, 2nd edition (1956).

（42）Wilhelm and Marion Pauck, *Paul Tillich, His Life & Thought, vol. 1: Life* (New York: Harper & Row, 1976). 以下、PTと略記。

(43) Renate Albrecht and Werner Schüßler, *Paul Tillich, Sein Leben* (Frankfurt am Main; Berlin; Bern; New York; Paris; Wien: P.Lang, 1993).
(44) Ilse Bertinetti, *Paul Tillich* (Berlin: Union Verlag, 1990).
(45) Gerhard Wehr, *Paul Tillich in Selbstzeugnissen und Bildokumenten* (Reinbek bei Hamburg: Rowohlt, 1979). なお、ヴェーアは、ティリッヒの思想を扱ったものとして、『パウル・ティリッヒ入門』（*Paul Tillch, zur Einführung* (Hamburg: Junius, 1998)）を出版している。
(46) Hannah Tillich, *From Time to Time* (New York: Stein and Day, 1973).
(47) Rollo May, *Paulus, Reminiscences of a Friendship* (New York: Harper & Row, 1973).
(48) Grace Cali, *Paul Tillich, First-Hand, A Memoir of the Harvard Years* (Chicago: Exploration Press, 1995).
(49) レナーテ・アルブレヒトは、『パウル・ティリッヒ』出版の前年、一九九二年二月、突然他界した。そのため、その序文はシュッスラーによって書かれている。なお、シュッスラーは、二〇一五年に以下の共著を著し、ティリッヒのより総括的な理解を試みている。Werner Schüßler and Erdmann Sturm, *Paul Tillich, Leben - Werk - Wirkung* (Darmstade: Wissenschaftliche Buchgesellschaft, 2015).
(50) Albrecht and Schüßler, *Paul Tillich, sein Leben*, 9.
(51) 以上、ibid., 37.
(52) 以上、ibid., 9.
(53) 『ティリッヒ著作集』別巻一、「解説」、白水社、一九七八年、三五〇頁。
(54) Wilhelm and Marion Pauck, PT, 227.（ヴィルヘルム・パウク、マリオン・パウク『パウル・ティリッヒ 1生涯』田丸徳善訳、ヨルダン社、一九七九年、二七五頁）。
(55) Ibid., 228.（同上書、二七六頁）
(56) Ibid.（同）
(57) Ibid., 230.（同上書、二七七―二七八頁）
(58) 以上の記述は、パウク夫妻の証言を加藤が要約的に述べたものを、あらためてパウク夫妻の証言に立ち返って再生したものである。

(59) Tillich, SF, i.

(60) 芦名『ティリッヒと現代宗教論』、四一頁。

(61) Wilhelm and Marion Pauck, PT, 41.（パウク夫妻、前掲書、六〇頁）

(62) Kegley ed., TPT, 9. なお、『著作集』は以下のドイツ語版から訳されている。Tillich, GW XII, Hreg. v. Renate Albrecht (Stuttgart: Evangelisches Verlagswerk, 1971), 64.（『著作集』第十巻、八一頁）。ティリッヒは、すでに触れたように、「大戦前の時代」と「大戦後の時代」と表記しているが、本文で言及したティリッヒ自身の述懐に基づき、第一次世界大戦を「初期」に入れて区分する。

第Ⅰ部　ティリッヒ神学の特質

ティリッヒの神学を論じるにあたり、まずその特質を見ておくことは、本書の主題を探究する上で不可欠なことであろう。特にティリッヒは、自らの神学を弁証学的神学と位置づけているが、その背景にはティリッヒ自身の宗教経験があり、そうした実存的生の中から生まれてきたのがティリッヒの神学である。そのため、初めに、そうした背景も含めて、その特質について見ておきたい。

第1章　ティリッヒ神学と「聖なるもの」

はじめに

ティリッヒは、その神学を展開するにあたり、キリスト教的「生」に注目している。すなわち、キリスト教的生に注目し、それを分析し、その全体を存在論的概念でもって捉え直す中で、神学的思索を展開している。したがって、ティリッヒにおいては、このキリスト教的生こそがその神学の出発点であり、またその神学形成の重要な要素となっている。そこで初めに、ティリッヒの語るキリスト教的生とは何かが明らかにされなければならない。

第1節　神学とキリスト教的「生」

(1) 神学に先立つキリスト教的「生」――経験の原理

キリスト教的生に関して、ティリッヒは『キリスト教思想史講義』の序論において、次のように語っている。「キリスト教的思索の背後には、その思索よりもさらに普遍的にして現実的なものが横たわっている。すなわち、それはキリスト教的生自体（das christliche Leben selbst）である[1]」。ここでティリッヒは、このキリスト教的生の重要性とともに、思索の重要性を指摘し、その本論においてキリスト教思想史を展開するにあたり、その点を強調している。そのことは、「現実は、思索よりも前にある。しかし他方、思索は現実を形づくる。つまり、両者は相互依存の関係にある[2]」と語っていることにもよく示されている。しかし、ここでのわれわれの関心は、「現実は、思索よりも前にある」という指摘であり、この思索に先立つ現実としてのキリスト教的生にこそ、思索の源泉があるという点である。また、この関連で注目すべき点は、この後に続く、思索とともに「方法論的思索」も並行して発達し、その方法論的思索はついには「体系」へと至るというティリッヒの指摘である[3]。ここでティリッヒは、思索の持つ体系性について弁護しているのであるが、ここでもわれわれの関心は、その方法は思索とともにそれに先立つ現実から生み出されるという点である。すなわち、ティリッヒによれば、神学はその源泉となっているキリスト教的生から出発し、その思索も方法論もそのキリスト教的生に規定されているのである。このことは、その著『キリスト教思想史講義』を展開するにあたって語られていることであるが、これはまたティリッヒ自身の神学を語るものでもあると言える。すなわち、ティリッヒの神学そのものが、キリスト教的生に基づき、そこから思索と方法論を獲得して、その神学を展開しているのである。

しかし、ここで注意しなければならないことは、そうした「生」そのものが神学の内容ではないということである。ティリッヒにおいては、それはあくまでも神学を形成する「媒介」であり、その媒介としての経験を通して、その神学が形成されている。そこで、その点を、以下でもう少し詳しく検討しておきたい。

以上の宗教経験の考えは、ティリッヒにおいて終始一貫して見られるが、ティリッヒがその後期に集大成した『組織神学』第一巻の序論において、それは一層整理されて、「経験の原理」（principle of experience）として提示されている。すなわち、ティリッヒは組織神学の資料を問題とする中で、第一に聖書を、それに続き教会史、教派的伝統、さらに宗教史と文化史を資料として挙げているが、そうした諸資料は何か客観的に存在し、有効であるといったものではないのである。ティリッヒによれば、そうした諸資料は、それらとの実存的関係がなければ、資料とはなりえないのである。そして、そこに、宗教経験が位置しているのである。このことを、ティリッヒは次のように語っている。「組織神学の諸資料は、これら諸資料に参与する人にとってのみ、すなわち経験を通して参与する人にとってのみ初めて資料となりうる」(4)。

ところで、この経験を重視する立場は、ティリッヒによれば、キリスト教思想史全般にわたって見られるもので、それは後であらためて扱うことになる、ティリッヒが「アウグスティヌス的フランシスコ的伝統」（Augustinian-Franciscan tradition）と呼ぶ立場を意味している。その詳しい議論はそのところに譲るが、その中核にあるのは、ティリッヒの言葉で言えば、「存在それ自体［＝真理それ自体］の直接的認識」という「神秘主義的－アウグスティヌス的原理（mystical Augustinian principle）」なのである。すなわち、「神秘的直接性」（mystical immediacy）を中核とする伝統である。ティリッヒによれば、このアウグスティヌスの伝統は、アリストテレスから始まり、トマス・アクィナス、ドゥンス・スコートゥス等へと受け継がれた「分析的超然性」(analytical detachment)を中核とする伝統とは対照をなしているが、宗教改革期を経て近代以降においても継承され、一時衰えるも、「大陸の敬虔派、英米(Anglo-American)の独立派、メソジスト派および福音派」において復興し、そして「シュライエルマッハーの神学的方法論において古典的神学的表現を見出した」[5]。したがって、経験の原理に立つティリッヒは、シュライエルマッハーを高く評価するのみならず、深い親近感を寄せている。そのことは、ティリッヒが、「シュライエルマッハーが宗教を『絶対依存の感情』と定義したとき、その『感情』とはアウグスティヌス的フランシスコ的伝統の意味におけるある無制約的なものの直接的意識を意味した」[6]と語り、またこの「絶対依存の感情」は、「本書〔『組織神学』〕において『われわれの存在の根拠と意味に関する究極的関わり』と呼ぶものにむしろ近いものであった」[7]と語るとき、よく示されている。すなわち、シュライエルマッハーが語った「絶対依存の感情」(feeling of absolute dependence)はティリッヒが信仰を定義して語った「究極的関わり」(ultimate concern)と軌を一にするものであり、ティリッヒは、この点における共感においても、またシュライエルマッハーをアウグスティヌス的フランシスコ的伝統に位置づけ、さらにその特色を神の直接的認識に認めている点においても、自らをシュライエルマッハーと同じ伝統に属するものと見なしているのである。

ただ批判がないわけではない。ティリッヒは、「シュライエルマッハーの信仰論(*Glaubenslehre*)における彼の方法論」は批判されなければならないと語る。というのも、「彼は、キリスト教信仰のすべての内容を、彼がキリスト者の『宗教的意識』と呼んだものから引き出そうとした」からである。すなわち、ティリッヒは、経験を重んじながらも、「キリスト教信仰のすべて」を「宗教的意識」から引き出すことは誤りであると言う。なぜなら、「経験は、組織神学の諸内容がそこから得られるところの資料ではなく、諸内容がそれを通して実存的に受け取られるところの媒介である」からなのである。(8) すなわち、経験そのものは資料ではなく、それはあくまでも資料が実存的に受け取られることを通して意味をなすための「媒介」(medium)なのである。つまり、資料とは、繰り返しになるが、聖書をはじめとする教会史や教派的伝統等であるが、それを便宜上ここでは「聖書」に集約させて語ると、神学が基づく資料としての〈聖書〉と〈神学〉との間に〈経験〉があり、その経験が媒介して聖書から神学（たとえば三位一体論）が形成されるのである。したがって、経験そのものが神学（の内容）なのではなく、それはあくまでも媒介なのである。しかしながら、同時に、その媒介としての経験が神学的思索とその方法論を決定していくことも確かであり、その限り、経験が神学に色濃く反映されていくことは避け難いと言わなければならない。

いずれにしてもティリッヒは、「経験の原理」に立ち、その宗教経験を通して、その神学を展開したのである。そして、その宗教経験とは、以下において見るように、何よりも「聖なるもの」に根ざすものであった。

(2) ティリッヒの宗教経験——「聖なるもの」

上述したように、ティリッヒの神学は深くキリスト教的生に根ざしている。それでは、そのキリスト教的生とは何か、その点があらためて問われなければならないであろう。

ところで、ティリッヒの神学は、しばしば実存主義的神学と呼ばれることがある。第４章で見るように、その呼び方は必ずしも正しくはないが、しかしティリッヒの神学が実存主義思想の影響を大きく受けていることは確かであるばかりか、その神学自体が非常に実存的であることもまた確かであろう。すなわち、そこにはティリッヒ自身の人生が深く反映されており、それは特に宗教経験において見られる。そのため、ティリッヒが語るキリスト教的生とは、ティリッヒ自身の宗教経験に根ざすもので、ティリッヒはそれを「聖なるもの」の経験として語っている。そこでまず、その経験とはどのようなものであったのか、ティリッヒの証言するところに耳を傾けてみたいと思う。ティリッヒは、この「聖なるもの」の経験をめぐって、自分の幼少年時代を回顧しながら次のように語っている。

「聖なるもの」(the "holy")の経験は、そのころ[シェーンフリースおよびケーニヒスベルクでの幼年時代]、私にとって失われることのない所有物として、また私のすべての宗教的および神学的研究の礎石として与えられた。ルードルフ・オットーの『聖なるものの理念』(9)を初めて読んだとき、私はこういった幼いころの経験の光のもとで、この理念を直ちに理解し、この理念を私の思惟のうちに本質的要素として取り入れた。それは私の宗教哲学の方法を規定した。その宗教哲学において、私は、聖なるものの経験から出発し、そこから神の理念に至ったのであって、その逆ではない。実存的に、また神学的に同様に重要であったのは、聖なるものの理念の持つ神秘的、秘蹟的、審美的意味であった。またそれによって、宗教の倫理的、論理的要素も、神的なるものの現臨体験から導き出されたのであって、その逆ではない。かくて私は、オットーがそうであったようにシュライエルマッハーに対して、親近感を覚えるようになった。そしてオットーも私も、典礼革新運動に参加するようになり、またキリスト教的および非キリスト教的神秘主義に対して、新たな評価を行うように努めることになった(10)。

これは一九五二年に出版された『パウル・ティリッヒの神学』の初めに「自伝的考察」として収められている一

文からの引用であるが、ここにはティリッヒの神学を理解する上で重要ないくつかの要素が語られている。その中でもより重要な点は、ティリッヒの神学的思考が「聖なるもの」の経験という宗教経験から出発しているということである。もちろん、その背景にはキリスト教という環境がある。いみじくもティリッヒ自身、幼年時代を「牧師館で過ごした幼少年時代(11)」と語っているように、その「聖なるもの」の経験は、そうしたキリスト教的環境に支えられての経験であったと言える。しかし、ティリッヒの神学がこうした宗教経験から出発しているということは、ティリッヒ自身、それが「私のすべての宗教的および神学的研究の礎石」となった、あるいは「私の宗教哲学の方法を規定した」と述懐しているように、ティリッヒ神学の基盤をなす重要な要素なのである。すなわち、この文章において、われわれは先に触れたティリッヒの考え方を再確認することができるわけであるが、ティリッヒの神学は、その思索も方法論も、この「聖なるもの」の経験から生まれているのであり、ティリッヒが語るキリスト教的生の本質は、取りも直さずこの「聖なるもの」の経験に根ざしていたのである。

(3) 神学的円環

ところで、ティリッヒが語る「聖なるもの」を検討するに先立ち、宗教経験と神学との必然的関係と、宗教経験を捉える方法について、ティリッヒの語るところを確認しておくことは有益なことであろう。

まず、前者に関してであるが、(1)で見た宗教経験と方法論との関係についての基本的考えを、われわれは、『組織神学』第一巻の序論で展開されている「神学的円環」という考えに見ることができるであろう。ティリッヒは、この序論の中で、神学が持つ原点とも言うべきものについて触れ、以下のように語っている。すなわち、「すべてのいわゆる学的な神学には、個人的経験、伝統的評価、人格的決断が問題の結論を決定しなければならない一点がある」[12]。そして、この一点とは、「経験と価値評価とのあるア・プリオリ（an a priori）」であり、それは「一種の神秘的経験」に基づいている。というのも、それは「直観的に意識される価値また存在における或る究極的なものの直接的経験」であるからである[13]。ティリッヒは、そのア・プリオリを、思想史的には、「存在それ自体」（スコラ哲学）、「宇宙的実体」（スピノザ）、「精神と自然の同一」（シェリング）、「宇宙」（シュライエルマッハー）、「絶対精神」（ヘーゲル）などとして表現されてきたことに見ているが、しかしそれがどう表現されようとも、そこには基本的に同じ思考過程があると言う。すなわち、ティリッヒによれば、「理想主義も、自然主義も、その神学的諸概念を展開するとき、その出発点で違うところはほとんどない。両者はともに経験の主体と、宗教経験ないしは世界の『宗教的』経験の中に現れる究極的なものとの同一性に基づいている。理想主義者および自然主義者の神学的諸概念は、『神秘的なア・プリオリ』（mystical a priori）、すなわち主観－客観の対立を超えるあるものの意識に基づく。そして、『学的』なやり方を進めていくうちに、このア・プリオリが発見される場合、その発見はそれがそこにあったからこそ可能なのである」。すなわち、ティリッヒは、どのような神学的思考においても、その出発点には、主観と客観との対立を超える「神秘的なア・プリオリ」の意識があり、そうした意識があるからこそ、たとえそれを明確に意識していなくても、そこへと向かう学的探求が可能なのであって、そこには「どのような宗教哲学者（ティリッヒにおいては、「組織神学者」とほぼ同義）も回避することのできない円環」があると言うのである[14]。これが、ティリッヒの言う「神学的円環」（theological circle）である。そして、ティリッヒにおいては、そのア・プリオリとは、「聖なるもの」として経験されるもので、ティリッヒの神学においてはしばしば「無制約的なもの」（the unconditional）あるいは「究極的関心」（ultimate concern）として論じられている。したがって、ティリッヒの神学は、「聖なるもの」の神秘的経験から出発し、またそこへと帰っていく、一連の学的作業であるとも言えるであろう。

（４）批判的現象学的方法

それでは、その「聖なるもの」はどのように捉えることができるのか。われわれは、それを、ティリッヒ自身が「批判的現象学」と呼ぶ方法に見ることができるであろう。

ティリッヒは、前掲書『組織神学』第一巻の序論において、この現象学的方法について、エトムント・フッサール（Edmund Husserl, 1859–1938）に倣って次のように語っている。「言及されている実在の問題をしばらく不問にして、その『意味』を記述することが、いわゆる現象学的方法の目的である[15]」。さらに、この方法の意義について、「この方法論的接近の意義は、ある概念の妥当性が決定される前に、すなわちそれが是認または否定される前に、その概念の意味が明瞭化され限定されなければならないという要求にある[16]」と付言している。すなわち、ある概念についての価値判断がなされる前に、その概念の意味を、それを記述することによって明瞭にする方法が、現象学であると言える。さらにティリッヒは、この方法の基準について次のように語っている。「現象学的記述の基準は、それによって与えられた描写が説得力を持っていること、それが同一方向を見ようとするいかなる人にも見られうること、その記述が関連する諸概念を照明すること、およびこれらの諸概念が反映している実在が理解可能になることである[17]」。すなわち、それは一切の偏見や固定観念や通説から概念を解放し、より客観的で、何人も同意できるレベルにまでその意味を明示し、その概念が示す実在の理解を可能とすることである。ティリッヒは、この点を、

「諸現象をそれらが『自己を現す』ように指し示す方法[18]」とも語っているが、そうした客観的、記述的明示を目指すのが現象学なのである。

ところでティリッヒは、この方法は、特に宗教の領域において不可欠であると言う。というのも、宗教の領域においては、あまりにも多くの場合、「ある観念が未整理の漠然とした通俗的な意味に受け取られて、安易で不公平な排斥の犠牲になっている[19]」からである。しかしながら、この宗教の領域において、この現象学的方法には一つの決定的な問題がある。それは、現象学が、「ある理念が、どこで、また誰に対して啓示されるのか」という問いには十分には答えられないからである。たとえば、なぜイエス・キリストが「終極的啓示（final revelation）」（ティリッヒの用語で言えば）であるのかという問いには、現象学は答えられないのである。ティリッヒによれば、それが可能なのは、ただ啓示によるのである。すなわち、「啓示というような概念の意味を現象学的に記述するために用いられるべき範例の決定」は、「受容され、また終局的と考えられる啓示による」のである[20]。すなわち、なぜイエス・キリストを終極的啓示とするのかは、ただ啓示によるのであって、その啓示においてイエス・キリストを終極的啓示として与えられるからなのである。したがって、それは非常に「実存的」であり、また同時に他の諸啓示に対しては「批判的」となる。そのためティリッヒは、「このような決定は、形式においては批判的であり、内容においては実存的である」と語る。したがって、宗教的理念に対してティリッヒが用いる現象学は、単なる現象学ではなく、それは「直観的記述的要素と実存的批判的要素」を統一したものとなる。そこでティリッヒは、この二つの要素が統一された現象学を、「批判的現象学」（critical phenomenology）と呼び[21]、この批判的現象学を用いて、自らの宗教経験である「聖なるもの」を学的に把握しようとするのである。

第2節　ティリッヒ神学とオットーの『聖なるもの』

(1) オットーの『聖なるもの』との出会い

そこであらためて、ティリッヒが語る「聖なるもの」とは何かが問われなければならない。それは、本来は聖書の重要な概念の一つであるが[22]、先の引用文にもあるように、それはまた一九一七年に出版されたルードルフ・オットーの名著『聖なるもの』(*Das Heilige*) によって、いわば現代において再発見された概念でもある。しかも、ティリッヒ自身、この書物から大きな影響と励ましを受けた。ティリッヒは一九二五年に書いた「宗教哲学者ルードルフ・オットー」という文章の中で、この書物およびオットーとの出会いを次のように語っている。

一九一七年の秋、シャンパーニュ地方、ホッホベルクの野営地「赤い土地」で、ルードルフ・オットーの書『聖なるもの』をたまたま手に入れたときのことは、私にとって忘れえぬ出来事であった。書体のいくつかの奇妙な点や、全く無名の出版社であったことが、一瞬、私に戸惑いの感を抱かせた。しかし、それにつづいて驚嘆、内的感動、熱狂的な同意が生じた。そうしたことは、神学書を読む際、もはやめったに起こらないことである。私は学生のころ、友人たちが、この著者の最初の大著『自然主義および宗教的世界観』を称賛していたのを思い出した。しかし当時私は、フィヒテとヘーゲルの信奉者であって、こういった問題にはきわめて疎遠であった。高校最上級で、カントおよびフィヒテを研究したため、ヘッケルの世界の謎に関する哲学的素朴さに対しては、苦笑しか残らなかった。こういった問題領域との対決は余計なことのように思われた。こういった対決が、実際には、一般的精神状況にどれほど適っていたかということを示したのは、一九〇四年に公刊されたこの書『自然主義および宗教的世界観』の大変な売れ行きである。一九〇九年には、第二版が出た。そしてこの成功は当然であった。ある大新聞の批評家は、ダーウィン主義の諸問題に対する最良の洞察は、一人の神学者のもとで、まさにルードルフ・オットーのもとで得られると書いた(23)。

この文章からも明らかなように、ティリッヒはオットーの書物との出会いを通して「聖なるもの」の重要性にあらためて気づかされたのである。「驚嘆、内的感動、熱狂的な同意」が直ちに生じたということは、ティリッヒ自身の内にこの聖なるものの経験があり、それが無意識のうちにもティリッヒ自身を深いところで規定していたということではなかろうか。そのことを、この書物によって深く自覚させられたと理解してもよいであろう。この文章に先立って、一九二三年にも「ルードルフ・オットーにおける『聖なるもの』の範疇」という文章を書いており、ティリッヒがいかにこの書物から大きな影響を受けたかが窺われる。さらにまた、オットーに対する思いは、『聖なるもの』に先立って公刊された『自然主義および宗教的世界観』への新たな評価において、一層深まったと言える。いずれにしても、ティリッヒは、『聖なるもの』との決定的な出会いを通して、「聖なるもの」の理解を深めたのであり、そのことがティリッヒの神学形成の出発点ともなったのである。

(2) オットーの「聖なるもの」の概念

ところで、ここで確認しておかなければならないことは、ティリッヒがオットーの語る『聖なるもの』をどう理解し、その意義をどこに認めたのかという点である。ティリッヒによれば、オットーが語る「聖なるもの」とは、何よりもあらゆる現実性に対して「全く他なるもの」(Ganz Andere)、すなわち「絶対他者」として、つまり「全くよそよそしいもの、非派生的なもの、整序されえないもの」として経験されるものなのである。したがって、人はそれについて「否定的表現によって」しか語りえず、しかも「聖なる原言語でもって」、「口ごもりながら」しか語りえないのである。[24] しかし、それは決して否定的なものではなく、むしろ最も肯定的なものでもあり、人間にはその両面を持つものとして経験されると言う。ところで、周知のように、オットーはこの「聖なるもの」の持つこのような特質を「ヌミノーゼ」(Das Numinose)という言葉で表現し――これも周知のように、それはオットーの造語であって、ラテン語の numen (「神性」の意)から取られた言葉である[25]――、このヌミノーゼの分析に基づいて「聖なるもの」を理解している。すなわち、オットーは、ヌミノーゼを以下の六つの要素に分けて論じている。それは、①「被造物感」(Das Kreaturgefühl)、②「畏るべき神秘」(Mysterium tremendum)、③「ヌミノーゼな賛歌」(Numinose Hymnen)、④「魅惑するもの」(Das Fascinans)、⑤「不気味なもの」(Ungeheuer)、⑥「神聖」(Das Sanctum)／「尊厳なもの」(Das Augustum) の六要素である。[26] しかしながら、ティリッヒは、それを「畏怖すべきもの」と「魅惑するもの」という二つにまとめ、その全体を「神秘」という概念で統括し、それを以下のようにまとめている。すなわち、まず神秘に関しては、「ヌミノーゼは神秘であり、本質的に、また必然的に神秘でありつづけ、いかなる概念作業によってもこの性格を失うことのありえないものである」と語る。というのも、神的なものは、たとえ人間の語る対象となるとしても、決して対象となることのない、その意味では永遠に自らを隠している神秘的存在であるからである。そして、この神秘性なくして神的であるということはありえないのである。[27]しかし、この神秘としてのヌミノーゼは、同時に否定と肯定との二つの面において人間に関わってくる。そして、その否定的面が、「畏怖すべきもの」(tremendum)という感情を引き起こすのである。すなわち、「それ［ヌミノーゼ］の面前で、人は恐怖と戦慄に捕らえられる。それがどこに現れようとも、それは不気味なものであり、恐るべきものであり、怒りであり、その面前では人が滅び去ってしまう焼き尽くす火である」。すなわち、聖書的に言えば、罪人なる人間にとって、義なる神は怒りであり、恐るべきものであり、焼き尽くす火なのである。しかし、それは同時に、全く正反対の性質をも持つ。それが「魅惑するもの」(fascinosum)という性質である。そして、それは、「それなしには、人が不安と空虚さのうちに留まらざるをえないもの」なのである。したがって、ヌミノーゼは一方では人を裁くものとして経験される半面、それは同時に人の不安を克服し、その空虚さを満たすものとして経験される。そのため、それは「魅惑し至福に至らせるものであり、人がそれと合一することを願うもの」なのである。[28]すなわち、この二重の逆説的構造においてヌミノーゼは経験されるのであり、それが「聖なるもの」の特質なのである。そしてこの「聖なるもの」は、ティリッヒによれば、ただキリスト教にのみ見られるものではなく、すべての宗教に、すなわち宗教史全体に見られるのであり、宗教を宗教としているのが、この「聖なるもの」の経験なのである。

ところで、こうした特質とともに、ここで重要なことは、この「聖なるもの」と現実(の宗教)との関係である。というのも、ティリッヒによれば、「聖なるもの」は一切の現実を超えており、理性との関連で言えば、「理性的領域の彼方に存在する根源的所与性」であるが、それは同時に合理的概念や行為を用いて自らを開示するものでもあるからである。[29] すなわち、ティリッヒによれば、オットーはそうした聖なるものの媒介となった合理的なものを「表意記号」(Idiogramme) と呼ぶが、こうした表意記号なくしては「聖なるもの」はその現実性を持つことはできないのである。したがって、「聖なるもの」は、こうした合理性を必要とするのである。しかし、そこには深刻な問題もある。それは表意記号がその生命力であるヌミノーゼ的根源を喪失し、「合理化」されることである。たとえば、神話はロゴス化され、祭儀は倫理化され、本来の宗教性を失っていくのである。しかしティリッヒによれば、それはすべての宗教が必然的にたどる道でもある。しかも、それはキリスト教においてその頂点に達しているとも見なされている。しかし、そこで宗教が終わるわけではない。むしろ、ティリッヒによれば、そうした中で、もう一つの必然的なことが生じるのである。なぜなら、宗教的な生命力が失われた状況の中で、それを打ち破る「聖なるもの」の新たな〈突破〉(Durchbruch) が生じるからである。そして、それによって宗教性は新たに回復されていくのである。[30] すなわち、ここに、「聖なるもの」と現実（の宗教）との重要な基本的関係があると言える。この突破については、後でまた詳しく論じられることになろう。

（３）オットーに対する批判と継承

以上が、ティリッヒが理解するオットーの「聖なるもの」の概念であるが、ティリッヒはこのようなオットーのダイナミックな理解に深い共感を覚えるとともに、興味深いことに、オットーのこの書物自体が、その時代に対して、そうした〈突破〉になったと見ている。すなわち、「オットーの思想は、神学にとって、絶対他者のそうした突破となったのである。それは神学的、宗教哲学的研究を、合理的諸問題の陥穽から、また論理と倫理への頽落から救ったのである」[31]と語っている[32]。

ところで、そうした深い共感を覚えるオットーの書物ではあるが、また批判点がないわけではない。それは基本的に二点あり、その一つは批判と言うよりは、むしろオットーの主張に共感し、それをさらに継承する上で自らに課した課題とも言える。それは、一言で言えば、合理的なものと非合理的なものとの「関係」である。ティリッヒは、オットーの聖なるものの分析を非常に優れたものとし、その〈突破〉の見解とそれが時代に対して持っていた突破の性格を高く評価するが、その先を問題とするのである。それが、合理的なものと非合理的なものとの関係であり、それは「自らが先に進まなければならないと信ずる地点」であるとも語っている。すなわち、「この小文の筆者［ティリッヒ］のように、その著『聖なるもの』によって与えられた解放を経験した者は、自らがさらに先に進まなければならないと信じる地点、つまり、たとえば合理的なものと非合理的なものとの関係、ヌミノーゼなるものの彼岸性と此岸性との関係の規定といったところにおいても、なお彼の最初の突破を忘れることはできない」[33]。ただし、オットー自身、ティリッヒが自らの課題と見なす合理的なものと非合理的なものとの関係に関心がなかったわけではない。それどころか、オットーは初めからその点に関心を持って取り組んだのである。そのことは、その書物の副題に明確に示されている。すなわち、その副題とは、「神的なものの理念における非合理的なものと合理的なものに対するその関係について」[34]というものであり、オットーは初めから合理的なものと非合理的なものとの関係に注目していたのである。ただし、その関係は、非常に限定されたものだと言わなければならないであろう。すなわち、それは「聖なるもの」の経験という宗教経験に限定された議論であり、ティリッヒが展開したようなすべての存在の中に両者の関係を見るという視点から見れば、ごく限られたものであった。しかし、ティリッヒは、それを否定的に批判するというのではなく、むしろそれを自分に課せられた課題として積極的に受け止め、オットトーの取り組みを自らにおいてさらに継承・発展させようとしたのである。

さらにティリッヒが指摘するもう一つの問題点は、絶対他者という概念である。実はこれも今指摘した「関係」という問題と結びついている。というのも、絶対他者というのは、関係性ではなく超絶性を強調する概念であるからである。これに対してティリッヒは、「無制約的なもの」という概念を提示する。そしてこの概念のほうが絶対他者という概念よりも優れているとする。というのも、「無制約的なもの」というのは、「制約的なもの」を前提とする概念であり、そこには両者の関係が前提とされているからである。(35)

以上のように、ティリッヒは、オットーの著書『聖なるもの』に接して深い共感と確信を覚えるとともに、さらにそれが取り残した課題を継承しようとしたのである。すなわち、一方では聖なるものの〈突破〉ということを見据えながら、他方では合理的なものと非合理的なものとの関係に注目し、それを存在の全領域において解明することで、その全体を明らかにしようとしたのである。それは、少し整理された言葉で言えば、神と人間との実存論的関係と本質論的関係の解明とも言えよう。そして、この全体の解明が、ティリッヒの組織神学となって展開されているのである。逆に言えば、この二つの関係が明確に捉えられて展開されているのが、ティリッヒ自身の「聖なるもの」の概念であると言える。そこで、あらためて、ティリッヒ自身の語る「聖なるもの」とは何かが検討されなければならないが、その内容は基本的にはオットーの「聖なるもの」の概念のところで言及されたものと同じである。すなわち、ティリッヒは、オットーが展開するヌミノーゼの分析を「畏怖すべきもの」と「魅惑するもの」との二つに集約し、その全体を「神秘」として捉えたわけであるが、この理解にティリッヒの「聖なるもの」の基本的理解が示されていると言える。しかし、ティリッヒにおいては、この「聖なるもの」の理解は、その後期の集大成である『組織神学』において、その内実がさらに啓示論として展開されており、またその内容は存在論的に捉え直され、人間の「生」全般にわたって体系的に論じられている。したがって、その点において、ティリッヒの「聖なるもの」の概念はオットーの概念を大きく進展させていると言える。そこで次に、その啓示論の概要を検討することにより、ティリッヒの「聖なるもの」の理解が明らかにされなければならないが、それは第3章においてあらためて扱いたいと思う。

注

（1）Paul Tillich, *Vorlesungen über die Geschichte des christlichen Denkens, Teil 1, Urchristentum bis Nachreformation*, EN I, 17.（『著作集』別巻二、二二頁）
（2）Ibid., 18.（同上書、二三頁）
（3）Ibid.（同）
（4）Tillich, ST I, 40.
（5）Ibid., 41.
（6）Ibid.
（7）Ibid., 42.
（8）Ibid.
（9）Rudolf Otto, *Das Heilige: über das Irrationale in der Idee des Göttlichen und sein Verhälthis zum Rationalen* (Breslau: Trewendt und Granier, 1917). この文書は英文であるため、英訳の書名（*Idea of the Holy*）が用いられている。
（10）Charles W. Kegley and Robert W. Bretall, eds., *The Theology of Paul Tillich* (New York: Macmillan, 1952), 6.（『著作集』第十巻、七七頁。ただし、『著作集』はドイツ語版からの訳である。）

(11) Ibid.（同）

(12) Tillich, ST I, 8.

(13) Ibid., 8–9.

(14) Ibid.

(15) Ibid., 106.

(16) Ibid.

(17) Ibid.

(18) Ibid.

(19) Ibid.

(20) Ibid., 107.

(21) Ibid. ところで、ティリッヒは、この批判的現象学的方法についての基本的考えを、「聖なるもの」についての関心と同様に、かなり早い時期から論じており、一九二五年に出版された『宗教哲学』の中ですでにこの考えを展開している。またこの批判的現象学的方法は、オットーの方法であったとも言える。ティリッヒは、オットーに言及する中で、以下のように述べている。「オットーは、現象学の力をはっきりと示すが、また同時にその限界をも示している。つまり現象学の道で価値の領域にせまることは不可能なのである。その代わりに、カント的意味での批判的要素が不可欠となる。純粋－直観的方法ではなく、批判的－直観的方法が方法的理想である。オットーが宗教的性向について語り、聖なるものをア・プリオリ的範疇とするとき、彼自身、この方向に進んでいるのである」（Tillich, GW XII, 185.『著作集』第十巻、二四七頁）。

(22) ティリッヒは、「聖なるかな、聖なるかな、聖なるかな、万軍の主、その栄光は全地に満つ」という神への賛美が語られている旧約聖書のイザヤ書6章に基づき、説教「聖なるものの体験」を語っているが、その冒頭で、「この一章は旧約聖書のうち最も偉大なものの一つである。これは明瞭に聖書の宗教の本質を啓示している」と語り、またこの預言者イザヤの神経験は、何よりも「神の聖性（holiness）」の経験であると語っている。（Tillich, SF, 88–89）

(23) Tillich, GW XII, 179.（『著作集』第十巻、二三九頁）

(24) Ibid., 181.（『著作集』第十巻、二四二頁）

(25) なお、「ヌミノーゼ」の表記について、*Das Heilig* の翻訳者華園聰麿は、次のように注記している。「オットーは形容詞として造語した『numinös』を『numinos』と書き換えて用いている。Das Numinose はそれを名詞形にしたもので、『ヌミノーゼ』と発音する。この場合、『ヌミノースなもの』と訳すこともできるが、宗教学の学説史では『ヌミノーゼ』という表現が術語として定着しているので、本訳書ではこれに統一した」（ルードルフ・オットー『聖なるもの』華園聰麿訳、創元社、二〇〇五年、一八頁）。本書もこれに従い、「ヌミノーゼ」と表記する。

(26) 以上、Otto, *Das Heilige* より。なお、訳語は同上、華園訳に従った。

(27) Tillich, GW XII, 181.（『著作集』第十巻、二四二頁）

(28) Ibid.（同上書、二四三頁）

(29) Ibid., 182.（同）

(30) Ibid., 182.（同上書、二四三―二四四頁）

(31) Ibid.（同上書、二四四頁）

(32) ティリッヒはまた、「ルードルフ・オットーにおける『聖なるもの』の範疇」（"Die Kategorie des 'Heiligen' bei Rudolf Otto," *Theologische Blätter*, vol. 2, 1923）においても、同様のことを語っている。すなわち、「この書は、筆者の確信するところでは、宗教哲学の領域における突破の書（das Buch des Durchbruchs）であり、しかも、単に突破であるだけではなく、今日に至るまで指導的役割を担ってきた書である。筆者のように、戦場ではじめて、聖なるものについてのオットーの分析に強烈な感銘を受けた者、またこの感銘が、自分でものを考える際、いつも影響を及ぼしている者にとって、この書の美しさと力について証言することは、何はさておき、どうしても果たさなければならない感謝の行為である」（ibid., 184. 同上書、二四六頁）。また続けて次のようにも語っている。「実際それは、一つの突破であった。過去数十年の、教会的意識の内にのみならず、哲学的‐観念論的意識のうちにも潜んでいたあらゆる形の理性論的硬直と重荷のもとで、生命的なものの原火が燃え上がり、かの硬直した層が、揺るがされ決壊しはじめたのである」（ibid. 同）。

（33）Ibid., 182.（同上書、二四四頁）
（34）注（9）を参照。
（35）Ibid., 186.（同上書、二四八―二四九頁）

第2章　弁証学的神学の理念

はじめに

前章では、ティリッヒ神学の基礎をなす神学とキリスト教的生の関係について概観し、ティリッヒ神学の基本的特質を見たが、ここでは、それに基づいて展開されたティリッヒ神学の全容について明らかにしたいと思う。それは、一言で言えば、ティリッヒ自ら「弁証学的神学」と呼ぶ神学形態で、それはティリッヒが自らの経験を通して培って行ったものである。本章では、その歴史的背景も含め、その理念と構造について明らかにし、第Ⅱ部で扱う、ティリッヒ神学の核心をなす〈逆説的合一〉の議論に備えたいと思う。

第１節　弁証学的神学への自覚

（1）弁証学的関心の芽生え

ティリッヒがその主著『組織神学』全三巻の第一巻を著したのは、一九五一年である（ちなみに第二巻は一九五七年、第三巻は一九六三年である）。それは、ティリッヒの七九歳の生涯から見れば、その晩年に属する（第三巻が完成したのは、死の僅か二年前である）。しかし、その構想は、すでに二〇歳台にはあったと言われている。[1] それは、ティリッヒの基本的な神学思想が、かなり早い時期に形成されていることからも十分窺い知ることができる。しかしそれだけではなく、弁証学そのものに対する関心が若い時期に明確に示されていることからしても、それは明らかである。

そこでまず、ティリッヒの若い時期（初期）を簡単に振り返っておきたい。[2] ティリッヒは、その高等教育を一九〇四年の冬学期からベルリン大学の神学部で始めた。一九〇五年の夏学期にはチュービンゲン大学で学び、同年の冬学期にはハレ大学の神学部に移る。その後、ここで二年間学び、必要とされる学習課程を終えている。そして一九〇七年一〇月、再びベルリン大学に戻り、それから一年余り、博士の学位を取るための課程を修め、また聖職に就くための第一次神学試験に備える。その試験には一九〇九年の春に合格し、神学候補生となるが、この年の一月から同年の秋まで、一時ベルリンに近いリヒテンラーデという農村の教会で、牧会の仕事の助手を務める。そして、この間、学位論文「シェリングの哲学的発展における神秘主義と罪責意識」[3] のための準備をし、ベルリンに戻った同年末にそれを完成させる（それは第二次神学試験のために必要なもので、それがハレ大学に提出されたのは一九一一年である）。しかし、その頃、たまたまベルリン市が、優れた論文を書いた哲学の博士学位取得候補者に奨学金を出すことになり、それを聞いたティリッヒは、哲学博士の学位を取得し、その奨学金に応募することを決め、先のシェリング研究に基づいてもう一つの論文「シェリングの積極哲学における宗教史の概念――その前提と原理」(4)を書き、ブレスラウ大学に提出した。そして、一九一〇年八月、ブレスラウ大学より哲学博士の学位を取得、また、ベルリン市から奨学金を得ることになる。その後、一九一一年一二月、第二次神学試験を受け、一九一二年初頭、最初の論文を提出していたハレ大学より神学士の学位を取得、これをもって大学での一連の学びを終えることになった。

ティリッヒが最終の教会委員会の試験に合格し、按手を受けたのは一九一二年八月である。そして、その後の二年間、ティリッヒはベルリンのモアビットという労働者地区で副説教師を勤めることになるが、実はこの期間に、ティリッヒはその仕事を通して弁証学の必要性を強く感じるに至ったのである。そして、それは、ティリッヒが直面した貧しい人たちに対してだけではなく、いわゆる知識階級に属する人たちに対しても感じられたのである。このときの状況を、パウク夫妻は次のように記している。

例えば、堅信礼のためのクラスを教えている間に、彼［ティリッヒ］は「信仰」という言葉が最早なんの意味も持たなくなっていることを発見した。そして彼は、おそらく初めて、問いが答えを含むだけでなく、また答えはつねに問いを前提すること、また人間としての問いとキリスト教の答えとが避けがたく関係づけられており、両者はつねに協調して働かなければならないことを理解したのである。この発見が、神学者としての彼のあり方を決定した。すなわち彼は、その発展の初期から、理性による説明によってキリスト教信仰を解釈しようとする弁証学的な神学者の側に立っていたのである。(5)

パウク夫妻は、この時、ティリッヒがすでに『組織神学』第一巻の序論で論じているのと基本的に同じ内容を強く意識したことを述べているが、それには十分な裏付けがある。それは、ティリッヒが、一九三六年に、後に『境界に立って』と題する書物として独立して出版されることになる自伝的エッセイの中で、(6)次のように述べているからである。「教会の教えや制度に対する批判が成長するにつれて、実践面でもしだいに疎遠が生じてきた。決定的であったのは、教会外の社会、まず知識人の社会、ついでプロレタリア階級の社会を体験したことであった。私が教会外の知識層との触れ合いを経験したのは比較的遅く、神学教育を終了してのちのことである。この出会いは、弁証学という境界状況（Grenzsituation）に対応する独特の形態をとった」。(7)ティリッヒは、神学教育を終了してのち［上述したように、モアビットで副説教師として働いていた頃］こういった教会外の知識人たちとの出会いを通して、弁証学の必要性に気づいていったのである。そして、そのような中で、ティリッヒは友人のカール・リヒャルト・ヴェーゲナー（C. R. Wegener）と共に、「理性の夕べ」（Vernunft-Abende）という集いを持ち、さまざまな分野の人たちとの学問的語らいを通して弁証学的実践を試みさえしたのである。(8)

（２）弁証学的関心の背景

ところで、このように、ティリッヒはその若いときから強い弁証学的関心を抱き、それが結局は彼の神学体系を築くことになったわけであるが、その関心を生み出すことになった原因は——その具体的萌芽は、今見たように、彼が実際の牧会に立ったときに明確に意識されるに至ったわけであるが——それよりもさらに遡るように思われる。そして、それは、ティリッヒが「境界」——彼はこの用語を後から用いるようになるのであるが——ということを意識するようになった時点にまで遡ることができるのではないかと思われる。なぜなら、この「境界」という言葉こそ、ティリッヒの実存をまさに端的に表現する言葉だからである。ティリッヒは、上述の『境界に立って』の序「境界という場」のところで、この境界について次のように述べている。「私は拙著『宗教的現実化』（Religiöse Verwirklichung, Berlin 1930）の序文の中で、『境界（Grenze）は、認識が本来的に実を結ぶ場である』と記した。自分の思想の発展を、自らの生の中から取り出して叙述するよう要請を受けたとき、私は境界という概念が、私の人格的、精神的な全発展を象徴するのに適合しているということに思い至った。ほとんどあらゆる領域にわたって、実存の二つの可能性の間に立ちながら、そのいずれにも安住することなく、しかもそのいずれか一方を決定的にしりぞけるような決断も下さないというのが、私の運命であった」(9)。こうした態度は、常に新しい可能性に開かれているという豊かさと同時に、また絶えざる緊張をもたらすことになったわけであるが、ティリッヒにとっては、まさにそのところから、自分の運命とともに「課題」が生じたのである。

ところで、ティリッヒは、この『境界に立って』の中で、具体的に十二の境界について論じている。すなわち、「諸気質間の境界」「都会と田園との境界」「社会的諸階級の境界」「現実と夢想との境界」「理論と実践との境界」「他律と自律との境界」「神学と哲学との境界」「教会と社会との境界」「宗教と文化との境界」「ルター主義と社会主義との境界」「観念論とマルクス主義との境界」「故郷と異郷との境界」の十二の境界である。それは、両親の気質や幼児体験から始まり、徐々に形成されていった思想的、神学的内容に至るまで、多岐にわたるものであり、わわれわれは、そのすべてがティリッヒの神学思想に深く関わっていることを容易に見て取ることができる。しかし、その中でも特に重要と思われるのは、神学と哲学との境界である。なぜなら、われわれはそこに、ティリッヒがこういった境界上に自らを置くことを可能にした思想的背景を見ることができるからである。それは、次のようなティリッヒ自身の言葉によっても裏打ちされる。すなわち、「私は自らの実存を、境界という観点から説明しようと試みているが、この境界の状況は、他のどこよりも、この章［神学と哲学との境界に立って］で述べられる関わりにおいて最も鮮明に示される(10)」。

そこで、ここでティリッヒの哲学との出会いを簡単に振り返っておくことは有益であろう(11)。ティリッヒは、ギムナジウムの高学年以来哲学者になりたいという願望を持ち続けたほど哲学に強い関心を持つようになった背景には、父親の影響が見られる。ティリッヒの父ヨハネス・ティリッヒはルター派の牧師であったが、息子のパウルが生まれたとき、彼はベルリン近郊のグーベン地方の村シュタールツェッデルで牧会をしていた。その後、一八九一年、一家は彼が教区長となったシェーンフリースに移り、さらに一九〇〇年にはベルリンに移るが、それは彼がベトレヘム教区の牧師ならびに教区長に任命されたためであった。そして、そのとき、父ティリッヒは、プロイセン福音教会のブランデンブルク州宗務局の会員になるとともに、聖職候補者の哲学分野の試験担当者となる。すなわち、その職歴が示すように、彼は哲学に大変関心があり、そのため、家庭においては息子のパウルにラテン語を教えたり、またしばしば彼を哲学的議論に導いたりしたのである。したがって、ティリッヒの哲学への関心は、そうした父親の影響の中で育まれたと言える。そして、それがより鮮明となったのは、ティリッヒがギムナジウムに入ってからのことで、彼の述懐によれば、特にシュヴェーグラーの『哲学史』やフィヒテの『知識学』、またカントの『純粋理性批判』との出会いを通してであった。ティリッヒは、それらを通して「ドイツ哲学の至難の深奥に分け入る」ことになり、また大学に入ってからも「観念論と実在論、自由と必然、神と世界などに関して、大学の最初の学期から、年長の学生や若い講師連に伍して、毎夜のように、上首尾で、研究を重ねることができた[12]」ほどに、深い哲学的素養を身につけたのである。

そして、以上のことに加えて重要であるのは、ティリッヒがそういった哲学的関心を持ちながらも、父親にならって聖職者になるべく入学した最初のベルリン大学時代に、決定的な哲学的出会いを経験したことである。すなわち、それが、前節で触れたように、最初の二つの論文となって結実することになったF・W・J・シェリングとの出会いであった（しかし、それが深められていったのは、おそらくハレ大学に移り、哲学教師フリッツ・メディクスと出会ってからであろう[13]）。シェリングとの出会いについては第4章であらためて論じるが、ティリッヒは、「一面たまたま本を買ったという偶然にもよるが、他面、内面的親近性によってシェリングに導かれ」、「彼の全集を、感激しながら何回も読破した[14]」と述懐している。そして彼は、このシェリングの思想に「哲学と神学の統一が原則的に与えられている[15]」ことを確信するに至ったのである。逆に言えば、そのところに、ティリッヒがシェリングに対して感じた内面的親近性があったと言える。すなわち、この哲学と神学の統一あるいは総合への深い関心が、ティリッヒの「境界」という実存を深め、またそれを養うことになったのである。その意味では、幼い時から哲学的なものに親しみ、年を重ねるにつれてそれを深めていき、そしてシェリングに関する二つの論文を書き上げて牧会に出て行ったティリッヒが、教会と人々との間に存在する隔たりを経験し、そこに橋を架けるべく弁証学的課題に取り組んでいったということは、ティリッヒにとっては、まさに必然的な歩みであったと言うことができるのではなかろうか[16]。

第2節　弁証学的神学の理念

(1)『組織神学』第一巻（一九五一年）

それでは、ティリッヒは、弁証学をどのようなものと考えたのか。また、その考えは、若い時期と晩年とにおいて異なるのであろうか。その点を、以下において検討したい。

初めに、一九五一年の『組織神学』第一巻に示されている、ティリッヒの後期の考えを見てみることにする。それによると、ティリッヒは次のように弁証学的神学について述べている。すなわち、「弁証学的神学（Apologetic theology）は『答える神学』（answering theology）である。それは『状況』（situation）の中に含まれている諸問題に対して、永遠の使信の力において、またそれが答えるところの諸問題の状況によってもたらされる手段によって、答えるのである[17]」。ところで、この理解は、そもそも神学についての次のようなティリッヒの理解に遡る。すなわち、「神学は、キリスト教教会の一つの機能として、教会の要求に応じなければならない。神学体系は、キリスト教の使信の真理を叙述することと、新しい時代に対してこの真理を解釈することとの、二つの基本的要求を満たすものと考えられている。神学は二つの極、すなわち神学の基礎であるところの永遠の真理と、その永遠の真理が受け取られなければならないその時代的状況との間を往復する[18]」。ティリッヒがこのように「状況」を強調して論じたのには、大きな理由がある。それは、ティリッヒの神学的主張には、カール・バルトに代表される、ティリッヒ自身が「宣教的神学」（kerygmatic theology）と呼ぶ神学的姿勢に対する批判があったからである。すなわち、ティリッヒは、「宣教的神学」を「状況の可変的諸要求以上に使信（宣教）の不変的真理を強調する」神学と規定し、その神学はややもするとキリスト教の使信（宣教）が語られるべき「状況」を見逃してしまい、いわゆる「正統主義的」硬直に陥ってしまう危険性を指摘する。[19] ティリッヒは、そういった片寄りが生じた理由として、主に二つの理由を見ている。その一つは、状況を重視する弁証学に対する不信である。それは、特に近代において、科学的・歴史的知識の増大の中で、弁証学がしばしば、そういった知識の裂け目の中に神の居場所を求めるような、消極的な態度しか取れなかった点に見られるものである。それに対しては、ティリッヒは、その当時の弁証学の未熟さを認める。[20] しかし、もう一つの理由に対しては、逆に、そこにある問題点を見ている。そのもう一つの理由とは、そしてこちらのほうがより本質的な理由であるが、それは弁証学が持つ本質的構造の問題である。すなわち、弁証学は、それが成立するためには、絶えず「神学的円環」（あるいは教会）の外にいる人々と「共通の基盤」を持たなくてはならず、その基盤なくして弁証学はそもそも成立しえない。しかし、その共通の基盤（そして、それは結局のところ「状況」として理解された）に対して、主に宣教的神学者の側から、そこには使信の独自性を破壊する危険性があるとの恐れが指摘されたのである。それは、状況の中に使信が飲み込まれてしまい、その結果本来の使信が歪められてしまうという危険性である。それに対し、ティリッヒは、そういった宣教的神学者の考えを否定し、次のように論じている。「宣教的神学でさえ、その時代の概念という道具を用いざるをえない。それは聖書の言葉をただ繰り返すことはできない。繰り返すときでさえ、それは異なる聖書記者たちの概念的状況を逃れることはできない。言葉が、あらゆる状況の基本的なまたすべてに浸透している表現である以上、神学は『状況』の問題を逃れることはできない[21]」。すなわち、ティリッヒは、状況というものを、神学の避けて通ることのできない、いわば本質的な質と見なすのである。そして、そうであるならば、むしろそれに積極的に取り組むべきことを主張するのである。しかし、ティリッヒは、宣教的神学には、神学が「状況」の中に埋没してしまうことから救い出すという利点もあるため、他方では「宣教的神学は、それが完成するためには弁証学的神学を必要としている」[22]とも論じ、その相互不可欠性についても語るのであるが、しかしながら、ティリッヒが実際に目指した弁証学的神学は、宣教的神学を補うというよりは、むしろそれを内に含むものであったと言える。すなわち、使信と状況とを等しく重視し、それぞれを損なうことなく関連づけようとしたのである。そして、それを可能としたのが、「状況の中に含まれている諸問題を使信の中に含まれている諸解答と相関させる」[23]という、ティリッヒが「相関の方法」（method of correlation）と呼んだ方法であり、ティリッヒの神学はそれに基づいて展開されたのである。すなわち、それは、彼の生きた時代的状況とキリスト教の使信を、問いと答えとの関係として捉え、それらの相互関連性においてキリスト教信仰の内容を明らかにしようとするもので、より具体的に言えば、「実存的問い」が生じてくるところの人間の状況を分析し、キリスト教の使信において用いられている「象徴」（symbols）がこれらの問いに対する答えであることを示そうとしたのである。したがって、この相関の方法を用いるティリッヒの「組織神学」とは、「実存的な問いが生じるところの人間状況の分析をなし、キリスト教の使信に用いられている象徴がそれらの問いに対する答えであることを論証する」[24]神学なのである。

ところで、ティリッヒが神学の一方の極と見なす状況とは、具体的に何を意味しているのか。それに対するティリッヒの答えは、次の表現に包括的に示されていると言える。すなわち、「神学がそれに対して対応すべきところの『状況』とは、ある特定の歴史的時代における人間の創造的自己解釈の総体（the totality of man's creative self-interpretation）である」[25]。それは、われわれが普通生きている経験的・社会的状況といった、いわば生の状態ではなく、「創造的自己解釈」として把握される人間の自己認識なのである。そしてティリッヒは、それを存在論の視点から探求し、実存的状況として把握するのである。すなわち、それは「疎外」(estrangement)という概念で把握される人間の状況で、本質的存在と実存的存在が混合した、曖昧性と不安を特色とする状況である。ティリッヒは、そこに含まれる諸問題を徹底的に掘り下げ、それに対しキリスト教の使信でもって答えようとしたのである。その詳細については、第6章であらためて扱いたいと思う。

(2)「教会的弁証学」(一九一二年)を中心に

以上の一九五一年に著された『組織神学』第一巻に示されたティリッヒの弁証学的神学についての理念は、大変整理され、整えられたものとなっている。しかし、反面、それは以下で検討する初期の弁証学的課題への取り組みから見ると、初めの躍動感が後退してしまった面が見られるのも確かである。そこで、次に、ティリッヒの初期の弁証学についての理解を検討することにする。

ところで、それに先立ち、まず先に言及した一九三六年の『境界に立って』の中で論じられている、弁証学に関するティリッヒの基本的理解を見ておきたい。それによると、「弁証学というのは、共通な資格を認められた法廷の前での攻撃者に対する答弁である」[26]。そのため、先に少し触れたように、弁証学の基本的原理は、攻撃者と弁証学者が相互に認める共通の法廷にある。そして、それなくしては、そもそも弁証学は成立しえないのである。しかし、そのことはまた、この共通の法廷が何かということで、この弁証学の内容が異なってくるということも意味する。事実、ティリッヒは、この法廷をめぐって、古代教会の弁証学と、特に十九世紀以後の現代の弁証学とを区別している。ティリッヒによれば、古代教会の弁証学における共通の法廷は「ロゴス」であった。すなわち、「彼らは、キリストをロゴスと等置し、神的律法を理性的自然法と等置することによって、キリスト教的教説および立場を、異教的敵対者の考えに対して擁護するという試みを企てた[27]」。ところで、ここで注目しなければならないことは、ティリッヒがこの共通の法廷を、また「ヒューマニズム」とも理解していることである。すなわち、ティリッヒは、「古代における弁証学が可能であったのは、多神教がヒューマニズムによって砕かれ、またキリスト教と古代とがヒューマニズムにおいて共通の法廷を持つに至ったからであった[28]」と論じている。ここでティリッヒが語るヒューマニズムとは、「人間が自己自身に立脚して自己定位を試みるあらゆる方向」での営みを意味しており[29]、歴史的に見れば、それはケルソスに代表されるような理性（ロゴス）に基づいて論争できる哲学的攻撃者を指していることは十分推測できることである[30]。ところで、この古代の異教的ヒューマニズムに対して、ティリッヒは、現代の弁証学に見られる共通の法廷は、「キリスト教的ヒューマニズム」であると言う。それは、啓蒙主義以来優勢になってきた近代思想の諸潮流を指したものであるが、ティリッヒは、それらが、その呼称のように、教会に対する批判にもかかわらず、本質的にキリスト教的であることを指摘する。すなわち、近代の弁証学は、完全なる異教に向かっての弁証ではなく、それはむしろ歴史的・伝統的には同じキリスト教の基盤に立つ同胞に向けての弁証なのである[31]。したがって、ティリッヒが、上述したモアビットの時期に、「国内宣教のための弁証学本部」(Apologetischen Zentrale der Inneren Mission) を設置し、同国の同胞に対してキリスト教を弁証しようとしたことは（それは教会当局に実際に提言されたが、実現には至らなかった）、そうしたキリスト教を基盤とする弁証であったのである。そしてまた、そのとき、宗教的社会主義がその最終的・必然的形態として目指されたのである。

すなわち、以上の主張に明らかなように、初期のティリッヒの弁証学は、何よりもキリスト教世界の同胞を対象としたものであり、かつより実践的なものであった。われわれは、そのところに、ティリッヒの初期の理解の特徴を見ることができるであろう。そして、この点を、ティリッヒが上述した弁証学本部を設置すべきことを主張したときに書いた「教会的弁証学」という文章の中に、さらに詳しく確認することができる。そこで、しばらくこの文章に耳を傾けてみると、この中でティリッヒは、まず弁証学を「学問的弁証学」と「実践的弁証学」の二つに分けて論じている。それによると、「学問的弁証学」とは、「神学的体系を、学問一般の体系において、方法論的にも内容的にも整理し、またそれによって神学の学問的正当性を基礎づけることを課題とする」。それに対し、実践的弁証学は、「現前にある真理の所有からキリスト教的真理へと、思想の手段を用いて導くことを課題とする」[32]。そして、この両者の関係は、学問的弁証学は実践的弁証学を前提としており、また同時に学問的弁証学は実践的弁証学の「力と拠り所」となるのである。しかし、ここでのティリッヒの主眼は、実践的弁証学にある。もっと正確に言えば、教会の宣教に関わっている「教会的弁証学」にある。なぜなら、弁証学とは、もともと宣教の状況の中から生まれてきたものだからである。すなわち、ティリッヒは、歴史的状況を振り返り、次のように論じている。「教会の説教が教養ある人々に届いていないという認識から弁証学は生まれなければならず、それも最初から教会の弁証学として生まれなければならない。……組織化された教会の弁証学は状況の要求である[33]」。

ティリッヒは、自然科学が支配的となっていく十七世紀以降の時代を振り返りながら、その中で宗教の立場が後退していくのを見る反面、またロマン主義運動において生じてきた自然科学的世界観と宗教の古い伝統との結合に注目する。そして、そこに、現在の精神生活が基づいている精神文化の偉大な総合を見る。すなわち、ティリッヒは、その後の時代のすべてが、それの直接的結果か、あるいは反動であるとしても、その時代に完全に依拠していると見る。われわれは、ここに、ティリッヒの歴史理解の大きな特色を見ることができるが、ティリッヒはここから一つの重要な意味を見て取っている。それは、その後の世界観が真のキリスト教として現れるにしても、反キリスト教として現れるにしても、それは等しく「自律的であり、教会的宣教の権威からの解放を前提としている」と同時に、そこにキリスト教との対立がある場合でも、すでに論じたように、それは異教に対する対立ではなく、「キリスト教化された文化がキリスト教に対立している」という状況である。[34] すなわち、この点に、弁証学の取り組まなければならない課題と、またその可能性があるのである。つまり、ティリッヒは、自律的精神の視点から、教会の宣教が古代的世界観に縛り付けられている限り、それは教養ある人々を教会とその宣教から完全に遠ざけ、秩序正しいキリスト教の説教も彼らには届かないという結果を引き起こしている現実を見る。しかし、同時に、そこには対立だけがあるのではなく、また相通じるところもあるのである。それは、教会の中にいる者も、教会の外にいる者も、いずれにせよキリスト教化された文化の中にいるということである。そして、この事実が、十七世紀以降、教会が直面した状況の持つ「特異さと困難さ」の解決を可能とするのであり、まさにそれに奉仕するのが教会の弁証学なのである。すなわち、「宗教、キリスト教、教会に、それらにのみ与えられている力で現代の精神文化の総合を形成し、再び指導権を獲得する課題が与えられている。そして、その課題の実現に向けられなければならない形式が、教会的弁証学である[35]」。

ところで、ティリッヒは、「教会的弁証学」において、この教会的弁証学を実現するためにさまざまな分析をしているが、その中で弁証学の持つ限界にも言及している。それは、すでに述べた中に間接的に語られていることであるが、それは弁証学が教養ある人々を対象としているということ、すなわち無教養の人たちが排除されているということである。ここでティリッヒが言う教養人と無教養人との区別は、社会的階層といったものではなく、教養人とは、「抽象的な思考過程や包括的な問題の配列を自分のものとすることができ、純粋に精神的な領域に慣れ親しんでおり、客観的考慮のみを追求する自由を持ち、また独立した意識的な精神生活を営んでいるすべての人[36]」を意味する。そうした精神的な自由とそれを行使する力を持つ人のみが、精神文化の総合を目指す弁証学の価値を理解できるのである。したがって、その意味では、意識的な精神生活を営んでいない無教養の人たちは、どうしてもこの弁証学から排除されてしまう。しかし、ティリッヒは、この区別に見られる限界は、必ずしも本質的なものではないとしている。むしろ、より本質的な限界は、次の問いに示される限界であると言う。すなわち、「キリスト教への思考的道は、そもそも存在するのか」という問いである。このより本質的な問いに対し、ティリッヒは、否定と同時に肯定をもって次のように答える。「キリスト教の本質は絶対的逆説の中にあるゆえに否である。思考はその深みにおいて同じ逆説に基づくゆえに然りである」[37]。ティリッヒがこう言いうるのは、「キリスト教の逆説は思考の逆説と同じである」[38]という考えがあるからであるが、われわれはここに神学と哲学との関係についてのティリッヒの根本的理解を見ることができるように思う。両者はそれぞれの独自性を持ちながらも、決して相対立することはなく、むしろ逆説的結合に至りうるのである。そして、ティリッヒの神学は、哲学を本質的要素として包摂する中で、その弁証学的議論を展開させたのである。

(3) 教会的弁証学から弁証学的神学へ

以上、われわれは、弁証学についてのティリッヒの基本的理解を、その歩みを踏まえながら考察してきたが、その理解には若い時期と晩年において、いくつかの点で強調点の違いを見ることができる。まず、ティリッヒは、この弁証学的関心という点では、明らかに終始一貫していたと言える。二〇代半ばにおける弁証学的課題の明確な自覚と取り組みが、晩年において完成することになった『組織神学』において熟練した形で展開されていることは、論をまたない。しかし、その内容が終始一貫していたかというと、必ずしもそう言いえない面があるのもまた事実である。特に、その意図に関して、いくらかの違いというか、発展が見られる。ティリッヒは終始一貫して、教会外の教養ある人たちにキリスト教の使信を語ろうとしたが、若い時期においては、それが主として牧会的な関心から出ていたのに対し、『組織神学』においては強く「宣教的神学」を意識した発想になっている。そこには一九二〇年代にバルトを中心に展開された弁証法神学の動きとその後の動向とが少なからずティリッヒに影響を与えているように思われる。また若い時期に強く見られた実践面の強調は、次第に後退していったようである。おそらく、その一つの要因として、ティリッヒが弁証学の最終的目的と見なした宗教的社会主義への取り組みが、必ずしも彼の意に添った展開を示さなかった点が指摘されるかもしれない。いずれにせよ、その弁証学は、年を重ねるに従い、広範囲にわたる知的探求へと赴くことになり、正に弁証学的神学として体系化されていったのである。また、それとともに、われわれは、ティリッヒが初め抱いていた弁証学を形成する「共通の基盤」「法廷」が、内容を変えていった点を認めることができるように思われる。すなわち、ティリッヒは、その初期の段階では明確な共通の基盤というものは必ずしも整理されてはいなかったとはいえ、そこで漠然とながらも理解されていたのは、キリスト教文化というものであった。その意味では、初期のティリッヒの弁証学はキリスト教世界に限られたものであったと言わなければならない。それに対して、『組織神学』で展開されている共通の基盤とは、人間の実存的「状況」として捉えられた存在論的内容を持つ普遍的なものである。それゆえに、それはおのずからすべての文化を包摂するものであり、キリスト教世界を超えていく内容を持つものとなっている。

したがって、ティリッヒの弁証学は、原理的にはその若い時期から晩年に至るまで一貫性を保っているとしても、ある一定の自己限定を持ったものから、全文化を対象とする普遍的なものへと拡大していったのであり、われわれはそれを教会的弁証学から弁証学的神学への発展として見ることができるであろう。

注

（1）Wilhelm and Marion Pauck, *Paul Tillich, his Life and Thought* (New York: Harper & Row, 1976), 233.（以下、PTと略記）（ヴィルヘルム・パウク、マリオン・パウク『パウル・ティリッヒ 1生涯』田丸徳善訳、ヨルダン社、一九七九年、二八一頁）参照。

（2）以下の本論の論述は主に上掲書による。

（3）Paul Tillich, Mystik und Schuldbewußtsein in Schellings Philosophischer Entwicklung. なお、提出された年を基準とし、本書ではこの論文を「第二論文」と呼ぶ。

（4）Tillich, Die Religionsgeschichtliche Konstruktion in Schellings Positiver Philosophie, ihre Voraussetzungen und Prinzipien.

（5）Pauck, PT, 37.（パウク夫妻著、田丸訳、前掲書、五四頁）。なお、田丸訳ではapologeticsを「護教論」と訳しているが、本書ではすべて「弁証学」と訳す。

（6）この自伝的エッセイは、当初、Tillich, *The Interpretation of History* (New York: Charles Scribner's Sons, 1936) の第一章に入れられたもので、一九六六年に*On the Boundary*として独立して出版されている。なお、本書では、GWに収められたドイツ語訳を用いる。

（7）Tillich, GW XII, 38.（『著作集』第十巻、四五頁）

（8）この「理性の夕べ」において、実際に議論された内容は、「真理探究の勇気」「懐疑の抗議」「芸術神秘主義と宗教神秘主義」「神秘主義と罪意識」「文化と宗教」などについてであった。ただし、この集いはあまり長続きせず、一年ぐらいで終わった。

（9）Tillich, GW XII, 13.（『著作集』第十巻、一一頁）
（10）Ibid., 31.（同上書、三五―三六頁）
（11）以下の本論の論述もパウク夫妻による。特に、前掲書、二四頁。
（12）Tillich, GW XII, 31.（『著作集』第十巻、三六頁）
（13）ティリッヒは、メディクスについて、「私の哲学の教師は、当時のハレ大学私講師で、のちにチューリヒ大学の教授となったフリッツ・メディクス（Fritz Medicus）」であったと語っている（ibid. 同）。
（14）Ibid.（同）
（15）Ibid., 33.（同上書、三九頁）
（16）ティリッヒ自身、この必然性について次のように語っている。「神学と哲学との境界線に思想的に立つということに、私の職業上の運命が対応した。［中略］私は、神学者として、哲学者でありつづけようとしたし、また哲学者として、神学者でありつづけようとした。境界をあとにして、どちらか一方の側に身を置くように決めてしまうことは、より容易であったであろう。しかしそれは、私には内面的に不可能なことであった。そして内的必然性に、奇妙にも外的運命が付随したのである」（ibid., 37. 同上書、四三―四四頁）。
（17）Tillich, ST I, 6.
（18）Ibid., 3.
（19）Ibid., 4.
（20）Ibid., 6.（勁草書房、一九六二年／第3刷、一九八五年）
（21）Ibid., 7.
（22）Ibid., 6.
（23）Ibid., 8.
（24）Ibid., 62.　ところで、ティリッヒは、象徴について、「啓示の認識は、直接的であれ間接的であれ、神の認識であり、したがってまたそれは類比的または象徴的である」（Tillich, ST I,131）と語っている。というのも、神は理性を超えている存在であるため、「啓示の認識のために、有限な素材をその通常の意味において用いることは、啓示の意味を破壊し、神からその神性を奪う」（ibid.）ことになるからである。したがって、神の認識は、どうしても類比的・象徴的な認識とならなければならないのである。この類比的認識に関しては、三位一体論のところで具体的に論じられるため、ここでは象徴的認識についてだけ付言しておくと、ティリッヒは、「符号」（sign）との対比において「象徴」を次のように語っている。「符号はそれが指し示すものとの必然的関係を持たないのに対し、象徴はそれが代表している実在に参与している。符号は便宜上の必要に従って恣意的に変えられうるが、象徴は象徴されているものとそれを象徴として受け容れる人たちとの相関関係に従って成長しまた死滅する。したがって、宗教的象徴、すなわち神的なものを指し示す象徴は、それが指し示す神的なものの力に参与する場合にのみ真の象徴でありうる」（ibid.,239）。なお、ティリッヒは、第三章第1節の（2）で、「奇跡」を「徴の出来事（sign-event）」と言い換えているが、それは、ここで「象徴」との対比で語られている「符号」（sign）とは異なる意味で用いられている。

(25) Ibid., 4.

(26) Tillich, GW XII, 38.（同上書、四五頁）

(27) Ibid.（同）

(28) Ibid.（同上書、四六頁）

(29) Ibid., 100.（同上書、一三二頁）

(30) ティリッヒは、『キリスト教思想史講義』において、弁証家について論じているが、その中でキリスト教が弁証しなければならなかった二つの告発について述べている。その一つは、ローマ帝国による政治的告発であるが、もう一つはキリスト教を哲学的断片を混ぜ合わせた一つの迷信であるとする哲学的告発であり、ケルソスはその代表者として扱われている。なおティリッヒは、このところで、古代教会の弁証家の弁証の仕方を三段階に分けて捉えている。すなわち、第一に「キリスト教徒も異教徒も共通して承認するような真理」「普遍的基盤」を探し出すこと、第二に異教的思想の中にある否定的側面を暴露すること、そして第三にキリスト教が異教それ自身の中に見出される期待の成就であることを示すこと、の三段階である。すなわち、異教に含まれる問いにキリスト教が答えるというのが、その方法であり、それはまさにティリッヒの神学そのものであると言える。（Tillich, *Vorlesungen über die Geschichte des christlichen Denkens, Teil 1: Urchristentum bis Nachreformation*, EN I, 47.『著作集』第十巻、六八頁）

(31) ティリッヒにとって、現代の異教とは、第一次世界大戦後に、「キリスト教的・ヒューマニズム的文化の完全な分解」との関連で出現してきたもので、具体的にはナチズムを指している。ティリッヒは、こうした現代の異教に対しては、いかなる弁証論も存在せず、ただ存亡を賭けた戦いがあるのみであるとしている。(Tillich, GW XII, 38.『著作集』第十巻、四五頁)
(32) Tillich, Kirchliche Apologetik, in GW VIII, 34.
(33) Ibid., 37.
(34) Ibid.
(35) Ibid., 38.
(36) Ibid., 43.
(37) Ibid., 46.
(38) Ibid.

第3章　弁証学的神学の構造

はじめに

前章では、ティリッヒの弁証学的神学の理念とするところを、その背景を含めて考察したが、ここであらためて、その具体的な展開である弁証学的神学の基本構造を検討したいと思う。それは、何よりも、その主著『組織神学』全三巻として展開されたものである。それはまさにティリッヒの弁証学的神学の「体系」であり、その体系的思考の中で弁証学的課題が取り組まれている。すなわち、ティリッヒにおいては、弁証学的試みと体系的思考とは表裏一体のものであり、神と人間との関係を体系的に論じることが、キリスト教のメッセージを現代社会に弁証するものとなっている。そのため、ティリッヒの弁証学的神学の基本構造は、その体系の構造にあるということになる。そこで、その体系の構造を明らかにすることが、われわれの関心となるが、初めにその体系を可能としているティリッヒの神と人間（世界）についての体系的思考を考察したいと思う。

ところで、ティリッヒの体系を考察する場合、その体系のどの部分から出発するかは一つの重要な鍵である。それは、彼の神学がまさに体系的であるゆえに、どの部分からでもアプローチできるからである。結論を先に言えば、ティリッヒの神学は「関係性」の神学として総括することができると考えられる。ティリッヒは、カール・バルトが行ったような神と人間との無限の質的差異を強調するのではなく、むしろ神と人間との関係性に基づいて、その神学を展開している。すなわち、この関係性の議論において、ティリッヒは人間と神について、人間の実存的苦境と救いについて、今と永遠について語る。そして、この関係性を彼の神学的展開において可能としているのが、すでに触れた、彼自ら「相関の方法」と呼ぶ方法であり、またこの方法を生み出しているのが、ティリッヒが信仰についての端的な定義として用いている「究極的関心」あるいは「究極的関わり」（ultimate concern）という理念である。それはティリッヒの全体系を貫いており、ティリッヒはそれに基づいてすべての文化の中に宗教的次元を探求し、またすべての現実の中に究極的実在の深みを見ようとしている。したがって、初めにティリッヒの体系におけるこの「究極的関心」の位置とその内容を明らかにし、次に水平的次元におけるその展開を尋ねることにより、その体系の基本的構造を明らかにしたいと思う。

第１節　体系の原理としての「究極的関心」

(1) 神と人間との相関性

ティリッヒは、第１章で見たように、「聖なるもの」の経験から出発しているが、それは神の経験であり、また神との交わりである。そして、そうした交わり（関係性）の中に置かれているのが人間であり、また神なのである。

したがって、そういった関係性から離れて単独に神について、あるいは人間について語ることはできないのである。ティリッヒは、このことについて次のように語っている。「一つの神表象が述べられるときには常に、それは人間についての一つの表象との相関関係（Korrelation）において起こっており、その逆の場合もそうである」。すなわち、「人間は、神との相関関係の状況においてのみ神について語ることができる」のである。[1] またティリッヒは、このことを、宗教改革者たちの人間観を扱っているところで真っ先に指摘しているが、さらにその考えの強力な擁護者としてカルヴァンを引き合いに出し、次のようにも語っている。すなわち、「カルヴァンは、このことを、彼の偉大な教義学的著作である『キリスト教綱要』（多くの点で、プロテスタンティズムがこれまでに産んだ最大の著作）の序論の中で、強烈に表明した。そこで彼が言っていることは、すべての知恵の内容は二部から、すなわち神認識（Gotteserkenntnis）と自己認識（Selbsterkenntnis）から成り立っているということである」。[2] ティリッヒは、『キリスト教綱要』の序論の最初に掲げられた、神を知ることは人間を知ることであり、また人間を知ることは神を知ることであるというカルヴァンの命題を念頭において、このことを語っている。[3] しかもその内容は、哲学者たちが語るような抽象的な議論ではなく、人間の悲惨に対する深い洞察に基づいている。すなわち、「宗教改革者たちが、またすべての預言者たちが、人間について、人間の悲惨（Elend）について語るとき、そこでは神の認識と人間の認識との相関関係は、ほかでもない神の尊厳（Majestat）と人間の悲惨との相関関係なのである。それは神についての理論的な教理ではないし、人間についての理論的な教理でもない。むしろそれは、神の尊厳と人間の悲惨との二重経験（Doppelerfahrung）を取り扱っている」。[4] この二重経験は、人間の苦悩とそこからの神の救済とも言い換えることができるであろうが、そうした神と人間との相互関係性において、初めて神について、また人間について語ることができるとティリッヒは考えるのである。そして、まさにそうした関係性に基づいて神学を展開したのである。すなわち、ティリッヒは神と人間との関係性に注目し、そこに立脚し、神と人間とを論じる中にあってその神学を展開したのである。そしてその内容も、実存主義的視点から捉え直された人間の実存的苦境と、それに相関する神の顕現を扱うものとなっている。

(2)「究極的関心」と啓示――特に神秘主義をめぐって

(a)　啓示と神秘

このようにティリッヒは、神と人間との関係性を大前提とし、その中で神学的議論を展開したのであるが、その関係を理論的に表現するのが「究極的関心」あるいは「究極的関わり」という信仰についての端的な定義であると言える。これは、特に一九五七年に出版された『信仰のダイナミックス』[5]に詳細に論じられているが、それによると、「信仰とは究極的に関わられている状態である」[6](Faith is the state of being ultimately concerned.)。これは、ティリッヒによれば、聖書の中心的命題、すなわち「主なるわたしたちの神は、ただひとりの主である。心をつくし、精神をつくし、思いをつくし、力をつくして、主なるあなたの神を愛せよ」[7]という命題の抽象的な翻訳なのである。したがって、究極的関心とは、全人格的関心の事柄であり、この究極的性格に究極的関心の意味がある。すなわち、ティリッヒの表現を用いるならば、それは単なる一対象ではなく、むしろわれわれがそれに関わるとき、われわれの主体性の「全体的放棄」(total surrender)を要求する対象なのであり、それは「われわれがそれをわれわれの対象とするとき、常にわれわれがその対象とされてしまう、無限の情熱と関心(キルケゴール)の事柄」[8]なのである。そして、この究極的関心というのは、第1章で論じた「聖なるもの」として経験されるもので、それは、そこでも触れたように、「啓示」において現れるのである。そこで、ここであらためて、ティリッヒの語る啓示について概観し、そのことを通してその内容を確認したいと思う。

ティリッヒは、先に見た批判的現象学的方法に基づいて啓示を捉えるが、それはまた、信仰論から見れば「究極的関心」の開示でもある。そして、それは、何よりも神秘的性格を持つ。すなわち、ティリッヒによれば、「啓示」(revelation)とは、その原義である「ヴェールを取り除く」ことが意味するように、「隠されたもの顕現」を意味する。そして、この秘められたものが「神秘」(mystery)なのである。そして、この神秘は、すでに見たように、「その神秘的性格を失うと、その本質をも失う」というところに、その神秘たる所以を持つ。したがって、その神秘とは、それが啓示された後では神秘でなくなってしまうような、方法的認識によって発見されるようなものには当てはまらないのである。そうではなく、ティリッヒによれば、本質的に神秘であるものは、神秘という意味が「目を閉じること」あるいは「口を閉じること」を意味する〈muein〉から由来するように、通常の行為においては経験されえないもの、したがって通常の理性の持つ主観-客観構造を超えた経験なのである。(9)

以上の点を、もう少し詳細に検討すれば、ティリッヒが語る神秘とは、存在論的次元において理解されたもので、それは否定的側面と肯定的側面との両面を持つ。すなわち、ティリッヒによれば、神秘の否定的側面とは、潜在的に現存するもので、それは「存在が存在し非存在は存在しない」(being is nonbeing is not)というパルメニデスの言葉に表されている「原事実」(Urtatsache)へと駆り立てられるとき開示される存在の否定的深淵の経験である。それに対し、神秘の肯定的側面とは、非存在を克服する存在の力として、顕在的に現れる。そして、それは非存在を克服するゆえに、人間にとっての「究極的関心」となるのである。(10) というのも、人間存在は、すべての存在と同じく、「非存在との『混合』」("mixed" with nonbeing)であり、またそのことが有限であるということであるが、その有限性を存在を脅かす「脅威」として経験しうるのは人間だけであるからである。すなわち、非存在を存在の脅威として経験する有限な人間にとって、それを克服する存在の力は取りも直さず究極的関心なのである。[11]

ところで、この神秘は啓示において現れるのであるが、ティリッヒによれば、その啓示もまた二つの側面、すなわち主観的側面と客観的側面を持つ。そして、その主観的側面が、一般に神秘的経験として体験されるものなのである。すなわち、ティリッヒによれば、啓示の主観的側面とは、一般に「脱自」（ecstasy）と呼ばれるもので、それはその原義である「自己の外に立つこと」が意味するように、理性の「主観的客観的構造を超える精神の状態」[12]を意味している。そして、そこで経験されていることは、「理性の深層と存在の根拠」[13]であり、それは「存在それ自体」（being-itself）としての神そのものなのである。したがって、それはいわゆる心理的熱狂主義のような宗教的興奮の状態ではない。ティリッヒによれば、一部そのような性格を含むとはいえ、ここで語られている「脱自」とは、究極的関心（神）によって引き起こされる精神状態であって、それは決して作為的努力によって引き起こされるものではないのである。

この主観的側面に対し、啓示の客観的側面は「奇跡」（miracle）として現れる。ティリッヒは、この言葉も多くの誤解のもとにあるため、その直接的使用を避け、「徴の出来事」（sign-event）とも言い換えているが、それが意味していることは、以下の三点である。すなわち、第一に、真の奇跡は、「実在の合理的構造に矛盾しないが驚異を与え、普通でなく、動揺を引き起こす出来事」であり、第二に、それは「存在の神秘を指し示し、それのわれわれに対する関係を明確な仕方で表現する出来事」であり、第三に、それは「脱自的経験において『徴の出来事』として受け入れられる出来事」である。[14]すなわち、脱自が精神に引き起こされる超理性的状態であったのに対して、奇跡は実在に引き起こされる超理性的出来事を意味している。したがってティリッヒは、その両者の関係を、「脱自は精神の奇跡であり、奇跡は実在の脱自である」[15]と述べている。これを理性の点から見れば、理性はその主観−客観構造を超越した脱自と奇跡とにおいて啓示を受け取るのである。

ところでティリッヒは、この神秘を顕現する啓示によって引き起こされる、理性の主観−客観構造が超越されることを、基本的に「神秘主義」(mysticism)と見なすのであるが、すでに間接的に言及されているように、そこには内在的な危険性が伴う。それは、ティリッヒの言葉で言えば、「自己救済」へと向かう内在的性向である。なぜなら、神秘主義は、神的なものの経験であり、それはまた神的なものとの「再結合」(愛)を意味するため、そこには人間の側からその再結合に至ろうとする性向が生じるからである。すなわち、ティリッヒは、「神秘主義は人間と神との脱自的合一(an ecstatic union of man and God)によって、客観化のたくらみを克服しようとする」ことであり、それは「愛するものと愛されるものとの相違が消えるその瞬間への衝動を持つ恋愛関係に似ている」とも語るが[16]、そのため、それは救済と深く結びつき、それゆえに、そこには絶えず身体的精神的な訓練でもってその再結合を実現しようとする誘惑が起こるのである。ティリッヒはそれを「自己救済」と呼んだが、しかし以上の啓示理解においてすでに強調されているように、脱自的再結合は自己救済的試みによっては不可能なのである。なぜなら、それは神によって実現される「恩寵」であって、それは自己救済の可能性を否定するからである。それに加え、ティリッヒにおいては、この脱自的再結合を生み出す啓示は、無媒介的に生じるものではなく、そこには絶えずそれを可能とする媒介があり、次項で見るように、その媒介なしにはいかなる啓示も可能ではないのである。したがって、ティリッヒの神秘主義についての理解を深めるには、この啓示の媒介に注目する必要がある。

(b) 啓示の媒介とイエス・キリストの「終極的啓示」

そこで、あらためて、ティリッヒの語る啓示の媒介に目を向けたいと思うが、ティリッヒによれば、啓示の媒介（medium）とは、何よりも「啓示的相関」（revelatory correlation）を可能とするものであり、またこの啓示的相関に入るものはすべて啓示の媒介となりうるのである。その意味では、何ものも啓示の出来事から除外されるものはない。なぜなら、すべてのものは、それ自体においては決して究極的関心を表すに価しないが、しかし同時に、すべてのものは、存在する限り、「存在それ自体」に参与しているため、それを啓示する媒介となることができるからである。しかし、それでは、それ自体では究極的関心に価しないものが、どのようにしてその媒介となりうるのか。ティリッヒは、それを「透明化」として説明している。すなわち、あるものが啓示の媒介となる場合、それは啓示（＝存在と意味の根底）に対して「透明」となることによって、啓示の媒介となるのである。すなわち、「[たとえば]もし人々の集団が存在と意味の根底に対して透明となるならば、啓示が生じる」（If groups of persons become transparent for the ground of being and meaning, revelation occurs.）[17]のである。したがって、そこでは媒介の全面的な自己否定が生じるが、それはまた同時に自己否定を通しての自己肯定ともなる。そして、この可能性は、存在するすべてのものに、それらがまさに存在するゆえに開かれているのである。すなわち、啓示の媒介となる可能性においては、たとえば「人間と石」との間には、何の区別もないのである。

しかし、ティリッヒによれば、それらのものを通して媒介される啓示の「意義と真理」に関しては、大きな違いがある。なぜなら、たとえば石は限られた性質しか代表していないのに対し、人間は「実存の神秘を示す中心的諸性質、含蓄的には全性質」[18]を代表しているからである。そして、その中でも、啓示の媒介において最も中心的なものは「言葉」である。なぜなら、実在の合理的構造を把握する言葉なしには何ものも理解されえないからである。

その意味において、言葉は「啓示のすべての諸形式における必然的要素」なのである。そして、この啓示の媒介としての言葉も透明化を受ける。ティリッヒは、そうした言葉を「神の言葉」と呼ぶが、それは「透明な言葉」であり、したがって「人間的な表現と指示の音声において、またそれを通して、神的神秘の持つ『響き』と『声』」を持つのである。(19)

ところで、以上の啓示の媒介についての議論からも明らかなように、ティリッヒは啓示が起こる可能性を無限に見ている。その意味では、啓示は無限に存在するのである。しかしその場合、問題になるのは、そういったもろもろの啓示と、キリスト教が語るイエス・キリストにおける啓示とは、どのような関係にあるのか、という問題である。それに対して、ティリッヒは、次のように説明している。すなわち、イエス・キリストの啓示は「根源的啓示」(original revelation)であるとともに「終極的啓示」(final revelation)であり、その他のすべての啓示はその終極的啓示を啓示する「従属的啓示」(dependent revelation)なのである。というのも、イエス・キリストにおいては、媒介としての透明化が完全に実現されており、それゆえに究極的関心としての存在の力が完全に現されているからなのである。ティリッヒは、その意味で、イエス・キリストの啓示は他のすべての啓示の「不変の照準点」(permanent point of reference)であるとも語るが、以上の点をさらに分析し、次のように総括している。すなわち、「彼［終極的啓示の担い手］は彼が啓示する神秘に対して完全に透明となる。しかし、彼が彼自身を完全に放棄しうるためには、完全に彼自身を所有しなければならない。そして彼の存在と意味との根拠（根底）に対して、分裂も崩壊もなく、結合する彼のみが、完全に彼自身を所有しうる――したがって放棄しうる。キリストとしてのイエスの像（picture）に、われわれはこれらの諸性質を有する一人間、したがって終極的啓示の媒体と称せられうる一人間の像を持つ」。すなわち、ティリッヒによれば、イエス・キリストは、啓示の神秘に対して「完全に透明」

となり、また完全に自己を所有するとともに完全に自己を放棄することができたゆえに、終極的啓示となりえたのである。[20] したがって、そこには完全な「逆説」（paradox）がある。そして、その逆説に立つイエス・キリストの存在を、ティリッヒは「新しい存在」と呼び、そこに人間の究極的関心の「具体的」現れを見るのである。そして、この究極的関心の具体的現れである新しい存在に参与することが、啓示の神秘的経験であり、また救い（救済）なのである。その内容については、第６章で扱うことになろう。

（c）　キリスト教神秘主義の特色

以上のように、ティリッヒの語る主観‐客観構造の超越としての神秘主義は、その具体的内容として、新しい存在への参与を含むのであり、それは決して無媒介的な神秘的超越を意味するものではない。そのため、ティリッヒは、このような神秘主義を、繰り返し「具体的神秘主義」（konkrete Mystik / concrete mysticism）と呼び、またこれこそがキリスト教の神秘主義であるという意味で「洗礼を受けた神秘主義」（"getauften" Mystik / baptized mysticism）とも呼ぶ。[21]

ところで、ティリッヒのこうした発言の背後には、常に「抽象的神秘主義」（abstrakte Mystik / abstract mysticism）あるいは「絶対的神秘主義」（absolute Mystik / absolute mysticism）という理解がある。ティリッヒによれば、それは東方的神秘主義や新プラントン主義的神秘主義（特にプロティノス）に相当するもので、ティリッヒはそれをキリスト教の神秘主義とは異なるものとして捉えている。すなわち、絶対的・抽象的神秘主義においては、「個人が神的なものの深淵（Abgrund）の中で消滅する」ため、そこにはそれに参与する者の主体性が神的なものの中に解消される。[22] すなわち、ティリッヒによれば、「第三段階［抽象的神秘主義］においては、人間はちょうどグラスの中に落ちる一滴のワインのように神の中に投入する。その個々の実体は存続するが、しかし個々の滴の形はすべてを包括する神の形の中に解消される。個々のアイデンティティは失われないが、しかしそれは神的現実の一部となる」[23]。それに対し、具体的神秘主義においては、参与する主体性が保持される。そして、そのところに、ティリッヒは西洋の神秘主義と東洋の神秘主義の相違を認めるのである。すなわち、東洋は「『無想の自我』(formless self)を、すべての宗教生活の目標として肯定する」のに対して、西洋は「脱自的経験において、信仰と愛の主体、すなわち人格と共同体を保持しようと試みる」[24]。すなわち、そうした具体性を持つのが、キリスト教の神秘主義なのである。そして、それは、ティリッヒによれば、パウロの「キリストの中に」(in Christ)ある経験であり、ティリッヒの表現を用いるならば、キリストとしてのイエスにおける新しい存在への「参与」(participation)を通してのキリストとの一致なのである。したがって、ティリッヒは、それを「具体的な」「キリスト神秘主義(Christ-mysticism)[25]」とも呼ぶ[26]。すなわち、ティリッヒの語る神秘主義とは、何よりも、啓示において顕現するキリストとしてのイエスにおける新しい存在に参与することにおいて神との合一へと至る、具体的な神秘主義なのである。

(d) 逆説——神秘主義と合理主義

ところで、このような具体的神秘主義として理解されるティリッヒの神秘主義において、最後に検討されなければならない点は、そこで引き起こされる主観‐客観構造の超越としての脱自的理性において、理性の一般的機能である合理的認識は可能であるのかどうか、という点である。さらに言えば、それは神秘主義と合理主義との関係を問う問いでもある。この点に関してティリッヒは、合理主義(Rationalismus)は「神秘主義の子」(Kind der

Mystik）であるとの明確な主張でもって答えている。[27] なぜなら、内的真理に根ざす神秘主義的経験なくしては、合理主義は生じえなかったからである。すなわち、「合理主義は、あらゆる人間的本質の中に現在している『内的光』（"innere Lichts"）あるいは『内的真理』（"innere Wahrheit"）の神秘主義的経験から発展してきたのである。理性原理は、われわれの内奥における神的なものの現在についての神秘主義的経験から生じる」[28]。さらに、「理性原理は認識をもたらす根源的な脱自的な経験から発展したものである。こうしてこの認識は合理化されうる。理性原理がわれわれの中で発展する程度に応じて、根源的に脱自的な経験は消滅あるいは後退しうるのであって、その結果、霊（Geist）は広義の理性となる。したがってわれわれは、理性的自律という近代的概念は内的光に関する教説が表現しているような神秘主義的自律の概念から発展してきたものである、と言いうるのである」[29]。以上の主張から明らかなように、ティリッヒによれば、合理主義はその真理性を、そもそも内的光の神秘主義的経験から受け取っているのであり、その意味において合理主義は「神秘主義の子」なのである。

　したがって、神秘の顕現である啓示は、決して非合理的でもなければ反合理的でもなく、ティリッヒによれば、それはただ「逆説的」であるだけなのである。なぜなら、逆説（paradox）とは、「ドクサ（doxa［臆見］）に反するもの」というその原義から明らかなように、それは人間の一般的経験から得られる臆見に反するもの、あるいはそれに基づく期待に反するもの、を意味しているからである。したがってティリッヒは、キリスト教の逆説を、さらに救済論的視点から、次のように語っている。「キリスト教使信の逆説的性格によって与えられる『つまずき』（offense）は、理解可能な言語法則に反するのではなく、自己と世界と両者の根底をなす究極的なものとに関する人間の苦境の通常の解釈に反する。それは、人間の頑強な自己信頼、人間の自己救済的企て、また人間の絶望への諦め、に対するつまずきである。これら三つの態度のいずれに対しても、キリストにおける新しい存在の顕現は審判でありまた約束である。実存の諸制約下で、しかもそれらを審判し克服していく新しい存在の出現こそ、キリスト教の使信の逆説である。これが唯一の逆説であり、キリスト教におけるすべての逆説的発言の源泉である」[30]。すなわち、ティリッヒは、新しい存在の啓示において引き起こされる神秘的経験の中心的性格を、その逆説性に見ている。それは、ちょうど啓示の媒介が自らの否定を通して肯定されていくように、啓示の神秘的経験はその本質において逆説的なのである。すなわち、それは、人間の自己信頼と自己救済と絶望への諦めという、人間の実存的状況を審判するとともに、同時にそれを救済する仕方で出現する出来事であるため、それは救済論において最も顕著に現れ出る逆説なのである。その点については、第6章第3節で、あらためて詳しく扱われるであろう。

第2節　水平的次元における「究極的関心」の探求

(1) 究極的意味の探求

以上、究極的関心の現れである啓示とその神秘的性格について概観したが、ティリッヒにおいては、それはあらゆる領域で見られるものなのである。しかし、ティリッヒは、それを二つの次元に収斂して体系的に捉えている。それは、存在と意味の次元である。そこで以下、この二つの次元において、ティリッヒがそれぞれをどのように体系的に捉えているかを見たいと思う。まずは、意味の次元である。

ティリッヒのドイツ語版全集第Ⅸ巻『文化の宗教的実体』[31]において、われわれは「文化の神学」に収斂される、ティリッヒの水平的次元のおける究極的意味の探求の足跡を見ることができる。というのも、そこにおいてティリッヒは、宗教と文化との本質的な相互依存的関係を論じ、文化のすべての分野に宗教的次元を探求しているからである。そして、この文化と宗教との本質的関係は、後にその主著『組織神学』第三巻において、「文化は宗教の形式であり、宗教は文化の実体である」[32]（culture is the form of religion and religion the substance of culture）と最も簡潔に定式化されている。しかし、ここで言う宗教とは、いわゆる歴史的・制度的宗教ではない。ティリッヒによれば、それは精神の次元における生の「自己超越」の機能であり、それは文化において原理として作用している精神の一態度であって、そこには実践的なもの、理論的なもの、感情的なものの一切が結合され統合されている。それに対し、文化とは精神の次元における生の「自己創造」の機能であり、それはより具体的に二つの機能、すなわち理論的機能と実践的機能として理解されている。前者［理論］は、「遭遇された世界の何ものかを有意義な構造的全体として中心的自己の中に取り入れるために、その世界を見る行為」[33]であり、それは認識的、審美的行為を生み出す。後者［実践］は、「社会的集団の一員として、お互いに対して働きかけ、また自己自身に対して働きかける中心的人格の文化的行為の全体」[34]を意味し、それは人格的、共同体的行為を生み出す。ティリッヒによれば、宗教はこれらの文化的機能において原理として働いており、宗教的なものは精神的なもののすべての分野に見られるのである。そしてティリッヒは、このことを、初期の著作の中で、「文化の神学」という理念において、特に意味の観点から、体系的に論じている。

それでは、その視点から捉えられた、ティリッヒの言う「自己超越」の機能としての宗教とは何か、それがあらためて問われなければならないが、ティリッヒはそれを次のように定義している。すなわち「宗教とは、無制限的なものの経験、つまり、端的な虚無の経験を踏まえての、端的な実在の経験である」[35]。この無制約的なものの二つの側面は、啓示の主体的側面と客観的側面のそれぞれに見られた肯定的側面と否定的側面に対応している。しかし、ここでは、無制約的なものの経験としての宗教は、特に意味の問題から理解されている点が重要である。すなわち、ティリッヒはこの経験を次のように説明している。「存在しているものの空しさ、価値の空しさ、人格的存在の空しさが経験される。この経験が絶対的、徹底的な否定にまで達するところで、この経験は、同じように絶対的な実在の経験に、徹底的な肯定に転換する(36)」。したがって、ティリッヒがここで論じている事柄は、他の諸事物と並ぶ、ある新しい実在ではなく、それは一切の事物を根底から揺り動かすもの、ティリッヒの言葉で言えば「究極的意味」――「究極的で最も深く、すべてを揺り動かし、すべてを新たに建設する」意味の現実(37)――が問題とされている。すなわち、無制約的なものの経験としての宗教は、認識領域全体を否定し、また同時にその否定を通してそれらを肯定することによって、文化に究極的意味を開示し、またそれを与えるのである。そのため、本質的には、歴史上に見られる、文化の特定の一領域としての宗教と文化の諸領域との対立といったようなものは存在しえないのである。ティリッヒの表現を用いて言うならば、文化の「自律」(autonomy / Autonomie) は宗教の「他律」(heteronomy / Heteronomie) によって侵害されることはない。むしろ、文化は宗教によってその自律を否定されることなく究極的なものへと定められるのであり、この意味で宗教の「逆説的」経験として現れる「神律」(theonomy / Theonomie) のもとに置かれるのである。なぜなら、神律とは、「精神の次元のもとでの生の自己創造[すなわち文化]が存在と意味における究極的なものへと方向づけられていること(38)」を意味するからである。そのため、この神律が確立されることが文化と宗教の本質的関係を表しているのである。したがってティリッヒは、それを次のように定義している。「文化の諸機能の自律性は、その形式に、つまり、それが機能する際の諸法則に基づいており、神律性はその内実、つまり、その法則によって表現され成就されるところの実在に基づいている(39)」。

すなわち、この定義の凝縮された表現が「文化は宗教の形式であり、宗教は文化の実体である」という定式であり、それが宗教と文化の本質的関係についてのティリッヒの端的な表現なのである。

ところで、このような宗教と文化の本質的関係がなぜ可能であるのかを、われわれはさらに吟味する必要がある。そのためには、ティリッヒが「意味」をどのように理解したかを尋ねなければならない。ティリッヒによれば、「生」（Leben）とは、まず何よりも単なる生物学的、心理学的、社会学的なものの持つ直接性を超えている、「意味達成における生」（Leben in einem Sinnvollzug）なのである。すなわち、人間のすべての行為は意味との関連を持つのである。またティリッヒの分析によれば、このことは全体の有意義性を前提としており、その意味で「生」は「生の意味一般への信仰」[40]（der Glaube an den Lebenssinn überhaupt）を含んでいるのである。すなわち、「理論にもせよ、実践にもせよ、われわれがなすすべての意味行為の中には、一定の具体的意味と同時に、無言の信仰の対象としての無制約的意味、すなわち全体的なものの有意義性がわれわれに現前している」[41]のである。したがってティリッヒは、個々の意味の中に、個々の意味が根ざしているところの無制約的、究極的意味を認め、またこの本質的、不可避的な意味の関連の観点から、ティリッヒは世界と文化、神と宗教を体系的に理解し、次のように語るのである。「経験され、また達成される個々の意味は、常に他の諸意味と関係している。……意味とは常に意味連関のことである。考えうるすべての意味連関の総称を、われわれは客観的に言うとき世界と呼び、主観的に言うとき文化と名づける。個々の意味行為が無言の信仰において目指しているところの、そして全体を支えて意味空虚という無の中への転落からそれを守っているところの無制約的意味は、それ自体において二面的である。［すなわち、それは意味の『根拠』であり、同時に意味の『深淵』である］……すべての意味あるものの有意味性への、この無言の信仰の対象、すなわち、すべての把握可能なもの、配列可能なものを超えている、この意味の根拠と深淵とを神と名づける。そしてわれわれは、神に向かう精神の方向性を宗教と名づける」[42]。すなわち、世界とは全体的意味連関の客観的名称であり、文化とはその主観的名称なのである。そして神とは意味の根拠と深淵であり、宗教とはこの神へと向かう精神の方向を意味している。したがって、究極的意味の探求は取りも直さず神の探求であり、それは文化的行為のあらゆる個々の意味にとって不可欠なのである。なぜなら、究極的意味に参与しなければ、すべての個々の意味はその有意味性を獲得することができず、無意味性へと転落していくからである。そのためすべての意味は、究極的意味との関連性の中で、究極的意味への無言の信仰を持つのであり、部分的にもすでにその有意義性を獲得しているのである。

(2) 究極的実在の探求

以上の究極的な意味の探求とともに、ティリッヒにおいては、究極的な実在への探求が目指されている。そこで次に、その究極的実在への探求に目を向けなければならない。まず、ティリッヒにとって、実在とは目の前に広がっている単なる状況ではない。それは多かれ少なかれ「宗教的」状況なのである。ティリッヒは、そのことを、その著『現在の宗教的状況』[43]（一九二六年）において、次のように述べている。「現在の宗教的状況を語る書物は、あらゆる現在の事柄について、何らかのことを言わなければならない。なぜなら、同時に宗教的状況の表現でないようなものは、何一つ存在しないからである」[44]。すなわち、ティリッヒによれば、現在の状況というのは、すべて何らかの意味で宗教的状況の表現なのである。これが、実在についてのティリッヒの基本的理解であり、ティリッヒは現在の宗教的状況の分析を通して、その究極的実在を指し示そうとする。そこでわれわれは、現在の宗教的状況というティリッヒの理念を理解するために、「現在」とは何か、そして「宗教的状況」とは何か、という二つの点を尋ねなければならない。

まず現在とは何か。ティリッヒよれば、現在とは、何よりも「一つの無」であり、過去と未来との間の「境界線」である。そのため、われわれはこの現在を直接的に把握したり、記述したりすることはできない。したがって、この現在を何とか把握し、記述しようとするとき、われわれは不可避的に過去か未来について語らざるをえなくなる。すなわち、この意味において、現在とは過去であり、また未来でもあるのである[45]。しかし、ティリッヒによれば、現在はもう一つの決定的次元を含んでいる。それは、すべての時間を超える永遠の次元である。先の究極的意味の探求の考察においても明らかになったように、すべてのものは究極的意味に根ざすそれ自身の意味を持っている。そして、時間の観点から見るならば、この意味を持つということが永遠を持つということを意味するのである。ティリッヒは、その理由を次のように述べている。「現在という秘密に満ちた境界線を通過して過去から未来へと移行していく何らかの事物、思想、行動、感情、仕事が、究極的な意味や有意義性を持たないまさに単なる移動、流れ、生成と衰退以外の何ものでもないとしたなら、語るに値することは何もないということになるであろう[46]」。すなわち、現在は永遠を有しているのであり、また永遠を有しているゆえに、現在は考察するに値する意味、つまり「無制約的な意味、無制約的な深さ、無制約的な現実を[47]」（einen unbedingten Sinn, eine unbedingte Tiefe, eine unbedingte Wirklichkeit）持つのである。しかし、それは証明や反証の事柄ではなく、すでに見たように、「生の無制約的な意味への信仰」の事柄なのである。この信仰の観点から見られるならば、現在は永遠の次元を含むのであり、現実の探求は同時に究極的実在の探求なのである。なぜなら、時間と空間とは一つであり、それらは分離されえないからである。そこでわれわれは、次に空間の観点から宗教的状況とは何かを尋ねなければならない。

「宗教的状況」とは、「宗教的」と「状況」という二つの言葉の組み合わせからも明らかなように、時間の概念において見られた現在と永遠との関係と同じ関係を持つ空間の概念である。したがってティリッヒは、それを時間的なものと永遠なるものとの観点から論じている。すなわち、まず時間的な観点から見るならば、宗教的状況は単なる一時的なものである。ティリッヒは、それを、時間的なものの「自己安住的」在り方であると見なしている。すなわち、「いかなる時代も、時間として自己自身の内に安住し、その諸形式、その現存在の充満、その生命の推進力の内に安住している」(48)。この自己安住的在り方が、時間的なものの本質的特性なのである。しかし、同時に、すべて時間的なものは、どの時代においても自己の内に真実に安住することはできない。それは、すでに見たように、時間の中には、あらゆる瞬間に、もはや時間でないものへと駆り立てるあるものがあるからである。ティリッヒによれば、このことは、すべての時間の現実的な創造は時間的でないあるものについて語っていることを意味し、このあるものとは、「あらゆる時間の根底にあり、またあらゆる現存在形式を超えている、ある深み（eine Tiefe）」(49)、すなわち究極的実在なのである。したがって、ティリッヒが言うように、現存在がそれ自身を超えて現存在でないもの、すなわち究極的実在を指し示すということが、現存在の最も深い啓示なのである。それゆえ、これが時間的なものの観点から見られた、宗教的状況の側面である。

それに対し、永遠なるものの観点から見られるならば、宗教的状況は永遠の形式となる。というのも、ティリッヒによれば、「永遠なるものは、時間の形式の中に取り入れられることによって、それ自体現存在形式、時間、現在になる」(50)からである。すなわち、すべての時間を超えている永遠なるものは、個々の出来事として、時間における現在となる。したがって、これが永遠なるものの観点から見られた宗教的状況のもう一つの側面となる。そのため、宗教的状況には、永遠なるものへと向かう方向と自己自身へと向かう方向との二つがあることになる。すなわち、前者は「あらゆる時間における自己超越性、永遠なるものへの自己開放性、時間の聖化」であり、後者は「永遠なるものの自己への獲得、時間の自己内滞在、聖なるものの世俗化[51]」である。つまり、この二つの方向において、あらゆる現実の中には宗教的次元があり、あらゆる状況の中には永遠なるものへの「無意識の信仰」があるのである。すなわち、これが現実の宗教的状況についてのティリッヒの原理的理解であるが、それはまた、実際には「社会」において担われているものでもある。そこで、われわれは最後に、現実の宗教的状況における究極的実在の具体的形式について尋ねなければならない。

ティリッヒは、彼にとっての具体的社会である西洋社会を分析し、上記の相反する二つの方向に対応する二つの力を指摘している。それは、「ブルジョワ精神」と「信仰的現実主義」である。すなわち、ティリッヒによれば、「ブルジョワ精神」（Geist der bürgerlichen Gesellschaft）という概念は、十九世紀のブルジョワ社会に根ざすもので、その精神的状況を反映する否定的力を意味する。それは、一言で言えば、すでに述べた「自己安住」の精神であり、それはその諸形式の中に安住して有意義性の次元を欠いている精神である。ティリッヒは、この精神を、それがブルジョワ社会に根ざすゆえに、またその社会で最も具体的に見られるゆえに、「ブルジョワ精神」と呼ぶのである。しかし、それはブルジョワ社会に限定されたものではなく、それは否定的意味において、この世に向かう「究極的、根底的な世界姿勢、生活姿勢の象徴[52]」であり、この意味において、それは普遍的概念なのである。

それに対し、「信仰的現実主義」（der gläubige Realismus）とは、逆に肯定的力を意味する。ティリッヒによれば、それは、積極的意味において、「現実に向かう普遍的態度」である。すなわち、すでに見たように、宗教的状況は永遠なるものと時間的なものとの逆説であったが、ティリッヒは、この観点から、宗教的状況における存在の力を解釈し、信仰的現実主義を次のように説明する。すなわち、「信仰的現実主義は、現在性の意識と結ばれている。究極的な存在の力つまり現実の根底とは、ある特別な瞬間、ある具体的状況において、突然現れ、現在の持つ無限の深みと永遠的意味とを啓示する。しかし、これはただ逆説的にのみ、言い換えれば信仰によってのみ把握される。というのは、現実とはそれ自体としては無制約的でも永遠的でもないからである。現在が無制約的なものの光の中で見られれば見られるほど、それはますます不確かなもの、また永遠的意味を持たない空虚なものと見えてくる。そういうわけで事物の持つ力は、事物がその力の根底に対して、つまり究極的に現実的なものに対して透明になるとき、それは同時に否定されかつ肯定されるのである」[53]。すなわち、信仰的現実主義とは、究極的実在へと向かう普遍的態度であり、それは、実在の根底がいわば可視的となり、そのことによって現実が究極的実在に対して透明となり、新しい何ものかになるとき、確立されるのである。ティリッヒはそれを、すでに触れたように、「神律的」と呼んでいる。すなわち、信仰的現実主義とは、究極的実在そのものの探求であり、そこにおいて具体的現実は捕らえられ、同時に存在の根底によるその否定と肯定を通して神律的次元へと高められるのである。

以上見たように、すべての意味は究極的意味への信仰を含んでおり、すべての現実は究極的実在への信仰を含んでいるのである。そのため、個々の意味と現実は、それらの根底に完全に留まってはいないとしても、そこから分離されているのではなく、それらは絶えず存在の根底によって完全に捉えられる可能性に開かれており、またすでに部分的に捉えられているのである。したがって、すべての意味と現実は、それらの究極的関心、すなわち究極的意味と究極的実在との関係の中にある。そして、この意味において、ティリッヒの体系的視点は、存在論的次元において理解された具体的なものと究極的なものとの関係性に基づいているのである。そのため、われわれはそれを「存在論的関係性」と呼ぶことができるであろう。そしてまた、この存在論的関係性に基づくティリッヒの体系的神学を、「関係性の神学」とも呼ぶことができるように思う。

第3節　『組織神学』と三位一体論

以上のように、ティリッヒは、神と人間、神と世界との関係性に注目し、存在全体を体系的に捉えることにその最大の精力を注いだのであるが、それは最終的に『組織神学』全三巻となって集大成した。そこで、最後に、その『組織神学』に目を向ける必要がある。しかし、本章の目的は、それを詳論することではなく、その体系の概要を把握し、またその基本構造とそこに展開されている三位一体の構造を確認し、今後の議論に資することである。そこでまず、『組織神学』全三巻の概要を確認したい。

(1)『組織神学』の概要

すでに触れたように、『組織神学』第一巻は一九五一年に、第二巻は一九五七年に、そして第三巻は一九六三年に出版されている。そのため、完成まで十年余りかかったわけであるが、一九六五年のティリッヒの死から見れば、いずれもその晩年に属する。そのため、本書はまさにティリッヒ神学の集大成となっている。内容的には、全体は五部からなり、第一巻では序論と第一部「理性と啓示」および第二部「存在と神」が、第二巻では第三部「実存とキリスト」が、第三巻では第四部「生と霊」および第五部「歴史と神の国」が論じられている。本書の基本的性格とその方法論についてはすでに触れているので、ここではこの五部のそれぞれの基本的内容をごく簡単に把握するにとどめたい。ただ、留意するべき点は、基本的にはすべてが〈問い〉と〈答え〉との相関関係として論じられていることである。

まず、第一部「理性と啓示」であるが、ここではまず理性の基本的構造と実存におけるその曖昧性が論じられ、それに対して啓示が語られるが、それは理性の根拠と深淵として、その曖昧性を克服するものとして語られる。第二部「存在と神」においては、まず人間を含めた存在についての存在論的分析がなされるとともに、存在と非存在の混合としてのその有限性が明らかにされ、それに対して、すべての存在の根拠（根底）としての神が「存在それ自体」として、すなわち具体的には「活ける神」「創造の神」「関係における神」として、非存在を克服する存在の力として語られる。また第三部「実存とキリスト」においては、まず人間の実存が本質からの疎外として論じられるとともに、またその苦境が明らかにされ、それに対して、疎外を克服した「新しい存在」としてのキリストによる救済が語られる。第四部「生と霊」では、まず生の持つ「多元的統一」の構造が明らかにされるとともに、実存における生の曖昧性が明らかにされ、それに対して、人間精神と歴史における霊の現臨が、生の持つ曖昧性を克服するものとして語られる。最後の第五部「歴史と神の国」では、まず歴史の特性と歴史的次元における生の曖昧性が語られ、それに対して、歴史の目標である神の国と永遠の生命とが、終末論的な完成を指し示すものとして語られ、最後に時間と永遠について論じられている。

（2）「自己－世界」構造――〈個別化〉と〈参与〉を中心として

以上のような概要を持つ『組織神学』であるが、ここであらためて、その基本構造をなす神と人間との関係性について、ティリッヒの語るところを明らかにしておきたい。というのも、そこで論じられている存在の存在論的構造としての「自己－世界」構造こそが、ティリッヒ神学の体系を構築しているものであるからである。

ティリッヒによれば、この「自己－世界」(self-world) 構造とは、何よりも「人間は彼が属する世界を持つものとして自己自身を経験する[54]」ということを意味している。そして、これは人間にとってのみ可能なのである。というのも、人間のみが「十分に発展し完全に中心化された自己」であり、またそのためにすべての可能的な環境を超越し、またそうすることにおいて同時に「世界」＝「一つの構造を持った全体」を持つことができるからなのである[55]。この点について、ティリッヒはさらに分析的に語っているが、それによれば、自己－世界構造に基づく存在は、この基本的構造に根ざすとともに、存在全体を構成する存在論的諸要素を持つ。すなわち、それらは、「個別化と参与」(individualization and participation)、「力動性と形式」(dynamics and form)、「自由と運命」(freedom and destiny) という両極性をなす三対の諸要素として理解されているが、その中でも中心的位置を占めるのは、第一の両極性である個別化と参与である。それは、すでに触れたように、自己－世界構造を可能とする最も基本にある要素でもあるからである。すなわち、ティリッヒによれば、まず個別化とは、何よりも存在論的要素であり、基本的には存在するすべてのものの質なのである。そのため、それはすべての自己の中に含まれ、それを構成しているだけでなく、類似的にはすべての存在に含まれ、またそれを構成している。そして、この個別化は、個的存在の自己関連性、すなわち中心を持つ自己であるということと本質的に結びついており、その特徴は「自己中心的存在は分割されえない[56]」という事実に端的に現されていると言う。すなわち、個別性と中心性は不可分離的に結合しており、それは人間において最も完成した形で現れているのみならず、それは人間を人間たらしめている始原的事実でもあるのである。すなわち、「人間は完全に自己中心的であるのみならず、また完全に個別化されている。そして人間はその一方であるゆえにまた他方でもある[57]」。したがって、人間とは完全に個別化され、自己中心化された存在であり、この完全に個別化され、自己中心化されている自己が、すなわち人格なのである。そして完全に自己中心化された自己のみが、すでに述べたように、その世界に参与することができ、その参与を通して他の人格と交わることができるのである。そこに、個別化と参与の本質的関連がある。すなわち、ティリッヒの表現を用いるならば、「個別化はわれわれが『人格』(person)と呼ぶ完全な形式に到達するとき、参与はわれわれが『交わり』(communion)と呼ぶ完全な形式に到達する[58]」。交わりは他の完全に個別化され中心化された自己への参与であるゆえに、それは人格にとって本質的であり、そのことは、人格は他の人格との交わりにおいてのみ形成されうるという事実に最もよく表されている。そのため、人格と交わりはすべての人間にとって本質的事柄であり、したがってまた人間のすべての関係は不可避的に人格的なのである。そしてまた、このことは、ティリッヒによれば、人間の宗教経験においても明らかに見られるのである。すなわち、ティリッヒは、石や星などの自然の事物から偉大な神話論的神々に至る神的力を持つと見なされてきたすべてのものが人格的力を有することを指摘し、その理由をすでに概観した人格の存在論的根拠に求め、次のように述べている。「具体的な関心は宗教的関心を駆って神的諸力の人格化を促す、何となれば人はただ彼と同等な水準面で遭遇するものに関してのみ徹底的に関心を寄せるからである[59]」。したがって、人格対人格の関係は宗教経験にとっても本質的であり、またそれゆえにいかなる神学者もそれを回避することも否定することもできないのである。

以上のように、「個別化と参与」の存在論的要素が「自己‐世界」構造を構成する重要な要素であるが、これに加え「力動性と形式」、「自由と運命」という二つの存在論的要素がある。そこで、この二っについて簡単に触れておくと、まず「力動性と形式」とは、存在するものはすべて「力動性」と「形式」を持つことを意味し、その関係については「事物をしてそれが現在あるものたらしめている形式は、その内容、その本質、その特定の存在の力である」[60]と語られている。また「自由と運命」も存在の持つ本質的要素であり、「自由」は何よりも「熟慮、決断および責任」[61]として経験され、また「運命」とは「自然と歴史と私自身とによって与えられ形成されたものとしての私自身」[62]を意味する。そうした存在論的諸要素によって存在は存在たらしめられているのである。しかしながら、その中でも重要なのは、繰り返しになるが、初めに触れた「個別化と参与」なのである。

ところで、〈逆説的合一〉を考察するわれわれにとってさらに重要なのは、この自己‐世界構造は、神との関係においても言われうるということである。すなわち、すべてのものが「存在それ自体」としての神に属するものであるならば、われわれも、またわれわれが関わる世界も、その根底に神が存在するわけであるから、この「個別化と参与」の要素は神と人間との関係にも当てはまることになる。加えて、ティリッヒの議論で重要なのは、この「個別化と参与」という二つの要素は、状況に応じてその重心が変化するということである。すなわち、ある場合には個別化が強くなり、またある場合には参与が強くなり、それに応じて神と人間との状況も変化するのである。このことについて、ティリッヒは次のように語っている。「参与の傾向が強くなれば、〈存存それ自体〉との関係は神秘的性格を持ち、個別化が強くなれば、〈存在それ自体〉との関係は人格的性格を持ち、またこの両極が受け容れられ、超越されるならば、〈存在それ自体〉との関係は信仰の性格を持つようになる」[63]。すなわち、〈参与〉の要素が強くなれば、神と人間との関係はより親密となり、神秘的となるが、〈個別化〉の要素が強くなれば、その関係はより対峙的となり、人格的となる。そして、両方の要素が超克されるとき、それは信仰という性格を取るのである。したがって、逆に言えば、信仰はその両要素を含むとも言える。その具体的な内容については第Ⅱ部で扱うことになるが、いずれにしても、〈個別化〉と〈参与〉という存在論的要素が神と人間との関係を可能とするのであり、特に〈参与〉の概念は、神と人間との〈逆説的合一〉における決定的要因として、ティリッヒ神学における重要な概念ともなっている。(64)

(3) 三位一体論――ティリッヒの批判と提言

ところで、『組織神学』のおおよその概要は上記の通りであるが、ここで重要なのは、ティリッヒの神学は、基本的には伝統的な三位一体の教義に立っているということである。このことは、あらためて強調されてしかるべき点であろう。確かに、バルトなどのように、三位一体論そのものを展開しているとは言い難い。事実、ティリッヒは第四部の最後において「三位一体的象徴」との題で三位一体論に言及しているが、それはわずか一〇頁足らずである。(65)しかも、伝統的な三位一体論そのものに対しては批判的である。というのも、三位一体論は、教義化される中で、その本来の意味を失ってしまっただけではなく、一種の権威主義に陥ってしまったと見なすからである。そのことを、ティリッヒは次のように指摘している。「その機能は、本来、人間に対する神の自己顕示、神的深淵の深みを開くこと、実存の意味の問題に答えを与えることを、三つの中心的象徴において表現することであったのに、後にそれは見通すことのできない神秘となり、聖壇の上に置かれ、賛美されるようになった。そして、その神秘は存在の根底の永遠の神秘であることをやめて、その代わり解決し難い神学的問題の謎となり、多くの場合、……無数の不条理の賛美となった。このようにして、三位一体の教義は教会的権威主義の強力な武器となり、探究心を抑圧するに至った」[66]。

しかし、ティリッヒは、だからといって三位一体論を放棄すべきだと言うのではない。むしろ、三位一体論の本来の意味に立ち返って、それを新たに用いるべきことを提言する。というのも、三位一体という考えは、ある必然性を持って考えられたものであるからなのである。すなわち、ティリッヒによれば、そうした教義はすべて神の霊的現臨の経験に基づく。つまり、霊的現臨とは「決定的な様態における神の現臨」であり、それは「人間の精神において脱自的に現存する神の様態」であって、それは「神的なものの本性の中に実在する何ものかの反映」なのである[67]。したがってティリッヒは、そこに三位一体的思考へと導いた何らかの要因を見る。そのため、三位一体的思考は、何よりも「事実に基礎を持っている（fundamentum in re）」のであり、それは「宗教的発見」であり、「成文化され、弁護されるべき」ものなのである[68]。そして、その意味で、三位一体論は不可欠な教義なのである。

それでは、三位一体論を形成することになったその具体的要因とは何であったのか。それに対し、ティリッヒは、それを三つの点から以下のように論じている。「第一に、われわれの究極的関心における絶対的要素と具体的要素との緊張、第二に生の概念の存在の神的根底に対する象徴的適用、第三に創造の力、救済する愛、脱自的改変としての三様の神の顕現である」[69]。すなわち、ティリッヒによれば、第一の要因の「絶対的要素と具体的要素の緊張」は、「神と人間との中間的表象の設定へと駆り立てる」ことになり、また第二の要因は、神を「活ける神」（living God）として理解することへと導き、それはまた神を「根底（ground）としての神、形相（form）としての神、行動（act）としての神」に区分することへと導いた。したがってティリッヒは、この神の三区分に「前三位一体的（pretrinitarian）」定式を見るのであるが、こうした背景を持つ三位一体の神は、基本的には、以上のような

「生の弁証法」、すなわち「分離と再結合の運動」を反映するものなのである[70]。

しかしながら、ティリッヒは、この三つの要因の中でも特に神の顕現の三様を語る第三の要因を重視する。というのも、それが人々を直接的に三位一体的思考へと導いたからである。この神の顕現について、ティリッヒはより具体的に、「三位一体の神の象徴は、人間の苦境（predicament）に含まれる問いに対する答えとして理解されなければならない」と語り、人間の苦境を三つの概念で以下のように語る。「①被造者としての人間の本質的存在に関しては有限性、②時間と空間における人間の実存的存在に関しては疎外、③人間の生一般への参与に関しては曖昧性がそれである[71]」。そして、そうした苦境に答えるのが三位一体の神の象徴なのである。すなわち、①の問いに対しては、「神についての教義およびそこで用いられる象徴によって」、②の問いに対しては、「キリストについての教義およびそこで用いられる象徴によって」、そして③の問いに対しては、「霊についての教義およびそれの象徴によって」答えられるのである[72]。すなわち、これは、そのままティリッヒの『組織神学』を語るものであるが、ここで重要なことは、三位一体の教義は、このように何よりも活ける神の経験に基づくということである。したがって、ティリッヒは、三位一体論に関して、次のようにまとめている。「われわれは、三位一体的思考の中に働いているいくつかのモチーフに言及してきた。それらのすべては啓示的経験に基づいている。……――他方、三位一体の教義は、哲学的諸概念を用いながら神学的合理性の一般法則に従う、神学的思惟の所作である[73]」。

ところで、以上のような見解から、ティリッヒは三位一体論を必要なものとして肯定的に受け止め、また自身もそれを用いるのであるが、それは初めに触れたティリッヒの批判にもあるように、そのまま用いることはできず、すでに上で見たように、「三位一体の教義の根本的な改訂と、神的生命と霊的現臨の新しい理解[74]」を必要としているのである。そして、その新しい理解は、具体的にはティリッヒの神学となって展開されたわけであるが、ティリッヒは三位一体論の考察を終えるにあたり、こう総括している。「三位一体の教義は、閉鎖されてはいない。それは放棄されることも、その伝統的な形で受容されることもできない。それは、その本来の機能を果たすために、すなわち、人間に神的生命の自己顕示を、包括的な象徴によって表現するために、開かれたままにしておかれなければならない」(75)。すなわち、ティリッヒは、三位一体論は開かれていると語るのである。たとえば、それは最も重要であると思われる「三」という数字においても、そうなのである。ティリッヒは、頭ごなしに「三」という数字に固執しようとはしない。ただし、先ほど見たように、「生の弁証法」から「三」という数字が最もふさわしいとは語るが。また三位一体の神の「性」的表現の可能性についても語っている。すなわち、プロテスタントではマリア崇拝を徹底的に排除したが、それに代わるような、神観念に女性性を見る可能性を語る。それは、具体的には、「母性的資質」を指し示す「存在の根底」という概念、あるいは「男性‐女性の二者択一」を超越する「ロゴス」という概念、あるいは「苦難のキリスト像」に象徴的に現れている両性の対立を破る「自己犠牲」の概念である。そして最後に、ティリッヒは「霊」についても語る。すなわち、すでに先に触れた霊的現臨の脱自的性格に言及して、「脱自は通常男性型、女性型にそれぞれに帰せられる理性的要素と情緒性的要素を共に超越する」と語るのである(76)。

このように、ティリッヒは三位一体論の新しい可能性について語るのである。そして、それは何よりも、教義というものが啓示的「経験」に基づくからなのである。すなわち、ティリッヒは、従来の教義学に、形骸化と権威主義化の危険性を見る中で、本来の宗教経験に立ち返ることによって、新たな教義学の形成へと向かうべきことを提言するのである。そして、それを自ら実践したのである。その是非については、終論のところであらためて論じたいと思う。

注

（1）Paul Tillich, GW VII, 186.（『著作集』第五巻、二五〇頁）
（2）Ibid.（同上書、二五〇―二五一頁）
（3）渡辺信夫訳では、『キリスト教綱要』第1篇第1章の小見出しとして、「神認識と自己認識は結び合った事柄である。それらはどのように相互に関連しているか」と記されたあと、本論の初めで、あらためて、「我々の知恵で、とにかく真理に適い、また堅実な知恵と見做さるべきものの殆ど全ては、二つの部分から成り立つ。すなわち、神を認識することと、我々自身を認識することとである。ところが、この二者は多くの絆によって結び合っているので、どちらが他方に先立つか、どちらが他方を生み出すかを識別するのは容易でない」と語られている。（ジャン・カルヴァン『キリスト教綱要　第1篇・第2篇』改訳版、渡辺信夫訳、新教出版社、二〇〇七年、三八頁）
（4）Tillich, GW VII, 186.（『著作集』第五巻、二五一頁）。この関連でティリッヒは、カルヴァンの重要な人間観に触れている。それは、カルヴァンの次の言葉である。「初めの人間の背反によって陥ったこの悲惨な破滅は、我々の目を高く挙げざるを得なくさせ、こうして我々は、自らにないものを飢え渇きつつ請い求めるが、それのみでなく、また恐怖に目覚めて遜りを学ばせられる」（渡辺訳『キリスト教綱要』、三八頁）。ティリッヒは、このことを次のように言い換えている。「われわれは成就を願ってだけ、すなわちわれわれの有限性の欲求を克服するための願いだけで、神を求めているのではない。われわれの神との関係はむしろ恐れ（Furcht）と謙遜（Demut）をその内に含んでいるのである。カルヴァンとすべての預言者的伝統においては、神はわれわれの欲求との相関として考えられているのではなく、われわれの謙遜の対象として考えられているのである。神はわれわれに由来するものではなく、むしろわれわれに対立するものである。したがって、神思想を人間の欲求に還元しようとするすべての心理学的また社会学的な試みに対しては、批判が向けられているのである」（ibid., 186-187.『著作集』第五巻、二五一頁）。すなわち、人間は自己達成の欲求との関連で神について語るべきではなく、何よりも神に対する恐れの中で、謙遜の対象として神について語るべきである、逆に言えば、人間は何よりもまず神の前に謙遜であるべき存在であると言うのである。これは、ティリッヒも含めて、プロテスタントの大事な人間観になっていると言える。

(5) Tillich, DF.
(6) Ibid., 1. ドイツ語版では、より厳密に、「信仰とは、われわれに究極的に関わるものによって捕らえられた状態である」（Glaube ist das Ergriffensein von dem, was uns unbedingt angeht.）（Tillich, GW VIII, 111.『著作集』第六巻、六五頁）と訳されている。したがって、究極的関心は常に信仰の二つの側面を意味している。すなわち、信仰の「状態」としての主観的側面と、信仰の「対象」としての客観的側面である。前者に関しては、ultimate concern は「究極的関わり」と訳され、後者に関しては「究極的関心」と訳されうるであろう。
(7) マルコによる福音書一二章二九—三〇節（日本聖書協会『口語訳聖書』）
(8) Tillich, ST I, 12.
(9) 以上、ibid., 108.
(10) Ibid., 108-111.
(11) Ibid., 189-190. なお、ティリッヒは、非存在を二つに分けて論じている。一つは、「存在と無関係な『無』（nothing）」である〈ouk on〉（ウーク・オン）であり、もう一つは「存在と弁証法的関係にある『無』」である〈me on〉（メー・オン）である。そのため、存在との関係で論じられるのは、主に〈me on〉の非存在である。（ibid., 188）
(12) Ibid., 112.
(13) Ibid., 117.
(14) Ibid.
(15) Ibid.
(16) Ibid., 172.
(17) Ibid., 120.
(18) Ibid., 118.
(19) Ibid., 124.
(20) Ibid., 133.
(21) Tillich, *Vorlesungen über die Geschichte des christlichen Denkens, Teil 1, Urchristentum bis Nachreformation*, in EN I, 187.

（『著作集』別巻二、二七二頁）
(22) 以上、Ibid., 153.（同上書、二二三―二二四頁）
(23) Ibid., 188.（同上書、二七四頁）
(24) Tillich, ST III, 143.
(25) Tillich, EN I, 187.（『著作集』別巻二、二七二頁）
(26) ティリッヒは、キリスト教よりも「古く」、また「普遍的」でもある神秘主義をキリスト教に結びつけ、まさに神秘主義に洗礼を授けた真の「洗礼者」としてクレルヴォーのベルナール（Bernard of Clairvaux）を評価している。ただし、ティリッヒによれば、ベルナールには具体的神秘主義と抽象的神秘主義の両方が含まれているのであるが、前者に関するティリッヒの表現は、より具体的であり、また興味深い。すなわち、それによると、具体的神秘主義には「聖書の記録が告げ知らせているようなイエスの像（Bild Jesu）があり、それを通して神的なものが透明となる。この像との関連で言えば、神秘主義とは、イエスの謙遜と卑賤への参与（Partizipation）にある。……われわれはイエスを通して神的現実に参与する。イエスにならうことは神に参与することである」（ibid., 188. 同上書、二七三頁）。「イエスの像」という表現は、ティリッヒによって繰り返し用いられる表現で、それはティリッヒが「新しい存在」といった存在論的表現が持つ抽象的・概念的理解でのみイエスを理解していたのではないということを示している。またその像が、ベルナールの神秘主義の理解としてではあっても、「謙遜と卑賤」として把握されているところに、アウグスティヌスに通じるものがあり、興味深い。
(27) Ibid., 302.（『著作集』別巻二、四四二頁）
(28) Ibid.（同）
(29) Ibid., 303.（同上書、四四四―四四五頁）
(30) Tillich, ST II, 92
(31) Tillich, Die Religiöse Substanz der Kultur, in GW IX, 1967.
(32) Tillich, ST III, 158.
(33) Ibid., 62.

（34）Ibid., 65.
（35）Tillich, GW IX, 18.（『著作集』第七巻、一九頁）
（36）Ibid.（同）
（37）Ibid.（同上書、二〇頁）
（38）Tillich, ST III, 249
（39）Tillich, GW IX, 19.（『著作集』第七巻、二一頁）
（40）Ibid., 33.（同上書、四〇頁）
（41）Ibid., 33-34.（同）
（42）Ibid., 34.（同上書、四〇―四一頁）
（43）Tillich, Der Religiöse Lage der Gegenwart, in GW X, 1968.
（44）Ibid., 9.（『著作集』第八巻、九頁）
（45）以上、ibid., 10-11.（同上書、一一―一三頁）
（46）Ibid., 12.（同上書、一四頁）
（47）Ibid.（同）
（48）Ibid., 13.（同上書、一六頁）
（49）Ibid.
（50）Ibid., 13-14.（同）
（51）Ibid., 14.（同）
（52）Ibid., 10.（同上書、一〇頁）
（53）Tillich, Philosophie und Schicksal, in GW IV, 1961, 101.（『著作集』第三巻、一四二頁）。ティリッヒは、またこの関連で、「信仰的現実主義は、歴史的現実主義の宗教的深み（die religiöse Tiefe）である」とも語っている。（ibid., 100. 同上書、一四〇頁）
（54）Tillich, ST I, 169.

(55) Ibid., 169–170.
(56) Ibid., 175.
(57) Ibid.
(58) Ibid., 176.
(59) Ibid., 223.
(60) Ibid., 178.
(61) Ibid., 184.
(62) Ibid., 185.
(63) Tillich, CB, 1979, 156–157.
(64) ティリッヒは、〈参与〉と神秘主義の関係について、「参与（Teilhabe）、すなわち捕らえられた状態（Ergriffensein）—これは、プロテスタンティズムと神秘主義が一致することのできる概念である」とも語っている（Tillich, GW VIII, 232.『著作集』第六巻、二二二頁）。ただし、以上の議論は、あくまでも存在を構成する存在論的諸要素の一つ「個別化と参与」の観点から語られたものである。しかし、存在論に立たない観点からも、すなわち人格主義的な観点からも神秘主義について語ることは十分可能である。たとえば、第10章で扱うルターにおいては、キリストとの人格的な結合を〈人格神秘主義〉と捉えている。
(65) Tillich, ST III, 283–294.
(66) Ibid., 291.
(67) Ibid., 283.
(68) Ibid.
(69) Ibid.
(70) Ibid., 284–285.
(71) Ibid., 285–286.
(72) Ibid., 286.

(73) Ibid.
(74) Ibid., 292.
(75) Ibid., 294.
(76) Ibid., 293–294. なお、この点については、終論の「ティリッヒ神学に対する評価」の中で、特にカトリックのフェミニスト神学から出されている肯定的な見解をめぐり、再び論じられるであろう。

第4章　実存主義的特質

はじめに

第2章と第3章では、ティリッヒの弁証学的神学の理念とその構造について概観したが、本章では、ティリッヒ神学のもう一つの特質とも言える、実存主義的特質について概観したい。これは、ティリッヒ神学の内実に深く関わる重要な要素でもある。

すでに見たように、ティリッヒは、状況の中から汲み出された「問い」に対し、キリスト教の使信を「答え」として語るという仕方で弁証学的神学を展開しているが、その「問い」と「答え」の内実は、実存主義思想の分析を用いて論じられている。そのため、ティリッヒの神学は、しばしば実存主義的神学とも呼ばれる。(1) しかし反面、この表現はかなり曖昧なものでもある。というのも、実存主義という表現は、それ自体多義的であるからである。また確かにティリッヒは、実存的考察をその神学の基本的要素として用いているが、しかしそのことは直ちにティリッヒを実存主義者にするものではないからである。そのことは、ティリッヒ自身の次の言葉からも明らかである。すなわち、「しばしば私は、自分が実存主義神学者であるかどうか尋ねられたが、私の答えは常に短い。私は半々だと言う。このことは、私にとって、本質主義と実存主義は互いに属していることを意味する」[2]。したがって、この表現だけからでもティリッヒを単純に実存主義神学者と呼ぶことはできない。それでは、ティリッヒが自らの神学に取り入れた実存主義とはどのような思想であり、それはまたティリッヒの神学においてどのような意味を持つものであったのか。ティリッヒの神学を論じるとき、こうした点の究明が不可欠である。そこで本章では、以下においで、実存主義に関するティリッヒ自身の全体的な理解を概観することにより、ティリッヒの神学における実存主義の意義を明らかにしたいと思う。

第1節　時代と歴史に見る実存主義

（1）実存思想の三区分

ティリッヒが人間の実存をめぐる議論を展開するとき、そこで論じられている内容は、必ずしも一定したものではない。というのも、ティリッヒはいくつかの視点から実存についての思想を扱っているからである。そこで本章では、ティリッヒが語る実存に関する思想を、まず全体として「実存思想」として捉え、それをティリッヒのいくつかの視点に沿って個別的に扱っていくことにしたい。

ティリッヒは、さまざまなところで実存思想を論じているが、そこには基本的に三つの視点、あるいは関心があると言える。一つは、最も狭い意味での実存思想で、これは一般に十九世紀のゼーレン・キルケゴールに淵源を持つと見なされ、二十世紀に隆盛となった哲学思想である。本章では、これを「狭義の実存主義」と呼ぶことにする。次にこの狭義の実存主義に対して、広義の実存主義とも呼ばれるべきものがある。それは、プラトン以前のギリシャ哲学にまで遡り、西洋思想全体にわたって見られる哲学の一潮流である。本章ではこれを「広義の実存主義」と呼びたい。また、これら二つの実存主義に対して、ティリッヒが論じる第三のものは、二十世紀において、哲学思想という枠を越え、文化全体にまで波及した一つの時代的運動としての実存思想である。本章では、これを「時代としての実存主義」と呼びたいと思う。

以上のように、ティリッヒの実存思想についての議論には、大別して三つの視点が認められる。そこで、本章では、この三つの視点から論じられるティリッヒの実存思想について、その論じるところを検討していきたい。しかしながら、その中心はやはり狭義の実存主義にあると言わなければならない。というのも、時代としての実存主義は、この狭義の実存主義に深く根ざしたものであり、また広義の実存主義も、いわば狭義の実存主義からの捉え直しとして語りうることであって、その意味では狭義の実存主義に依存しているとも言えるからである。しかし、取り扱う順序としては、初めに時代としての実存主義を概観し、次いで広義の実存主義を扱い、そして最後に狭義の実存主義に向かいたいと思う。

(2) 時代としての実存主義

ティリッヒは、「キリスト教思想史」の講義の締め括りを、実存主義についての言及でもって終わっている。しかし、そのことは決して偶然的なことではないであろう。なぜなら、現代を実存主義の時代として捉え、その実存主義の時代に対して全力をもって神学的に語りかけたのが、取りも直さずティリッヒ自身に他ならなかったからである。それでは、ティリッヒはどのような意味で現代を実存主義の時代と捉えたのか。

ティリッヒは、上述のキリスト教思想史の講義の中で、実存主義哲学を代表するキルケゴールの書物との感動的な出会いについて語っている。それはティリッヒの個人的体験ではあるが、しかし同時に、それは当時の精神的状況を反映したものでもある。そこで初めに、その内容に耳を傾けることによって、その時代の雰囲気に触れてみたいと思う。ティリッヒは以下のように述懐している。

私は、ハレ大学の神学生として、ヴュルテンベルクの孤独な人間による翻訳を通じてキルケゴールの思想と接触するに至った過程を、誇りをもって思い起こす。一九〇五年から七年まで、われわれはキルケゴールに捕らえられていた。それはきわめて偉大な経験であった。われわれは、復古的な神学的正統主義を受け入れることはできなかった。われわれは、特に歴史的批評学派を無視した実証主義的——『保守的』という特殊な意味における——神学者たちを受け入れることはできなかった。（中略）

しかし、他方、われわれは、全リッチュル学派におけるような道徳主義的歪曲と無神秘主義的（amystical）空虚さ、すなわち神的なものの神秘的現在というあたたかさが欠けているという空虚さ、を感じていた。われわれは、この道徳主義によっては捕らえられなかった。われわれは、その中に古典的神学が常に持っていた罪責意識の深みを見出さなかった。そのため、われわれはキルケゴールに出会ったとき、非常にうれしかった。人間実存の深みに入って行く深い敬虔と、彼がヘーゲルから受け取った哲学的偉大さとの結合こそ、彼をわれわれにとって重要な人物とした。真の批判点は、ヘーゲルの和解の思想こそ真の和解であるという主張の否定であろう。人間は哲学者の頭の中での和解によっては和解されないのである(3)。

いささか長い引用になったが、この述懐の中に当時の時代的空気と精神的状況を垣間見ることができるのではないだろうか。ティリッヒにとって、一九〇五年から七年までの時期とは、ベルリン大学で学びを開始し、継いでチュービンゲン大学、ハレ大学、そして再びベルリン大学で学んだ学生時代（一九〇四―一九〇九年）のほぼ前半に位置する。「それはまだ社会が安定し、前例のない平和と繁栄との時代であった。自動車や電気をふくめ、技術というものが、一般にその本領を発揮するに至っていなかったが、ティリッヒの大学での修学は、そうした全般的な環境の中で行われたのである(4)」。しかし、そうした稀に見る平和と安定の中で、時代は十九世紀から二十世紀へと大きく移り変わりつつあった(5)。そして、精神的状況も、それまでの精神的遺産の歪みが大きな亀裂となって口を開き始めていたのである。ティリッヒの言葉で言えば、一方では実証主義的神学が行き詰まりを呈する中で、他方では宗教を道徳へと還元するリッチュル神学に代表される十九世紀の自由主義神学がもはやその力を失い、大きな空洞を覚える時代を迎えていた。そして、いわばそうした精神的間隙を満たす形で意識ある人々に歓迎されることになったのが、キルケゴールの思想であったのである。

しかし、こうしたキルケゴールの思想や実存主義思想一般が、時代的精神として受け入れられるようになり、文化的領域の全体に及ぶようになるのは、第一次世界大戦を経てからであった。ティリッヒは、その状況について次のように語っている。すなわち、「実存主義は一つの反乱であるのみならず、一つの様式でもある。実存主義はあらゆる偉大な文学、芸術、われわれの自己表現の他の媒体の様式である。それは詩、小説、戯曲、視覚芸術の中に見出される(6)」。ティリッヒは、後であらためて検討するように、実存主義をＧ・Ｗ・Ｆ・ヘーゲルの思弁的・体系的思想に対する個人や経験を重んじる思想の反乱として捉えるが、それはまた哲学的領域を越えた一つの文化運動として、ティリッヒの言葉で言えば、現代の自己表現の一つの「様式」（style）として、展開されていったのである。したがってティリッヒは、「われわれの世紀は、歴史的に回顧されるとき実存主義の時代として特徴づけられるであろう」(7)と断言するのである。(8)

ところで、以上の観点は、思想史的に捉えられたものであるが、この実存主義思想が現代の時代的様式となった背景には、単に思想的に変遷したということだけではなく、時代そのものが実存主義思想をその様式とすべく変化したということでもある。したがって、実存主義の問題は、思想的問題であるだけではなく、同時に時代的問題でもある。そこで、もう一つの側面であるこの時代的問題について、ティリッヒが現代をどのように理解していたかを以下で簡単に検討しておきたい。ティリッヒは、彼の生きた時代に対して深い関心を持ちながら思索した神学者である。そして、いくつかの重要な時代的考察を行っているが、(9)その中で、現代についての次のような言及がある。すなわち、「すべての実存の哲学者たちが反対するのは、西欧の工業的社会とその哲学的代表者たちによって発展させられた思惟と生との『合理的』体系である。（中略）［合理的秩序の諸結果とは］個的自由や人格的決断や有機的共同体を破壊すると思われるような論理的あるいは自然主義的機械組織であり、また生の活力を危うくし、すべてのものを、したがって人間自身をも、計量と支配の一客体へと変えてしまうような分析的合理主義であり、そしてまた、人間と世界とを創造的根源から切り離し実存の究極的秘儀から切り離すような世俗的ヒューマニズムである。実存的哲学者たちは、ヨーロッパのあらゆる国々で作家や芸術家に支えられて、意識的にあるいは無意識的に、このような自己疎外された生の形式の出現に目をとめたのである(10)」。この指摘からも明らかなように、ティリッヒが捉えた現代とは、一言で言えば「自己疎外」という概念によって総括される時代なのである。その詳細な考察は次節に譲るが、ここで重要なのは、こうした自己疎外の問題は啓蒙主義以降の近代世界がもたらした一つの不可避的な帰結であるということである。そして、その帰結は、宗教の領域と深く関わっている。というのも、それは、啓蒙主義以降、いわゆる近代化の嵐の中で、宗教的伝統が崩壊していったことと深く連動しているからである。ティリッヒは、特にドイツの事情に触れながら、「一八三〇年以降に出現したすべてのグループは共通した問題、すなわち啓蒙主義や社会的革命やブルジョワ的自由主義の衝撃が引き起こした宗教的伝統の崩壊によって生み出された問題に直面しなければならなかった」[11]と語っている。宗教的伝統の崩壊とは、宗教の持つ「直接性」の喪失を意味するが、それは同時に人間の拠って立つ根源の喪失でもあり、それはまたその根源からの疎外を意味している。そして、この根源からの疎外、またそれに基づく自己自身からの疎外こそが、現代という時代を特徴づけるものであり、そうした喪失感の中から、またそれに立ち向かうべく現れたのが実存主義思想なのである。したがって、実存主義思想は、宗教的伝統の崩壊の中で、その危機を告知し、可能ならばその問題に自ら答えようとする運動であったとも言える。そして、その意味では、実存主義運動は宗教の働きに深く連動するもので、その限りではキリスト教と無縁のものではなく、むしろそれと深い協力関係を持ちうるものでもあったのである[12]。

(3) 広義の実存主義

そこで、ティリッヒの語る現代の思潮としての実存主義思想とは何かということが問題となる。しかし、この点を考察する前に、ティリッヒの実存主義思想を理解する上でもう一つ重要なことは、ティリッヒが実存主義思想を現代に特有な思想であると見なしながらも、決してそこに限定してはいないということである。むしろティリッヒは、実存主義思想を西欧思想史の全体において捉えており、そうした普遍性を持つものとして理解している。というのも、ティリッヒが考える実存主義思想とは、基本的には人間についての一つの普遍的な見方であり、それはもう一つの普遍的な見方である本質主義思想に対抗するものだからである。この二つの見方について、ティリッヒは次のように語っている。「人間を見るには二つの可能な仕方がある。一つは、宇宙の全体における人間の本質に注目して人間論を展開する本質主義的な仕方である。もう一つは、時間と空間における苦境の中にある人間を見、時間と空間の中に存在するものと本質的に与えられているものとの間の矛盾を見る仕方である」[13]。ティリッヒは、これを宗教的に表現して、前者を「人間の本質的善」に注目するものとして語り、また後者を「実存的疎外の状態への人間の堕落」に注目するものとして語るが、この二つの見方、つまり本質主義思想と実存主義思想を、人間についての二つの普遍的見方であるとし、西欧思想史をこの二つの見方の相克として捉えるのである。そして、具体的にはこの観点から、ティリッヒは西欧思想史を次のように概観している。「実存主義哲学は、西洋哲学史の大部分に見出される本質主義的要素の優位に対する反乱である。それは、プラトン、聖書、アウグスティヌス、ドゥンス・スコートゥス、ヤーコプ・ベーメ、その他における昔の思想の実存主義的要素の復活を代表している。過去の偉大な哲学者において、われわれは通常本質主義的なアプローチの優位を見出すのであるが、しかしそれらの内部には常に実存主義的要素が含まれている。この点でプラトンは古典的な姿を呈している。彼のイデアないし本質の国は本質主義の国、すなわち本質主義的記述と分析の国である。しかし、プラトンの実存主義は、牢獄における人間の魂が本質の世界から牢獄である肉体へと下り、そして次にこの洞穴から解放されるという神話の中に現れている。本質的要素は、ヘーゲルにおいて、また偉大な総合において、最も力強く表現されるに至った。しかし、ヘーゲルの中には実存主義的な要素も隠されていた。彼の弟子たちは、ついにそれを明るみに持ち出して彼に対置させ、かくして反乱としての実存主義の世代が始まった。そして最後に、われわれの世紀において実存主義は一つの様式となった。それゆえ、繰り返すなら、最初の実存主義は一つの要素として現れ、次に反乱として、そして最後には様式として現れる。それこそわれわれが今日いる場所である」[14]。したがってティリッヒは、実存主義思想を、その広義のものから狭義のものまでを含めて、西欧思想の全体に見て取るのであり、その流れを「一つの要素」としての出現から近代におけるヘーゲルに対する「反乱」としての展開、そして前節でも見たように現代の時代的「様式」としての定着として捉えるのである。

第2節　狭義の実存主義

(1) シェリングに対する評価と批判

以上のように、ティリッヒは、広義の実存主義思想を広く西洋思想全体にわたって存在する一つの普遍的思想として観取している。しかし、それが明確な一つの哲学的思潮となるのは、ヘーゲルに対する「反乱」としてのいわゆる狭義の実存主義からである。そこで、あらためてこの狭義の実存主義について検討されなければならない。ティリッヒは、後で見るように、この狭義の実存主義にも歴史的変遷を見ている。しかし初めに、われわれはその淵源ともなった二人の思想家に注目しなければならない。それは、F・W・J・シェリングとキルケゴールである。というのも、一般に実存主義はキルケゴールから始まると見られているが[15]、ティリッヒはそれに先立つ思想家としてシェリングを見、そのシェリングからキルケゴールを経て現代の実存主義思想が展開されたと見なすからである。[16] それでは、ティリッヒはシェリングのどのような思想に実存主義としての淵源を見ているのであろうか。まずその点から検討したい。

シェリングについては次章であらためて詳しく論じるが、ティリッヒは、シェリングの思想を、一般的見解とほぼ同様に、『自由論』(「人間的自由の本質」一八〇九年)を境として前期と後期に分けて捉えている。[17] すなわち、前期は同一性の原理が全面的に打ち出された時代で、それは物事の本質(Was)に注目する哲学である。それに対して、後期は物事の在りよう(Daß)に注目する哲学で、シェリング自身によって積極哲学と呼ばれているものである。シェリングは、この積極哲学に対し、本質を扱う哲学を消極哲学と呼び、それまでの自分自身の哲学をも含めた彼に先立つ多くの哲学をそれに該当するものとした。ただし、ティリッヒによれば、その呼称には価値的評価は含まれておらず、「消極」哲学とは具体的状況を捨象し、抽象化するというその方法を意味しているにすぎない。いずれにしても、シェリングは、この『自由論』を境として、消極哲学から積極哲学へと移行するのである。そして、ティリッヒは、ごく大雑把に、前期の同一性の原理に基づく哲学を本質主義哲学として捉え、後期の積極哲学を実存主義哲学として捉えている。[18] ただし、この内容の区別は大筋の話であって、実際にはもう少し細かい議論をしている。しかし、ここでのわれわれの関心は後期シェリングについてであり、その点についてのティリッヒの見解に注目したいと思う。

ところで、その思想を検討するに先立ち、なぜシェリングは本質主義思想から実存主義思想へと移行していったのかという点についてのティリッヒの興味深い見解から見ていきたいと思う。というのも、そうした思想家自身の生き方に、実存主義思想そのものが深く根ざしているからである。ティリッヒはやや伝記的に次のように語っている。「彼〔シェリング〕において『自由論』への転換、したがって明確な意識を持った実存主義的思惟への転換を呼び起こしたものは、カロリーネの死であった。また、彼に実存は分裂しているということを認めさせたのは、彼の外的運命のたどった絶頂やどん底のめまぐるしい変転であった。そしてまた、彼が実存の悪魔的底層を絶えず指し示すことができたということ、しかも一見きわめて抽象的に構成されているともいえる彼のポテンツ論においてそれが可能であったということは、彼の固有なほとんど制し難いデモーニッシュな性質によるものであった」[19]。ここでティリッヒは二つの点を指摘している。一つは、シェリングの個人的苦悩である。ここでシェリングの生涯を振り返る余裕はないが、それは愛する妻カロリーネの死であり[20]、またその人生において経験したさまざまな浮き沈みであった。すなわち、ティリッヒのよく用いる言葉で言えば、いわゆる実存的苦境（predicament）に遭遇し、そこに人間実存の深い分裂を経験したということである。そしてそれは、後で見るように、ヘーゲルの思弁的体系とそこにある和解によっては解決されうるものではなかったのである。それに加え、ティリッヒが指摘する第二の点は、デモーニッシュなものを捉えるシェリングの精神的鋭さである。デモーニッシュなものについては、別にあらためて論考される必要があるが、ヘーゲルとの関連で言えば、シェリングが「非存在」を弁証法の中に解消することができないということを認めたということである。そして、それもおそらくはシェリング自身の深い個人的体験に基づいたものであったと思われる。いずれにしても、そうしたシェリング自身の個人的な実存に根ざす要因が、前期シェリングの中に潜在的にあった実存主義的要素を明確なものとし、それがヘーゲルに対する抗議となって現れたとティリッヒは見るのである。

それでは、そうした抗議において、シェリングはどのような思想を展開したとティリッヒは理解しているのか。ティリッヒは、それを特に一八四〇年代のシェリングの講義に見ている。この年代は、ティリッヒが狭義の実存主義思想の胚胎した第一期と見なす時期であるが、このシェリングの講義はそうした動きを生み出す一つの重要な要因となったのである。そうした動きを含めて、この講義についてティリッヒは次のように語っている。「この『実存』への訴えは、ちょうど百年前、すなわち一八四〇年から一八五〇年の十年間に起こった。一八四一年から四二年の冬、シェリングはベルリン大学において「神話学と啓示の哲学」（Die Philosophie der Mythologie und der Offenbarung）に関する講義をえり抜きの聴衆の前で行ったが、その中にはエンゲルス、キルケゴール、バクーニンそしてブルクハルトがいた[21]」。この「神話学と啓示の哲学」の講義において、「消極哲学と積極哲学の区別を論じる諸節において、彼の実存論的態度を最も鮮明に示す諸定式がなされた」のである[22]。そしてまた、ティリッヒによれば、この諸定式は、この講義を聞いたキルケゴールがヘーゲルを攻撃するときに用いた諸定式ともなり、その意味でもこの諸定式は「実存主義的哲学の原文書[23]」（ein Urdokument existentialer Philosophie）と見なされるべきものなのである。

それでは、その諸定式とは、どのような内容を持つものであったのか。それは、一言で言えば、ヘーゲルの「体系的形式に対する抗議」であった。そもそもティリッヒによれば、ヘーゲルもその初期から取り組んだ問題は、実存主義者たちと同じ疎外の問題であった。すなわち、「近代的工業的社会における生の自己疎外、自然を支配することによる自然の生からの人間の分離、そして競争の体制内での人間の人間からの分離、および支配的社会体制の要求への人間の自己放棄における人間の自己自身からの分離[24]」を問題としたのである。そして、この問題に対して、ヘーゲルは「愛による生の和解」を語ったのである。ティリッヒの言葉で言えば、「彼は、他者を創造し、そしてそれを再び自己と統一する愛において、生はどれほど倍化されるかということを述べている。根源的統一から自己疎外を経て和解に至る移行は、愛の道である。（中略）この意味において、愛は存在を構成する。存在とは総合、すなわち愛の総合なのである」[25]。しかし、ティリッヒによれば、ヘーゲルの後期の体系は、「生の自己自身との和解というこの断片の継続的かつ包括的な解釈」なのであるが、それは「自ら目指した和解にすでに達している」体系であり、それゆえにそれは「『義認』なき和解」とも見なされるべきものなのである[26]。ティリッヒの別の表現で言えば、それは「現実全体を、その本質においても、その実存と歴史性においても、『純粋思惟』の弁証法的運動の中に組み入れようとする」試みであった。すなわち、ヘーゲルの本質主義的試みにおいては、「本質それ自体が実存へと変化する」のである。そして実存が本質となり、本質は実存から区別されないものとなる[27]。その結果、有限な存在における本質と実存の分離は和解されることになるが、しかしそれは哲学者の思弁の中にある和解であって、現実の和解となるものではなかったのである。したがって、彼は、「永遠的和解の玉座への階段を一段一段登っていき、その玉座から和解された世界の調和を眺めている」のである。しかし、これは人間の実際の状況ではないのである。ティリッヒによれば、「人間にとって和解は常に逆説である。つまり冒険する信仰と予期せざる恩寵の不確かさと確かさとのあいだに揺れ動くものである。この実存的状態としての疎外は、和解をうちに含むものではない。……いかなる生の分析も、和解を与えることはできない[28]」。したがって、ヘーゲルの体系的思惟においては、「実存そのものは和解されずに置き去りにされた」のである[29]。その結果、こうした哲学者の思惟の中での和解に対して、シェリングをはじめとする実存主義者たちは、激しく攻撃したのである。

ところで、シェリング自身は、先に述べたように、それをWasではなくDaßに注目する彼の積極哲学において展開したのであるが、その議論において重要な要素となったものは、積極哲学の最初の著書『自由論』において展開された自由の概念である。そして、この自由の概念こそシェリングをして前期の同一性の原理に基づく哲学から後期の積極哲学へと駆り出すことになったものなのである。というのも、ティリッヒによれば、Wasの解明を目指す同一性の原理に基づく哲学においては、「永遠の根拠」とそこに根ざす「永遠の安息」は成就したものとなるが、Daß に注目する見方においては、人間の「不断の活動」が問題となり、そこに両者の関係をめぐって「多様性と変化を説明する必然性」が生じたからなのである。すなわち、この必然性を、シェリングは自由の観点から説明したのである。ここではシェリングに立ち返ってそのことを検討することはできないが、ティリッヒの結論的な要約によれば、その自由は、神的根拠と被造物との同一性を破って現れ出るものであり、またそれゆえにこの自由はその神的根拠に対して反逆し、その根拠からの堕落を引き起こすのである。したがってまた、そこから悪の問題も生じるのであるが、そこから帰結するところは、同一性の原理に見られるような神的根拠に根ざす永遠の安息ではなく、疎外として語られるいわゆる人間の実存的状況であったのである(30)。

しかしながら、以上の議論においても明らかなように、シェリングの積極哲学は実存主義的思惟を前面に打ち出したとはいえ、それは同一性の原理を放棄するものではなかった。そして、シェリングの実存主義を考察するとき、この点が非常に重要になってくる。というのも、そこにキルケゴールとの相違点も、またシェリング自身の問題点もあるからである。前者に関しては、次節に譲ることにして、ここでは後者の点に触れておきたい。ティリッヒは、その講演「シェリングの実存主義的反抗の起源」を終えるにあたり、シェリングが長い間忘れられた存在であったことの決定的理由に触れて、次のように語っている。「それはすなわち実存主義的（existential）分析から実存的（existentiell）答えを導き出すことは不可能であるということである。シェリングはそれを試みて一つの哲学的神学を創出したが、それは真正な神学でもなければ真正な哲学でもなかった。神学者の課題とは、人間実存の問題、また人間実存と本質的人間との相克の問題に答えることである。しかし神学者はそれをただ啓示に基づいてのみなしうる……。シェリングはそのことを知っていた。しかし彼はこのような帰結を引き出すためにはあまりにも観念論的伝統の相続人でありすぎた。彼は、自分が要求していた啓示の持つ出会いの性格を忘れてしまったのである」[31]。ティリッヒはまた、次のようにも語っている。すなわち、シェリングも経験主義を高く評価するが、しかし啓示の神を彼の第三の経験主義の概念（「形而上学的経験主義」）によって把握しようとしたとき、「彼自身が要求していた実存的制限と謙虚さとをうち破った」のである。そしてその点において、ベルリンでの講義を聞いた者たちは「期待を裏切られた」のである[32]。すなわち、ティリッヒは、哲学者シェリングが、その哲学的立場から実存の問題に答えようとした点を批判するのである。というのも、それは哲学のなしうることではなく、神学にこそ委ねられるべき事柄であったからである。しかし、ティリッヒは、そうした点を批判しながらも、シェリングが「その晩年においてわれわれの時代の問題を先取りしていた、つまり人間の実存を最も激しく脅かしているような世界における人間の実存の問題を先取りしていた」[33]として、シェリングを高く評価するのである。

（２）キルケゴールに対する評価と批判

そこで次に、キルケゴールへと目を向けたいと思うが、先に触れたように、一般の定説に反し、現代の実存主義思想の出発点をキルケゴールにではなくシェリングに見るティリッヒは、キルケゴールを思想史的には次のように位置づけている。「彼は、実存主義哲学と、偉大な総合に対する敬虔主義的信仰復興主義的な神学的批判との結合に基づいて新しく出発した。もっと厳密に言えば、彼は、信仰復興主義型のルター派的敬虔主義――信仰復興運動の正統的信仰内容を含む――と、シェリングの実存主義の諸範疇とを結合した」。しかしまた、ティリッヒは次のようにも付言している。「彼はシェリングの解決を否定したけれども、範疇を受けついだ」[34]。すなわち、ティリッヒによれば、キルケゴールはその実存分析においてはシェリングに大いに倣っているとはいえ、実存が持つ問題の解決においては、前節でも見たように否定的であったのである。したがって、この共通点と相違点とを確認する形で、キルケゴールについてのティリッヒの見解を概観する必要がある。

まず、シェリングとの共通点を少し立ち入って検討すれば、それは一つにはヘーゲルに対する批判として見ることができる。これは、基本的には、シェリングのヘーゲル批判において見られたのと同様の内容で、それはヘーゲルの和解に向けられたものである。すなわち、ティリッヒによれば、キルケゴールにとって、「本質の体系においては、和解は可能かもしれないが、本質の体系はわれわれが生きている現実ではない」。「われわれは実存の領域において生きている」。したがって、ヘーゲルにとっては、「自然は疎外された精神である。物質的現実は自己疎外における精神である」としても、キルケゴールは、「疎外こそわれわれの生である」と強調しなければならなかったのである(35)。すなわち、このヘーゲルの本質主義的体系における和解に対する批判において、キルケゴールはシェリングと立場を同じくするのであり、それはまたその後の実存主義者に共通に見られる重要な点なのである。

しかし、キルケゴールは、和解の仕方においてはシェリングと袂を分かつことになった。そこで、その点の検討が必要であるが、しかしその前に、以上のようなヘーゲル批判に対応して、キルケゴールは実存をどのように理解したのかを確認しておく必要がある。この点に関して、ティリッヒはいくつかの点を指摘しているが、その中心は「個人」の重視にあると言ってよい。すなわち、ティリッヒは、「最後的現実は、決断する個人、自由において善悪の決断をしなければならない個人だ、と彼は繰り返し言った」と指摘している。そして、この決断する個人は、それゆえにまた孤独に立つ個人でもあるが、この孤独の経験の根拠は「疎外における人間の有限性」にある。というのも、キルケゴールにおいて考えられている個人は、「それは無限者と一致する有限者ではなく、それは分離された有限者、個人において自分だけで立つ有限者である」からなのである[36]。そのため、このような有限者の個人にとって決定的な特徴となるのが、不安と絶望である。したがってこれはキルケゴールの二つの著書『不安の概念』と『死に至る病』において詳しく展開されているが、これが人間の実存的状況を特徴づけるものとなる。ティリッヒは、それを次のようにまとめている。「キルケゴールは二種類の不安について書いた。（中略）自己を実現せず、制約され、真の実存に至らない不安と、自己を実現し、自己の同一性を失う可能性を知る不安とである。（中略）［それは］自己を実現する不安と実現することを懸念する不安［である］」。しかし、人間は自己を実現すべく決断しなければならない。そして、それは、同時に絶望に至る道でもあるのである。すなわち、「最後に自己を実現するための決断がなされる。そしてこれが同時に堕落である。しかし堕落後もう一つの不安がある。なぜなら堕落は、境界線を踏み越えるすべての行為と同様に罪責を生み出す。罪責の不安は、それが極端化すると絶望となる」。そして、この絶望こそ死に至る病なのである[37]。

それでは、こうした実存的状況に対して、救済はどのように考えられたのか。まず、確認しておかなければならないことは、ティリッヒが、「同一性の原理が決定的である限り、有限性の不安、死なねばならないという不安は、無限者と一体であるという経験によって克服することが可能であった。しかし、この答えはキルケゴールにとって可能ではなかった[38]」と語っているように、キルケゴールにはシェリングに見られたような同一性の原理がなかったという点である。それでは、キルケゴールにおいて救済をもたらすものとは何であったのか。キルケゴールにとって、その直接の内容はキリストである。しかし、そのキリストに至る救済の道は何であったのか。ティリッヒは、それを「飛躍」（leap）という概念に見ている。その場合、この概念には二つの意味が認められる。一つは、実存に内在する消極的な意味での飛躍である。すなわち、「不安は人間を、自己を実現するかしないかの決断の前にもたらす。この決断は飛躍である。それは論理的には引き出されえない。罪はいかなる仕方でも引き出されえない。もし引き出されうるならば、それはもはや罪ではなく、必然性である(39)」。それに対して、より積極的な飛躍が見られるのである。それは、単独者の観点から語られる「信仰の飛躍」である。そして、それには三つの段階、すなわち美的、倫理的、宗教的段階が考えられている。ティリッヒによれば、最初の美的段階とは、「深く関わらないこと、実存から離れていること」で、この態度はヘーゲルに典型的に見られるものであるが、それはまた多くのロマン主義者たちの態度でもあった(40)。第二の段階である倫理的段階は、美的段階とは対照的に、対象に深く関わる態度で、ティリッヒは、これを「デモーニックなもの」(the demonic)と「愛」との対比において、以下のように述べている。「キルケゴールは、自己閉塞を意味するデモーニックなものという概念を持っていた。これは美的段階に属し、自己から外に行かず、自己の美的満足のためにすべての人や物を使う態度である。このデモーニックな自己閉塞の反対が愛である。(中略)倫理的段階においては愛は孤独を克服し、責任を生み出す。誘惑者は、他者に関する無責任の象徴である。なぜなら、他者はただ美的に操作されるだけだからである。責任を通じてのみ倫理的段階は到達されうるのである(41)」。この二つの段階に対して、第三の宗教的段階は、他者に対する距離を取った態度でもなく、また他者に対する愛の関わりでもなく、それを越えた絶対者に対する関わりとして捉えられている。すなわち、「宗教的段階は、美的段階と倫理的段階との両方を越え、無限にわれわれに関わり、無限の情熱を生み出すものとの関係において表現される(42)」。そして、この宗教的段階に、キルケゴールの見る単独者の姿があるのである。それは、主体的な「関心」と「情熱」において真理を捉える姿勢である。そしてまた、これこそ実存主義的存在の在り方の真理を語るものなのである。すなわち、「個人的な実存には情熱的な内的運動があり、この情熱の力において、われわれは、われわれにとって本質的に重要である唯一の真理を持つ。これは、この世における最も有意義なもの、すなわち『あるべきか、あるべきでないか』（to be or not to be）という問いである。それは人間の永遠の運命に関する究極的関心、生の意味の問題である」[43]。そして、それは、キリストへの飛躍においてのみ、初めて充足される究極的な問いなのである。

ところで、こうした点に、ティリッヒはキルケゴールの主張する実存を見るのであるが、しかしそれは、ティリッヒに言わせれば、積極的な内容のないものなのである。むしろ、それは実存の分析であり、その理解を深めたものではあっても、それを越えた積極的な内容にははなはだ乏しい思想であった。そして、この点に、ティリッヒはキルケゴールの実存主義思想の特色と限界を見る。すなわち、「内容に関して、われわれは、キルケゴールの中にあまり多くは見出されない、と言わねばならない。彼は建設的な神学者ではなかった。またそうでありえなかった。なぜなら、人は実存的な関心を持ち情熱を持つことだけではなく、現実の構造の本質主義的洞察を持つ場合にのみ、建設的な神学者たりうるからである。これなしには組織神学は不可能である。かくてわれわれは、キルケゴールの神学的ないし宗教的著作の中に、ほとんど内容を見出さない」[44]。そしてまた、その点が、シェリングとキルケゴールとの相違でもあるのである。確かに、キルケゴールにとって、シェリングの本質主義的視点における和解は満足のいくものではなかったであろうし、またそもそもそうした本質主義的視点を保持すること自体、批判の対象であった。しかしまた、本質主義的視点なくして、実存的問題の解決はありえないのである。というのも、後であらためて言及するように、そもそも実存はそれ自体では成り立ちうるものではないからである。本質が実存に先立つのであり、その本質なくして真の解決はないのである。そして、ティリッヒによれば、それはあくまでも神学に課せられた課題であり、その限りでは、それは実存主義哲学に立つキルケゴールの関わるべき領域ではなかったとも言える。すなわち、その議論の妥当性は別としても、その点がシェリングとキルケゴールを根本的に区別する点であり、またティリッヒをキルケゴールから区別し、ティリッヒ自身を実存主義者に留め置かなかった点なのである。

（3）狭義の実存主義

そこで、あらためて、現代の狭義の実存主義に目を向けなければならないが、すでに指摘したように、ティリッヒはこの狭義の実存主義にも歴史的変遷を見ている。そこでまず、その点を簡単に概観しておく必要があろう。ティリッヒはそれを三つの時期に区分している。まず第一期であるが、それはティリッヒが狭義の実存主義思想の淵源として考える後期シェリングの時代で、年代的には一八四〇年から一八五〇年の間である。この点についてはすでに触れたので、ここでは省略するが、ただそれは後期シェリングに限定した見方ではなく、この時代に現れたキルケゴールをはじめとする他の実存主義思想の持ち主たちも含めて言われているという点は付言されておかなければならないであろう。しかし、この時期は長続きしなかった。ティリッヒの言葉で言えば、「十九世紀の五〇年代における実存哲学のこのようなめざましい出現ののち、運動の衝撃は静まった。そして、それは新カント派の理想主義や自然主義的経験主義によって取って代わられた[45]」。その結果、後期シェリングもキルケゴールもほとんど忘れ去られた存在となってしまったのである。しかし、一八八〇年代になって、再び実存主義思想の躍進が見られるようになる。そして、その躍進をもたらしたのがニーチェに代表される「生の哲学」であった。もちろん、この生の哲学と実存主義思想は同じものではない。しかしティリッヒは、生の哲学は人間の見方において実存主義思想を内包するものであると考える[46]。さらに第三期についてであるが、ティリッヒはそれをハイデガーやヤスパース、サルトル等に担われる、いわゆる現代の実存主義に見ている。しかし、ここで興味深いことは、この実存主義の担い手たちに宗教社会主義者たちも含まれていることである。ティリッヒによれば、彼らも歴史を実存主義的に解釈しており、現代の実存主義の一端を担う存在なのである。(47)

以上のように、歴史的に見ると、いわゆる狭義の実存主義思想にも歴史的変遷があり、またその内容も決して一様ではない。しかし、本章での関心は、そうした相違にもかかわらず、全体としてティリッヒがどのようにこの実存主義思想を理解したかという点にある。そのため、その点に限って、以下において検討しておきたい。まず実存主義思想についての基本的理解についてであるが、次のティリッヒの言及は、今までの内容と重複するが、その点を端的に語るものであると言える。すなわち、「これらのドイツの思想家たち〔実存主義的思想家たち〕が人々を『実存』へと呼び戻すとき、彼らは現実あるいは存在と、認識された現実、すなわち理性や思惟の対象との同一視を批判している。『本質』と『実存』との伝統的な区別から出発して、彼らはその具体性と充満の中にある現実あるいは存在が、『本質』でもなければ認識的経験の対象でもなく、むしろ『実存』である、すなわち直接経験されるような現実であると主張して、人間の直接的経験の内的かつ人格的性格を強調する」。したがってまた、「『実存』の哲学とは、近代的思惟のきわだった特徴とされるあの広範な直接的経験に訴えるという運動の一形態なのである」。(48)したがって、ティリッヒの理解する実存主義思想は、非常に主体的なものであると言える。しかし、この主体性は決して恣意性を意味するものではない。実存主義思想の持つこの主体性について、ティリッヒが以下のように指摘している点は重要であると思われる。すなわち、「彼ら〔実存主義思想家〕は人間の直接的経験、つまり『主体性』に向かったが、この主体性とは『客観性』に対立するものではなく、その中に客観性と主観性とが共に根ざしている生きた経験である。彼らは、人間がその現実的生において直接的に経験する現実、つまり内的経験という『内面性』に向かった。彼らは、主観性と客観性の区別以前に存在し、またその区別を超越するあの存在の創造的領域を見出そうと試みた」[49]。いずれにしても、ティリッヒが実存主義思想の特色として「経験の直接性と内面性」を強調している点は、重要であると言える。というのも、この点にティリッヒの実存主義思想の重要な側面を見ることができるからである[50]。そこで、この点について、いましばらくティリッヒの主張を概観しておくことにする。

先に見たように、実存主義者は存在と思惟との同一視を否定し、直接的経験へと訴えることによって実存へ至ろうとする思想家である。したがって、実存主義者には、それぞれ独自の仕方でこの経験が打ち出されることになる。ティリッヒの具体的な指摘によれば、たとえば上で論じられたシェリングにおいては、それは「伝統的なキリスト教信仰の直接的経験」であり、またキルケゴールにおいては「永遠と直面した単独者の直接的経験、すなわち彼の人格的信仰」といったものであった[51]。このように、実存主義思想はそれを担う実存主義者の生に深く根ざすものであり、その実存的生なくしては成り立ちえない思想なのである。そして、この思想と思想家との全面的同一性こそ、実存主義思想の根本的特性をなすものであると言っても過言ではない。この点についてティリッヒは、「実存的思索者」という観点から次のように語っている。「直接的な個人的経験を通して実存あるいは現実へと接近することは、『実存的思索者』の理念へと至る。これはキルケゴールによって形づくられた概念であるが、すべての実存の哲学者たちにも当てはまるものである[52]」。すなわち、こうした実存的思索者は、先に触れたように、「関心」と「情熱」を持って、いわば自分の生命を賭して思索する者なのである。

ところで、ティリッヒは、この「直接的経験」「関心」「情熱」という実存主義的思索者の持つ根本的特性から、さらにいくつかの重要な特徴を指摘しているが、その一つに「表現」がある。というのも、ティリッヒによれば、そうした自分の実存を賭けた思想は客観的概念によっては表現できないため、実存的思索者はそれぞれ独自の表現形式を持つことになるからである。たとえば、シェリングにおいては、それは「伝統的な宗教的象徴」であり、キルケゴールにおいては「逆説、皮肉、匿名」といったものであった。そして、こうした独特な表現において、それぞれの実存の深みが表現されるのであるが、しかしそれはまた、それぞれの実存的思索者の格闘の痕跡でもあったのである。すなわち、「彼らはみな、人格的つまり『非客観的』思惟とその表現とに関する問題と格闘している。これが実存的思索者の持つ苦闘なのである」[53]。したがって、ティリッヒによれば、そこに客観的概念化を拒否し、思索する者を絶えず表現への格闘へと強いる、実存主義的思想の避けて通ることのできない重荷があるのである。

また、以上の点に関連して、こうした表現には一種独特な性格が伴ってくる。それは、「神秘主義的」(mystical) とも呼ぶことのできる要素である。というのも、ティリッヒによれば、この思想は客観主義的な手段によっては表現することも伝達することもできず、いわばそれを経験的に共有するという仕方においてのみ理解可能なものとなるからである。したがってまた、こうした性格に関連して、ティリッヒは次のようにも指摘している。「この生のレベルの経験が『神秘主義的』であるとすれば、われわれは実存哲学を次のような試みであると言うことができる。つまりそれは、生の意味が教会的概念においても実証主義的概念においても喪失してしまったのち、『神秘主義的』概念を用いて生の意味を再獲得しようとする試みであると」[54]。もちろん、この神秘主義という概念は非常に幅の広いものである。そのため、それには一定の限定が必要であるが、この文脈においては、ティリッヒはそれを次のように理解している。「この関連において、この概念は、超越的絶対者との神秘的合一を指すものではなく、むしろ、個人としてなされるにせよ集団としてなされるにせよ、生の深みとの合一 (the union with the depths of life) へと向かう『信仰』の冒険を意味している。この種の『神秘主義』には、カトリック的遺産よりもむしろプロテスタント的遺産が存在する。しかし、われわれが現代の疎外された『客観性』と空虚にされた『主観性』のいずれをも超越しようとするならば、その超越こそ神秘主義なのである」[55]。したがって、神的存在との神秘的合一を狭義の神秘主義と呼ぶならば、ティリッヒが言う「生の深みとの合一へと向う『信仰』の冒険」は、広義の神秘主義とも言えるであろう。そして、その根本的な相違は、前者が合一を強く意識するのに対して、後者は乗り越えられるべき実存的状況（本質と実存との対立）を強く意識している点にあると言える。なぜなら、冒険というのは、それが克服すべく立ち向かっているものを強く意識していない限り、冒険とは言えないからである。しかし、その冒険も、その対立の意識にもかかわらず、その対立を超えた生の深みに至ろうとする限り、神秘主義的質を持つのである。したがって、そうした意味において、実存主義は神秘主義的質を持つのであり、その限りで（広義の）神秘主義と見なすこともできるのである。

　ところで、こうした特徴を持つ実存主義思想は、その特性のゆえに、他者への伝達が困難であるという必然的帰結を伴うことになる。これは、実存主義思想の内容とは異なるが、しかしそれの持つ重要な側面であると言える。この点についてティリッヒは、その伝達の方法を含め、次のように指摘している。『実存主義的思索者は、ふつう用いられる意味で弟子を持つことはできない。彼は理念を伝達することができない。なぜなら、理念はまさに彼が教えたいと思う真理ではないからである』。それゆえ、「教育の唯一の可能性は、直接的方法によって弟子に彼自身の実存を人格的に経験させることである」[56]。このことは、実存主義思想の問題だけではなく、少なくとも上述した広義の神秘主義をその質とする神学にも当てはまる問題である。したがって、その限り、この問題も実存主義思想の重要な特徴と言わなければならない。

　以上、ティリッヒが指摘する実存主義思想についての一般的特徴を概観したが[57]、これらの特徴はそのままティリッヒ自身の思想にも当てはまるものである。したがって、ティリッヒ自身をこれらの実存主義思想家の一人と見なすことも不可能ではない。しかし、一部すでに触れたように、もう少し立ち入って検討するならば、ティリッヒはこうした実存主義の一般的な特徴を持つとはいえ、また同時にこれらの実存主義思想家とは明確な一線を画する点があるのも事実である。そして、その限り、ティリッヒは実存主義的思想家・哲学者ではなく、あくまでも神学者として思索した思想家であると言える。そこで最後に、この点を確認して、本章の締め括りとしたい。

第3節　ティリッヒと実存主義

（1）弁証法神学と実存主義

二十世紀神学の始まりをカール・バルトの『ローマ書』に見ることは、すでに定着した見方であろう。またその著書がキルケゴールの影響の下にあったことも周知の事実である。したがって、二十世紀の神学が、その出発点において、実存主義思想とのある親密な関わりを持っていたと見ることはごく自然のことであろう。しかし、その後の経過に目を向けるならば、一概に両者を関連づけることはできず、むしろ実存主義思想とどのような距離を持つかによって、その神学的立場が異なっていったとも言える。したがって、二十世紀神学を分類する一つの基準を、この実存主義に見ることができるのである。たとえば、バルトは、キルケゴール生誕一五〇周年に当たる一九六三年に、フランスのプロテスタント新聞『レフォルム』に寄稿した「キルケゴールと神学者たち」という一文において、キルケゴールと二十世紀の神学者たちとの関係を三つのタイプに分けて論じている。すなわち、第一のタイプは、キルケゴールの学校には入らず、いわばキルケゴールを素通りした神学者たちである。第二のタイプは、それとは反対に、キルケゴールの学校にどっぷりと浸かって、そこから脱出できなくなった神学者たちである。そして第三のタイプは、キルケゴールの学校に入り、それを深く学び、しかもそこを卒業した神学者たちである。そしてバルトは、この第三のタイプの人たちについて、次のように語っている。「彼らもまた、キリスト教の高度の異質性とその使信の新しさとその要求の厳格さとにたいする驚きと感動、そこにおいて暴露された人間の実存の問題性にたいする驚きに出会う。彼らもまた……福音において宣言されているこの世と教会にたいする否《ナイン》を、もはや聞きのがすことも、それについて沈黙することもできなかった。しかしながら、彼らはその否《ナイン》を……しっかり聞きとめて、神の然り《ヤー》によって包まれた否として、……証しすることができたのである。……彼らの絶望は、信頼に満ちた絶望《デスペラチオ・フィドゥーキアリス》（ルター）となった」(58)。もちろん、バルト自身は、自らをこの第三のタイプに属する者として位置づけていることは明らかである。

ちなみに、この分類に従ってティリッヒを見るならば、ティリッヒは第二のタイプと第二のタイプの中間に位置すると言えるかもしれないが、ティリッヒ自身は、この点について、すなわち危機の神学（theology of crisis）（＝弁証法神学　dialectical theology）との関連については、次のように語っている。「ある部分は実存主義的哲学――特にキルケゴール――と平行し、またある部分はそれに依存するが、今日それは伝統主義的方向と批判的方向とに分かれている。前者はカール・バルトと彼の多くの弟子たちに代表されるものであり、後者はルードルフ・ブルトマンに代表されるものである。ブルトマンは、彼の大胆な聖書批判によって、またハイデガーの実存解釈に基づいて、この数年間に大きな印象を与えた。私自身は、自分がこのグループに属するものであると考えている」(59)。これは、ティリッヒ自身の自己認識を知る上で、重要な発言である。すなわち、ティリッヒは、大局的には自分を二十世紀神学を創出した危機神学に属する者と見なす反面、その主流となったバルトを中心とするグループとは自らを区別し、ブルトマンに代表される、伝統に批判的な実存主義的立場に立つグループに属する者と見なしているのである。ただし、ブルトマンのグループに属するといっても、それは基本的には実存主義的解釈において言えることであって、神学的内容に関しては必ずしもそうは言えないのである。特にブルトマンの「非神話化」については、ティリッヒは根本的な点で批判的である。というのも、ティリッヒによれば、ブルトマンは神話の持つ意味を全然理解しておらず、彼が「非神話化」という呼称において行おうとしたことは実際には「非直解化」ということであったからである(60)。しかし、いずれにしても、実存主義的解釈という大筋から言えば、ティリッヒはブルトマンの線に沿う者であり、その限りで彼のグループに属するということは、間違いのないところなのである。

(2) ティリッヒ神学と実存主義

そこであらためて、この実存主義思想がティリッヒの神学においてどのような位置を占めているかを確認する必要がある。そのためには、われわれは本章の初めに言及したティリッヒ自身の言葉にもう一度立ち返らなければならない。それは、次の言葉である。「しばしば私は、自分が実存主義神学者であるかどうか尋ねられたが、私の答えは常に短い。私は半々だと言う。このことは、私にとって、本質主義と実存主義は互いに属していることを意味する」。すなわち、すでにシェリングとキルケゴールに対するティリッヒの批判において検討されたように、実存主義に対するティリッヒの根本的理解は、実存主義は本質主義なしには成り立ちえないとする点にある。すなわち、「実存主義は自分の足で立ちうる哲学ではない。実際にそれは足をもたない。それは、常に現実の本質的構造の洞察に基づいている。この意味において、それは本質主義に基づいており、本質主義なしに生きることはできない」のである。したがってまた、「単なる実存主義は存在しない。それは一つの哲学的著作の、あるいは一つの時代全体の中心的な強調点であるにすぎない」[61]。すなわち、この両者の弁証法的関係を認めることが、実存主義を理解する上でのティリッヒの大前提なのである。というのも、本質は実存に先立つからなのである。ちょうど、肯定が否定に先立つように、本質は実存に先立つのである。それゆえに、実存主義だけの哲学というのはありず、またそれと同時に、今まで検討してきたように、実存を無視した本質主義だけの哲学もありえないのである。この両者の分離不可能な弁証法的関係について、ティリッヒは、言語の観点からも、次のように語っている。「もし人が個人として人間の状況の中にあり、ヘーゲルのように神の王座に座らないなら、純粋な本質主義者であることは不可能である。（中略）これは純粋な本質主義の形而上学的な高慢である。（中略）他方、純粋な実存主義も不可能である。実存を記述するために言語を使わねばならないからである。言語は普遍的概念を取り扱う。普遍概念を使うことによって、言語はその本性上本質主義者であり、それを逃れることはできない。（中略）それゆえ、人間の心には本質主義的な枠組みがある。実存主義はより大きな全体の中の一要素として、善なる創造物として見られる存在構造の中の一要素として、さらにあの枠組みの中の人間の実存の記述としてのみ可能である。人間の本質的善と実存的疎外との矛盾は、本質主義と実存主義を結合することなしには決してありえない。神学は、楽園物語ですばらしく象徴的に表現される人間の本質と、罪、罪責、死の下にある人間の実存的状況という、両側面を見なければならない」[62]。このように、本質主義と実存主義との弁証法的関係の捉え方に、ティリッヒの実存主義に対する独自の見方があるが、この両者の関係は、ティリッヒが実存的状況を示す中心概念である「疎外」において、典型的に語られている点でもある。すなわち、疎外とは、「人がそこから疎外されているところのものに本質的に属している」[63]

(one belongs essentially to that from which one is estranged) という点にその本来的意味を持つが、この関係こそ本質主義と実存主義との関係を語るものなのである。すなわち、実存は本来属しているところの本質から離れているが、しかしそれとの関係を完全に失ったわけではないのである。実存は本質から離れているとはいえ、まだ本質に属しているのである。そして、そうした仕方において、実存は初めて存在可能なのである。したがって、ティリッヒは、実存主義者でもなければ本質主義者でもなく、まさに「半々」なのである。すなわち、そのどちらか一方に与するのではなく、両者を弁証法的関係において捉え、実存において本質の開示を見ようとする神学者なのである。

ところで、ティリッヒは、この実存主義を彼の神学に取り入れ、特に彼の存在論的視点に基づく『組織神学』において、それを担う一翼として用いている。すなわち、ティリッヒの用いる問いと答えとの「相関の方法」において、その問いが実存主義的視点から探求されている。そして、それは特に、「キリストと実存」という主題の下に展開されるキリスト論において、明確な形をとって現れている。すなわち、ここではその内容には立ち入らないが、人間の状況についての実存主義的分析が「新しい存在」として展開されるキリスト論の概念形成に根本的に関わっているのである。したがって、実存主義はティリッヒの神学の単なる手段ではなく、いわばその血ともなり肉ともなっているのである。というのも、この実存主義は、ティリッヒにとっては単なる表現の様式ではなく、それは存在の全体的構造を開示するものとなっているからである。すなわち、先に見たように、ティリッヒは、広義の実存主義思想を、本質主義思想とともに、西洋思想全体に流れる一つの普遍的見方として捉えているが、それは、別の言葉で言えば、同一性の原理に対峙する対立の原理に根ざす、人間の普遍的在り方である。そして、ティリッヒによれば、存在の構造全体は根本的にこの二つの原理によって規定されているのである。それゆえに、この認識に立つティリッヒは、その神学において、この二つの原理の総合を目指したのである。したがって、実存主義との関連でティリッヒの神学を見る場合、そこにはある種の必然的出会いがあったと言っても過言ではないのである。それは、ティリッヒの神学がシェリングの思想に深く根ざすものであったからかもしれない。しかし、いずれにしても、キルケゴールの書物に出会ったときに感じた「偉大な経験」は、ティリッヒがその内面において深く抱いていた志向性とその時代の大きな流れとが、実存主義的思考という形において一つになったことを語っているのである。そして、その意味では、ティリッヒを実存主義神学者と呼ぶことはできないとしても、「実存主義時代の申し子」であるとは言えるであろう。

最後に、実存主義が神学に対して持つ意義について、ティリッヒの語るところを概観し、本章の締め括りとしたい。というのも、そのことは以上で述べたことを確認することになるであろうし、またティリッヒ神学の新たな発展の可能性を考察することにもなるからである。ティリッヒは、実存主義が神学に対して持つ意義について、次のように語っている。「実存主義のこの再発見は、神学にとって大きな意義を持つ。それは、人間の意識的な決断と善意を非常に強調する意識の哲学に対抗するものとして、人間の中に暗い諸要素を見た。実存主義者たちは以前に存在した意識の心理学に抗議してフロイトの無意識的なものの分析と連合した。実存主義と心理療法的心理学は自然な連合軍であり、常に共働してきた。人間における無意識的なものの再発見は、神学にとって最高に重要なものである。それは、これまでの道徳主義的、理想主義的な傾向を一変させた。それは、人間の状況の問題をあらゆる神学的思惟の中心に置き、かくして神学が与える答えを再び意味深いものにした。この光に照らすとき、われわれは、実存主義とフロイトは、彼の追随者や友人とともに、二十世紀におけるキリスト教神学の摂理的連合軍となったと言いうる」(64)。ここでティリッヒは、実存主義が、フロイトに代表される深層心理学と共に神学にもたらした貢献について語っているが、それは何よりも、実存主義が人間の置かれている状況を深く捉え直すことによって、その問題を神学の中心にもたらし、それに答える神学をより適切なものにした、ということなのである。すなわち、現代におけるキリスト教の弁証学的神学において、時代的状況とキリスト教の福音とを結び合わせる上で、実存主義は決定的な働きをしたというのが、ティリッヒの見解なのである。そして、その弁証学的神学とは、取りも直さず存在論に基づいたティリッヒ自身の神学であり、両者はその弁証性において深く結びついているのである。したがってまた、逆に言えば、その弁証性において両者は規定され、限界づけられてもいる。しかし、それは同時に、神学を実存主義的質を持つ他の文化領域へと開放することにもなった。そして、その代表格とも言えるのが（実存主義哲学を別にすれば）、フロイトに代表される深層心理学であったのである。ティリッヒと深層心理学との関係についてはあらためて論じられるべき問題であるが、ティリッヒの神学は、実存主義を深く取り入れることにおいて自らを限定することになった反面、実存主義的認識を共有する神学以外の分野に自己を開放するという可能性を生み出したのである。したがって、実存主義は、ティリッヒの神学を形成する一翼となったというだけではなく、それを神学以外の他の文化領域に開かれたものともしたのであり、この二重の意味で、実存主義はティリッヒの神学にとって決定的な意義を有するのである。

注

（1）ティリッヒの思想を存在論と並んで実存主義の観点から捉える見方は、割と一般的である。特にティリッヒを哲学的視点から理解するとき、それは顕著であると言える。たとえば、Nawal Sarraf Sayegh, *Philosophy and Philosophers: from Thales to Tillich* (Ottawa: ABCD-Academy Book, 1988) はその典型とも言える。これは、副題が示すようにタレスからティリッヒに至るまでのヨーロッパの思想史を扱ったものであるが、現代思想を実存主義に見、その最後に（ハイデガーやサルトルの後に）ティリッヒを置いていることは興味深い。ただし、この書物は入門書の域を出ないものであり、ティリッヒの思想もごく簡単に紹介されているだけで、十分に扱われているとは言えない。

（2）Paul Tillich, HCT, 541.（『著作集』別巻三、三一三頁）

（3）Ibid., 458-459.（同上書、二一六―二一七頁）

（4）Wilhelm and Marion Pauck, *Paul Tillich: His Life and Thought* (New York: Harper & Row, 1976), 17.（ヴィルヘルム・パウク、マリオン・パウク『パウル・ティリッヒ　1生涯』田丸徳善訳、ヨルダン社、一九七九年、三三頁）

（5）時代区分に関連して、ティリッヒには次のような時代的意識についての言及が見られる。「私が一八八六年八月二〇日に生まれたという事実は、特に十九世紀の終わりを第一次世界大戦の始まり、すなわち一九一四年八月一日と見なすならば、私の人生の一部が十九世紀に属しているということを意味する」。(Paul Tillich, Autobiographical Reflections, in *The Theology of Paul Tillich*, ed. Charles W. Kegley & Robert W. Brettal (Macmillan, 1952), 3)

（6）Tillich, HCT, 539.（『著作集』別巻三、三一一頁）

（7）Ibid.（同）

（8）以下で扱う論文「実存主義的思惟の本質と意味」の冒頭においても同様の主張が見られ、そこでは実存主義を二十世紀を特徴づける「歴史的運動」として論じている。

（9）その代表的なものは一九二六年に出版された『現代の宗教的状況』であろう。しかし、それ以外にも、ドイツ語版著作集第十巻に収められているいくつかの重要な文献がある。

（10）Tillich, Existential Philosophy, in MW 1, 371.（『著作集』第三巻、一三九頁）

（11）Ibid., 372.（同上書、一四〇頁）

（12）この点については、最終節を参照。

（13）Tillich, HCT, 539-540.（『著作集』別巻三、三一一頁）

（14）Ibid., 540.（同上書、三一一―三一二頁）

（15）たとえば、ボルノウ（O. F. Bollnow）は次のように述べている。「それ自身のうちでさらにまた多種多様に分節したこの運動［実存哲学］は、近年ようやく真の発見をえて以前にもまさる大きな影響を及ぼすようになったデンマークの偉大な哲学者セレン・キルケゴールにまで遡るという点で一致している。かれによって造られた実存という概念は、それをとって自らの名としている実存哲学の共通の出発点を示しているのである」（ボルノウ『実存哲学概説』実存主義叢書3、塚越敏、金子正昭訳、理想社、一九六二年、一五頁）。

（16）ティリッヒは、「ブレーズ・パスカル（一六二三―一六六二）は、見方によってはあらゆる実存主義者の先駆者である」とは言いながらも、本質主義思想に対する批判としては、シェリングが最初であるとしている。（Tillich, HCT, 437.『著作集』別巻三、一九〇頁）

（17）Tillich, MW 1, 394.（『著作集』第三巻、一八九頁）F.W.J. Schellings "Philosophische Untersuchungen über das Wesen der menschlichen Freiheit und die damit zusammenhängenden Gegenstände" (1809).

（18）Tillich, HCT, 446.（『著作集』別巻三、二〇一―二〇二頁）

（19）Tillich, MW 1, 395.（『著作集』第三巻、一九〇―一九一頁）

（20）藤田健治は、その著『シェリング』（勁草書房、一九六二年／第3刷、一九八五年）の中で、附録として「愛と実存――シェリングの生の基盤の一断面として」という一文を記載している。そこにはシェリングとカロリーネとの出会い、またカロリーネの娘アウグステの死をめぐるシェリングの苦悩、そして二人の結婚に至る歩みとカロリーネの死、といったシェリングとカロリーネの「愛と実存」をめぐる話が、手紙などの検証を積み重ねながらできるだけ客観的に、しかしまたそれぞれの心情に肉薄すべく展開されている。

（21）Tillich, MW 1, 355.（『著作集』第三巻、二〇六頁）

（22）Ibid., 394.（同上書、一九〇頁）

（23）Ibid.（同）。なお、ティリッヒによれば、このときキルケゴールが筆記したノートが、コペンハーゲンの図書館に保存されているとのことである。（ibid. 同）

（24）Tillich, MW 6, 259.（『著作集』第三巻、二六四頁）

（25）Ibid., 260.（同上書、二六四―二六五頁）

（26）Ibid., 260-261.（同上書、二六六―二六七頁）

(27) Tillich, MW 1, 358.（同上書、二一一頁）
(28) Tillich, MW 6, 261.（同上書、二六七頁）
(29) Tillich, MW 1, 358.（同上書、二一一頁）
(30) 以上、Tillich, HCT, 444-445.（『著作集』別巻三、一九九―二〇〇頁）
(31) Tillich, MW 1, 401.（『著作集』第三巻、二〇二―二〇三頁）
(32) Ibid., 360-361.（同上書、二一七―二一八頁）
(33) Ibid., 401.（同上書、二〇三頁）強調はティリッヒによる。
(34) 以上、Tillich, HTC, 458.（『著作集』別巻三、二一六頁）
(35) 以上、ibid., 460-461.（同上書、二一九頁）
(36) 以上、ibid., 462.（同上書、二二〇―二二一頁）
(37) 以上、ibid., 463.（同上書、二二二頁）
(38) Ibid., 462.（同上書、二二一頁）
(39) Ibid., 464.（同上書、二二三頁）
(40) Ibid., 465.（同上書、二二四―二二五頁）
(41) Ibid., 466.（同上書、二二六頁）
(42) Ibid.（同）
(43) Ibid., 470.（同上書、二三一頁）
(44) Ibid., 470-471.（同上書、二三一―二三二頁）
(45) Tillich, MW 1, 356.（『著作集』第三巻、二〇七頁）
(46) Ibid.（同）。ティリッヒはまた、これとの関連で、プラグマティズムも広い意味では実存主義思想に加えられるとしている。その場合、特にウィリアム・ジェイムズのことが念頭に置かれている。
(47) Ibid.（同上書、二〇七―二〇八頁）
(48) 以上、MW 1, 355.（『著作集』第三巻、二〇五頁）

(49) Ibid., 372.（同上書、二四〇頁）

(50) なぜなら、ティリッヒは、その体系的神学を非常に理論的に展開しているが、その理論が表現しようとする内容はむしろ理論を超えたものであり、したがってまた、以下においても検討するように、そうした関係において、その理論はしばしば人間の実存的状況に訴えるものであり、またその実存的生を生き抜くべく促すものであるからである。そしてこの点、ティリッヒは哲学者というよりは明らかに神学者であると言わなければならない。

(51) Tillich, MW 1, 361.（『著作集』第三巻、二一八頁）

(52) Ibid., 361.（同上書、二一九頁）

(53) Ibid., 363.（同上書、二二二頁）

(54) Ibid., 372.（同上書、二四〇頁）

(55) Ibid.（同上書、二四一頁）

(56) Ibid., 362-363.（同上書、二二一―二二二頁）

(57) 以上で扱ったティリッヒの実存思想についての議論は、主に一九四〇年代に集中するものであり、その限りでは時代的制約のあるものであると言わなければならない。しかし、本章の主眼は、実存主義思想一般を総括的に扱うことではなく、あくまでもティリッヒ自身がどのように実存思想を理解していたかを検証することであるため、ここではそうした限界は直接の問題とはならないと考えられる。

(58) カール・バルト「キルケゴールと神学者」、『カール・バルト著作集4 神学史論文集』井上良雄、小川圭治、吉永正義訳、新教出版社、一九九九年、二八五―二八六頁。

(59) Tillich, MW 1, 409.（『著作集』第三巻、二五六頁）

(60) Tillich, HCT, 523.（『著作集』別巻三、三〇一頁）

(61) 以上、ibid., 438-439.（同上書、一九一―一九二頁）

(62) Ibid., 541.（同上書、三二三頁）

(63) Tillich, ST II, 45.

(64) Tillich, HCT, 540-541.（『著作集』別巻三、三二二頁）

第Ⅱ部　ティリッヒ神学と逆説的合一の思想

第Ⅰ部ではティリッヒ神学の特質について扱ったが、第Ⅱ部ではそれを踏まえ、さらにその中核をなすと考えられる形成原理について考察したい。それは、本書が〈逆説的合一〉として捉える原理であり、それは伝統的な教義学的用語で言えば〈恩寵論〉に相当する。しかしそれは、たとえば、ティリッヒと共に二十世紀神学を代表するもう一人の神学者カール・バルトが論じた「選び」としての恩寵とは異なり、存在論的次元において捉えられた動的概念である。この第Ⅱ部では、このティリッヒの神学的原理とも言える〈逆説的合一〉という恩寵について、ティリッヒがさまざまな場面で論じているところを検討し、その全容を明らかにしたいと思う。

第5章　初期ティリッヒにおける二つの原理と総合への道

はじめに

〈逆説的合一〉を検討するにあたり、まず重要なのは、前章で実存主義思想との関連で扱ったシェリングである。というのも、ティリッヒにとって、シェリングはその神学形成の出発点となっただけではなく、その思想形成にも深い影響を与えたからである。そして、そのことは、何よりもティリッヒがシェリングに示された二つの原理を継承したことに現れている。すなわち、それは「同一性の原理」と「対立の原理」であり、この二つの原理をめぐる思想が、その神学的原理の背景をなしている。そこでまず、このシェリングに見る二つの原理について、シェリングとの出会いとその歴史的背景も含めて検討したい。

第1節　ティリッヒとシェリング

(1) シェリングとの出会いと二つの原理

ティリッヒがその思想形成においてシェリングの影響を強く受けていることは、周知の通りである。それは、ブレスラウ大学とハレ大学に提出された学位論文が、ともにシェリング研究についての論文であったことからも明白である。(1) また、そのことは、ティリッヒ自身繰り返し述懐しているところでもある。たとえば、シェリング没後百年に当たる一九五四年、シュトゥットガルトで開かれたシェリング記念百年祭（九月二六日）に講演者として招かれたティリッヒは、その講演の冒頭のところで、次のように述べている。「私の研究生活の始まりとシェリングの死の年のあいだにはちょうど五十年の隔たりがあるにもかかわらず、彼は私の師であった。(2) 私は自分自身の思索を展開していくとき、シェリングに依存していることを決して忘れなかった。いつでもそしてなかば異質な文化の地［アメリカ］においても、彼の根本思想は実にいろいろな領域において私を助けてくれた。組織神学の諸問題に関する私の著作は彼なしにはありえなかったであろう(3)」。

このように、シェリングの思想はティリッヒの思想形成に決定的な影響を与えたのであるが、しかし書物を通してなされたその出会いは全く偶然のものであった。ティリッヒは、この時のことを、次のように述懐している。「私は、ベルリン大学に行く途中の本屋で、シェリングの著作集の非常に珍しい第一版を偶然手に入れたときの忘れられない瞬間を思い出します。私はお金を持っていませんでしたが、しかしどうにかしてそれを買いました。そのように存在しないお金を使うことは、おそらく他の存在しないお金や私が使ったかつて存在したお金のすべてよりも重要でした。というのも、私がシェリングから学んだことは、私自身の哲学的、神学的発展にとって決定的なものとなったからです」(4)。ティリッヒは、シェリングの書物との偶然の、しかし運命的な決定的出会いを通して、その思想的世界に深く分け入っていくことになったのである。そして、その出会いは、ティリッヒの神学を形成していく上で重要な柱の一つとなったのである。

そこで、本章では、そうした出会いの中で、特にその中心的質をなすと考えられる点について考察したいと思う。それは、二番目の学位論文において扱われた、二つの原理をめぐる議論である。すなわち、ティリッヒは、この論文において、シェリングの思想を神秘主義として現れる「同一性の原理」と罪責意識として現れる「対立の原理」との二つの原理から捉え直して論じているが、このところに、われわれはティリッヒが理解した際立ったシェリング像を見ることができる。そしてまた、これは単にティリッヒのシェリング理解ということにとどまらず、深くティリッヒ自身の思想として血肉していったものでもある。したがって、その観点からも、この二つの原理は大変興味深いテーマであり、われわれはそこにティリッヒ自身の思想的背景の一つを見ることができるのである。そこで、ティリッヒの思想的原理を尋ねることを主眼とする本章では、題を「シェリングにおける二つの原理」とはせず、「初期ティリッヒにおける二つの原理」とした(5)。

(2) 二つの原理の思想史的背景とティリッヒの位置（予備的考察）

初めに、ティリッヒが論じる二つの原理の背景にある思想史的背景を予め概観しておくことは有意義であろう。

というのも、この二つの原理をめぐる議論は、単にティリッヒの個人的関心の事柄というだけではなく、深く西洋思想史の流れに根ざす関心でもあり、ティリッヒはそうした見通しの中でこの議論を展開しているからである。この点については、シェリングの第二論文の中でより詳しく展開されているが、ここではその予備的理解を得ておきたい。

時代的には前後するが、ティリッヒは、その著『キリスト教思想史』(6)において、フィヒテ、シェリング、ヘーゲルに代表されるドイツ観念論とその背景をなすロマン主義との考察において、それへと至る思想的推移の中に、二つの重要な流れを見ている。その一つは、プロテスタント神学と重要なところで接点を持つカントの哲学である。ティリッヒによると、近代のプロテスタント神学、特にティリッヒ自身そこに深く根ざしている十九世紀神学は、カントがカント以前の思想界に与えた一つの決定的な批判によって方向づけられていると言う。そして、その決定的批判とは、一言で言えば、「有限な精神は無限なものに達することはできない」という批判である。ティリッヒによれば、啓蒙主義の思想は、「神、自由、不死という宗教的観念が理性的議論によって確立されうると仮定する哲学」であるが、カントは、そうした自然神学的思想を、人間精神の範疇的構造についての教説において批判したのである。すなわち、カントの理解によれば、「範疇は有限物の相互関係の理解にのみ妥当する」ものであり、そのため、それを超えている「神、自由、不死の概念の使用は、自然神学がしたように、合理的構造によっては不可能なのである(7)」。

確かにティリッヒは、同時に、カントにおいても人間の有限性を超え出るような点が見られることを指摘している。『実践理性批判』における道徳的命令は、そうした可能性を含むものであり(8)、また『判断力批判』で試みられている理論理性と実践理性との統一も、そうした方向性を持つものとして理解されうる。しかし、そうした傾向は、あくまでも「あたかも～であるかのように」であって、明確に有限性の牢獄を突破するものではなかったのである。[9]したがってティリッヒは、基本的には、カントを先の批判の観点から捉え、またそのところに近代思想に見られる一つの重要な原理を認めるのである。すなわち、それは、有限なるものと無限なるものとの「距離の原理」、「対照の原理」、あるいは「矛盾の原理」であり、それは総括的に言えば「対立の原理」(principle of opposition) と言えるものなのである。[10]

ところで、ティリッヒは、カントに見られるこの対立の原理に対して、もう一つ、それとは全く対照的な、カントの批判主義を克服しようとする原理を、近代思想史の中に見て取る。それは、ティリッヒが「同一性の原理」(principle of identity) と呼ぶものである。それは、「すべてのものは、その根底にある永遠の神的実体において同一性を持つ。有限なものと無限なものとの間にも完全な同一性が成立する」[11]とする考えで、それは有限なものと無限なものとの神秘主義的一致を語るものである。そして、これは、ティリッヒによれば、ロマン主義へと至る流れにおいて、直接的にはレッシングを介して人々に広く受け入れられることになったスピノザの汎神論に基づくものなのである。[12]

以上のように、ティリッヒは、ロマン主義へと至る思想史的推移の中に、この二つの流れ、二つの原理を見る。そして、この二つの原理が相まって一つの流れとなり、「総合」されていくところにロマン主義の偉大な試みを認めるのである。したがってティリッヒは、それを時代的考察からは「カントとスピノザとの偉大な総合」(the great synthesis of Kant and Spinoza) と呼び、原理的考察からは「同一性の原理と対立の原理との総合」(the synthesis of the principle of identity and the principle of opposition) と呼ぶ。[13]そして、この精神的緊張こそ、十九世紀の思想を貫くものであり、それはまたヘーゲルとシュライエルマッハーによって、その頂点へともたらされたものなのである。しかし、さらに言えば、それは二十世紀にも連なっている。というのは、ティリッヒは次のようにも語るからである。「十九世紀を貫いて、神学の歴史をずっと動かしたものは、これら二つのものの緊張なのである。もし諸君がカール・バルトに関するセミナーをとるなら、諸君は再び神秘主義、すなわち同一性の原理のあらゆる形態に対する抗議に出会うであろう。しかし、カントとスピノザとの結合から由来する神学もまたあるのである」(14)。すなわち、このカントとスピノザとの結合から由来する神学こそティリッヒ自身の神学であり、それは、遡れば、ティリッヒがその思想的営みの初めにシェリングに出会い、その思想の中にこの二つの原理の具体的展開、すなわちその総合の試みを見たことによるのである。

第2節　シェリング第二論文と二つの原理

（1）その目的と構造

そこで、あらためてティリッヒのシェリング理解へと目を向けたいと思うが、ティリッヒはハレ大学に提出した第二の学位論文「シェリングの哲学的発展における神秘主義と罪責意識」において、神秘主義と罪責意識という二つの観点からシェリングの哲学的発展を捉え直している。これは、どちらかというと、シェリングの思想を紹介した形の第一の学位論文と比べ、より積極的にシェリングの思想と取り組んでおり、非常に意欲的な論文である。それは、シェリングの再評価を目指した論文であるといっても過言ではない。そのことは、ティリッヒがその序文において、この論文の方向性を次のような問いにおいて打ち出していることからも窺い知ることができる。すなわち、「シェリングは彼の哲学的発展の過程において、一方では同一性の原理が、また他方では罪に対する絶対的な否定的判断が保持されたという意味で、神秘主義と罪責意識との総合を確立することに成功したのか[15]」（MW 1, 28）という問いである。シェリングについて、この総合の成否を問うことは、シェリング観の決定的な分かれ目となるところである。たとえば、ティリッヒ自身、この序文の冒頭で言及しているA・シュラッター（Adolf Schlatter, 1852–1938）は、ティリッヒがこの論文を提出する少し前に、『デカルト以後の哲学研究』というシェリング研究の著書を出しているが、この点については否定的である。シュラッターは、むしろその試みは失敗したのであり、シェリングの思想には「絶対的なものとの『融合の感情』と道徳的範疇、あるいはカント主義とキリスト教との間の克服不可能な対立（Gegensatz）」があると見ている（MW 1, 25）。それに対し、ティリッヒは、このシュラッターの書物をシェリング研究の豊かな成果とは見なすものの、この結論に関しては真っ向から反対する。そして、いわばそれを論証する形で書かれたのが、この学位論文なのである。すなわち、ティリッヒは、シェリングの中にこの二つの原理の総合を見、そのことによって同時にシェリングの再評価を試みるのである。しかもその試みは、シェリングの中に総合を見ることにおいて、シェリングを「ヘーゲルとシュライエルマッハーの上に」置く可能性すら秘めたものでもあったのである（MW 1, 25）。

そういった見通しを持って、ティリッヒはシェリングの思想を考察するのであるが、その場合、ティリッヒは、通常いくつかの時期に分けられるシェリングの思想的発展を、大きく二つに区分して捉えている。すなわち、すでに第4章でも触れたが、『人間的自由の本質』（一八〇九年）が出版される前に、シェリングの思想における偉大な転換点を見る。したがって、ティリッヒは、この書物以前を第一期、それ以後を第二期と見なすのである。というのも、第一期は同一性の原理が全面的に現れた時期であるのに対し、第二期は対立の原理が表面化し、それとともにその二つの原理が総合へと高められていった時期であるからである。しかし、この二つの時期は決して対立する別々のものではなく、ティリッヒの言葉で言えば両者は「弁証法的」関係にあるのである。その内容については、以下で考察する。

ところで、ティリッヒは、シェリングの哲学的発展の論究に先立ち、その前提ともなる思想史的考察を行っている。これは、前節の（2）で概観した内容に関連するが、その視野は西洋思想史全体にわたっている。そこでまず、あらためてその点について概観しておきたい。

(2) カント以前における二つの原理

われわれは、前節の予備的考察において、近代精神の流れの中で捉えられた二つの原理について概観したが、しかし、これは決して近代にだけ限られるものではないのである。確かに、この二つの原理は、十九世紀において特にその緊張の度を増し、また総合の試みがなされ、それゆえに顕著な時代的要因として出現したとはいえ、この二つの原理はすべての時代に見られるものなのである。この点について、ティリッヒは次のように述べている。すなわち、「神秘主義と罪責意識、絶対的なものとの一致の感情と神に対立する意識、絶対的な精神と個的精神との同一性の原理と聖なる主と罪なる被造物との間の矛盾の経験、これはあらゆる時代における教会内の宗教思想がその解決のために戦ってきたし、またこれからも継続して戦っていかなければならないところの二律背反である」(MW1, 28–29)。

ところで、ティリッヒは、二つの原理の一方である同一性の原理を、二通りの視点から理解している。一つは「普遍的なものと特定のものとの同一性」であり、もう一つは「主観と客観との同一性」である。[16] そして古代世界におけるその担い手を、前者はソクラテスに代表されるギリシャ哲学者たちに、また後者はアウグスティヌスに見ている。その相違は、後者が主体の自己確信に至るのに対して、前者は、反対に一が多に飲み込まれる形でエクスタシーに至る。しかし、この二つの同一性は、中世後期になると、きわめて有効な形で総合される。それは、ニコラウス・クザーヌスに見られるcoincidentia oppositorumの原理によって、有限なものと無限なものとの一体が確立されるからである。[17] しかしこの同一性は、主体性がより強く出ているものでもあり、その限りではアウグスティヌスに近い同一性であると見なされる。それに対し、もう一つ、二つの同一性の有効な総合として現れるのが、前節で触れたスピノザである。ティリッヒによれば、その中心的概念は「絶対的実体」であり、これは属性の一致したもので、それは近代的な考え方であるが、そこへと特定のものがいわば消滅していく限り、それはギリシャ的同一性に近いものと判断される。しかし、いずれにしても、人間には神との同一性という宗教的生の形式が存在するのであり、ティリッヒはそれを「神秘主義」と呼ぶのである。すなわち、「『神秘主義』とは、神と人間との直接的同一性を表す宗教的表現である」[18]（MW 1, 31）。それに対し、もう一つの原理である対立の原理は、神と人間との間の深淵の経験に基づくもので、ティリッヒによれば、それは、人間が聖なる神に対峙したとき、自らを罪人として自覚し、「神の怒りと人間の罪責」を経験するときに生じる。したがって、「罪責意識とは、神と人間との間の絶対的矛盾（Widerspruch）を表す宗教的表現」（MW 1, 32）なのである。

しかし、ティリッヒによれば、以上の二つの原理にはそれぞれに共通する特質がある。それは、一方の原理は間接的に他方の原理を含むという点である。すなわち、それぞれの原理は、それぞれの内に内的二律背反を含むのである。つまり、同一性の原理は、たとえ同一性が完全に実現されていると思えるところでも、それに対する抵抗があるのである。というのも、そうした抵抗（対立）なくして、そもそも同一性ということは言いえないからである。また対立の原理も、全くの対立だけということはありえないのである。なぜならば、対立ということは、ある共通の要素（同一性）なくしては対立の契機自体生じえないからである。したがって、それぞれの原理は、もう一方の原理を、それぞれの内に含んでいるのである（MW 1, 32-33）。

しかしながら、そうした内的二律背反を含むゆえに、また二つの原理には、それぞれその矛盾を解決しようとする働きも起こる。ティリッヒによれば、それは、同一性の原理においては、「同一性の原理なしに真理に到達しようとする試み」として生じてくる。すなわち、所与の客観的なものがそのまま真理とされ、いわば真理の基準なしに真理を希求するということが起こるのである。しかし、このことは、それ自体矛盾した不可能なことである。したがって、この試みは、自然的実証主義あるいは懐疑主義に陥るか、または基準を求めて同一性の原理に立ち戻るかのいずれかなのである。また、対立の原理においては、それは「悔い改めのない罪の措定の試み」として生じる。すなわち、それは、全人格的否定としての罪ではなく、特定の罪が審判されるパリサイ主義である。そして、その結果は、道徳的審判が特定の罪に限定されるか、さもなければ罪の本質をもう一度問い直す原点（対立の原理）へと立ち返るかのいずれかなのである（MW 1, 33-34）。

（3）カントにおける二つの原理

ところで、以上のような思想史全体の考察を踏まえた上で、ティリッヒは、次にドイツ観念論にとって重要な位置を占めるカントに目を向ける。この点についても、すでに予備的に触れられたが、その点をあらためて確認しておくと、ティリッヒは、上述の二つの原理の観点から、カントの『純粋理性批判』を、「実証主義と懐疑主義とに対する同一性と真理のための戦い」と見なし、ここに同一性の古典的形式が総合の概念において表現されているのを見る。そしてティリッヒは、そのことをさらに次のように語る。「意識は多様性の総合の行為以外の何ものでもなく、また悟性のすべての機能様式は、意識の統一における多様性の統合の諸形式である。多数性のない統一は空虚である。統一のない多数性は盲目である。両者は総合の行為においてのみ現実を持つ。真理は総合による同一性である。したがって、主体と客体、統一と多様性は、呼応する対概念である。主観性とは多様性を統一へと結びつけることであり、客観性とは意識の統一の下に置かれた多様性である。真理とは、主体の統一における客体の多様性の同一性である。真理とは、主体と客体との同一性である」（MW 1, 35）。

ところで、この「意識」に基づく主体と客体との同一性、また統一と多数性との同一性は、先の区別からすれば、アウグスティヌス的同一性であると言える。しかし、この同一性は、カントによって同時に語られる「物自体」(Ding an sich）という概念によって制限されてもいる。というのも、物自体とは、客観的世界全体を意味するが、それは主体の内在性にすべてもたらされるわけではないからである。したがって、上述の総合は、絶対的なものでも完全なものでもなく、それは「総合する意識の特定の行為」であり、また真理はこの「総合の行為の中に」ある。そして、この意識（理論理性）にとって、物自体は「不合理な実体」として留まるのである（MW 1, 35）。

しかし、このことは、もう一つの同一性、すなわち普遍的なものと特定のものとの同一性も含めて、同一性に一つの制限を加えることになる。それは、「観念から存在への道はない」という制約である。すなわち、「われわれの内面性にとって超越的な本質の確実性は、到達されえない。主体はそれ自体を越えて行くことはできず、客体は主体へと至ることはできない」（MW 1, 36）のである。理性は、ただ観念においてのみその同一性を保持することができるだけで、神の存在論的証明も宇宙論的証明も、この観念に至るだけなのである。すなわち、ティリッヒは、この観念と存在との区別に、カント哲学がその後の時代に対して持つ重要な意義を見ているのである。

ところで、ティリッヒは、この理論理性の同一性と並んで、カントの中にそれに対抗するもう一つの要素、つまり対立の原理を見る。それは、『実践理性批判』において展開されている実践理性における自由の要素である。しかし、その場合、そこには二つの自由が認められる。一つは、ティリッヒが「質料的（実質的）自由」（materiale Freiheit）と呼ぶもので、それは実践理性の持つ立法性である。それは、実践理性が外からの法によって支配されることなく、自らの法によって自己を律することができる積極的意味での自由、すなわち自律を意味している。それに対し、もう一つの自由は、ティリッヒが「形式的自由」と呼ぶもので、それはさまざまな矛盾の可能性の基盤であり、特に根本悪との関連において重要な要因となっているものである。すなわち、「形式的自由の本質は、それが理性と自然との正常な関係を逆転させ、自然すなわち欲望の力を支配的なものにしようとすることである」（MW 1, 39）。したがって、形式的自由は理論理性の同一性を破壊する危険性があり、また根本悪（理性との対立）が支配的となるに及んでそれを破壊するのである。

その結果、ティリッヒによれば、ここに一つの新しい歩みが始まる。それは、「最高善」を肯定し、そのために努力することである。それは、神的命令としての道徳法に基づく宗教的歩みである。しかし、ティリッヒによれば、それは神との同一性（神的交わり）のない、信仰の逆説を欠いた歩みであり、このカントの宗教の特質は、カントの『単なる理性の限界内における宗教』の最後の言葉、つまり「正しい道は、恩寵から徳へと向かうことではなく、むしろ徳から恩寵へと進むことである」という言葉に見られると言う。すなわち、神との同一性を欠いたカントの宗教においては、神の恩寵に至ることはできず、それはせいぜいのところ「実践理性の自己確信」以上のものではないのである（MW 1, 39）。

しかしながら、理論理性において基本的に見られた同一性の原理と、実践理性において見られた対立の原理は、カントの第三の批判書『判断力批判』において、同一性の原理へとより大きく歩み出ることになる。なぜならば、ティリッヒによれば、この「判断力」は「特定のものを普遍的なもののもとに包摂する力」であるが、この理解の中にすでに同一性が垣間見られるからである。すなわち、ティリッヒによれば、この議論はさらに必然と自由とのどちらか一方の支配による同一性の事柄へと発展するが――その場合、必然の典型は、主観的必然性に基づく神学的判断であり、自由の典型は、感覚的なものに基づく審美的判断である――、自由と必然とはこの自由の典型である審美的判断の下で同一視されうるのである。なぜならば、そこには普遍的なものと感覚的なものとの調和である美の原理があるからである。すなわち、美は普遍的なものと特定のものとの同一性であり、また美の産物は自由と必然との同一性だからである。したがって、われわれはここに、カントにおける同一性の可能性を見て取ることができるが、しかしティリッヒによれば、それは多くの場合仮説的な表現形式の中に隠されたままであった。すなわち、「材料はすでにそこにあったが、しかしそれは、それによって初めて、判断力の総合がどの程度のものか明らかになるであろうところの体系的理解を欠いていた」（MW 1, 42）のである。したがって、カントにおいては、基本的には依然として対立の原理が支配的であったと言わなければならないのである。

第3節　シェリングにおける神秘主義

そこで、あらためてシェリングに目を向けなければならないが、第4章で見たように、ティリッヒはシェリングの哲学的発展を二つの時期に大別して見ている。しかし、シェリングの神秘主義思想の発展期と見なされる第一期は、実際の議論では、基本的に四つの区分をもって考察され、それに対応して四つの神秘主義が論じられている。すなわち、意志神秘主義（Willensmystik）、自然神秘主義（Naturmystik）、芸術神秘主義（Kunstmystik）、知的直観の神秘主義（die Mystik der intellektuellen Anschauung）の四つである。この関連を簡単に整理しておくと、一七九〇年に十五歳でテュービンゲン大学神学部に入ったシェリングは、一七九三年から九七年にかけて、フィヒテの「自我哲学」の核心に迫る一連の哲学的論文を著す。この時期に対応するのが意志神秘主義である。その後、一七九六年にライプツィヒで自然科学等を学び、一七九七年からさらに一連の自然哲学に関する論文を出す（『自然哲学考案』一七九七年、『世界霊魂について』一七九八年など）。この時期に対応するのが自然神秘主義である。ここでの思考方向は、客観から主観へと至る考えであるが、同じ時期の『先験的観念論』（一八〇〇年）では逆に主観から客観への道が取られ、「芸術の哲学」が論じられる。そして、それに対応するのが芸術神秘主義である。その後シェリングは先の二つの哲学を包摂する形で、絶対者における主観と客観、自然と精神との同一性を求める同一哲学へと向かう（『ブルーノ』一八〇二年、『大学における研究の方法に関する講義』一八〇三年など）。この時期は、ほぼ一八〇二年から一八〇九年にわたるが、この時期に対応するのが知的直観の神秘主義である。これ以降、第4章で述べたように、『人間的自由の本質』（一八〇九年）を経て「積極哲学」の時期へと進み、神秘主義の立場とは明確な一線を画することになる[19]。そこで以下、この四つの神秘主義について、ティリッヒの論じるところを検討したい。

（１）意志神秘主義

周知のように、シェリングの出発点はフィヒテ哲学にあるが、それは一般に主観的観念論と呼ばれているように、絶対的自我に基づいて世界全体を捉える哲学である。ティリッヒは、この初期におけるシェリングの一連の論文を、基本的にこのフィヒテの立場に立ち、それをカント主義者から擁護する試みであると見ている。すなわち、シェリングは、自由の概念に注目し、人間の本質を絶対的自由の中に見る。そして、すべての学問体系は、絶対的自我から生じ、それは何ものにも依存しないと考える。すなわち、質料的自由における理性の純粋な自己措定において総合がなされるのである。そのため、「意識一般」は、理論的には絶対的総合であり、実践的には自律であると見なされる。すなわち、ティリッヒによれば、「すべての内容、すべての現実は、絶対的自我（Ich）の中に措定される。自我を超えてあるものは、カントの『物自体』のように、如何なる現実も持たず、それはむしろ非我、否定、空虚である。理性の絶対的自由は、如何なる対抗する意志によっても限定されない。意志は、それ自身を意志し、またそこにその同一性と完全さを持つ」（MW 1, 44）。したがって、この考えは、カントにおける「根本悪」を取り除き、また「物自体」を廃棄することになる。そして、ここに見られる同一性は、カントに垣間見られた同一性をはるかに超えるもので、ティリッヒは、この絶対的自我に基づく意志の行為による同一性を、意志神秘主義と呼ぶ。そして、それを以下のように定式化している。

① 絶対的同一性、あるいは主観的には神秘的自己否定、つまり絶対化は、観念においてのみ生じる。
② 同一性は、特定の限定された自我の自由な行為においてのみ実現される。
③ 観念と現実は、妥当する秩序と現実的実現が関係を持つように、関係を持つ。神は、道徳的行いの特定の行為において、その全体性において常に現実的であることはないが、実現される道徳的世界秩序である。神は存在しないが、しかし無限の過程において存在へともたらされなければならない。（以上、MW 1, 47）

(2) 自然神秘主義

次にわれわれは、シェリングの自然哲学に目を向けなければならない。シェリングは、ここにおいて客観から主観への道をたどるのであるが、重要な点は、新たに自然が視野の中に入ってきて、その自然が精神と同一視されている点である。すなわち、「自然は可視的な精神であり、精神は不可視的な自然である」というシェリングの言葉は、その関係を最もよく示している。したがって、ティリッヒ自身語るように、シェリングの自然哲学は、同一性の原理を自然に適応したものなのである。それゆえに、われわれはこの自然を、単なる対象として見ることは許されず、それはわれわれの自我と同じく、同一性が実現されるところと見なされなければならない。すなわち、この自然は、自我に対立するような空虚な非我ではなく、それは精神と自然との「創造的同一性」であり、それは自然の過程において、つまりその生産的行為において実現されるのである。したがって、そこには有機的自然と無機的自然といった区別はなく、自然は生産的なものとして両者を包摂しているのである。そして、われわれは、この自然の最高の生産物である人間において精神に出会うのであるが、しかしそれは最初から自然の根底にあったものなのである。ティリッヒは、こうした自然における同一性の理解に、非常に重要な宗教的意義を見る。なぜならば、このことは「客観的実在がもはや神観念と矛盾せず、むしろそれを最も強力に肯定する」ことになるからである。したがって、ティリッヒは、シェリングの言葉を引用しながら次のように語る。「『私自身が自然と同一的である限り、私は生きた自然が何であるかを、ちょうど私が私自身の生活を理解するように、理解する』。私が自然と同一的である限り、私は自然を生気づける神と一つである」（MW 1, 50–51）。すなわち、ティリッヒは、精神と自然との同一性に神との同一性、つまり自然神秘主義を見るのである。

しかし、ティリッヒによれば、この自然哲学には一つの重大な難点がある。それは、意志的神秘主義においては、われわれはわれわれの意識的行為においてわれわれ自身を経験するのであるが、自然的神秘主義は、いわば自然の無意識的生産との共鳴に基づくからである。したがって、そこには、自然哲学が意識的生産を捨てるか、あるいは自然が無意識的に生産しているものを意識的に再生産するか、というディレンマが生じることになる。すなわち、ここに自然的神秘主義の限界があり、また同時に新たな神秘主義の段階へと向かう契機がある。というのも、このディレンマを克服する唯一の道として、「意識的でありかつ無意識的である一種の活動」が求められることになるが、それは自然から芸術へと目を向けさせることになったからである（MW 1, 52）。

(3) 芸術神秘主義

シェリングは、自然哲学に平行する観念論哲学において、今度は逆の方向、つまり主観から客観への道を取る。ティリッヒによれば、この時期を代表する『先験的観念論の体系』において、シェリングは意識の先験的歴史を論じているが、それによると、自己意識とは、「それによってすべてのものが自我のために措定されるところの絶対的行為」である。しかし、これは対立する諸行為、つまり「現実的、客観的、測定可能な」行為と、「観念的、主体的、測定不可能な」行為からなり、これらは一連の総合において調停されることになる。すなわち、それが自己意識の歴史となるのであるが、シェリングはそれを根源的感覚から始まり、生産的直観、内省、自律を経て、さらに共同体、歴史、宗教へと高まり、最後に芸術へ至るものと見る。したがって、人間の精神は芸術において最高の総合を見出すのであるが、しかしここで問題となるのは、宗教と芸術との関係である（MW 1, 57）。

まず宗教であるが、ティリッヒの分析によれば、それは歴史における自由と必然との要素に基づいて考察されている。すなわち、シェリングは歴史を自由によって構成されていると見る反面、それはまた理想の漸進的実現にその特性を見ることができるように、そこには自由が合理的目的に向かう何らかの必然があると考える。つまり、自由と必然は絶対的同一性において結合されていると見られる。しかし、それは歴史においては意識的に到達することがない「永遠に無意識的なもの」であるため、それは決して知識の対象とはなりえず、むしろ信仰の事柄なのである。シェリングは、これを「摂理信仰」（Vorsehungsglaube）と呼ぶ。そして、これなくしては人間の行動は不可能なのである。なぜならば、摂理信仰がないところでは、必然の要素に執着する運命論か、自由の要素に執着する無神論に陥らざるをえないからである。したがって、信仰は意識構造にとって不可欠のものであり、そこに宗教の場があるのである（MW 1, 58–59）。

ところで、この歴史についての考察は、われわれを重要な視点へと導く。それは、歴史は、無意識的意志（自然）と意識的意志（精神）とが自己を啓示する場となるからである。したがって、次のように言いうるのである。「自然は精神の客観的詩である。というのも、それは、無意識的なものの支配下での意識的行為と無意識的行為との統一だからである。したがって、歴史は、意識的なもの、つまり精神の主観的詩の支配下での両方の行為の統合なのである」（MW 1, 60）。必然と自由との絶対的同一性を見る宗教的確信は、この統合を見通すものであるが、その場合、この無意識的なものと意識的なものとの対立が解消される精神の機能が求められることになる。シェリングによれば、それが芸術なのである。それは、具体的には、芸術家とその作品として言及されているが、ティリッヒはその点を次のように述べている。「道徳家が到達することができないものを、芸術家は創造する。つまり、神との完全な交わりである。道徳家は意識的に働き、永遠にその目標に到達しない。芸術家は無意識に創造する。彼は、自らの力によっては得られなかったものを、与えられるのである」（MW 1, 61）。したがってまた、その意味で、「芸術作品は神の絶対的啓示であり、芸術家は預言者であり、また芸術的直観は神との調和である。芸術は、真の宗教なのである」（MW 1, 62）。この最後の等式は、ティリッヒ自身の見解であるが、しかし、そう言えるところに、芸術神秘主義があるのである。

（4）知的直観の神秘主義

シェリングは、客観から主観へと向かった自然哲学と主観から客観へと向かった先験的哲学の時期を経て、この対極に位置する二つの哲学を総合しようとする同一哲学の時期を迎える。ティリッヒによれば、それは、「精神と自然との対立、相互に関連し、また相互に分離しているすべてのもの、空間と時間、さらに思考と思考されるものとの相違、哲学の主体と客体との対立」（MW 1, 63）を克服しようとするもので、その可能性を、シェリングは絶対的同一性に見るのである。それは、存在するすべてのもの、つまり世界は、それ自体において一つであるとする考えである。そのため、世界は、この絶対的同一性の顕現ではないが、それ自体において考察されるとき、それは絶対的同一性なのである。

ところで、ティリッヒによれば、同一性とは、同じものということではない。それは両極性を前提として初めて言いうることなのである。しかし、この両極性は絶対的同一性の本質に属することはできず、それは形式にのみ属することになる。したがって、そこには「質料的（実質的）同一性と形式的矛盾との併置」が存在することになる。ティリッヒによれば、それは「神秘主義と罪責意識との最高度の思弁的定式」であるが、この関係を解明するために、シェリングはポテンツ論を展開する。それによると、現実は主観的なものと客観的なものとの量的相違から生じるのであるが、そのことは、そこに優位な度合いが発展していると見ることができる。すなわち、この優位の度合いがポテンツと呼ばれるもので[20]、それは基本的には同一性なのである。そして、このポテンツの総体が世界であり、したがってそれは絶対的同一性の形式をなしている。そのため、世界は永遠であり、完全である。しかし、これは決して静寂主義的立場に立つものではない。なぜならば、このポテンツは同時に理念とも呼ばれるが、シェリングは「諸理念の世界における神の自己開示」について語るからである。すなわち、「絶対的なものそれ自体との一致によって創造的である個々の理念は、新しい諸理念を措定し、また措定し続ける。しかし、等しく永遠な本質への回帰が、この形式を通して発展する永遠の過程に対応する」（MW 1, 65）。したがって、絶対的なものから多様なものへ、そして多様なものから絶対的なものへという二重の本質的な運動があることになる。そして、この二重の運動に伴って、すべての個も二重の生、つまり「絶対的なものにおける生とそれ自体における生」を持つのである。しかし、この二重の生は、現実には理念から疎外された生であり、その意味では単なる「見せかけの生」（Scheinleben）、つまり「存在と非存在との混合（Mischung）」にすぎないのである（MW 1, 65）。

ところで、以上の考察は現実についての本質論的考察であるが、ティリッヒによれば、これを認める認識にも、シェリングは絶対的様式を見、それは絶対的同一性に属すると考えるのである。すなわち、認識は対立を含むが、その最大のものは一と多、主体と客体にある。また、それに伴い、知識も二分した様式を持ち、思考と直観がそれに対応する。シェリングによれば、思考は諸概念に関連するものであるが、諸概念は無限であり、また主観的である。それに対し、直観は「特定のもの、多様性、相違」に関係するのであるが、それらは有限であり、また客観的である。したがって、最高の認識の様式は、これらが一体となったもの、つまり「知的直観」でなければならないのである。シェリングは、それを「普遍的なものが特定のものにおいて、無限のものが有限のものにおいて、生きた統一へと一つにされていることを知覚できる普遍的力」と理解している。そして、「絶対的なものと絶対的なものについての知識とは、絶対的に一つである」ゆえに、また「神は同時に知識の主体であり客体である」ゆえに、この知的直観は、先に見た現実を構成する絶対的なものに至ることができるのである（MW 1, 66）。すなわち、ティリッヒはここに、知的直観の神秘主義を見るのであるが、それはより具体的に、次のように説明されている。「知的直観は、絶対的なものの漸進的な主観‐客観化に従い、また両側の一方の優位の度合いを、すべてのポテンツが同時に全体として、また絶対的なものそれ自体との統一おいて現れるように、構成する」（MW 1, 67）。図式的に言えば、一方は、「機械的、力動的、有機的という三つのポテンツを持つ自然」であり、もう一方は「知識、行為、芸術という三つのポテンツを持つ理念的世界」である。そして、これらは、人間において、最終的に、そしてまた非潜在的に出現するのである。すなわち、「同一性が世界において存在となるという原理は、それが人間において存在となるところで、その頂点に達する」（MW 1, 68）。それゆえに、人間はすべての中心であるだけではなく、中心そのものでもあるのである。

以上、ティリッヒが考察するシェリングの神秘主義の概要を概観したが、最後に、後の論点において重要となる道徳との関連について、ティリッヒが語るところを確認しておきたい。

ティリッヒによれば、シェリングは、絶対的知識と絶対的行為は一つであり、同じであると考える。しかし、それは人間の自由に基づいて生じるのではなく、神に基づく絶対的な自由においてのみ可能であって、それは人間の魂に根ざすのである。なぜならば、魂は同一性の絶対的肯定において、つまり神の本質的な直観において存在するところのものであるからである。したがって、この魂から絶対的な行為、つまり「知識と行為の最高の統一」が生じる。シェリングはそれを「宗教」と呼ぶが、それは、「特定の課題によって煩わされず、普遍的に行動する」神の人、すなわち「倫理的天才」によって実現されるのである（MW 1, 73–74）。ただし、この考えには、道徳法は含まれない。というのも、宗教は、神との同一性において、いわば自由の中で必然的に成し遂げられる行為だからである。それに対し、道徳法には、一方では人間の性向に対する強制が含まれ、また他方では、それが達成されるときに道徳的誇りが生じる。それは、ともにパリサイ主義に至る（MW 1, 74）。したがってシェリングは、道徳主義を徹底的に否定するのである。

しかし、ティリッヒによれば、この考えは、結局のところ、罪責意識の破壊へと至る。なぜならば、すべてのものは、絶対的同一性の必然性と一致して生じ、そこでは自由と必然は結合しているからである。すなわち、「起こるべきことがまさに起こる。『生起するすべてのものにおいて、ただ絶対的な実質のみが活動する。人間にとって、肉体と魂との調和はそれに依存し、また世界においては、すべての出来事の調和がそれに依存している』（シェリング）」。したがって、そこには、神と人間との対立はないのである。むしろ、それは「想像の産物」であり、「誤った抽象」であり、したがってまた「罪責意識は罪」なのである（MW 1, 76)。

第4節　シェリングにおける神秘主義と罪責意識との総合

ティリッヒは、以上のように、シェリングの第一期の中に四つの神秘主義の展開を見るのであるが、それは基本的には存在するものの本質であるWasに注目した「消極哲学」での議論であった。しかし、『自由論』以降の第二期においては、その視点はWasから何かが現実に存在しているという事実としてのDaßへと向かう「積極哲学」の時期に入る。そして、その内容も、絶対的なものとそれとの同一性の問題から、歴史において自己を生成する神と神に敵対する罪の問題へと大きく変化する。そこで以下、その点について、ティリッヒの論じるシェリングの見解を検討したい。

(1) シェリングの神概念

まず重要なのは、シェリングの自由についての概念である。ティリッヒによれば、カント以前には、自由の問題に関して二つの基本的態度があった。それは、一つは因果性に立つ決定論であり、もう一つは選択の自由に立つ未決定論である。したがってそれは、必然と偶然（自由）の問題となる。これに対し、観念論は、知的自由の教説によって両者の対立を一段と高いレベルに引き上げることになった。すなわち、それは知的本質を自己措定的行為に見、またそれ自体が本質の基盤であると考えたのである。したがって、そこには必然と偶然（自由）とが存在し、それが自由を構成することになる。それは「自由と必然との矛盾のあるところにのみ、自由はある」とする自由の考えであり、より総括的に言えば「本質は矛盾を通してのみ存在する」との考えとなる（MW 1, 77–78）。ティリッヒは、シェリングも基本的にこの考えに立つと見る。そして、この自由についての理解は、シェリングの神理解に関連しているのである。すなわち、シェリングに先立つライプニッツとスピノザは、ライプニッツが、神は可能性の中から多かれ少なかれ任意の選択をするという偶然の立場に立つのに対し、スピノザは、すべてのものは神から必然的に生じるという必然の立場に立つことによって対立する。しかしシェリングは、この自由の考えから、神的行為の持つ必然性を認める一方、また神を人格的なものと見なすことによって、両者の立場を総合的に理解するのである（MW 1, 78）。

しかし、必然との矛盾の中にある自由という考えは、それ自体矛盾を含むものであり、直ちに、それはいかにして可能であるかが問われることになる。ティリッヒによれば、シェリングは、それに対し、絶対的本質の最高の表現として意志を考える。すなわち、「絶対的なものは意志である。絶対的同一性は、それ自身を意志する意志である」。そして、まさにこの理由で、絶対的なものは矛盾を含むことが可能であると考える。なぜならば、「意志のみが、それ自身を絶対的他者として、つまりそれ自身に対立するあるものとして決定することができる」からである。すなわち、矛盾する力を持たない意志はもはや意志ではなく、それは単なる状態にすぎないのである。意志は、それがそれ自身と矛盾するゆえに、意志なのである。また矛盾も、それが矛盾する本質があるゆえに、可能なのである。したがってまた、この本質と矛盾との同一性こそ、最高の同一性なのである（MW 1, 78–79）。

ところで、ティリッヒによれば、以上の考えは、さらにもう一つの不透明な要素を含むことになる。というのも、絶対的なものが自らを措定するとき、それは同一性に基づく決定をする一方、矛盾に基づく決定をするということが生じるからである。しかし、シェリングによれば、それは理解不可能なこと、すなわち不合理なことなのである。したがって、本質と矛盾との同一性は、合理的なものと不合理なものとの同一性、両者の混合を含むのである。しかし、この場合も、合理的なものは、この混合の本質ではあるが、この混合を通して絶対的なものとの同一性を持ち、また不合理なものも、その混合によって「個別的であり、存在し、また具体的であるところのもの」となりうるのである。したがって、以下のように総括される。すなわち、「本質は、絶対的総合において、絶対的矛盾に対する永遠、必然に対する自由、不合理なものに対する合理的なもの、また闇に対する光を通して、自らを措定する」。そして、この絶対的総合（die absolute Synthesis）こそ、神と呼ばれるものなのである（MW 1, 79-80）。そこで、以下、この神について検討されなければならない。

シェリングが神について語るとき、特に重要であるのは、シェリングがこの神を永遠の存在としてではなく、「永遠の生成」、すなわち人格的神と考えている点である。すなわち、ティリッヒによれば、この神はすべてのものの普遍的本質であるが、しかし決して抽象的な神ではなく、それはいわば個的実体を持つ神なのである。シェリングはそれを神の自己中心性（Egoismus）と呼んでいる。しかし、この自己中心性は、いわば単独であるのではなく（そうであるならば、自己自身における神の永遠の自己保持と深化はあるとしても、いかなる被造物もありえないことになる）、それに対峙する愛の原理と共にある。そしてその愛の原理によって、神はいわば自分自身を超え出てすべてのものの本質となる。したがって、神の自己中心性は、「それを通して神あるいは愛が存在となるところの力」であるが、また逆に、神の愛によって神の自己中心性が克服されることにより、神は人格的となり、すべての本質となるのである。しかもそれは、「神が自然及び人間となる」ことなのである。なぜなら、神の自己中心性は「神における自然」でもあるからである（MW 1, 80-81）。そこで、この点が、以下において確認されなければならない。

われわれはここで、ティリッヒと共に、シェリングの直接的同一性についての議論に向かわなければならない。ティリッヒによれば、シェリングは、それを「無底」（Ungrund）あるいは「無差別」（Indifferenz）と呼ぶ。そして、この無底、無差別は、二つの同等に永遠の始まりを持つものと考えられている。すなわち、一つは「神的自己、存在する神、理想、光、自由」と呼ばれるものであり、もう一つは「神における自然、存在の基盤、現実、闇、必然」と呼ばれるものである。シェリングによれば、前者の根底（Grund）の意志は、いわば神を生もうとする熱望であり、後者の暗い意志は諸形式の分離、つまり個的なものの誕生をもたらす。すなわち、神はこの二つの原理を通して自己を永遠の生成として展開し、自然はその中で形成されることになる。そして、この両方の原理は人間において結合される。というのも、人間においては悟性（Verstand）と根底とは結合されているからである。それゆえに、人間は「完全な自然」であり、「真の神的宇宙」なのである。また自然も、それ自体完全であり、また全体性を持つのであるが、しかしそれは神の中にある全体性なのである。すなわち、「自然は矛盾の力の下で展開される神の本質であり、またそれは神的自己、つまり神的自由との永遠の同一性の中にある」。つまり、神は自然的宇宙として自己を展開し、また人間となることにおいて自ら人格的となる（MW 1, 82）。したがってまた、理念的な人間は「神的精神との永遠の交わり」の中にあり、絶対的知識を持ち、また「最高の美と最高の愛との表現」なのである。この神と人間との神秘的同一性を、ティリッヒは次のように総括している。「それは、神の自己自身との関係、すなわち自由としての自己自身から必然としての自己自身、つまり精神としての自己自身から自然としての自己自身への関係である。宗教は、それでもって神が自己自身を愛するところの愛である。学問は、それでもって神が自己自身を理解するところの直観である。芸術は、神の中に措定され、また再び神の中で止揚される矛盾の永遠のリズムである」（MW 1, 83）。

しかし、シェリングは、神と人間とのこの神秘主義的交わりに留まることはできないのである。なぜならば、一つには、神自身がいわばそれを超え出ているからであり、またもう一つは人間がそれを破るからである。ティリッヒによれば、前者に関して、シェリングは「神は主である」という定式においてそのことを論じている。すなわち、シェリングは、WasとDaßとを区別し、それ自体いかなる存在も持たない理性の対象としてのWasではなく、すべての思想に先立ち、すべての理性がその前で沈黙しなければならない神の「先在性」（prius）、すなわち神のDaßに注目する。それは、一切の思想にとっては不合理な、絶対的な個となるという仕方において存在し、すべてのものの本質となり、その主体となる神である。それゆえにこの神は、すべての存在の持つ以下の三つのポテンツを超えているのである。すなわち、第一のポテンツである不合理なものと第二のポテンツである合理的なものは、第三のポテンツである精神において結合されるのであるが、しかし精神としての神は、この第三のポテンツとしての精神に結びつけられてはいないのである。神はそれを捨てることができるのである。なぜならば、神は「精神としての彼の存在からも自由な精神」（シェリング）であるからである。すなわち、神は「圧倒的な」自由を持つのであり、その意味で神は主（der Herr）であり、“Deitas est dominatio Dei”（「神性は神の主権である」[21]）なのである（MW 1, 83–84）。

最後に、自己を生成として展開する神と歴史との関係が確認されなければならないが、それは以下のティリッヒの総括的文章に明示されている。すなわち、「理念（Idee）としての神は、精神化された自然である。彼は生成を持つが、しかし如何なる歴史も持たない。自己自身から、つまり彼の必然性から失われた精神、つまり善と悪との対立から生まれた精神が歴史を持つのである。まずこの対立が存在を根底から、精神を自然から、自由を必然から分離する。すなわち、まずこの対立が、神の生ける自己直観としての理念の中にその永遠の権利を持つ神秘主義を否定するのである」（MW 1, 87）。したがって、以下において、この歴史を持つ精神、すなわち人間について、特にその対立を生み出す罪について、検討されなければならない。

（2）シェリングにおける罪責意識

ティリッヒの論点をまとめると、シェリングによれば、人間は精神であり、また精神であるがゆえに罪を犯すのである。なぜならば、先に見たように、人間は対立する二つの原理の支配者であるが、しかし人間がそこから生まれてきた暗い原理の中に、人間は神から独立する「自己性」（Selbstheit）の基盤を持つからである。それは、人間を自然への隷属から解放し、また同時に神的精神の永遠の必然性からも自由にするが、しかし、まさにこの点に罪への誘惑があるのである。すなわち、人間は、神との関係においては普遍的意志であるが、また同時に自然との関係においては特定の意志でもある。したがって、もし自己性がそれ自身を普遍的意志に従属させるならば、その根底は愛との統一に留まるが、もしそうでないとすれば、自己性はそれ自身を確立しようとしてその統一を破るのである。そしてその結果、二つの原理の結合は崩壊し、本質との同一性において永遠に止揚されていた直接的矛盾が、今や顕在化するのである。したがって、罪とは「本質に対する精神の矛盾」であり、それはまた「精神となった矛盾」なのである（MW 1, 88）。

ところで、ティリッヒによれば、人間はこの罪（Sünde）のゆえに罪責（Schuld）を負うことになるが、シェリングは、この罪責に二つの意味を見ている。一つは、罪人が自由の中で行った罪責であり、もう一つは彼が自分自身を神との矛盾の中に置いた罪責である。シェリングによれば、第二のものは自然にも当てはまるものであり、したがって第一の罪責こそ人間独自のものであるが、いずれにしても、人間はこの二つの意味において罪責意識を持つのである。そして、それは怒りとして経験され、またついには死へと至るのであるが、しかし、それは決して単純な自己否定的意識ではない。なぜならば、それは先に見たように、矛盾は本質との統一に依存するからである。すなわち、「否は然りなくしてありえないのであり、根底は光りなくしてありえないのである。精神の絆（Band）［すなわち本質］は、罪人においても、彼のあるべき統一が解消したとしても、有効なのである」（MW 1, 91）。したがって、罪責意識は、常に、この真の統一への意識を含むのである。そしてそれは、罪責意識が深まれば深まるほど、また同様に深まるのである。

（3）シェリングの総合の試み

われわれはここで、ティリッヒの結論へと目を向けなければならない。それは、シェリングにおいて、どのような仕方で神秘主義と罪責意識が総合されているとティリッヒは見るのか、その点を確認することである。

ティリッヒは、この神秘主義と罪責意識という最も矛盾する原理の関係を把握するために、それを二つの方向に分けて論じている。一つは、然りから否への移行であり、もう一つは否から然りへの移行である。まず、この議論でも大前提とされていることは、基本的には矛盾は本質との同一性にあるということである。すなわち、すでに見たように、罪は精神化された矛盾であるが、しかしそこにも本質は含まれているのである。したがって、「罪の意志は、同時に神的であり、また反神的である」と言いうるのである。また同じく、神の側からは、「神は罪に対し、同時に然りと否とを持つ」とも言わなければならないのである。つまり、神の関わらない、いわば単独の罪というものはないのである。罪の行為においてすら、何らかの神の関わりがあるのである。それゆえに、「罪に対する然りは必然的に否へと移行し、また否はその最も深い形式において必然的に然りへと立ち返る」のである（MW 1, 92）。

ティリッヒは、この前者の関係を、「罪の意志と神的怒りの意志は同一的である」という命題にまとめている。シェリングの言葉で言えば、罪は「利己心（Selbstsucht）の飢餓」であり、それは全体性と統一を放棄する程度に応じてますます貪欲となり、悪に満ちたものとなる。そのため、この罪に対する神の意志は、もはや本来の意志ではなく怒りとして現れ、この罪それ自体を裁くのである。しかし、神との絆は破壊されない。むしろ、神の怒りを意識する者は、その意識において、神との分離不可能な絆を最も強く意識するのである。それは、「神は然りと否との統一である」からなのである（MW 1, 92-93）。

それに対し、もう一方の否から然りへの移行は、「罪と恵みとの同一性」として表現されている。ティリッヒによれば、罪の意志の自己破壊は決して真の解決ではない。なぜならば、積極的な意味で神が矛盾の主でもあるとすれば、そのことはかえって神の弱さを表すことになるからである。また罪の意志が神秘的自己止揚において普遍的意志と一つになることによっても、真の解決には至らない。なぜなら、人間の利己心は、決して克服されることはないからである。したがって、罪の真の解決は、神による罪の克服にしかないのである。しかも、これは単なる否定ではなく、同時に肯定でもある神の行為なのである。そして、その行為は、神が個的人格となり、人間との交わりを持つ中で生じる行為なのである。しかし、神が個的人格となるということは、神自身が精神化された矛盾

（罪）とそれに対する怒りに従属することでもある。したがって、そこにおいて、然りと否とは最も極端な矛盾の中に立つことになる。そして、それを解決するのは、キリストの十字架以外にはないのである。なぜならば、キリストの十字架は、「自己自身を犠牲とし、またそのことによって自己自身を止揚するために、絶対的で神的な力の意志へと高められた、自己性の意志」だからである（MW 1, 94）。すなわち、このキリストの十字架における神の自己犠牲と自己止揚において、罪の意志は絶対的に否定され、また同時に肯定されるのである。そして、神秘主義と罪責意識との問題は、ここにおいて初めてその積極的な解決を得るのである。

ティリッヒは、以上の論点を、以下の三つの定理にまとめている（MW 1, 94-95）。

①すべての現実の最高の原理は、本質と矛盾、合理的なものと不合理なもの、絶対的なものと自己性、との同一性である。

②同一性は、矛盾によって生きた自己媒介の中に保持されるのであるが、神的人格の永遠の過程において実現される。

③自己自身を把握する矛盾は、否定的には、それの本質からの分離における自己性の自己破壊（死と怒り）によって、肯定的には、個となり個として自己を止揚する本質とのその交わりにおける自己性の自己止揚（恩寵）によって、克服される。

（4）ティリッヒと総合への道

以上のように、ティリッヒは、シェリングにおいて、神秘主義と罪責意識とがキリストにある自己犠牲的愛において総合されていることを見る。そしてこの後、さらにその理論の肉付けとして、シェリングの宗教史についての考察を概観している。それは神話から啓示へ、そして啓示におけるユダヤ教からキリスト教へと議論が展開されているが、われわれの目的は、以上の理論的考察において十分達成されているため、その点は省略する。

ティリッヒは、シェリングという、その生涯において何度か大きな思想的変遷を経験した哲学者を、神秘主義と罪責意識、同一性の原理と対立の原理という、二つの視点、二つの原理から捉え直したわけである。それが、十分説得力のあるものとなっているかどうかは、重要なテーマではあるが、それはここでのわれわれの直接の目的ではない。ここでは、シェリング解釈を通して示されるティリッヒの思想的関心を明らかにすることが目的であった。それは、以上の論述において十分示されたと思う。神秘主義と罪責意識、その対立と総合、それはティリッヒのみならず、また存在するすべての者にとって、忘れ去ることのできない関心事であり、またそれゆえに永遠のテーマ、課題であると言える。そして、この課題は、われわれに一つの決断を迫るのである。それは、取りも直さず、総合への決断である。われわれが、ティリッヒのシェリングについての議論を通して最後に聞くべきことは、このことなのである。ティリッヒは、キリスト教思想史の講義の中で、この偉大な総合の試みをした、近代プロテスタント神学の父と呼ばれるシュライエルマッハーに言及し、「私の決断は……完全にシュライエルマッハーの側ある」[22]と語り、自らこの総合の道を選び取ったことを宣言しているが、ティリッヒにとって、シェリングについてのこの第二論文は、まさにそのことを思想的に宣言したものであるとも言えるのである。

しかし、われわれは、あらためてこの二つの原理を省みるとき、その総合の困難さを思わずにはいられない。ティリッヒ自身、今述べた宣言のすぐ後で、次のように語っている。「ただし、一つの限定つきである」。「彼にしても、彼よりも偉大でさえあり、同じことを試みたヘーゲルにしても、実際には成功しなかった。彼らの失敗から十九世紀の正統主義グループや二十世紀の新正統主義グループは、それは不可能だという結論を引き出した。しかし、私はそれが再び試みられねばならないという結論を引き出す」[23]。ドイツ観念論の偉大な立役者たちが失敗したことを、ティリッヒは敢えてこの二十世紀において試みたのである。その成否は別としても、その勝算はどこにあったのであろうか。ティリッヒは、シェリングについての論理的考察の最後の節である「終末論的展望」のところを、次の言葉で結んでいる。「しかし、愛は諸原理の絆、つまり同一性である。同一性は絶対的な神的目標である。したがって、永遠に、神秘主義は罪責に勝利する」（MW 1, 95）。すなわち、同一性である神の愛、しかもキリストにある神の犠牲的な愛は、一切の対立を打ち破るのである。もしそうであるならば、そこに立つとき、総合の試みもまた、新たな可能性の光に照らされるのである。

注

（1）ティリッヒは一九一〇年にブレスラウ大学に哲学博士請求論文として、*Die religionsgeschichtliche Konstruktion in Schellings positiver Philosophie*を提出し、同年H. Fleischmann出版社から出版された。しかし、これは全集には入れられていない。なお、これには以下の英訳がある。

Paul Tillich, *The Construction of the History of Religion in Schelling's Positive Philosophy: Its Presuppositions and Principles*, translated with an introduction and notes by Victor Nuovo, (Lewisburg, Pa : Bucknell University Press and London: Associated University Presses, 1974).

また一九一二年にはハレ大学に神学士の請求論文として、*Mystik und Schuldbewußtsein in Schellings philosophischer Entwicklung*を提出し、同年C. Bertelsmann出版社から出版された。これは一九五九年に出版された全集（*Gesammelte Werke*）第一巻（Frühe Hauptwerke (Stuttgart: Evangelisches Verlagswerk, 1959)）に再録された。またその後完結したTillich, *MainWorks / Hauptwerke* の第一巻（Philosophical Writings / Philosophische Schriften (Berlin; New York: De Gruyter, 1989)）にも再録されている。本章では、この最後の版を使用する。なお、この論文にも以下の英訳があり、参照した。

　Tillich, *Mysticism and Guilt-Consciousness in Schelling's Philosophical Development*, translated with an introduction and notes by Victor Nuovo (Lewisburg, Pa.: Bucknell University Press and London: Associated University Presses, 1974).

（2）以下でも触れるように、ティリッヒは一九〇四年に大学に入学した年を自分の研究生活の始まりと見なしている。

（3）Tillich, Schelling und die Anfänge des existentialistischen Protestes, 1955, in MW 1, 392.（『著作集』第三巻、一八五頁）

（4）Wilhelm Pauck, Paul Tillich: Heir of the Nineteenth Century, in *From Luther to Tillich: The Reformers and Their Heirs* (San Francisco: Harper & Row, 1984), 184. 以下LTと略記する。

（5）「初期」の時代区分については、序論の「時代区分」を参照。

（6）Tillich, HCT. この書物は、一九六三年の春学期にシカゴ大学神学部でなされた講義で、弟子のブラーテンがテープにとったものに基づいていて編集されたものである。したがって、ハレ大学に出された論文から四十年余り後のものとなるが、近代思想史の流れに関する見方、特にシェリングの位置づけは、基本的に同じであると見てよい。本書のドイツ観念論のところで、この一九一二年の自分の論文に触れながらシェリングに言及していることも、そのことを物語っていると言える。ただし、立ち入った議論になると、必ずしも同じではない。たとえば、カントについての論及は、一九一二年の論文のほうが、同一性の原理に近づけて見ているように思われる。

（7）以上、Tillich, HCT, 360-361.（『著作集』別巻二、九〇―九一頁）

（8）Ibid., 362.（同上書、九二―九三頁）

（9）Ibid., 365.（同上書、九六頁）

（10）Ibid., 371.（同上書、一〇四頁）ここでは、detachment, contrast, contradictionなどの言葉が使用されているが、以下基本的には「対立の原理」と呼ぶ。

（11）Ibid., 370.（同上書、一〇三頁）

(12) ここでティリッヒはレッシングの果たした歴史的役割に触れているが、その評価は非常に高いと言える。ティリッヒは、レッシングの生誕二百年を覚えて、「レッシングと人類教育の理念」（一九二九年）という論文を書いているが、その初めで、レッシングについて次のように語っている。「レッシングの生誕二百年を迎えて、わが国民のうち目覚めた精神の持ち主は、ドイツ精神史のうちでも、最も危機的で最も決定的な時代の一つに目を注ごうとしている。それは、ドイツという地盤において、市民社会的な新しい生活感情が、困難な戦いのさなかでその最初にして、しかも不朽の文学表現を見出した時代でもある。この戦いの指導者であり、この精神の体現者が、レッシングであった。現代の精神的状況が、十九世紀、二十世紀のあらゆる反対運動にもかかわらず、今なお決定的に市民社会的生活感情に規定されている限りにおいて、レッシングに向かうことは、同時に、われわれ自身に向かうことであり、われわれが自身の生活感情の根源、背景に向かうことでもある」（Tillich, GW XII, 97.『著作集』第十巻、一二七頁）。トレルチ研究者であり、また日本のレッシング研究の第一人者でもある安酸敏眞は、その著『レッシングとドイツ啓蒙――レッシング宗教哲学の研究』（創文社、一九九八年）において、この論文に触れ、概ねティリッヒの主張に沿った論述を展開している。なお、安酸の著書は、その英訳がオックスフォード大学出版局から出版され（Toshimasa Yasukata, *Lessing's Philosophy of Religion and the German Enlightenment*, 2002）、非常に高い評価を受けている。

(13) Tillich, HCT, 371.（『著作集』別巻三、一〇四頁）

(14) Ibid., 371.（同上書、一〇五頁）

(15) 以下、特別の断りのない限り、第二論文からの引用文、あるいは論述の該当箇所は、その直後に上記の Tillich, MW 1の頁数を記して示す。

(16) 筆者の言葉で言えば、前者は「存在」に関連し、後者は「理性」に関連している。すなわち、ティリッヒは、その二つの点で神と人間との関係を捉えているのである。そして、その視点は、ティリッヒ神学全体に反映されていると言える。この点については、あらためて言及されることになろう。

(17) このクザーヌスの語った〈coincidentia oppositorum〉の原理については、第Ⅲ部第11章「ティリッヒとフランシスカニズム」のところで詳しく扱う。

（18）以上のティリッヒの議論は、本書で追及する「系譜」についてのティリッヒ自身の言及でもあり、非常に重要な発言である。特に、クザーヌスによって表現された「対立の一致」の原理は、本書を締め括る視点ともなるもので、この点については、すでに前の注で触れたように、第11章「ティリッヒとフランシスカニズム」のところで、あらためて取り上げる。

（19）以上の論述は、主にJ・ヒルシュベルガー『西洋哲学史3（近代）』第三章第三節「シェリングとロマン派——客観的観念論」高橋憲一訳（理想社、一九七六年）に基づく。

（20）「勢位」という訳語が一般に使われているようであるが、ティリッヒとの関連で考えると必ずしもなじまないため、ここではそのまま「ポテンツ」と使う。なお、藤田健治『シェリング』等では「ポテンツ」とそのまま使用されている。

（21）このシェリングの言葉は、ティリッヒにとって大変印象的であったようである。一九一八年、従軍牧師時代、友人のE・ヒルシュに送った手紙の中で、次のように言及している。「私は、自然哲学に充満している春の呪術的雰囲気によって圧倒され、いかに自分が『積極哲学』の陰鬱な力によって捕らえられていたか、またいかに深く宗教的感情の中で、この全哲学のトーンをつける“Deitas est dominatio Dei”という偉大な文章によって影響されていたかを、いまだに覚えています」（Tillich, LT, 184）。

（22）Tillich, HCT, 387.（『著作集』別巻三、一一五頁）

（23）Ibid.（同）

第6章　信仰義認論（一）――その背景と思想

はじめに

前章では、ティリッヒがシェリングの思想に見た二つの原理、すなわち「同一性の原理」と「対立の原理」との総合の試みについて検討したが、この二つの原理の二律背反的総合の試みは、それ自体ティリッヒ神学の出発点ともなり、「聖なるもの」の経験とともに、その内実ともなったものである。そこで次に、ティリッヒ自身の二律背反的総合の試みを検討しなければならないが、それは、ティリッヒ神学の中核を形成する信仰義認論に見て取ることができる。そこで論じられているのは、二律背反する二つの原理の逆説的関係であり、突破あるいは参与を通しての両者の再結合であるが、その根底には、両者の本質的合一があり、それがその全体の出来事を支えている。そこでまず、本章では、ティリッヒの信仰義認論の教派的・思想的背景とその内実を検討し、そこに示されている逆説的総合の試みを明らかにしたい。

第1節　信仰義認論の背景

ある意味で、ティリッヒほどプロテスタンティズムを意識して神学を展開したプロテスタント神学者はいないように思われる。そのことは、次章で詳しく扱う一九二〇年代末から始まるティリッヒの一連のプロテスタンティズム論の展開によく示されているが、[1] 特に一九四八年に出版された『プロテスタント時代』の序文の中で語られている次の言葉に、われわれはその明確な自覚を聞くことができるであろう。すなわち、「まさに信仰による義認の教理のこのラディカルかつ普遍的な解釈が、私をして意識的なプロテスタントにしたのである」。[2] すなわち、ティリッヒは、「教会の立ちもし倒れもする条項」[3] である「信仰義認」[4] の教理を、新しい視点から「ラディカルかつ普遍的」に解釈するに至ったとき、「意識的に」プロテスタントに立つことになったのである。そして、この自覚（発見）は、単にティリッヒの個人的信仰の事柄としてだけではなく、彼の神学者としての歩みにも決定的な影響を与えることになった。[5] そしてそれは、「これ［具体的には後で扱う「懐疑者の義認」の考えがもたらした逆説的確信」なしでは、私は神学者として留まりえなかったであろう」[6] とさえ言わしめるほどなのである。そこでまず、そうした確信に至った教派的背景と思想的背景について、明らかにしておきたい。

（1）教派的背景——ルター派

まず教派的背景であるが、ティリッヒは自分の教派性について次のように述べている。「出生、教育、宗教的体験、神学的思索そのいずれにおいても、私はルター派に属している」[7]。確かにティリッヒは、一八八六年八月二〇日に、ベルリン近郊のグーベン地方の村、シュタールツェッデルのルター派の牧師館で生まれた。父ヨハネス・ティリッヒは、プロイセン国教会の聖職者であり、ティリッヒ家では最初のルター派の牧師であったが、「はっきりした意見をもった伝統的なルター派」[8]であった。そのため、幼年時代の環境はおのずから宗教的であり、またティリッヒ自身それに深くとらわれていた面がある。この時期のことについてはすでに第1章で触れたが、ここであらためて振り返っておくと、四歳のとき、父親の転勤のために移ったシェーンフリースや、十二歳から十四歳まで通ったギムナジウムのあるケーニヒスベルクで過ごした時代を振り返り、ティリッヒは次のように回顧している。「自伝的意味を持つさらに二つの点が、シェーンフリースおよびケーニヒスベルク時代との関連で言及されなければならない。まず、牧師館での幼年時代が私に強烈な影響を与えたということである。同様にルター派の小学校（Lutherische Konfessionschule）、また私の父がそこで牧師として尊敬を得ていた美しいゴシック教会もそうであった。『聖なるもの』の体験は、そのころ、私にとって失われることない所有物として、また私のすべての宗教的および神学的研究の礎石として与えられた」[9]。このような背景の中で、ティリッヒは、一九〇二年三月二三日、父親の牧会するベルリンのベトレヘム教会で父親から堅信礼を受けたのである[10]。

しかし、ティリッヒの生涯全体を振り返って見た場合、ティリッヒは必ずしもルター派に属する歩みをしたわけではない。W・パウクは、その点を具体的に次のように指摘している。「ティリッヒは叙任を受けたとき、プロイセン福音合同教会（the Evangelical Union Church of Prussia）の牧師（すなわち「ルター派の」牧師ではない）となった。そして、ドイツから合衆国に移民した後、彼の背景に従って牧師職を探したとき、彼はそれをルター派の教団からではなく、ティリッヒのドイツの母教会と親密な関係を示した教派である福音改革派教会会議（the

Evangelical-Reformed Synod）から得た。後に（一九五七年）それは会衆派キリスト教会（the Congregational Christian Churches）と合同し、ドイツの伝統とアメリカの伝統のみならずルター派の伝統とカルヴァン派の伝統が結合したキリスト合同教会（the United Church of Christ）を形成した。したがってティリッヒは、その一部の会衆はルター派の敬虔主義の形式を忠実に保持し、他方、他の会衆はニューイングランドのピューリタニズムの忠実な子孫である教会の教団において牧師職を得たのである」[11]。したがってティリッヒは、自分が関わったこのような教会の教派的背景をもっと明確に意識していたならば、必ずしも自分はルター派に属するとは明言しなかったかもしれない。

しかしまた、パウクも指摘するように、ティリッヒがこのように主張した背景には、それなりの理由もあったのである。それは、教会の具体的な教派性というもの以上に、気質的に、さらに言えば、その神学において、ティリッヒはルター派的であったのである。すなわち、一方ではカルヴァン主義に対する否定的・対峙的関係から、他方ではルター派に対するより積極的・親密的関係からである。まず前者に関して、ティリッヒは次のように語っている。「私はルター派とカルヴァン主義の境界に立ったことは決してなかったし、また今でもそうである。すなわち、ルター派の社会教説の持つ宿命的帰結を経験し、またカルヴァン主義の神の国思想が社会問題の解決のために測り難い価値を持つことを知る機会を得た今でも、そうである」[12]。ティリッヒはこう明言し、続けてその理由を次のように語っている。「［私の］実体はルター派であり、またいつまでもそうである。つまり、実存の『頽落態』についての意識、進歩の形而上学をも含めたあらゆる社会的ユートピアの拒否、生の非合理的・魔的性格についての洞察、宗教の持つ神秘的要素の重視、個人的および社会的生におけるピューリタン的律法性の拒絶などにおいてそうなのである」[13]。ティリッヒによってルター派的特色と見なされるこれらの主張は、同時にカルヴァン主義に対する批判点でもあるが、ティリッヒは何よりもこれらの特色においてルター派としての自らの立場を確認するとともに、カルヴァン主義とは明確な一線を画したのである。

さらにティリッヒには、ルター派に対するより積極的な親密な関係が見られる。それは、今の主張に部分的に重なり合い、また同時にカルヴァン主義に対する批判にもなるのであるが、それは神秘的面の強調である。すなわちティリッヒは、カルヴァン主義の持ついわゆる「エクストラ・カルヴィニスティクム（extra Calvinisticum）」（カルヴァン的「外に」）を問題にする。なぜなら、この教えによれば、「有限なものは、無限なものを捕らえることができない（finitum non capax infiniti）」からである（その結果、キリストにおいて神性と人性は「並存」することになる）。それに対し、ティリッヒは、「インフラ・ルーセラヌム（infra Lutheranum）」（ルター的「下に」）を主張する。これは、カルヴァン的「外に」とは反対に、「有限なものは無限なものを捕らえることができる」（finitum capax infiniti）（その結果、キリストにおいて神性と人性とは相互に「浸透」する）のであり、そのため「ルター派の基盤においては、あらゆる有限なものに現臨する無限なものの観照が神学的に基礎づけられ、自然神秘主義は実現しうる可能性となる」[14]。このように、ティリッヒは、有限なものと無限なものとの神秘的結びつきに、ルター主義の持つ一つの重要な面を見るのであるが、それはまたティリッヒが幼年時代に経験した無限性の神秘的体験に深く合致するものでもあった[15]。したがって、ティリッヒにとって、自分がルター派に属するという意識は、制度的教会の事柄であるよりも、もっと気質的、神学的なものであったのである。

（2）思想的背景――ケーラーとの出会い

ところで、ティリッヒはこのようなルター派的背景（その多くは後年意識的に捉え直されたものではあるが）の中で生まれ、その意味でも明確なプロテスタントの伝統の中で成長したわけであるが、以上のような教派性とともに、さらにもう一歩踏み込んで、そのプロテスタントの伝統を意識するようになったのは、先にも触れたように、信仰義認の教理との出会いにおいてであった。しかも、それは従来の「罪人の義認」としての信仰義認の意味においてだけではなく、さらにそれを知性の面においても適用した「懐疑者の義認」としての信仰義認の意味においてであった。そして、この出会いをティリッヒにもたらしたのが、マルティン・ケーラー（Martin Kähler, 1835–1912）であったのである。

ティリッヒは一九〇五年の冬学期にハレ大学での学びを始めるが、当時その神学部の長老教授であったのがケーラーである。ケーラーは一般に「調停神学者」としてしばしば否定的に評価されているが、ティリッヒはむしろその点を非常に高く評価し、また自分自身もその系列に属する者であることを明言している。この点は、今問題にしている信仰義認論とは直接の関係はないが、しかしケーラーの神学の中核をなすものが信仰義認論であるため、それを理解する上でもその基本的考えを見ておくことは意味があるであろう。

ティリッヒによれば、神学は本来的に調停的なのである。なぜかというと、神学者は彼の生きている時代に対して絶えず「所与の伝統を単に繰り返すか、伝統と近代精神を調停するかの二者択一」(16)に立たされているが、もし前者を選ぶとすれば、彼の神学者としての存在は「余計なもの」となるからである。というのも、伝統は、神学者が繰り返さなくても、「誰にでも手の届くもの」だからである。したがって、もし余計なものでない在り方を選ぼうとするならば、神学者は必然的に「調停的」にならざるをえないのである。したがってまた、ティリッヒによれば、神学は調停であり、「伝統を調停しない神学は神学ではない」のである。[17]すなわち、ティリッヒはこの積極的意味において調停神学（theology of mediation / Vermittelungstheologie）――「『調停神学』という言葉は同語反復である」[18]とも語っている――を評価し、この同じ理解から彼の弁証学的神学（apologetic theology）を展開したのである。[19]

以上の意味で、ティリッヒはケーラーを高く評価するのであるが、それはさらにケーラー神学の中核をなす信仰義認論において極まる。というのも、調停神学（ティリッヒの用語で言えば弁証学的神学）を可能にする原理とも言えるものが、ケーラーによって示された信仰義認論であるからである。すなわち、ティリッヒは、次のようにケーラーに対する思いを語っている。「私が何よりも彼の影響に負うものとして感謝することは、とりわけパウロ的・ルター的義認思想の持つすべてに冠たる性格に目を開かれたことである。この思想は、神の前でのあらゆる人間的要求、さらにまた神と人間との隠れた同一化を破砕し、しかも同時に、罪人を義と宣告するという判定の逆説において、人間の実存が罪責と絶望へと転落することを超克しうる一点を指し示す。この世に対する然りと否とが判然と示される場としてキリストの十字架を解する解釈は、私の狭義のキリスト論と教義学との内容となったのであり、また今でもそうなのである」[20]。

それでは、そのようにティリッヒの神学に受肉していったケーラーによって示された信仰義認論とはどのようなものであったのか、それを尋ねながらティリッヒがいかに深くケーラーとの出会いを経験したのかを見ていくことにしたい。しかし、ここで問題なのは、ティリッヒがケーラーの思想を直接生の形で紹介しているわけではないということである。すなわち、ティリッヒはケーラーによって触発され、信仰義認論に目を開かれたわけであるが、彼はそれをさらに自分自身の神学の血とし肉とすることにより、新たに自分自身の言葉で語り出すのである。したがって、ティリッヒの文献からは直接ケーラーの生の思想に触れることはできない。しかし、それはティリッヒを通して十分窺い知ることができるし、またわれわれにとって重要なのは、ティリッヒ自身が受け取り、そして深めたその思想である。そのため、そこに注目していきたい。

ティリッヒは、ケーラーについて、次のように語っている。「マルティン・ケーラーがわれわれのためにしたことは――今わたしは半ば歴史的に半ば自伝的に語る――二重の意義を持っている[21]」。このようにティリッヒが半ば自伝的に語るケーラーの二重の意義とは、一つは「懐疑」の問題であり、この問題に信仰義認の問題が関連しているのである。すなわち、この懐疑の問題とは、啓蒙主義以降顕在化してきた主観と客観の分離の問題であるが、ティリッヒによれば、ケーラーは、この懐疑に関して、「宗教においていかにして主観が客観に到達しうるのかという問いを理解した[22]」神学者なのである。そして、ティリッヒがケーラーに見たこの問いに対する答えとは、「両者は、われわれの有限性の限界を受け入れる仕方においてのみ一つとなる[23]」ということであった。このことは、両者の一致は絶対的な確かさにおいては到達できないということを意味しているが、しかしケーラーは、このことを信仰義認の観点から解釈したのである。すなわち、ケーラーは、この義認のメッセージを人間の道徳的行為のみならず、その知的行為にも適応したのである。その結果、「言葉の道徳的な意味において罪人である人間のみならず、疑った――罪の知的形態の――人間も神から受け入れられる」との結論に達したのである[24]。それが、以下であらためて扱う「懐疑者の義認」である。そして、この考えは、ティリッヒに個人的にも神学的にも深い救済的慰めと力を与えることになったのである。

またティリッヒが指摘するケーラーのもう一つの意義とは、それは歴史的批評に関するものである。これは、ケーラーの著名な著書『いわゆる史的イエスと歴史的＝聖書的キリスト[25]』によって示されたケーラーの立場である。

すなわち、それは、歴史的批評的研究によって探求されているいわゆる「史的イエス」ではなく、聖書の中で福音書記者たちによって証言されている、弟子たちによって出会われ、告白された、その意味での歴史的キリストこそが、信仰を形成するという考えである。ティリッヒの言葉で言えば、「ケーラーにとって、歴史のイエスは同時に信仰のキリストであり、また信仰のキリストの確かさは、新約聖書の批評的研究の歴史的成果から独立している。信仰は歴史研究が決して到達できないものを保証する(26)」のである。

ティリッヒは、以上の二つの点で、ケーラーから重要な影響を受けるが、この二つの点は、決して別々のものではなく、それらは「二重の」(twofold) ものであり、相互に関連しているのである。そしてまた、それは、以下で検討されるように、ティリッヒにおいてさらに深められ、徹底化されていくが、そのことは、ティリッヒがケーラーの主張の中に時代に妥当する普遍性を深く読み取ったからにほかならない。それは、次のティリッヒの言葉にもよく示されている。すなわち、「彼［ケーラー］はこの思想［信仰義認］と彼自身の古典的教養とを結びつけることができたのみならず、ヒューマニスティックな教育を受けた学生たちの世代のために、それを偉大な宗教的力をもって解釈することもできたのであった(27)」。しかしまた、それは新しい時代、すなわち二十世紀において、もっと徹底化されなければならなかった。その意味では、ケーラーは、「二十世紀においてのみさらに十分な発展を見たものの預言者的先駆者」でもあったのである(28)。

第2節　信仰義認論の新たな展開

(1) 懐疑者の義認

(a)「史的イエス」に対する批判と懐疑

ティリッヒは、一九〇五年の冬学期にハレ大学に移り、そこで上述のようなケーラーの思想との出会いを経験したわけであるが、それはさらに彼の思想の血となり肉となっていく。そこで、あらためてその点を検討しなければならないが、まず注目したいことは、史的イエスに関わる問題である。すでに見たように、ティリッヒは、この点においてケーラーと同じ立場に立つ。しかし、この問題の受け止め方は、歴史的批評的研究の結果を越えて、徹底化されていった。すなわち、ティリッヒは、次のように証言している。「私の思想的発展にとっての決定的な証書は、一九一一年のペンテコステに、当時親しかった神学者たちの集まりで私が提起した諸命題である。この中で私は、仮に史的イエスが存在しなかったということが史学的に確実だということになった場合、キリスト教の教説はどのように理解されるべきかという問いを立て、またこれに答えようと試みた」[29]。この自ら立てた非常にラディカルな問いに対して、ティリッヒは次のように答えている。「史的イエスではなく、聖書のキリスト像が、キリスト教信仰の基礎である。つまり、史学的技術によって日々変化する技巧的産物ではなく、現実の人間の経験に基づく教会的信仰の実像が、人間的思惟と行動との規準なのである」[30]。ティリッヒは、「自由主義神学者たちが成し遂げた有能な歴史的業績」を頭ごなしに否定することはしない。しかし、信仰の依って立つところの議論に関しては、徹底的に史的イエスを退けるのである。それは、「信仰者であれ教会であれ、誰も真理を自分のものとして誇りえない」からである。(31) したがって、そこには何よりも、永遠の真理を人間の手中に収めようとする試みに対するプロテスタント的抵抗があると言える。この点については、次章であらためて扱うことになるであろう。

ところで、このラディカルな問いに対するティリッヒの結論は、基本的にはケーラーの結論と同じであるが、しかしその問いの立て方においてケーラーの考えを一層徹底化させていると言える。そして、そのより徹底化させていった背景には、今見たプロテスタント原理に根ざす批判があり、また以下で見る理性の有限性から生じる懐疑、すなわち信仰に本質的に伴う懐疑が認められるが、そこには、より具体的には、史的イエスに対する批判とそれに伴う懐疑があったと言える。(32) そして、そうした懐疑が、ティリッヒをしてラディカルな問いへと向かわせた一因であったのである。その限りでは、懐疑者の義認と史的イエスに対する批判は深く連動していると言える。

（b）懐疑者の義認

以上の点について、ティリッヒ自身、ラディカルな視点から捉えられた史的イエスに対する批判を信仰義認論と結びつけ、以下のように語っている。すなわち、「義認論とラディカルな歴史的批判とを統合する可能性は、私個人にとってもまた事柄自体にとっても最大の意義を持つ義認思想の解釈によって媒介されている。すなわちそれは、まさしく義認論の思惟への適応である！」(33)。すなわち、ティリッヒによれば、その徹底した批判の背後にある懐疑は、義認論の思惟への適応において救い出されていくのである。すなわち、「懐疑者の義認は、罪人の義認に対応する」（Die Rechtfertigung des Zweiflers entspricht der Rechtfertigung des Sünders.）(34) のである。したがって、この主張も、基本的にはケーラーの理解と同じであるが、しかしティリッヒにおいては、この考えがさらに思想として深められ、徹底化され、その体系的神学の中核へと原理的に高められることにおいて、ケーラーを超えていく。しかも、その萌芽は、ティリッヒの証言をそのまま受け取るならば、かなり早い時期から見られるのである。上述のラディカルな問いとは時期を前後するが、ハレ大学時代を振り返った次の証言は、そのことを示しているのみならず、その理解においてもすでに明確な基本線が抱かれていたことを示している。すなわち、「そのころ私自身がとった歩みは、信仰による義認の原理は、宗教的・道徳的生活だけではなく宗教的・知的生活にも関わるという洞察であった。罪の中にいる者だけではなく疑いの中にいる者も、信仰によって義とされる。懐疑の状況、神に対する懐疑のそれでさえも、われわれを神から離す必要はない。すべての深い懐疑の中には信仰がある。すなわち真理そのものへの信仰がある。われわれが表現できる唯一の真理が、われわれが真理を欠いているということであっても、まさにそうなのである。しかし、このことがその深みにおいて、そしてわれわれに無制約的に関わってくるものとして経験されるとき、神的なものは現存しているのである。そしてそのような態度で疑っている者は、その思惟において『義とされて』いるのである。そこで、神を真剣に否定する者は神を肯定している（der, der Gott ernstlich leugnet, ihn bejaht.）、という逆説が私を捕らえるのである。これなしでは、私は神学者として留まりえなかったであろう」[35]。ティリッヒは、ケーラーの懐疑者の義認の教えに触発される中で、さらに「神を真剣に否定する者は神を肯定している」との逆説的確信にまで深められるのである。そして、その確信なくしては神学者に留まることはできなかったほどに、それはティリッヒにとって、決定的な意味を持つ確信となったのである。

したがって、そこには、懐疑に対する消極的な意味での「にもかかわらず」という逆説だけではなく、より積極的な意味での逆説も認められると言えよう。それは、そもそも懐疑のない神学者は神学者ではないという理解である。ティリッヒは、「神学者」と題する説教において、神学者とは誰かと問う中で、こう語っている。「もし誰かが来て、自分は確かに教会に属する、もはやイエスのキリストたることを疑わない、自分は神の御霊の支配と霊的知識の賜物を絶えず経験している、と言うならば、彼に対する私たちの答えはどのようなものであろうか。……私たちは彼を神学者として受け容れないであろう。これに反し、もし誰かが来て、自分はキリストの教会とその基から疎外され、御霊の力の臨在を感ぜず、霊的知識は空白であるが、しかし次から次へと神学的問題、すなわち究極的関心に対する問いと、キリストとしてのイエスにおけるその顕示を尋ねると言うならば、私たちは彼を神学者として受け容れるであろう。……もし彼の真剣さを確信するならば、私たちは彼を神学者と見なすであろう」(36)。ティリッヒがこう説教するのは、後であらためて検討するように、「懐疑」は信仰の本質であり、また疑いの持つ究極的な「真剣さ」は「神的なるものの現在」の表現と考えられるからなのである。そのため、そもそも懐疑のない神学者は神学者ですらないのである。この点において、ティリッヒの解釈は、最初に触れたように、「ラディカルかつ普遍的」になるのであり、またそのことがティリッヒに意識的にプロテスタントの立場を取らせることになったのである。

(c) 聖と俗の解消

さらにティリッヒは、以上の確信から、次のような存在全体に対する見解を展開している。すなわち、「神的なものと並んだ——私はそのことをただちに理解したのであるが——いかなる空間も存在しないのである。いかなる可能な無神論もないのであり、宗教的なものと非宗教的なものとの間にはいかなる壁もないのである。……宗教的であるとは無制約的に捕らえられていることを意味し、今やこの捕らえられているということは、世俗的な形体の中においても、あるいは狭い意味での宗教的な形体の中においても、表現されるのである」[37]。すなわち、この理解は、ティリッヒに、いわゆる聖と俗という領域（あるいは図式）を越えて、しかもあらゆる領域に宗教的次元を見ることを可能にしたのである。そして、この理解は、後に展開されることになる「文化の神学」等においてさらに豊かに体系的に開花していったのである。したがって、ティリッヒが次のように告白していることは、十分に頷けることである。「この思想の個人的そして神学的結果は、私にとって途方もなく大きかった。その発見のとき、そしてそれ以後もずっと、それは個人的に私に強い解放の感情をもたらしてくれた」[38]。この点については、あらためて、次章において、ティリッヒ神学の持つ構造という視点から論じたいと思う。

（2）犯過者の義認

ところで、ティリッヒは、前節で見たように、知性に関して懐疑者の義認ということを語り、それこそが自分が神学者となりえた信仰的・思想的根拠であったと語っているが、ティリッヒはまた、人間の行為に関しても、同様の発言をしている。これは、ティリッヒの義認論が広く人間の行為にまで及んでいることを意味するもので、その点を理解することは重要であろう。そこで、その点を簡単に確認しておきたい。

ティリッヒは、説教集『永遠の今』に収められている説教「妥協してはならない」の中で、非妥協的な生き方の意義とその困難さについて語っている。この説教は、ローマ人への手紙一二章二節aの言葉、「あなたがたは、この世と妥協してはならない。むしろ、心を新たにすることによって、造りかえられるように」に基づいてなされたものであるが、この中でティリッヒは、キリストによって新しくされた者は、この世と妥協してはならないが、妥協しないということは、過ちを犯す危険を身に負うことでもあると語る。なぜなら、「この世においては、滅びざるものが滅びと混合し、受容しうるものが受容しえぬものと、善が悪とまじり合ってしまっている[39]」からなのである。そのため、この世と妥協しない人は、「過ちを犯す危険を承知で行動するよりほかはありません」。「しかも、行動しないわけにはいかないのです[40]」と語るのである。すなわち、非妥協的な生き方をする者には、常に失敗の危険（過ちを犯す危険）が伴うのであり、それはまた非妥協者が常に負わなければならない重荷なのである。したがってまた、妥協しないということは絶えず冒険であり、勇気の事柄ともなる。それゆえにティリッヒは、「冒険をして、過ちを犯す者は、赦されうる」（He who risks and fails can be forgiven.）と語るのである。なぜなら、「冒険を決して行わず、過ちを決して犯さない者は、その全存在において過ちを犯している」からなのである[41]。すなわち、妥協しないことによって過ちを犯すとしても、それは妥協することによって犯す過ちよりは小さいのである。そして、それ以上に、その冒険的な勇気ある行為自体が正しい行いであるために、たとえそこで不可避的な過ちが犯されるとしても、その行為は赦されうる、すなわち義とされうると言うのである。そのことを、ここでは「犯過者《はんかしゃ》の義認」と呼んでおこう。それは知性の視点から捉えられた「懐疑者の義認」に対し、行為の視点から捉えられたもう一つの義認であるとも言えよう。ティリッヒは人間の知性（理性）と行為（存在）の両方において、信仰義認の理解を深め、また拡大しているのである[42]。

第3節　信仰義認論の原理と特質

（1）義認と懐疑――〈突破〉の原理

ところで、前節の論述の多くはティリッヒの回顧的文章に基づくものである。それは、主に一九四八年の『プロテスタントの時代』の「序文」、一九五二年の「自伝的考察」、さらに一九六二年の『境界に立って』に拠っている。したがって、これらに基づいて論じられた上述の内容は、それらが実際に論じられた時期から見ると、時間的にかなりの隔たりがある。そのため、この初期のティリッヒの信仰義認についての考えをより明確にするために、その時期に近い文献からの証言を必要とするが、幸い一九二四年の論文「義認と懐疑」[43]がある。しかも、これはティリッヒ自身が、「この思想（信仰による義認の教理）の厳密に神学的な議論」[44]と見なしているもので、その意味でも非常に重要な文献である。そこで、以下においてこの論文を検討することにより、ティリッヒの信仰義認論の理解を深めることにしたい。

この論文でまず注目すべきことは、ティリッヒが明確な時代的意識を持って信仰義認論を捉え直そうとしていることである。すなわち、ティリッヒによれば、プロテスタンティズムは「突破原理」（Durchbruchsprinzip）である「義認」（Rechtfertigung）によって始まったにもかかわらず、次第に「形式原理」（Formalprinzip）である「聖書」が重んじられるようになり、突破原理は「実質原理」（Materialprinzip）という尊称とともに脇に退けられてしまった[45]。そのため、現代人は、宗教改革者の理解した義認に対して非常に無理解になっている。ただし、ティリッヒッヒによれば、このような状態は一時、神学的にはルター・ルネサンスによって破られたのではあるが、しかしそれはあくまでも学問的範囲内でのことで、宗教的には依然として現代人のものにはなっていないのである。そしてティリッヒは、その根本原因を、この〈突破〉が前提とした「神の確かさおよび真理と意味の確かさという中世と宗教改革が共通に持っていた前提[46]」の喪失に見ている。すなわち、「確かさ」ではなく「懐疑」が、突破原理〈実質原理〉である義認の、いわば前提となってしまったのである。より正確に言えば、以下で見るように、義認から懐疑が発生したのである。ティリッヒの言葉で言えば、「宗教的なルター・ルネサンスが起こりえなかったのは、義認からその前提に対する懐疑に至る道が必然的な道であったことに根ざしている[47]」。したがって、義認は本質的に懐疑を含むことになり、それが現代のわれわれを規定しているのである。

しかし、ティリッヒは、このことをプロテスタンティズムの堕落とは考えない。むしろ、その背後に、宗教が本来的に持つ「内的緊張」（innere Spannung）を見ている。すなわち、それはすでに見たような、義認の持つ「にもかかわらず」という逆説的性格である。ティリッヒの言葉で言えば、それは「突破されたものが同時に前提とされているような概念[48]」である。具体的に言えば、義認は律法を前提としている。そして、律法の原因である恩寵が現実化されるとき、律法は〈突破〉され義認が起こるのである。しかし、この現実化が罪に陥ると、律法は律法のまま留まり、そこには律法と恩寵との混同が生じ、時には律法に対する恩寵の従属が起こる。そこでまた、新たな〈突破〉が必要とされるのである。すなわち、この「突破と現実化」に宗教自体の持つ内的緊張があるのであるが、しかしそれが失われ、宗教の直接性が破れると、自律的意識に懐疑が生じるのである。ティリッヒは、その経過を以下のような三段階において見ている。すなわち、第一段階では、宗教的直接性の遺産がなお働いているが、第二段階では、「形式的自律」が真理であることを証明しようとし、第三段階では、その不可能性が認識され、神に対する懐疑が真理そのものに対する懐疑となり、最終的には「生の意味一般に対する懐疑」となる[49]。したがって、義認そのものから懐疑が生じるのであり、それは義認に本質的に根ざしたものなのである。

すなわち、ティリッヒが問題とする懐疑は、このように義認に本質的に根ざしているものであり、したがってまた、それは「絶対的な生の意味、絶対的な真理を得ようとする戦い[50]」にもなるのである。ティリッヒは、この観点から、懐疑者について次のように語っている。「宗教的に重大な意味を持った懐疑者とは、宗教的な直接性を喪失することによって神と真理と生の意味を失ってしまったか、ある程度それを喪失しつつある人であって、しかもこの喪失に安んじることができないで、意味と真理と神を見出したいという要求に捕らえられている人のことである[51]」。したがって、ここで言われている懐疑とは、非常に宗教的な意味となっている。それは、ティリッヒの別の言葉で言えば、「究極的関心」としての信仰の破れである。そのため、この懐疑は、罪の問題とも直結してくるのである。その点について、ティリッヒは、「不信仰」（Unglaube）という観点から次のように述べている。「ルターにとって、不信仰は本来的な罪である。また不信仰は本来的に真理と生の意味からの分離である。このような不信仰は、無制約的な真理を追求し、神を案出し、実験し、経験しようとする意志である。……懐疑者の罪もまた不信仰である。すなわち、自分自身の懐疑は疑わず、この根本的に無神的な立場から神を追求しようとする試みである[52]」。すなわち、不信仰とは「神からの分離」であり、それはもろもろの罪の中の一つというのではなく、まさに「罪」（Sünde）そのものなのである。そしてティリッヒは、この罪そのものである不信仰という点において、懐疑者もまた罪人であると見なすのである。

それでは、この懐疑者の義認はどのようにして達成されるのか。その答えは、ただ一つ、神によって引き起こされる〈突破〉の原理においてである。すなわち、それは「不確かさと誤謬の領域を貫く無制約的な確かさの突破[53]」

を通してである。それは、真理そのものである神によってのみ引き起こされる。そしてその時、神への懐疑は突破され、同時に一切の懐疑が突破されるのである。ティリッヒの言葉で言えば、「神を失った者の神、真理を失った者の真理、意味を失った者の意味」がそこにおいて啓示され、「充実と意味の突破」が起こるのである。なぜなら、それは「神認識の前にある神の現実存在と、意味認識の前にある意味の現実存在」の啓示だからである。(54) そしてまた、ティリッヒによれば、この〈突破〉はもう一つの新しい現実を創造する。それは、「個人そのものの止揚」である。なぜなら、この啓示の突破によって、諸個人が持っている他から分離する諸形式や諸確信が突破されるからである。そして、その啓示を聞くことにおいて新しい実質的な〈一致〉が創造されるのである。(55) したがって、われわれはここに、懐疑という不信仰にもかかわらず、それが突破され、新しい一致（信仰）が実現するという〈逆説的合一〉の出来事を見ることができるであろう。

（2） 義認と逆説的合一――〈参与〉の原理

以上、初期ティリッヒの信仰義認論を検討したが、それは序論の研究史においてウーヴァ・シャルフの見解としてすでに紹介したように、何よりも〈突破〉の原理を中心とする逆説的一致（合一）を語るものである。しかし、この〈突破〉の原理は、これもまたそこですでに見たように、次第に影をひそめていく。それは、それと密接な関係で論じられたカイロスが、ティリッヒにとって次第に非現実的なものと感じられる中で、後退していったからである。確かに、その概念の使用はなくならず、それは後期の『組織神学』の中にも若干見られるが、その重要性は後退している。そして、それに代わって用いられるようになったのが、〈参与〉の概念である。特に、『組織神学』

においては、〈参与〉の概念が前面的に出てきており、信仰義認の形成において重要な位置を占めている。そこで、あらためて、『組織神学』を中心に、ティリッヒの論じる信仰義認論を検討しなければならない。それは、より具体的には、『組織神学』第二巻で展開されているキリスト論における救済論と、同第三巻の聖霊論および神の国論において展開されている救済論に注目することになるであろう。

(a)「新しい存在」としてのキリスト——神人の一致

すでに第3章で概観したように、ティリッヒの神学は「新しい存在」としてのキリストをその中心としている。そして、信仰義認論も、この新しい存在としてのキリストによって実現される神の恩寵である。そこで、あらためて、キリスト論において展開されているティリッヒの信仰義認論に目を向けなければならないが、それはもう少し広い概念で言えば救済論に属する。そこで、そこに注目することになるであろう。

ところで、ティリッヒのキリスト論は、基本的には伝統的なキリスト論を踏まえての議論になっているが、そこにはティリッヒの独自の解釈が加えられている。特に注目すべき点は、伝統的に語られてきたキリストの神性(divine nature)と人性(human nature)の両性についての議論である。ティリッヒは、伝統的に語られてきたキリストにおける神人両性の教理は正しい問題を提出したが、誤った概念的手段を用いたために、曖昧さと誤解をもたらしたと批判する。そして、その誤った概念というのが「性」(nature)という概念なのである。というのも、ティリッヒによれば、「それが人間に適用されると曖昧であり、神に適用されると誤りである」[56]からなのである。そこでティリッヒは、「キリストとしてのイエスが神性と人性の人格的一致であるとの主張は、キリストとしてのイエスにおいて神と人間の永遠的一致が歴史的実在となった(in Jesus as the Christ the eternal unity of God and man has become historical reality）との主張に代えられなければならない」と主張する。しかも、その「新しい存在」（New Being）は「神と人間との間の回復された一致」（the re-established unity between God and man）であり、それがキリストとしてのイエスにおいて「実在的」となったと言うのである。(57) 加えてティリッヒは、不適切な「神性」という概念に代えて、「永遠なる神人一致」（eternal God-man unity）あるいは「永遠の神人性」（eternal God-Manhood）」という表現を用いるべきであるとも語る。(58) そのようにティリッヒは、伝統的な神人両性論を、性（性質）という議論においてではなく、より動的な関係として論じるのである。(59)

ところで、ここで特に注目すべきことは、ティリッヒが神と人間との関係を本来は「一致」（unity）しているものと見なしている点である。それは、上記の「神性」概念に代わる「永遠なる神人一致」、「永遠なる神人性」という用語にも現れているが、この点について、ティリッヒはあらためてこう語っている。「これら両方の用語において、『永遠なる』という語が付加されている。『永遠なる』という語は、キリストとしてのイエスの唯一無比の出来事の一般的前提を示す。［すなわち］この出来事は、もし神的生の内部に神と人間との永遠の一致（an eternal unity of God and man within the divine life）がなかったならば、起こらなかったであろう。純粋な本質性（essentiality）あるいは潜在性（potentiality）の状態におけるこの一致は、有限な自由を通して実現されうるのであり、またキリストとしてのイエスの唯一無比の出来事において、実存的分裂に抗して実現したのである」。(60) すなわち、ティリッヒによれば、神と人間とは本質においては一致しているのであるが、罪の実存的状況の中で対立へと陥り、それゆえ人間は救済を必要とする存在となったのである。しかし、その一致が、キリストとしてのイエスにおいて新しい存在として実現したのであり、したがって人間は、この新しい存在によって、再び神との一致へと至る救いを得たのである。この出来事についてティリッヒは、実存化と本質化という概念で論じているが、その点については後であらためて扱うこととして、ここでは、それではキリストにおいて実現した新しい存在によって、どのような仕方で神と人間との一致（救い）が実現するのかという点に注目したいと思う。

（b）「参与の原理」に基づく救済

ティリッヒは、この救済についても、伝統的概念に従って論じている。しかし、ここでも、その概念に新しい解釈を加えることによって、より独自の理解を提示している。まず、概念であるが、キリストによる救済は、伝統的には「贖罪論」（doctrine of atonement）と呼ばれてきた。ティリッヒは、この贖罪論に触れ、その原理を六項目に分けて論じている。それによると、第一の原理は「贖罪の過程は神によって、すなわち神のみによって創造される」ということ、第二の原理は「神においては、和解的愛と報復的正義との間には、いかなる対立もない」ということ、第三の原理は「神による罪過と刑罰の撤廃は、実存的疎外の実在と深淵を看過する行為ではない」ということ、第四の原理は「神の贖罪活動は、実存的疎外とその自己破壊的諸結果への神の参与と解されなければならない」ということ、第五の原理は「キリストの十字架において、神の実存的疎外への参与が顕現する」ということ、そして最後の第六の原理は「キリストとしてのイエスの存在である新しい存在への参与を通して、人間もまた神の贖罪行為の顕現に参与する」ということである(61)。すなわち、贖罪とは、何よりも神の人間実存への参与に基づく神の創造的出来事であり、それはまた同時に、キリストとしてのイエスにおいて神によって実現された新しい存在への〈参与〉に基づく人間の出来事でもあるのである。したがって、そこで重要なのは、〈参与〉（participation）、あるいは〈参与する〉（participate）ということになる。すなわち、贖罪とは、ティリッヒにおいては、この〈参与の原理〉（principle of participation）に基づいて実現する救済の出来事なのである。そして、この〈参与〉というのは、第3章の存在の存在論的構造のところですでに見たように、その構造をなす三対の存在論的諸要素の一つ、「個別化と参与」の原理に基づいているのである。

それでは、それはどのように実現するのか、その点があらためて尋ねられなければならないが、ティリッヒよれば、それは三重の仕方で起こる。すなわち、「神の参与に参与すること、それを受容すること、そしてそれによって改変されること」[62]である。そして、この〈参与〉、〈受容〉（acceptance）、〈改変〉（transformation）という「救済の状態の三重の性格」（threefold character of the state of salvation）は、伝統的用語では〈再生〉（Regeneration）、〈義認〉（Justification）、〈聖化〉（Sanctification）と呼ばれてきたものなのである。したがってティリッヒは、ここでも伝統的概念に沿いつつ、それを新たに解釈し直している。そこで次に、ティリッヒが理解するこの三つの性格について、それぞれ個別に検討されなければならない。

1　新しい存在への〈参与〉としての救済（再生）

まず伝統的用語で言えば「再生」であるが、ティリッヒによれば、これは「キリストとしてのイエスに顕現した新しい現実の中に引き入れられた状態」である。もう少し敷衍して言えば、それは「キリストがもたらした新しい状態、新しい世（アイオーン）（eon）であり、個人は『それに入る』のであり、入ることによってそれに参与し、参与することによって生まれ変わる（reborn）」ことなのである[63]。したがってそれは、救済の「客観的側面」の一つを語るものとなる（その主観的側面は、以下で見る聖霊論において語られる）。これは、伝統的には、「新生」（New Birth）とも「新しく造られること」（being a new creature）とも呼ばれてきたが、それは具体的には疎外の状況を克服する状態を生み出すのである。すなわち、ティリッヒの言葉によれば、「不信仰ではなく信仰、ヒュブリスではなく献身、強欲ではなく愛[64]」を生み出すのである。ただし、誤解を招かないよう付言するならば、この参与というのは、人間の側からの意志的・主体的な働きといったものではなく、それは神によって引き起こされた状態なのである。すなわち、それは、それに先立つ神の「参与」があり、それによって「引き入れられた状態」、ティリッヒの別の用語で言えば、「究極的なものによって捕らえられた状態」（＝信仰）なのである。すなわち、その信仰において人間の参与が実現しているのであって、それは上述の第一の原理にも言われているように、何よりも神の創造の働きなのである。

2　新しい存在の〈受容〉としての救済（義認）――〈逆説的合一〉

救済の次の状態は伝統的用語では「義認」であるが、ティリッヒは、義認を論じるに先立ち、再生と義認はどちらが先かという、しばしば議論されてきた問題に目を向けている。そして、すでに見たように、再生を「新しい存在への参与、すなわちその客観的力への参与」と定義できるならば、「再生は義認に先行する」と断言する。というのも、「義認は、信仰すなわち神の現臨によって捕らえられている状態を前提とする」からである[65]。ティリッヒは、この点を確認してから、あらためて「義認」について論じているが、それは何よりも、「神が罪過によって実際神から疎外されている人たちを疎外されていない者として受容する永遠の行為であり、また神が、キリストにおける新しい存在に顕現した神との一致の中に彼らを取り入れる行為（the eternal act of God by which he accepts as not estranged those who are indeed estranged from him by guilt and the act by which he takes them into the unity with him which is manifest in the New Being in Christ[66]）」であると理解されている。すなわち、義認とは、神が疎外（罪）の状態の中にいる人間を受容し、キリストにおいて実現している神との一致に取り入れることなのである。

したがって、この義認も再生と同様、救済の客観的側面を語るものであるが、その特質は、上記の引用文にも示されているように、何よりも救済過程における「にもかかわらず」（'in spite of'）の要素にある。というのも、それは、人間には自己を救済する力が全くないにもかかわらず、神によって一方的に実現される出来事であるからである。すなわち、神が、実際は疎外（罪）の中にいる人間を、それにもかかわらず、そうでない者として受け入れ、キリストに顕現した神との一致の中に取り入れるということは、まさに「にもかかわらず」の出来事なのである。ティリッヒによれば、これは、伝統的には、メランヒトンによって客観的に定式化された「法廷的」義認論に相当するが、ティリッヒは、この点を主観的側面から、以下のようにも語る。「実際、人間には神をして彼を受容させうるものは何もない。しかし、まさにそのことを彼は受容しなければならない。彼は、彼が受容されていることを受容しなければならない。彼は受容を受容しなければならない（Indeed, there is nothing in man which enables God to accept him. But man must accept just this. He must accept that he is accepted; he must accept acceptance）」[67]。この主張は、以下の聖霊論のところでも再度語られるが、いずれにしても、義認の出来事は、主観的には〈受容の受容〉と語られる、無力な人間に対する神の一方的な救済の出来事（恩寵）なのである。そのため、これは、「絶望からの救済としてのキリスト教使信全体にとって決定的」であり、したがってまた「救済の心臓部・中心（heart and center）」なのである[68]。そこでティリッヒは、以上の点を総括して、以下のように語る。「それが意味していることは、人間はキリストにおける新しい存在の力の中に引き入れられ、その力が信仰を可能ならしめるということ、すなわちそれは、たとえ如何に断片的であるとしても、神と人間との一致の状態であるということである。自己が受容されていることを受容することが救済の逆説であり、これなくしては如何なる救済もなく、ただ絶望だけがあるであろう（It means that one is drawn into the power of the New Being in Christ, which makes faith possible; that it is the state of unity between God and man, no matter how fragmentarily realized. Accepting that one is accepted is the paradox of salvation without which there would be no salvation but only despair[69]」。われわれはここに、恩寵としての信仰を通した神と人間との〈逆説的一致〉（paradoxical unity）、あるいは〈unio mystica〉をその本質とする神秘主義の伝統的用語を用いれば〈逆説的合一〉（paradoxical union）を見ることができるであろう。それは、ティリッヒにおいては、神と人間との本質的関係である〈一致〉が、たとえ断片的であっても、逆説的仕方で回復されていることを語るものであり、まさにそのところにこそ救済の中心があるのである。そのためティリッヒは、伝統的には〈信仰義認〉（Justification by faith）と語られてきた以上の点を、〈信仰を通しての恩寵による義認〉（Justification by grace through faith）と語り直す[70]。そして、それを、「原因はただ神のみ（恩寵によって）であるが、しかし自己が受容されるとの信仰は、恩寵が人間に媒介される通路（信仰を通して）である（The cause is God alone (by grace), but the faith that one is accepted is the channel through which grace is mediated to man (through faith)）[71]」と語るのである。したがって、神と人間との一致をもたらすこの信仰義認こそ救済の中心であり、またそれゆえに、それはティリッヒ神学のまさに心臓部をなすものなのである。

3　新しい存在による〈改変〉としての救済（聖化）

ティリッヒによれば、伝統的用語では「聖化」と呼ばれる改変の出来事が、新しい存在への参与による救済の第三の、そして最後の段階として生じる。しかし、それは、再生と義認が、言ってみれば集中的出来事として生じるのに対し、聖化は「新しい存在の力が教会の内外の個人・団体を改変する過程[72]」であるため、それはむしろ聖霊論で扱われるほうがふさわしいと言える。そこで『組織神学』第三巻の聖霊論に目を転じることとするが、聖霊論とは、すでに触れられたように、救済の主観的側面を語るものである。そのため、聖霊論においても、キリスト論で展開されている救済の三つの客観的性格に対応する三つの主観的性格が論じられることになる。ちなみに、その三つの性格とは、（a′）創造としての新しい存在の経験（再生）、（b′）逆説としての新しい存在の経験（義認）、（c′）過程としての新しい存在の経験（聖化）の三つである。そして、ここでは、第三の『過程』としての新しい存在の経験が「〈改変〉としての救済」に対応するため、それが問題となるが、それは以下の四つの原理において捉えられている。すなわち、①漸増する認識（increasing awareness）、②漸増する自由（increasing freedom）、③漸増する関係性（increasing relatedness）、④漸増する超越性（increasing transcendence）、の四つである。「漸増する」という言葉にも示されているように、これは「成長」を意味している。すなわち、「霊的力の衝迫の下での成長（growth under the impact of the Spiritual power）」を語るものなのである。[73]そこで個別的に見てみると、ティリッヒによれば、第一の漸増する認識とは、「自分自身における曖昧性の認識と、その曖昧性にもかかわらず、生を肯定し、生の活力に満ちたダイナミックスを肯定する力」[74]に与ることであり、また第二の漸増する自由とは、何よりも「律法からの自由」を意味する。なぜなら、「律法は人間の本質的存在であって、疎外の状態における人間に対立するものである」が、「人が霊の衝迫の下で、自己の真の存在と再結合していればいるほど、それだけ彼は律法の戒律から自由である」からなのである。[75]また第三の漸増する関係性であるが、これは第二の漸増する自由と均衡するもので、それは、何よりも「自分自身の中における自己閉鎖性と、他者の中における自己閉鎖性とを克服する」ことによって、一方では「他者との成熟した関係性」に至り、他方では「成熟した自己関係性」に至ることである。[76]そして、最後の漸増する超越性であるが、これは「究極的なものに向かっての絶えざる自己超越」、すなわち「聖なるものへの参与」であり、またそれゆえにこの超越性が前述の三つの過程を可能ともしているのである。[77]このようにティリッヒは、四つの原理において、過程としての新しい存在の改変を語るのであるが、しかし、それは漸増する過程であり、完成を目指す途上にあるものでもある。したがってティリッヒは、この議論の最後において、以下のように付言している。「キリスト教的生活は、決して完全の状態には到達しない。――それは常に上下道に留まる。――しかし、その変化性にもかかわらず、それは成熟への運動を含んでいる。その成熟の状態が如何に断片的であるとしても[78]」。そこでわれわれは、最後に、この終末を目指す運動について見る必要がある。しかし、それは主として神の国論に属するテーマでもあるため、節を改めて、以下の第5節で扱いたいと思う[79]。

(3) 信仰と勇気

ところで、「にもかかわらず」の性質を持ち、それゆえに逆説的特質を持つ信仰は、また勇気の事柄でもある。そして、この勇気の観点から信仰を捉えているところに、ティリッヒの信仰論の大きな特色がある。ティリッヒは、この勇気について、特にその晩年に近い時期に繰り返し語ったが、それは意識して現代人に向けて語られたティリッヒからのメッセージでもあった。そして、事実、多くの人たちがそれによって文字通り勇気づけられたのである。その点については、終論のところであらためて触れたいと思うが、ここでは、ティリッヒが語ったその勇気について、その基本的なところを確認しておきたいと思う。

(a) 『信仰のダイナミックス』(一九五七年) から

まず、ティリッヒは、『組織神学』第二巻を出版した同じ年(一九五七年)に『信仰のダイナミックス[80]』という小著を出しているが、この中で信仰を次のように論じている。「信仰の行為は、無限なものによって捕らえられ、それへと向けられているところの、有限なものの行為である。それは、有限なものにまつわるあらゆる制約を伴った有限な行為であり、それはまた無限なものが有限な制約を超越して参与するところの行為である。信仰はそれが聖なるものの経験である限り、確かである。しかし、信仰は、それが関わっている無限なものが有限な存在によって受け取られる限り、不確かである。信仰におけるこの不確かさの要素は、取り除かれることはできず、それは受け容れられなければならない。そしてこれを受け容れる信仰における要素は、勇気である。信仰は、確かさを与える直接的な意識の要素と不確かさの要素を含んでいる。このことを受け容れることが勇気である。不確かさを勇気をもって忍ぶとき、信仰はそのダイナミックな性格を最もはっきりと示すのである[81]」。すなわち、ティリッヒにとって、信仰とは無限なものと有限なものとを結ぶ行為であり、したがって確かさと不確かさの二つの相対立する要素を内に含む行為なのである。そのため、それはまた、その二つの要素を承認する勇気の行為でもある。ティリッヒは、この勇気を「大胆な自己肯定」とも呼び、「信仰の要素としての勇気は、すべての有限なものの遺産である『非存在』（『無』）（nonbeing）の諸力にもかかわらず、自己自身の存在を大胆に自己肯定することである[82]」とも語る。またティリッヒは、この大胆な自己肯定に含まれる「懐疑」を、「実存的懐疑」（existential doubt）とも呼ぶ。なぜなら、それは「方法論的な懐疑とも、また懐疑主義者の懐疑とも異なる。それは、特別の提案が真か偽かとの問いでもない。それは一切の具体的真理を拒否するが、あらゆる実存的真理の中にある不確実さの要素に気づくのである[83]」。しかし、この不確実さに気づく懐疑は、すでに論じられてきたように、「にもかかわらず」のその真剣さに示されている、究極的なものによって捕らえられていることを受け容れる勇気によって、すでに信仰の事柄なのである。このように、ティリッヒにおいては、信仰には懐疑が伴うのであり、またそれゆえにそれは勇気の事柄でもあるのである。そして、その限り、勇気は信仰の重要な要素なのである。

(b)『存在への勇気』(一九五二年)から

この勇気について、総合的に、また力強く語ったのが、言うまでもなく一九五二年に出版された名著『存在への勇気』[84]である。ティリッヒは、本書において、まず「勇気」の理解について歴史的に概観した後、「不安」について分析し、それを踏まえて三つの視点から「勇気」について語っているが、その三つの勇気とは「全体の部分として生きる勇気」、「個人として生きる勇気」、「肯定されている自己を肯定する勇気」である。そして、この最後に語られている勇気こそ人間の存在に最も深く関わる勇気なのである。ところで、ティリッヒによれば、そもそも勇気とは、何よりも「『にもかかわらず』(in-spite-of)、すなわち自己を肯定することを妨げるものにもかかわらず、自己を肯定すること」[85]である。したがって、その妨げるものとは、すでに論じられてきたように、人間の存在を脅かす〈非存在〉(無)なのである。そして、「存在が非存在(無)にもかかわらず自己を肯定すること」[86]が勇気なのである。そして、その〈非存在〉(無)とは、より具体的に言えば、不安である。そして、その不安とは、ティリッヒにおいては、「運命と死の不安」、「空虚と無意味性の不安」、「罪責と断罪の不安」の三つの類型として捉えられている。したがって、勇気とは、この三つの不安を自己自身の中に引き受けることでもある。そして、そのことが可能なのは、神を「存在それ自体」と解するティリッヒの神論から見れば、すべての〈非存在〉(無)を克服する「存在それ自体」としての神の力に参与することなのである。そして、それは、すでに見たように、「無限なもの」、「無制約的なもの」である存在それ自体が、存在に参与することによって、それによって捕らえられているゆえに可能なのである。したがって、それは、何よりも信仰の事柄であり、信仰と勇気は不可分に結びついているのである。そのため、その点について、ティリッヒは次のように語るのである。「存在への勇気は信仰の表現であり、『信仰』が意味することは、存在への勇気を通して理解されなければならない[87]」。

(b′)「絶対的信仰」と「神を超える神」

ところで、ティリッヒの信仰と勇気をめぐる議論は、その最後のところで、その究極の議論へと突き進んでいく。それは、「絶対的信仰」と「神を超える神」についての議論である。これは、ティリッヒの究極の議論であり、それは現実を超え出る議論ともなっている。しかしまた、それゆえにティリッヒの信仰論の根幹とも言える。そこで、最後に、その点が確認されなければならない。まず、ティリッヒが語る「絶対的信仰」（absolute faith）とは何か。まず、われわれの論考においても重要な点は、ティリッヒの次の発言である。すなわち、「わたしは、神秘的合一も人格的出会いも、信仰の理念を実現するとは考えない（I do not think either mystical union or personal encounter fulfills the idea of faith)[88]」。神秘的合一と人格的出会いとは、言ってみれば、従来論じられてきた信仰論の二つの典型的な類型であると言えるが、ティリッヒは、その両者を超えるものこそ真実の信仰であると言うのである。そして、それを「絶対的信仰」と呼ぶ。しかし、その信仰についての定義自体は、上述してきたものと同じである。すなわち、それは、「存在それ自体の力によって捕らえられている状態」である。しかし、ここでティリッヒは、あらためてその「逆説的性格」を強調するのである。そして、「存在する勇気」に加えて「絶望する勇気」（the courage of despair）について語るのである。というのも、それは、「存在する勇気の「現れうる」境界上（ぎりぎりの限界）」（on the boundary of the courage to be)[89] であるからである。そして、その勇気について、次のように語る。「この状況において、生の意味は生の意味についての絶望に至る。しかし、この絶望が生の活動である限り、それはその否定性において肯定的なのである」[90]。すなわち、ティリッヒは、一切の具体性を超えた逆説性を語ろうとするのである。そして、「無意味性を受け容れる行為は、それ自体、意味のある行為である」と語り、それこそが「信仰の行為」なのだと語る[91]。そして、次のように結論づけるのである。「それら［懐疑と無意味性］をそれ自身に引き受ける勇気を創造する信仰は、何か特定の内容を持っているのではない。それは、単純に信仰であり、何かに方向づけられたものでもなく、［その限り］絶対的な信仰なのである」（It is simply faith, undirected, absolute.）[92]。そして、初めに触れたように、ティリッヒによれば、この絶対的信仰は、神秘的合一も人格的出会いをも超えていくのである。というのも、ティリッヒによれば、前者は懐疑の要素を十分踏まえないからであり[93]、また後者は、懐疑によっては破壊されてしまう主体と客体の図式に立つからである[94]。すなわち、両者とも懐疑の持つ深刻さに十分応えておらず、ティリッヒはそこに根本的な問題を見るのである。そして、それがまた、「絶対的信仰」を語る理由でもあるのである。

ところで、ティリッヒ神学の神秘主義的側面に深い関心を寄せる本書としては、ここで両者の関係を見極めておく必要があろう。そこで、もう少し、ティリッヒの主張に耳を傾けてみると、上述の神秘主義に対する批判について、ティリッヒは、こうも語っている。「神秘主義は具体的なものを真剣に受け止めないし、具体的なものに関わる懐疑をも真剣に受け止めない。それは、存在と意味の根底へと直接的に沈潜するため、具体的なもの、つまり有限な価値と意味の世界を置き去りにする。したがって、それは無意味性の問題を解決しない[95]」。しかし、ティリッヒは、こうした批判にもかかわらず、神秘主義は絶対的信仰と次の点において一致すると語る。それは、「両者とも神を一つの存在とするような有神論的客体化を超越する[96]」という点である。すなわち、この一点において、ティリッヒは有神論の語る人格的出会いよりも、神秘的合一を評価するのである。この点については、終論のところで、ティリッヒの主張する神と人間との存在論的関係性と聖書の語る人格主義的関係性という二つの関係性の問題としてあらためて扱うことになるが、いずれにしてもティリッヒは、神秘的合一の中に、一つの重要な、しかもなくてはならぬ契機を見るのである。しかも、その一点は、ティリッヒ神学の生命線でもある。したがって、ティリッヒの神学は、神秘主義であるとは言えないまでも、神秘主義に深い共感を寄せ、それにかなりの重心を置いている神学であるとは言えるであろう。特に、究極的議論の一歩手前においては、神秘主義の特質はより鮮明であると言わなければならない。

ところでティリッヒは、今見たように、有神論的神を批判するが、それはさらに「神を超える神」（God above God）の主張に至る。[97]これは、今見た「絶対的信仰」に対応するものであり、それとの関連で論じられている。そこで最後に、この「神を超える神」についてティリッヒの語るところを確認しておきたい。ただし、それは次の一文を紹介すれば十分であろう。

絶対的信仰、すなわち神を超える神によって捕らえられている状態［は］……人間のさまざまな可能性の境界上の（on the boundary）状況である。いや、それこそがまさに、境界そのものである。したがってそれは、絶望する勇気であると同時に、すべての勇気の中にある勇気であり、またすべての勇気を超えた勇気でもある。それは、人間がその中に生きることができるような場所ではない。それは、言葉や概念で伝達されるような安全性を持っていない。それは、名称もなければ、教会も、祭儀も、神学も持たない。しかし、それは、これらすべてのものの深みにおいて働いているのである。それは存在の力であり、それにこれらすべてのものが参与しているのであり、そしてそれらすべてはその断片的な表現なのである。[98]

基本的には、これは、これまでティリッヒが主張してきた信仰論と神観念の繰り返しでもある。しかし、それをあらためて「絶対的信仰」と語り、「神を超える神」と語ったのである。しかしまた、そのような究極の議論を行うことによって、その主張が先鋭化されたことは確かである。そして、その先鋭化された先は、もはや誰も生きることができないところでもあったのである。ティリッヒは、そのことを強く意識しながら、以下の文章でもってその書物を締め括っている。「無意味性の不安を自己自身に引き受ける勇気は、存在への勇気が至りうる極限である。この限界を超えてあるのは、ただ非存在だけである。その限界の中では、勇気のすべての形体（forms）は、有神論の神を超える神の力の中で再確立される。存在への勇気は、神が懐疑の不安の中で消滅した時に現れる神に根ざしている」[99]。したがって、その勇気は、言ってみれば、あらゆる境界の中の究極の「境界」において経験されるものであって、それは一切の形態を超えた形態、一切の経験を超えた経験としか表現できない、神を超えた神との一致に基づくのである。

　このように、ティリッヒの神学は、深い無意味性の不安の中で、そこに潜む底知れない懐疑を直視しつつ思索されたもので、結論を先取りして言えば、それは、まさにティリッヒが好んで用いた言葉、「境界」に立つ神学なのである。しかも、その究極においては、意味と無意味性の境界、また存在と非存在の境界に立つ神学なのである。そして、それはまた、敢えて誤解と混乱を恐れずに言えば、伝統的に語られてきた有神論と無神論の境界に立つ神学でもあるのである。そのため、終論でも触れるように、ある人たちからは「偽装された無神論」とも見なされかねないぎりぎりのところに立つ神学なのである。しかし、それは、いわゆる無神論ではない。そもそも、ティリッヒにとっては、無神論でさえ、神を真剣に否定することにおいて神を肯定しているのであるが、ティリッヒ神学は、その両者すら超え出ようとしたのである。すなわち、徹底した否定の中に肯定を見、徹底した無意味性の中に意味を見ようとしたのである。否、それを見たのである。それは、マリオン・パウクの言葉を借りれば、「驚き」（wonder）であったのである。マリオン・パウクは、「彼［ティリッヒ］の驚きは――すなわち無ではなく存在があること、無意味性ではなく（真、美、善にある）意味があること、すべての存在と意味が、その起源と運命に関して、存在それ自体に依存していることの驚きは――彼の若い時代においても、年老いた時代においても、同じく強力であった」[100]と語っている。すなわち、その驚きこそが、神を超える神であり、絶対的信仰なのである。そして、地上にあっては、そのぎりぎりの究極の境界に立つことになったのである。そして、それを可能としたのが、本書が〈逆説的合一〉と語る神と人間との根源的な逆説的一致であったのである。

（c）『組織神学』第三巻（一九六三年）から――現代人へのメッセージ

以上、いささか詳しくティリッヒの語る勇気（と信仰）について見たが、最後に、ティリッヒの死の二年前に出された『組織神学』第三巻の終わり近くで語られるティリッヒの言葉を紹介したい。まず、ティリッヒは、歴史的視点を踏まえて、次のように語っている。「私はいかにして律法から解放されるかというパウロの問いも、私はいかにして恵み深い神を発見するかというルターの問いも、われわれの時代では、私はいかにして無意味な世界に意味を発見するかという問いによって置き換えられている」[101]。すなわち、前項でも見たように、ティリッヒは、何よりも、無意味性を問題としたのである。そして、この無意味の不安に怯えた現代人に対して、キリスト教の使信を新たに語ろうとしたのである。そして、その中で、何よりも、「その中にあって問いが問われる絶望の真剣さそのものが答えである」[102]と語ったのである。そしてまた、律法に従えば受容されえないにもかかわらず、神によって受容されていることを受容することが信仰であると語ったのである。そして、さらに、この「受容」(acceptance)としての信仰の観点から、次のように現代人に語りかけたのである。すなわち、「この時代の人々が、彼らが捕らえられている懐疑と無意味性の観点からは、受容され難いにもかかわらず、彼らの生の究極的意味に関しては、受容されている」という「逆説的受容」を受け入れる「信仰の勇気」において[103]、現代人は、無意味性という現代の懐疑を突破するのであると。すなわち、それが、ティリッヒが何よりも現代人に語ろうとしたメッセージなのである。そして、それはまた、ティリッヒ自身が自らに対して語ったメッセージでもあったのである。序論の中で、ティリッヒの説教に触れたところで、その力強さの一因は、ティリッヒがその説教を何よりも自分自身に向けて語ったことにあったとのパウク夫妻の言葉を紹介したが、無意味性の不安に苦しんだのは、何よりもティリッヒ自身であったのである。そして、ティリッヒは、その神学においても、無意味性の不安に苦しむその自分自身に向けて、全力でもって、それにもかかわらず、そこに意味があるのだと語りかけたのである。そして、そこに勇気を見たのである。そして、その勇気を、ティリッヒは、生を共にする現代人への最大のメッセージとして語ったのである。

(4) 本質化——本質から実存へ、そして実存から本質へ

ティリッヒは、その主著『組織神学』第三巻の第五部「歴史と神の国」において、その組織神学全体の議論を終えるが、その最後の章「歴史の目標としての神の国」において、いわゆる終末論を展開している。そして、ここでは、個人の生を超えた歴史全体に対する見通しが、表題にあるように歴史とその目標である神の国との関係において論じられている。そのため、われわれはそこに、存在全体に対するティリッヒの最終的見解を見て取ることがで

きるであろう。そこで、最後に、その点を確認して、本章の考察を終えたいと思う。

ここでティリッヒは、伝統的に「終末論」（eschatology）と呼ばれてきた事柄を「時間的なもの」（the temporal）と「永遠なるもの」（the eternal）との関係として論じる。そして、「終末」（eschaton）というのは、「時間的なものから永遠なるものへの『移行』（transition）を象徴する」[104]ものと理解する。そしてそれは、より詳しくは、「創造の教理における永遠なるものから時間的なものへの移行、堕落の教理における本質から実存への移行、救済の教理における実存から本質への移行」を語るものなのである。ティリッヒによれば、この表現はあくまで「隠喩」（metaphor）として語られているが、しかし、この本質から実存へ、そして実存から本質へということが、終末を見据えた歴史全体の事柄として理解されている。そしてティリッヒは、実存から本質への移行を、シェリングの言葉を借用して「本質化」（essentialization / Essentialisierung）と呼ぶのであるが、この本質化において、終末の事柄が捉え直されているのである。

ところで、その全体の動きは、一つには「永遠と時間の運動」として捉え直されている。すなわち、ティリッヒは、時間を円環的に考えること（古典的ギリシャ思想）でもなく、直線的に考えること（アウグスティヌス）でもなく、また時間を二つの方向に無限に延長すること（近代の進歩主義）でもなく、それらに代わる時間の観念を提言する。それは、「何らかの仕方において『〜から来る』（coming from）と『〜へと進む』（going ahead）と『上昇する』（rising to）の三つの資質を結合するような図式」を想定したもので、より詳しくは、以下のように語られている。すなわち、「私は、上より来たり、下方と前方に動き、『実存の今』（nunc existentiale）の最深の点に達し、同様の仕方で、そこからそれが来たところへと前方に進み、上昇しつつ帰って行く、そういう曲線を提唱したいのである」[105]。したがってそれは、よりダイナミックな時間的理解であると言えよう。

さらにティリッヒは、この動きを、歴史の内的目的（テロス）として理解される「永遠の生命」（eternal life）との関係においても語っている。すなわち、ティリッヒによれば、永遠の生命とは、「神の中に」（in God）ある生命のことであるが、この「中に」（in）ということは三つのことを意味している。これは、存在しているものは本質的に神に基づいていることを意味する。すなわち、それは第一に「創造的起源の『中に』」を意味している。これは、いかなる存在も、たとえ疎外と絶望の中にいるときでも、神の力なしには存在しえないことを意味する。また第三には、「すべての被造物の本質化の状態の『中に』」である。第二には、「存在論的依存の『中に』」である。これは、「究極的成就」を意味する。[106] ティリッヒは、この「三重の『内性』（in-ness）」が神的生命と生命一般のリズムを示しているとし、それを以下のように語っている。「人はこのリズムを、本質から実存的疎外を通って本質化に至る道として言及することができるであろう。それは単なる潜在的なものから、現実的な分離と再結合を通し、潜在性と現実性を超えて、成就に至る道である」[107]。ティリッヒは、このように、本質から実存へ、そして実存から本質へという本質化について語るのであるが、その本質化の過程は、すでに本章第3節の（2）で見たように、神と人間との本質的一致が、実存（罪）の中で損なわれたにもかかわらず、キリストの新しい存在によって回復されるという〈逆説的合一〉の終末論的な展望における把握と見ることができるであろう。

以上、ティリッヒ神学の中核をなす信仰義認論をめぐって、その全体像を概観したわけであるが、そこであらためて見えてきたことは、ティリッヒ神学は、伝統的な神学に則りつつも、ティリッヒ独自の理解と捉え直しを展開したものであるということである。そして、その心臓部に、本書が〈逆説的合一〉と見なす、〈参与〉の原理に基づく神と人間との根源的関係があり、またそこから現代人に向けての勇気が語り出されているということである。

そこで次に、信仰義認論がティリッヒ神学において持つその構造的位置について、ティリッヒの論じるプロテスタント論を中心に見てみたいと思う。

注

（1）その主なものは、Paul Tillich, "Der Protestantismus als Kritik und Gestaltung," in GW VII にすべて収められている。

（2）Tillich, "The Protestant Era," in MW 6, 291.（『著作集』第五巻、一七頁）なお、この文章は、プロテスタンティズム論の視点から自らの思想的遍歴を語ったもので、ティリッヒの神学を理解する上で大変興味深い文献である。

（3）'Articulus stantis aut cadentis ecclesiae' これは、一七一二年にV・E・レシャー（Valentin Ernst Löscher）が語った言葉であるが、これはすでにルターが「この信仰箇条［義認］と共に教会は立ちもし、崩壊もする」（WA 40 III 352, 3）などと語っていることに基づいたものである。（日本ルーテル神学大学ルター研究所編『ルターと宗教改革事典』教文館、一九九五年、七八頁）

（4）ティリッヒは、この言葉を、英語では justification by faith（ドイツ語では die Rechtfertigung durch den Glauben）と表記しているが、しばしばこの表記の持つ危険性（信仰が義認に至るための行為として誤解される危険性）を避けるために、後で見るように、justification by grace through faith と言い換えている。なお、「義認」と「信仰」の英語の訳語の持つ困難さについては、E・P・サンダースがその著『パウロ』（土岐健治、太田修司訳、教文館、一九九四年、九〇―九五頁）の中で興味深い議論を行っている。

（5）この信仰義認論は、ティリッヒ神学の集大成である『組織神学』全三巻において、その中核をなすものとして展開されており、まさにティリッヒ神学を構成する原理ともなっている。この点については、第7章において、あらためて扱うことになるであろう。

（6）Tillich, MW 6, 291.（『著作集』第五巻、一六頁）

（7）Tillich, "Auf der Grenze," in GW XII, 45.（『著作集』第十巻、五五頁）

(8) Wilhelm and Marion Pauck, *Paul Tillich: His Life & Thought* (New York: Harper & Row, 1976), 4.（ヴィルヘルム・パウク、マリオン・パウク『パウル・ティリッヒ 1生涯』田丸徳善訳、ヨルダン社、一九七九年、一八頁）
(9) Tillich, "Autobiographische Betrachtungen," in GW XII, 60-61.（『著作集』第十巻、七七頁）
(10) 幼児洗礼は、一八八六年九月一二日に、やはり父親から受けた。
(11) Wilhelm Pauck, "Paul Tillich: Heir of the Nineteenth Century," in *From Luther to Tillich, the Reformers and Their Heirs* (San Francisco: Harper & Row, 1984), 152-153.
(12) Tillich, GW XII, 45.（『著作集』第十巻、五五頁）
(13) Ibid.（同）
(14) 以上、ibid., 59-60.（同上書、七五―七六頁）。ここでティリッヒが、特に「自然」神秘主義として自然を問題としているのは、自然に対する親密性を持つロマン主義的態度に関連して論じているからである。
(15) ティリッヒは幼年時代を回顧し、「狭隘とも拘束とも感じられた」東ドイツの小都市での生活と対比させながら、無限性を経験することになった二つの出来事を記している。すなわち、「涯しない地平線の広がるバルト海への毎年の旅行は、大きな体験であり、開かれたもの、涯しない空間へ逃れることであった。……若いころの狭隘さからの遁走の別の形態は、度々行ったベルリンへの旅行であった。……この大都会の印象は、海の印象に似ていた。すなわち、無限性、拡がり、涯しない空間！……」（ibid., 61. 同上書、七八頁）。
(16) Tillich, HCT (1972), 505.（『著作集』別巻三、二七七頁）
(17) Ibid.（同）。また別のところでは次のようにも語っている。「しかし神学の課題は仲保役である。キリストとしてのイエスの像の中に明らかにされている真理の永遠的規準と、個人とグループの変化する経験、つまりその変化する問題提起と現実認識の範疇との間の仲保なのである。……テオ・ロギー（神学）という言葉それ自体が調停を含んでいる……。すなわち、テオス（神）であるところの神秘と、ロゴス（学）であるところの理解との間の調停だからである」（Tillich, GW VII, 13.『著作集』第五巻、一四頁。強調はティリッヒによる）。
(18) Ibid.（同）
(19) ティリッヒは、「私は『調停神学者』と呼ばれても恥ずかしくはない。それは私にとっては、端的に「テオ・ローゲ」（神学者）を意味するからである」とも述べている（ibid., 14. 同上書、一五頁）。

(20) Tillich, GW XII, 32.（『著作集』第十巻、三七頁）

(21) Tillich, HCT, 509.（『著作集』別巻三、二八二頁）

(22) Ibid.（同上書、二八三頁）

(23) Ibid.（同）

(24) Ibid., 510.（同）

(25) Martin Kähler, *Der sogenannte historische Jesus und der geschichtliche, biblische Christus* (Leipzig: A. Deichert, 1892). ここでのケーラーの主眼は、次の一文に集約的に表現されていると言える。すなわち、「甦りの主は、福音書の背後の史的イエスではなく、使徒の説教したキリスト、新約聖書全体のキリストである。この主キリスト（メシヤ）が語られるとき、そこには、キリストの歴史的使命の信仰告白がある」（「いわゆる史的イエスと歴史的＝聖書的キリスト」森田雄三郎訳、『現代キリスト教思想叢書』2、白水社、一九七四年、一八七頁。強調はケーラーによる）。

(26) Tillich, HCT, 511.（『著作集』別巻三、二八四頁）

(27) Tillich, GW VII, 14.（『著作集』第五巻、一五頁）

(28) Tillich, HCT, 511.（『著作集』別巻三、二八五頁）

(29) Tillich, GW XII, 32.（『著作集』第十巻、三八頁）

(30) Ibid., 33.（同）

(31) Ibid.（同上書、三九頁）

(32) しかし、このことは、ティリッヒがイエスの歴史性を否定したということではない。それはあくまでも学問的探究の結果としての「史的イエス」に依拠する考えに反対したということである。パウク夫妻は、ティリッヒが一九六三年にイスラエルを訪問したとき、「ゲネサレト湖（ガリラヤ湖）、その頂に市があるエルサレム周辺の山々、死海、エイラト港附近のゲネブ砂漠などの眺めは、ティリッヒにとって、イスラエルの景観の中でも最も印象ぶかい部分であった」と語りながら、ティリッヒが後に語った以下の述懐を記しているが、そこにはイエスの歴史性に対するティリッヒの素朴な思いが示されていると言える。「その教えを、殆どこの湖をめぐる村々や丘の上で説いたイエスにまつわる歴史的記憶が、私にことさら深い印象を与えたことは確かである」（Pauck, PT, 262. パウク夫妻『パウル・ティリッヒ　1生涯』、三一五頁）。

（33）Tillich, GW XII, 33.（『著作集』第十巻、三九頁）

（34）Ibid.（同）

（35）Tillich, GW VII, 14.（『著作集』第五巻、一六頁）

（36）Tillich, SF, 120–121.

（37）Tillich, VII, 15.（『著作集』第五巻、一六頁）強調はティリッヒによる。

（38）Ibid.（同）

（39）Tillich, EtN (1963), 138.

（40）Ibid., 140.

（41）Ibid., 144.

（42）ただし、このローマ人への手紙一二章二節の「妥協してはならない」（口語訳聖書）という言葉であるが、ある新約学者は、それは「妥協してはならない」という意味ではなく、新共同訳聖書のように、「この世に倣ってはなりません」という意味で、必ずしも「妥協」という意味はないとしている（田川健三訳著『新約聖書　訳と註　第4巻』作品社、二〇〇九年、二九二頁）。しかし、ここではその議論には入らない。

（43）Tillich, “Rechtfertigung und Zeifel,” in GW VIII.

（44）Tillich, GW VII, 15.（『著作集』第五巻、一七頁）

（45）聖書の権威をプロテスタントの形式原理、信仰のみによる義認をプロテスタントの実質原理と呼ぶようになったのはA・トヴェステン（August Twesten, 1789–1876）の *Vorlesungen über die Dogmatik der evangelische-lutherischen Kirche: nach dem Kompendium des Herrn Dr. W.M.L. de Wette* (1826) からである（前掲『ルターと宗教改革事典』七八頁参照）。また、ティリッヒは、ここでは「信仰義認」という呼び方よりもただ「義認」という表現を取っている。

（46）Tillich, GW VIII, 85–86.（『著作集』第六巻、三二二頁）

（47）Ibid., 86.（同）

（48）Ibid.（同上書、三三頁）
（49）Ibid., 89.（同上書、三六頁）
（50）Ibid.（同上書、三七頁）
（51）Ibid.（同上書、三六―三七頁）
（52）Ibid., 91.（同上書、三九頁）
（53）Ibid.（同）
（54）Ibid., 92.（同上書、四〇頁）
（55）Ibid., 99-100.（同上書、四九頁）
（56）Tillich, ST II, 142.
（57）Ibid., 148.
（58）Ibid.
（59）ティリッヒにとって、キリストを「新しい存在」として理解したことは、そのキリスト論を展開する上で重要な契機となった。ティリッヒは、そのことを、次のように告白している。「私はあなたがたに、私にとってキリスト論一般が初めて可能になったのは、新しい存在という概念がそれへの鍵を私に与えてくれたからであったと告白することができる。それまでは、私は、今世紀の初めの頃のすべての若い神学者たちと同じく、自由主義的と自称する神学の浅薄さと、自ら正統主義を主張する人々の不条理の間を揺れていた。キリスト論の鍵としての新しい存在という概念――それこそこの概念が果たす決定的な機能の一つである」（Tillich, GW VIII, 232.『著作集』第六巻、二二一頁）。
（60）Tillich, ST II, 148.
（61）Ibid., 173-176.
（62）Ibid., 176.
（63）Ibid., 177.
（64）Ibid.

(65) Ibid., 178.
(66) Ibid.
(67) Ibid., 179.
(68) Ibid., 178.
(69) Ibid., 179.
(70) Ibid. ここでティリッヒは、わざわざ〈Justification〉と大文字を用いている。
(71) Ibid.
(72) Ibid., 179–180.
(73) Tillich, ST III, 231–232.
(74) Ibid., 231.
(75) Ibid., 232.
(76) Ibid., 233–234.
(77) Ibid., 235.
(78) Ibid., 237.
(79) 以上、キリストの「新しい存在」による救済の内容について概観したわけであるが、この点について、ティリッヒは、説教「新しい存在」の中でも論じている。この説教は、新約聖書のガラテヤ人への手紙六章一五節「割礼のあるなしは問題ではなく、ただ、新しく造られることこそ、重要なのである」というパウロの言葉に基づくものである。この中でティリッヒは、まず、「今日の時代にとって重要なキリスト教の使信を、たった二語で要約せよと求められるならば、パウロと共に私はこう申したいと思います。それは『新しい・創造』（New Creation）の使信です」と語り、その具体的内容を、「和解」（reconciliation）と「再結合」（reunion）と「復活」（resurrection）の三点から論じている。そして、最後に、こう語っている。「和解、再結合、復活——これこそが、新しい創造、新しい存在、新しい事物の状態です。私たちは、それに参与しているでしょうか。キリスト教の使信は……新しい現実です。新しい事物の状態が現れたのです。今なお現れつつあります。密かに、また見える仕方で現れます。そこにもここにも現れます。それを受け容れてください。その中に入り、それがあなたを捕らえるようにしてください」。（Tillich, NB, 15, 24）

（80）Tillich, DF (HarperCollins, 2001).

（81）Ibid., 18–19.

（82）Ibid., 19.

（83）Ibid., 23. この懐疑は、すでに「信仰と懐疑」のところでも確認されているように、単なる懐疑とは異なり、信じる者の懐疑、信仰者の懐疑を語っている。

（84）Tillich, CB. なお、本のタイトルの訳語についてであるが、邦訳を出した大木英夫は、それを『生きる勇気』とした。そして、その理由を次のように語っている。「直訳は『存在への勇気』であり、そのほうが著者の論旨に適合するが、英語の‘to be’には、ハムレットの独白‘to be or not to be’にあるような『生きる』という意味があり、本書では『存在への勇気』と互換性があるものとして『生きる』という訳語を用い、また煩をいとわず〈存在への勇気〉〈生きる勇気〉と表記した」（大木訳『生きる勇気』平凡社、一九九五年、五四頁）。大木自身、「存在への勇気」のほうが「著者の論旨に適合する」と語っているが、筆者もこの点に同意するものである。やはり、ティリッヒの主張からすれば、‘to be’とはあくまでも「存在する」こと、あるいは「ある」ことであって、「生きる」ことではない（そのことは、終論のところであらためて触れたいと思う）。そこで本書では、書名に関しては、『存在への勇気』と訳す。ただし、文脈においては、「生きる」と訳したほうがわかりやすい場合もあり、本文では、状況に応じて使い分けた。

（85）Ibid., 32.

（86）Ibid., 172.

（87）Ibid.

（88）Ibid.

（89）Ibid., 175.

（90）Ibid., 175–176.

（91）Ibid., 176.

(92) Ibid.
(93) Ibid., 186.
(94) Ibid., 178.
(95) Ibid., 186.
(96) Ibid.
(97) 近藤剛によれば、この概念はすでに一九一九年の未公刊草稿に見られる。すなわち、その中に、「懐疑の弁証法は、神を超える神、懐疑者の神、無神論者の神へ至る」という一文があり、近藤によれば、「ティリッヒの神概念を特徴付ける『神を超える神』は現時点で確認し得る限り、この箇所で初めて登場する」（近藤剛『哲学と神学の境界――初期ティリッヒ研究』ナカニシヤ出版、二〇一一年、一五九頁。強調は近藤による）。
(98) Tillich, CB, 188–189.
(99) Ibid., 190. なお、最後の強調は、ティリッヒ自身によるものである。
(100) Tillich, DF (2001), xviii–xix.
(101) Tillich, ST III, 227.
(102) Ibid., 228.
(103) Ibid.
(104) Ibid., 395.
(105) Ibid., 420.
(106) Ibid., 421.
(107) Ibid.

第7章　信仰義認論（二）——恩寵としてのプロテスタント原理

はじめに

前章では、ティリッヒ神学の核心をなす信仰義認論の歴史的背景とその思想を考察した。そして、その思想的考察の多くは、アメリカ時代の文献に基づくものであった。しかし、その教義は、もともとは宗教改革者のマルティン・ルターによって語られたものであり、プロテスタント教会の重要な遺産である。そこで本章では、あらためて、その歴史的背景の中で、ティリッヒの語る信仰義認論を考察したいと思う。それは、具体的には、ティリッヒが主に一九二〇年代後半から三〇年代に論じている、プロテスタント原理として展開される恩寵論であり、この恩寵論に、本書が追求する〈逆説的合一〉の内実がすでに原理として語られているだけではなく、それがティリッヒ神学の中核をなすものであることが論じられている。そこで、ティリッヒの論じるプロテスタント論に耳を傾けることにより、そのことを明らかにしたいと思う。

ところで、ティリッヒは、その主著『組織神学』全三巻について、総括的に次のように語っている。

義認に対する再生の関係の議論において、われわれは、すでに、宗教改革の中心的教義の議論を始めた。それは、それによってプロテスタンティズムが立ちもし倒れもする条項、すなわち恩寵による信仰を通しての義認（justification by grace through faith）の原理である。私はそれを教義と呼び、他の条項と並ぶ一つの条項と呼ぶのみならず、原理と呼ぶ。なぜなら、それはプロテスタント原理そのものの最初の、そして根本的な表現であるからである。それは避けることのできない便宜上の理由によって一つの特定の教義であり、またそれと同時に、それは神学的組織のあらゆる個々の発言に浸透する原理と見なされなければならない。それは、神との関係においては、神のみが働くことができ、いかなる人間の主張も、とりわけ宗教的主張も、いかなる知的、道徳的、礼拝的「業」も、われわれを神と再結合することはできないという、プロテスタント原理と見なされなければならない。この目的が達成されることが、たとえそれがこの組織［『組織神学』全三巻］のあらゆる部分において多くの全く「非正統的な」定式（formulation）に導いたとしても、私の意図であったし、また希望である。(1)

この言葉は、ティリッヒの『組織神学』全三巻のみならず、その神学全体を総括する言葉であると言ってもいいであろう。ここでティリッヒは、「恩寵による信仰を通しての義認」（以下「恩寵による信仰義認」）を一教義と呼ぶのみならず、その神学全体を貫く「プロテスタント原理」とも呼ぶ。そして、その原理を組織的に展開したものが、その主著『組織神学』全三巻であったと言うのである。すなわち、ティリッヒは、極論すればこの一点においてプロテスタンティズムを捉え、そこに自己の信仰的同一性と神学的原理を見出し、その神学を展開したのである。したがって、ティリッヒにおいて、「恩寵による信仰義認」は、プロテスタンティズムの「立ちもし倒れもする」

条項であるのみならず、ティリッヒ神学の「立ちもし倒れもする」原理ともなっている。そのため、ティリッヒの神学を理解することは、取りも直さず彼の信仰義認論を理解することでもある。そのため、われわれは、前章において、その基本的な思想を概観した。

しかしながら、この信仰義認論は、伝統的には信仰論やキリスト論に集約されて扱われる傾向があるが、ティリッヒにおいては、さらに神論や聖霊論においてのみならず啓示論や文化論においても広く展開されており、それは正しくティリッヒ神学の原理としての役割を担っている。そのため、そうしたティリッヒ神学の体系的展開の全体において、信仰義認論の原理的働きをより総括的・普遍的に捉えることが必要となるであろう。その場合、有効な用語として現れてくるのが「恩寵」（grace）という概念である。それは、ティリッヒ自身、「恩寵による信仰義認」と呼ぶように、恩寵という概念は、信仰義認の内実を語る言葉であり、また逆に恩寵論の最も先鋭化されたものが信仰義認論であるとも言えるからである。上記の引用文において、ティリッヒは、「神との関係においては、神のみが働くことができ、いかなる人間の主張も、とりわけ宗教的主張も、いかなる知的、道徳的、礼拝的『業』も、われわれを神と再結合することはできない」と語っているが、まさにこの神の〈先行的働き〉こそが信仰義認の内実を語るものであり、またそれが恩寵として理解されている基本的な点なのである。したがってわれわれは、信仰義認論に収斂される恩寵論をティリッヒ神学の全体の中に尋ねることによってその内容を明らかにし、同時にティリッヒ神学の中核をなす信仰義認論を解明し、ティリッヒ神学の全容を把握したいと思う。

しかしながら、以上の試みは膨大な作業を要することになるため、ここでは主にティリッヒの思想的基礎が形成されたドイツ時代の文献を中心として（一部、アメリカ時代のものも含めて）ティリッヒの恩寵論を概観し、その基本的構造の把握を試みたいと思う。その中でも特に有用な文献は、一九二〇年代後半から三〇年代に書かれた一連のプロテスタンティズム論である。というのも、すでに触れたように、ティリッヒは信仰義認論をプロテスタント原理と呼び、それをその神学の原理としているわけであるが、その萌芽はすでにこの一連のプロテスタンティズム論の中に見られるからである。またこのプロテスタンティズム論において、恩寵論がプロテスタント原理を形成するものとして原理的に捉えられており、恩寵に対するティリッヒの基本的理解を見ることができるからである。そこでこの一連のプロテスタンティズム論を検討することにおいて、ティリッヒの恩寵論の基本構造を明らかにしたいと思う。

第1節　歴史的プロテスタンティズム

(1) 歴史的〈抗議〉としてのプロテスタンティズム

ティリッヒは、一九二〇年代後半から三〇年代にかけての一連のプロテスタンティズム論において、基本的にプロテスタンティズムを原理的に理解しようとしている。もちろん、マルティン・ルターから始まるドイツ宗教改革の出来事とその後のプロテスタント教会の成立・発展があり、そうした歴史的展開を踏まえてプロテスタンティズムを見ている。しかし、そうした歴史的プロテスタンティズムと原理的プロテスタンティズムは、基本的に区別されている。そして原理的プロテスタンティズムは、特に「信仰のみ」「聖書のみ」の宗教改革の精神に基づいて、それをプロテスタント原理（「実質原理」としての「信仰のみ」、「形式原理」としての「聖書のみ」）として展開する中で、論じられている。ただし、その場合、その中心は、繰り返し触れているように、実質原理としての信仰論（信仰義認論）にある。したがって、ティリッヒのプロテスタンティズム論においては、実質原理としての信仰論が重要となり、われわれの関心はこの点に集中することになる。しかし、反面、その前提にはその原理が発現した歴史的プロテスタンティズムがあるのも事実である。そこで初めに、歴史的プロテスタンティズムについてのティリッヒの見解を概観し、歴史的プロテスタンティズムと原理的プロテスタンティズムの区別とその関係についてティリッヒの論じるところを確認し、その後に原理的プロテスタンティズム論に進みたいと思う。

ティリッヒは歴史的プロテスタンティズムの将来について深い憂慮を覚え、そのことについて真剣に考え、また論じた神学者であった。そのことは一九三七年に書かれた「プロテスタンティズムの終焉？」[2]という二つの論文に端的に示されている。そして、それは、ティリッヒの一連のプロテスタンティズム論の中に一貫して見られる視点でもある。

まずティリッヒは、歴史的視点から、プロテスタンティズムの本質とその働きについて、端的に次のように語っている。

　プロテスタンティズムの中心原理は、恩寵によってのみ義とされるという教理である。それは、いかなる個人も、またいかなる共同体も、その倫理的行為や、秘蹟的権力や、神聖性あるいは教理のために、神の無制約性を要求することはできない、ということを意味している。意識的であれ無意識的であれ、もしこのような要求がなされるときには、プロテスタンティズムは、神のみに無制約性と神聖性を認め、いかなる人間の不遜も否認する預言者的抗議をもって、それに立ち向かう[3]。

すなわち、プロテスタンティズムとは、神の恩寵による救済を信仰義認として捉え、それをその中心原理とし、恩寵に取って代わろうとする一切の人間的試みに〈抗議〉(Protest)するものなのである。したがってティリッヒは、「それは、『プロテスタント』という偶然的な表示を、本質的かつ象徴的な名前にしたところの原理である」(4)とも語っている。すなわち、「プロテスタント」という外部から付けられた渾名が偶然にもプロテスタンティズムの本質を語るものになったと言うのである。いずれにしても、預言者的〈抗議〉を、その姿勢の中核に持つのがプロテスタンティズムなのである。

ところで、この預言者的抗議は、歴史的には、宗教改革において、ローマ・カトリック教会の持つ聖職制度と秘蹟主義という客観主義的な救済制度に向けられた。ティリッヒの言葉で言えば、「プロテスタンティズムは、神と人間との間に、悪魔的な絶対性の主張をもって自己を立てている、聖職制度的体系に対する預言者的抗議から生まれた」(5)。そして、その聖職制度的体系に代わるものとして信仰義認が主張され、それと同時に恩寵を証言する聖書に権威が帰せられることになったのである。そして、歴史的には、そこから新しいプロテスタント教会の歩みが始まった。しかし、ティリッヒによれば、その歴史はいくつかの内外の深刻な勢力との対立の歩みでもあり、その対立にプロテスタンティズムの本質が現れているのである。そこでまず、その歴史を概観しておきたい。

(2) プロテスタンティズムとヒューマニズム

ティリッヒによれば、プロテスタンティズムが抗議した勢力の一つは、〈ヒューマニズム〉であった。すなわち、プロテスタンティズムは当初ローマ・カトリック教会の強固な牙城に抵抗するためにヒューマニズムと手を結ばざるをえなかったが、後にそのヒューマニズムは「自分の手に負えない」「敵」となったのである。ティリッヒはまず、以下の三点において、ヒューマニズムのプロテスタンティズムに対する貢献を見ている。すなわち、「ヒューマニズム的な原典探求」がカトリックの「聖なる伝説の壁」を打ち破るのに貢献し、「ヒューマニズム的な国家論」が聖職制度を崩壊させることに貢献し、また「ヒューマニズム的な教育事業」がプロテスタント文化を形成するのに貢献したのである。しかし反面、ヒューマニズムは次第にプロテスタンティズムを飲み込んでいった。そして、プロテスタンティズムは、「それが依存している自律的世界［ヒューマニズム］の宗教部門」に成り下がってしまう仕方で、完全にヒューマニズムに飲み込まれてしまったのである。(6)

ところで、ティリッヒによれば、このことはすでに正統主義の時代から起こっていたのであるが、ヒューマニズムがプロテスタンティズムの脅威として現れたのは啓蒙主義の時代になってからである。というのも、それまではプロテスタンティズムもヒューマニズムも、それぞれにおいて、多面的であったとはいえ、〈調和信仰〉によって一体化が守られていたため、両者の対立が顕在化することはなかったからである。すなわち、それぞれの領域において多面的な要素があり、時としてはそれらが対立や矛盾を呈していたが、しかし全体としては調和へ向かっているという信仰があったのである。しかし、そうした調和信仰を破る時代の変化が起こり、それとともに両者の対立も顕在化することになった。そして、その変化とは、後期資本主義の時代を迎えての〈大衆〉の出現であった。ティリッヒは、大衆の出現が、それぞれの調和（信仰）を破り、両者の対立を顕在化させたと考える。というのも、大衆が置かれた「失業」、「貧困」、「運命への隷属」といった困難な状況がそれまでの価値観を覆し、「調和の法則」が崩壊してしまったからなのである。それは、「プロテスタント的・ヒューマニズム的時代の終わり」をもたらし、そして両者の対立を顕在化させたのである。したがって、プロテスタンティズムは、ここで〈ヒューマニズム〉という「敵」と同時に、新たに〈大衆〉という困難な問題に直面することになったのである。(7)

(3) プロテスタンティズムと大衆

ティリッヒは、プロテスタンティズムと大衆との間にある最も深刻な問題点を、プロテスタンティズムの持つ〈知性化〉に見ている。この点について、ティリッヒは次のように語っている。

プロテスタンティズムは、高度に知性化された宗教である。今日の教職者のガウンは、中世の教授の衣服である。それは、神学教授たちが、彼らの聖書解釈を通して、プロテスタント教会内で究極的権威になってきたことを象徴している。しかし、教授は、第一義的には知的権威である。つまり論理的かつ学問的論証に対する彼らの能力に基づく権威である。(8)

しかし、この重大なプロテスタンティズムの特色は、特に後期資本主義の時代を迎え、その主役がいわゆる〈大衆〉となるにしたがって、時代との間に大きな溝を広げ、それを深めるものとなっていった。というのも、大衆とは知性化の対極に存在するものであったからである。さらにティリッヒによれば、この知性化にはもう一つ〈決断〉という要素が伴う。なぜなら、プロテスタント信仰においては、信仰が主体的なものとして捉えられる中で、聖書の解釈とそれに対する決断が重要な要素になったからである。しかし、大衆はそうした知性や決断からは遠い存在なのである。そのため、そうした大衆について、ティリッヒは次のように語っている。「大衆の態度に特徴的なことは、その中の個人が行動するときに、他の人々の動機でもある動機によって規定されることであって、それゆえに唯一の独立した、個人的な人格性であるところの動機によらないことである」[9]。すなわち、大衆とは、知性的な探求と決断において行為する存在ではなく、「他の人々の動機である動機によって規定される」存在であり、したがってまた、ティリッヒによれば、知性ではなく、「知性の媒介なしに、ただちに理解できるところの象徴」[10]を必要としている存在なのである。それは、さまざまな社会学者によっても指摘されていることであるが、大衆の大衆たる所以は、自分の確固とした意見（知性）と決断に基づくのではなく、他者の、そしてしばしばマス・コミュニケーションによって扇動された情報によって付和雷同的になびく、根無し草の存在である点にあるからである。こうした大衆の台頭を目の当たりにして、ティリッヒはプロテスタティズムの将来に対し深刻な事態を予測せざるをえなかったのである[11]。

（4）歴史的プロテスタンティズムと原理的プロテスタンティズム

ところで、ティリッヒは以上のような歴史観を一九三七年の論文で述べているのであるが、この時期は、ティリッヒによれば、全体主義がプロテスタンティズムからもヒューマニズムからも遠のいてしまった大衆をその悪魔的な力の中に飲み込もうとしていた時代でもあった。すなわち、全体主義が大衆にわかりやすい擬似宗教となって彼らを先導し、大衆をその悪魔的力の中に飲み込もうとしていたのである。そして、一つには、この全体主義に対する強い警戒感を持って、ティリッヒはこの論文を書いたのである。そのことは、ティリッヒが以上のような状況を踏まえながら指摘している、当時のプロテスタンティズムが目指した自己防衛的試みにも示されている。すなわち、ティリッヒは、それを三つの方向において認めているが、その第一の試みは、弁証法神学に代表される「ヒューマニズムからの分離」である。これは、十九世紀神学からの分離において顕著に見られた傾向である。また第二の試みは、プロテスタンティズムの「再カトリック化」である。これは、もちろん、中世のカトリックへ戻ることではなく、プロテスタンティズムの批判を経たカトリック化である。そして第三の試みが、今問題とした「教会外の再統合勢力との同盟」である。これは特にドイツの帝国教会に代表されるような全体主義と結びついたものであった(ティリッヒは同時にアメリカにも「権威の政治的・世界観的な体系」と結合したものを見ている(12))。

以上の考察を踏まえ、ティリッヒは、歴史的プロテスタンティズムの将来に対して、非常に厳しい結論を出さざるをえなかった。それは、「プロテスタント時代は終わった(13)」という結論である。これは、何よりも、上述の歴史的状況を踏まえての結論であるが、しかしまたティリッヒは、それと同時に、プロテスタント原理からの必然的帰結からしても、この結論を語るのである。というのも、歴史的プロテスタンティズムも、他のいかなるキリスト教の諸現象も、それが基づいているところの〈原理〉を完全に表現することはできないからである。そのため、ティリッヒによれば、プロテスタンティズムは、「キリスト教のいかなる歴史的な出現もこの原理を完全には表現していないし、またそれゆえにキリスト教のすべての特殊な出現は消滅するかもしれない」という命題を付記するのである(14)。すなわち、プロテスタント諸教会は、たとえどれほど力強い歩みをしているとしても、その歩みはその原理を完全に表現したものではなく、それはあくまでも部分的で不完全なものにすぎず、またそれゆえに消滅の可能性の中にもいるのである。したがって、プロテスタント原理からしても、歴史的プロテスタンティズムの終焉ということは、歴史においては避けることのできないことなのである。ましてや、差し迫った歴史的プロテスタンティズムの困難な状況を顧みるとき、その終焉は非常に現実味のあるものとして受け止められたのである。

しかし、同時にティリッヒは、もう一方で次のようにも断言する。「それが基づいているところのプロテスタント原理（protestantische Prinzip）とキリスト教の宣教は終わっていない」。なぜなら「それらは有限ではなく、汲み尽くしうるものではない」からである[15]。すなわち、原理としてのプロテスタンティズムは、歴史の中で具現化するが、それは歴史の相対性と曖昧性に支配されることのない永遠性を持っているのである。したがってティリッヒは、こうも語る。「プロテスタント時代の終わりは、プロテスタンティズムの終わりを意味しない。それが意味するのは、諸教会におけるプロテスタンティズムの実現とプロテスタンティズムによって浸透されている一つの文化の終わりである[16]」。ティリッヒは、歴史的プロテスタンティズムを省み、またプロテスタント原理そのものに立って、プロテスタント時代の終焉の可能性を語るのであるが、しかし、それは原理的プロテスタンティズムそのものの終焉を語るものではないのである。プロテスタント原理そのものは永遠であり、その原理に基づくキリスト教の宣教も歴史の終わりまで継続するのである。そして、さらに付け加えるならば、この原理にこそキリスト教の〈希望〉があるのである。しかし、それは、いわば手放しの希望ではなく、歴史的プロテスタンティズムの将来に対する厳しい見方に立った現実主義的な希望である。そのためティリッヒは、「プロテスタント時代」の最後のところで、第一次世界大戦後の状況を振り返りながら、次のように語っている。

前の時代にはユートピア的希望の要素が支配的であったように、今日はシニカルな現実主義の要素が支配的である。プロテスタント原理は、この両方を審判する。それは、そのユートピア形体を破壊するけれども、希望を義とする。それはそのシニカルな形体を破壊するけれども、現実主義を義とする。このような希望の現実主義の精神の中で、プロテスタンティズムは新しい時代に――この時代が後世の歴史家たちによってポスト・プロテスタント時代あるいはプロテスタント時代として記述されようが――入らなければならない。なぜなら、プロテスタント時代ではなく、ただプロテスタント原理が永遠に持続するものだからである。[17]

第2節　原理的プロテスタンティズム（一）
――批判原理としてのプロテスタンティズム

(1) 合理的批判と預言者的批判

以上のように、ティリッヒは、一方では歴史的プロテスタティズムの終焉を見据えながら、他方では原理的プロテスタンティズムの永遠性を主張する。そこで、あらためて、その原理的プロテスタンティズムとは何かが問われなければならない。ティリッヒによれば、それは「批判原理」（kritisches Prinzip）と「形成原理」（gestaltendes Prinzip）という二つの対照的な原理からなる。すなわち、ティリッヒの考えでは、基本的には批判原理がプロテスタンティズムの生命線であるが、しかしそれは同時に形成原理によって支えられており、その二つの原理を通して神の働きがあるのである。そして、その二つの原理の統合が「恩寵の形態」（Gestalt der Gnade）として理解されている。したがって、二つの原理を切り離して扱うことは本来的ではないが、ここではティリッヒに倣って、二つを便宜的に分けて扱いながら、その統合の形態を明らかにしたいと思う。

まず批判原理であるが、ティリッヒは、これに二つの立場を認めている。すなわち、「精神的かつ社会的形態（Gestalt）の批判は、二つの立場から出発することができる」とし、これに「合理的批判」と「預言者的批判」との二つの立場があるとしている。それによると、「合理的批判」（rationale Kritik）とは、「そこにおいて形成（Gestaltung）が図られるところの理想の立場」である。すなわち、これは批判の対象である形成の中に〈理想〉という「一つの基準」を持っており、それに基づいて「然りと否」とに判別されるのである。したがって、これは通常の一般的な合理的批判である。それに対して、「預言者的批判」（prophetische Kritik）とは、「それによって形成そのものが問われるところの形成を超越した立場」である。すなわち、これには批判の対象である形成の中に理想のような批判の基準はなく、むしろその形成そのものを超えた外側からその形成全体を批判するのである。その結果、この批判は、対象を然りと否とに判別するのではなく、それは「無制約的な否と無制約的な然りを結合する」ことになる(18)。というのも、預言者的批判の対象である形成は、その外側から、あるいはその根底から、全面的批判にさらされるため、それはその存在の「無制約的な否」へと至るのであるが、しかし反面、それは破壊されるのではなく、別の仕方を通していわば再確立され、初めの存在よりもより確かな存在へと高められることになる。そのため、それは「無制約的な然り」へと至ることになる。しかし、この点を理解するためには、もう一つの原理である形成原理の理解が不可欠であり、そのところであらためてこの点に触れることになろう。

いずれにしてもティリッヒは、ある形成的存在を批判する場合、そこに二つの批判、すなわち合理的批判と預言者的批判が見られるとする。そして、それぞれの批判の立場は、一方は批判の対象に基づきながらもそれを超えている理想を基準とし、もう一方は批判の対象そのものを超えた立場からの批判なのである。しかし、ティリッヒによれば、この二つの批判には一つの共通点がある。というのも、両者とも、対象の直接性から超え出ている立場からの批判であるからである。ティリッヒ自身の言葉で言えば、「合理的批判は存在を超えた精神の高揚の中に、預言者的批判は生命と精神のかなたにあるところのものによって、両者が揺り動かされていることの中に、基礎を持っている。それゆえに批判の両方法とも、現存在の直接性との決裂を前提としている」[19]。この指摘は、批判というものが、そもそもそうした距離を前提としたものであることを思えば、当然の指摘であろう。そもそも、そうした対象との距離なくして、対象を客観的に捉え、それを批判するということは不可能である。しかし、すべてのものを預言者的批判という徹底した批判から捉え直すことができるというティリッヒの考えは、ティリッヒの世界観の重要な一面を示すものである。それは、ティリッヒは世界を直接的現実としては捉えていないということである。直接的現実を見ながらも、それを超えたところに現実を現実ならしめている別のものを見ているのである。仮にそれを〈本質〉という言葉で語ることができるならば、ティリッヒは現実の背後に本質を見るという仕方で世界を見ているのである。しかし、この点についての議論は他のところに譲るとして、今しばらくティリッヒが語る批判原理について究明されなければならない。

(2) 合理的批判と預言者的批判の相補性

ティリッヒは、以上のように、合理的批判と預言者的批判に共通点を認めるわけであるが、しかしまた、両者は共通点を持つばかりではなく、さらに重要なことに、この二つの立場は相互に連動し合っており、またそれゆえに、それぞれの批判はいわば十全な批判となるのである。すなわち、第一にティリッヒが指摘することは、預言者的批判は合理的批判の具体性なくしては、実際の批判にはなりえないということである。批判の対象そのものを全面的に批判する預言者的批判は、その対象を無制約的な否定と肯定へと至らせるのであるが、そうした決定的な批判といえども、それを具体的に受け止めるところなくしては現実とはなりえないのである。ティリッヒの言葉で言えば、「存在と精神のかなたから出てきた批判は、存在に対する精神の、存在の旅路自体の中で起こってきた批判において具体的になる。預言者的批判は合理的批判において具体的となる」[20]。ティリッヒは、『組織神学』第一巻の序論で、神人の相関性について言及し、「神はその深淵的本質においては、どのような仕方においても人間に依存しないが、人間に対するその自己顕現においては、人間がその顕現を受け入れる仕方に依存する」[21]と述べ、人間の受容という具体性を問題としているが、そうした具体性なくして啓示は啓示とならないように、預言者的批判という超越的批判も合理的批判という具体性を通して初めて現実的批判となるのである。また逆に、第二の点としてティリッヒが指摘することは、合理的批判は預言者的批判によって支えられることがなければ、その批判は真実なものにはならないということである。すなわち、「合理的批判は預言者的批判を通して、不可避性、無制約性の性格を受け取る」[22]のである。ティリッヒはまた、この「不可避性、無制約性」（Unausweichlichkeit, Unbedingtheit）を「誠実性」（Ernsthaftigkeit）とも言っている。そのため、「すべての自律的批判はその究極的な誠実性を、その背後に立っている預言者的批判から受け取る」[23]とも語るわけであるが、いずれにしても、合理的批判は、預言者的批判を通してそれ自体が真実なものとなるのである。しかしながら、このことはまた同時に、合理的批判の限界をも開示することになる。というのも、合理的批判は、預言者的批判によって、その批判が「本来の深み」（eigene Tiefe）にまで徹底化されるわけであるが、しかしその時、合理的批判はいわば破壊されることなく、それ自体は保持されるからなのである。つまり、預言者的批判という徹底的な批判にさらされ、その限界の極みまで突き動かされながらも、それ自体は保持されるところに、それ自体を超えた支えが見て取れるのである。すなわち、そこには預言者的批判の持つ何らかのものの達成が見られるのである。つまり、預言者的批判を通して、「存在が問われることによって、それは存在の中での達成を頼りとはしない。しかし批判的状況のかなたにあるところの達成は含む」[24]のである。ティリッヒは、このことを「恩寵」（Gnade）という言葉で捉える。それは、いわば、合理的批判が預言者的批判と結びつき、その求めに応じるとき、その限界を通して開示される、合理的批判に先立つ構造であって、この恩寵に基づいて合理的批判は初めて預言者的批判と結びつき、その本来の機能を果たすことができるのである。したがってティリッヒは、この三者の関係を以下のように総括している。「合理的批判の中で預言者的批判は具体的になる。預言者的批判の中で合理的批判はその深みと限界を、すなわち要求の無制約性を通してその深みを、恩寵を通して、その限界を保持する」[25]。

（3）預言者的批判とプロテスタンティズム

ティリッヒは、すべての実在、すなわちティリッヒの言葉で言えば「存在と精神」を批判する方法として、合理的批判と預言者的批判の二つを取り上げたわけであるが、合理的批判が一般的な批判であるのに対して、預言者的批判は、その表現からしても明らかなように、宗教改革者の精神を語るもので、それはプロテスタンティズムに固有の批判なのである。そこで、あらためてその定義に耳を傾けてみると、ティリッヒは次のように語っている。「それは存在と精神を超えたものから出発し、そこから存在と精神の両方を問題にする。それは合理的批判と結合して、それに無制約的な誠実性を与える。それは恩寵の宣教を通して合理的批判に限界をもうける」[26]。したがって、預言者的批判は、その内に恩寵の構造を持ち、合理的批判と相まって、存在と精神の全体を批判するのである。

ところで、ティリッヒによれば、このプロテスタンティズムに固有の批判としての預言者的批判は、何よりもプロテスタンティズムの中核をなす「信仰義認」において最も先鋭化した形で見られるものなのである。すなわち、ティリッヒは、預言者的批判の徹底した批判と、以下の項であらためて検討する形成原理に基づく逆説的形成とを信仰義認の中に見て取るのであるが、その信仰義認こそ、預言者的批判として、宗教改革において、ルターのローマ・カトリック教会に対する戦いとして現れたものなのである。ティリッヒはそれを「闘争」（Kampf）とも呼んでいるが、それは、より具体的に言えば、「自ら真理を把握し、実現できるという理性の要求に対する」闘争であり、また「預言者的宣教からの、自律の自己充足性に対する」闘争、あるいは「精神を、存在と精神を超えたものと混同することに対する」闘争（＝ローマ・カトリック教会の秘蹟主義）であったのである(27)。すなわち、一言で言えば、後で扱う神の超越的恩寵を、一方においては退け、他方においてはこの世的なものへと引き下ろしてしまう諸力に対して、ルターは戦ったのである。ところで、ティリッヒによれば、この戦いの背後には、「ルターの闘争をこの方向に導いていった激情は、ルターの抗議の中に作用していた預言者的批判が、合理的批判の中に解消される危険性に相対している(28)」と語っているように、合理的批判と預言者的批判の分離があり、また後者が前者に飲み込まれるという歴史的経過があったのである。そしてこの危険性は、「プロテスタンティズムが、預言者的批判の本質に合致して、教会と文化に対する合理的批判を部分的には取り入れ、部分的には拡張し強化すればするほど、ますます大きくなっていった(29)」のである。いずれにしても、ティリッヒは、こうした危険性の増大する中で、ルターの預言者的批判が起こったと見るのである。

しかし、この預言者的批判は、批判だけで終わったのではない。それは同時に、その克服をも含むものであった。そこに、ルターが語る信仰義認という状況がある。しかし、その点については、批判原理と対をなすもう一方の原理である形成原理を扱った後に、あらためて論じたいと思う。

第3節　原理的プロテスタンティズム（二）
——形成原理としてのプロテスタンティズム

(1) 批判（抗議）と形成

批判原理の中ですでに間接的に触れられたように、批判原理は形成原理によって支えられ、それを前提として、初めて可能なのである（それゆえに、一方に触れずして他方を語ることはできない）。それは、そもそも原理的に言っても、肯定は否定に先立つからである。しかし、一見すると相矛盾するこの二つの原理は、どのような仕方で一つとなるのか。そこで初めに、ティリッヒが語る批判と形成の関係について、確認しておきたいと思う。

ティリッヒは、「プロテスタント的形成」（Protestantische Gestaltung, 1929）という論文の中で、形成について、「形成（Gestaltung）とは、形体（Form）を創造する力である」と述べている。それに対して、プロテスタンティズムは、歴史的プロテスタンティズムのところでも確認したように、そもそもは「形体に対する抗議」から始まっており、それがプロテスタンティズムの重要な原理であり、また使命である。[30] したがって、抗議（批判）と形成は鋭く対立する関係をなす。しかし、プロテスタンティズムも、歴史的存在として形成から逃れることはできないため、その内に相反する二つの原理を抱え込むことになる。そのため、抗議（批判）と形成という問題は、プロテスタンティズムの生命線に触れる重大な問題なのである。しかし、ティリッヒによれば、両者の対立的関係は本質的ではない。なぜならば、一般論として、肯定は否定に先立ち、否定は肯定を前提とするように、抗議（批判）は形成を前提としているからである。また、逆に言えば、形成は、その内に、抗議（批判）からの否定を含んでいるのである。したがって、そこには〈形成〉と〈形成の否定〉が一つとなっている状態がある。ティリッヒは、これを「形態」（Gestalt）と呼ぶ。そして、抗議は、この形態を通してその姿を現すことができるのである。したがって、ティリッヒは、以上の関係を次のように語っている。

形態は、それ自身とそれ自身に対立する抗議を包括しており、形体と形体の否定を包んでいる。……もし否定が生きていれば、それは一つの立場と結びついており、またもし抗議が生きていれば、それは一つの形体と結びついている。このことはプロテスタンティズムにも当てはまる。その抗議はその形態に、その形体の否定はその形体の創造的な力に、その否は——それがいかに優勢であろうとも——その然りに依存している。その否は、その然りの創造性なしには、虚無の中に落ち込んでしまうであろう。(31)

（２）合理的および預言者的形成と恩寵の形態

そこで、あらためて形成原理に目を向けると、以上の批判（抗議）と形成の関係で明らかにされたように、合理的批判には合理的形成が前提とされているのである。この点をもう少し具体的に検討すると、合理的批判の基準は〈理想〉であったが、その理想は「具体的な形態の中に立っているものに基づいてのみ見られる」。すなわち、「すべての理想の実質的なものは具体的であり、それはその中で見られるものが立っている現実的な形成に相応する」のである。[32] したがって、理想とは、「一つの現存している形態の緊張から努力しながら形成されつつある形態の表現」[33] であり、合理的批判はこの形態に基づくのである。そして、その形態を生み出しているのが合理的形成なのである。したがって、合理的批判はこの合理的形成を前提として初めて成り立つのであり、実際には、理想の立場からなされる、「過去のものになりつつある形態に対する批判」が、合理的批判なのである。[34]

ところで、合理的批判が合理的形成を前提としているように、預言者的批判もそれに先立つ前提がある。しかし、ティリッヒによれば、それは預言者的批判が「存在と自由のかなた」(Jenseits von Sein und Freiheit) から出たものであるように、それも存在と自由を超えたものであり、「すべての関係の中で『かなた』自体の性格を生み出す」。したがって、それは具体的に捉えることも表現することもできないのである。[35] しかし、他方、預言者的批判は超越的でありながらも、また同時に合理的批判を通して現実的となるように、預言者的批判の肯定的前提も超越的であると同時に、また合理的形成を通して現実的となる。ティリッヒは、このことを、「恩寵」として捉える。そして、この恩寵の現実を「比論的に――というのも、それは基本的には一切を超越しており、一般の直接的表現を超えていることであるから――」、「恩寵の形態」(Gestalt der Gnade) と呼ぶのである。すなわち、「預言者的批判が一つの存在から語るとき、それは超越している存在から語らねばならないし、超越しているものとして同時に現実に属しているものでなければならない。しかし、現実的なものとしての超越的存在とは、恩寵の存在である。預言者的批判は、恩寵の現実から――比論の中に留まるためには――恩寵の形態からほとばしり出なければならない」。[36] したがって、恩寵の形態とは、批判原理と形成原理との統一したものであって、その性格は完全に超越的であると同時に現実的であるという逆説性を持つ。しかし、それは、あくまでも直接手に触れることのできるという意味での現実性ではなく、それ自体は超越的であるが、この世のものを介して、その現実性を開示するのである。ティリッヒは、この恩寵の形態を、さらに端的に「抗議と形成との統一」[37]とも表現しているが、この恩寵の形態こそ預言者的批判の前提であり、その前提なくしては、その批判は単なる空虚な批判主義に陥ってしまうのである。

（3）恩寵の形態としての信仰義認

以上のように、ティリッヒは「抗議と形成との統一」としての恩寵の形態について語るのであり、これがティリッヒの恩寵論の中核をなしている。ところで、ここであらためて確認されなければならないことは、ティリッヒはこの恩寵の形態ということで、「批判」と同時に「形成」について語るわけであるが、その「形成」が恩寵論の重要な要素となっているということである。繰り返しになるが、プロテスタンティズムの第一義的原理は抗議である。それは、ルターやカルヴァンの宗教改革的闘争において余すところなく発揮されたものである。そして、それはまた、現代神学においてはカール・バルトに代表される弁証法神学において、顕著に見られた戦いでもあった。この点において、ティリッヒはバルトたちを高く評価している[38]。しかし、同時にティリッヒは、以下の二つの方向に対する批判において、プロテスタント的「形成」の重要性を強調するのである。

それは、一方では弁証法神学に対する批判においてであり、もう一方ではローマ・カトリック教会に対する批判においてである。すなわち、ティリッヒは、前者を「正統主義的主知主義」とも批判し、後者を「秘蹟主義」とも批判するが、ティリッヒにとっては両者とも形成の課題を十分には果たしていないのである。弁証法神学に対しては、これは必ずしもバルトに直接向けられた批判ではないが、そのグループとその後継者たちが、一方では典礼的な問題を批判的否のもとに退け、他方ではそのラディカルな宗教批判において十九世紀の自由主義神学が持っていた「相対的な学問的批判」を鎮圧してしまったことを指摘し、厳しい批判の矛先を向けている[39]。またローマ・カトリック教会に対しては、本来超越的である恩寵を秘蹟と同一視し、具体的制度の中に還元してしまったことを問題とする。すなわち、カトリック的秘蹟主義は、「教会からその精神的、不可視的な性格を奪い、一つの無制約的な恩寵を多くの制約的な『恩寵』に分割し、教職制度を恩寵の力の所有者とし、したがって人が救いのために屈服せねばならない権威に」してしまったのである[40]。ティリッヒは、一方でこうした問題を見据える中で、プロテスタント的批判の中に本来的に存在するプロテスタント的形成の重要性に注目し、その形成に自ら応えようとしたのである。

それでは、その恩寵の形態の内容とは何か。それはあらためて言うまでもなく、第一義的には「信仰義認」である。すなわち、預言者的批判のところで見たように、ルターは宗教改革において徹底して預言者的批判を行ったわけである。しかしその批判は、今見たように、同時にもう一つの側面によって支えられたものでもあった。すなわち、「批判的状況がその無制約的深みにおいて克服される」ということが、同時に起こっていたのである。つまり、批判とその克服という恩寵の形態が現れていたのである。そしてそれが、ティリッヒによれば、ルターによって「罪人の義認」、「信仰のみによる義認」という言葉で語られたことなのである。この点について、ティリッヒは次のように語っている。「『行為なき信仰』（'Glauben ohne Werke'）［信仰義認］をめぐる闘争は、ほかのものに対する一つの救済方法の闘争ではなく、むしろそれは無制約的な誠実さをめぐる闘争であり、また批判の無制約的な克服である」[41]。この言葉で重要なことは、信仰義認とは「無制約的な誠実さ」を語る言葉であるということである。

そしてまた、恩寵の形態の持つ形成の側面が批判に対する「克服」として理解されていることである。それは、具体的な「何か」ではないのである。恩寵の形態が具体的な何かとして理解されるとき、それは無制約的な誠実さを失い、制約されたものに陥ってしまうのである。したがって、信仰義認とは、恩寵の形態による〈批判〉とその〈克服〉、もっと聖書的な言葉で言えば罪に対する神の〈審き〉と〈赦し〉を語るものなのである。この点に関してティリッヒは、宗教改革後、「恩寵の超越性は、義認論と予定論のように、その確立化によって誤解されてしまった」と語り、恩寵が「義認論」と「予定論」に教義化されてしまい、本来の内的躍動性を失ってしまった点を問題にしている。そして、「この二つの概念は、預言者的批判と同時にその実現とその克服が経験されるところの状況を指し示すものとして理解されるときだけ、その意味を持つのである」と語るように、この批判と克服という内的躍動が、恩寵の内実をなしているのである。[42] そして、その恩寵の形態は、「信仰自身が恩寵の（聖霊の）形態である」[43] と語られているように、信仰そのものとして与えられているのである。ティリッヒは、この信仰について、また次のようにも語っている。「信仰とは人間の信仰である。それは人間から出てくるものではないが、人間において有効なものである。そして信仰が共同体あるいは人格の中にある限り、それは恩寵の具体化である」[44]。そのためティリッヒは、そのことを明確に示すために、すでに触れたように、従来の「信仰義認」、「信仰によって義とされる」(justification by faith) という言葉に代えて、「恩寵」という言葉を加えた、「恩寵による信仰を通した義認」(justification through faith by grace) という新しい表現を用いるのである。

（4）恩寵の形態と「新しい存在」および「潜在的教会」

以上のように、ティリッヒはプロテスタント原理という視点から、その批判原理と形成原理を統一する恩寵の形態を論じ、それを信仰義認の内実として捉えるのである。それは存在の全体を徹底的に批判（抗議）すると同時に、その新たな形成（変革）をもたらすもので、それは、言ってみれば、歴史を動かす根源的な力なのである。ティリッヒは、この点について、次のように語っている。「キリスト教は、すべてのその歴史的顕現を批判し変革する力を持っている限りにおいて、決定的に重要であり、そしてまさにこの力がプロテスタント原理なのである」[45]。

しかしながら、この徹底的な批判（抗議）と徹底的な形成（変革）の主張は、それを主張するキリスト教（プロテスタンティズム）自身にも向けられたものである。そのため、ティリッヒは、キリスト教（プロテスタンティズム）は以下の問いを避けることはできないと言う。すなわち、その問いとは、「その原理が自分自身に対する抗議であるとき、その精神的形態はいかに生きることができるか。いかに批判的力と形成的力は、プロテスタンティズムの現実の中で統一されうるのか」[46]。しかしながら、この根源的な問いに対するティリッヒの答えは、明快である。ティリッヒは、こう答える。「その答えはこうである。キリストとしてのイエスにおいて顕現している新しい存在の力の中でである」[47]。ティリッヒは、終極的啓示として語るキリストにおける新しい存在こそが、プロテスタンティズムがまさにそのプロテスタント原理を実現する力であると断言するのである。その理由は、すでに啓示論のところで論じられているので、ここで触れることはしないが、いずれにしても、この徹底した批判と徹底した形成をもたらす恩寵の形態の、いわば具現化したものがキリストにある新しい存在なのである。そして、この新しい存在の力において、プロテスタンティズムは、まさにその力（プロテスタント原理）を揮うことができるのである。その意味では、前節で見た信仰義認は恩寵の形態の主体的顕現であり、キリストにある新しい存在は、その客観的顕現であるとも言えるであろう。そして、キリストの啓示が終極的啓示と理解されているように、恩寵の形態の顕現もこの新しい存在において極まるのである。したがってティリッヒは、ここにおいて、プロテスタント原理もその終極に至ると語る。すなわち、「ここで［新しい存在の力の中で］、プロテスタントの『抗議』は、その終わりに至る。ここに、それがその上に立っている岩盤があり、それは批判にさらされることはない。［そしてまた］ここに、プロテスタンティズムの、プロテスタント原理の、そしてプロテスタント的現実の、聖礼典的な基盤がある」[48]。

ところで、以上の議論との関連で、ここでもう一つ触れておかなければならないことは、ティリッヒは、キリストにおける新しい存在に恩寵の形態の顕現を見ると同時に、そのキリストを信じ告白し、その聖礼典を担う教会にも同じ顕現を見ているということである。もちろん、それは、現に存在している教会そのものではない。それは、いわば教会を教会たらしめているものとして恩寵の形態を見ているのである。この点について、ティリッヒは次のように語っている。「その霊的な質における教会は、信仰の対象として、『恩寵の形態』（Gestalt of grace）である。そして、この恩寵の形態としての教会は、キリスト教の諸教会よりも古く大きいのである」[49]。この「霊的な質における教会」とは、『組織神学』第三巻の教会論の中で全面的に展開されている「潜在的教会」（latent church）の考えであるが、ティリッヒは、この潜在的教会に恩寵の形態を見るのである。そして、その潜在的教会によって、地上の可視的教会が出現すると見ているのである。すなわち、「全史における準備なくしては、すなわち、私がのちに『潜在性における教会』――短く言うと『潜在的教会』――と呼んだものなくしては、『顕在的』（manifest）教会は決して特別な時代に現れることはできなかったであろう」[50]。しかしまた、この恩寵の形態は、キリストと教会のみならず、次項で見るように、すべての領域にも及ぶものなのである。

（5）恩寵の形態とプロテスタント的世俗性

以上、第3項で論じられた信仰義認としての恩寵の形態は、キリストの新しい存在において、いわばその十全な顕現を見るのみならず、またそのキリストを告白する教会も、この恩恵の形態によって生み出され、支えられているのである。しかし、恩寵の形態の関わりは、そこに留まるものではない。ティリッヒによれば、それは、いわば水平的次元での展開を持つのである。というのも、すべての存在は、この恩寵の形態に深く根ざすため、どこにおいてもその批判と形成が起こりうるのであり、それが起こるところではどこでも恩寵の形態が、いわば間接的・部分的に見られるからである。しかしその場合、重要なことは、繰り返しになるが、その現在性は直接触れることのできるような合理的形態ではなく、それは現在的でありながら、決して対象とはならないものなのである。ティリッヒは、こうした恩寵の形態を「意味の形態」（Bedeutungsgestalt）とも呼んでいる。すなわち、「恩寵は現在である、しかし対象ではない。それは実際に対象の中にある。しかし対象としてではなく、対象の超越的な意味としてある。恩寵の形態は意味の形態である」[51]。ティリッヒはまた、現実的でありながら、それを超えている恩寵の形態の在り方を「先取り」（Vorwegnahme）とも表現している。すなわち、「恩寵の形態の可視性と非対象性の関係は、『先取り』としても規定されよう。……恩寵の形態は、自由と存在のかなたにあるところのものの先取りとして名づけられるであろう」[52]。したがってティリッヒは、恩寵の形態と合理的形態の関係を以下のようにも説明している。「恩寵の形態は実際には合理的諸形態の中にある。すなわち、一方ではそれらを超えている意味を与えつつ、他方では合理的諸形態の固有の意味と結合するのである」[53]。恩寵の形態と合理的形態は、いわば恩寵の形態の持つ超越的意味が合理的形態の持つ固有の意味と結合する中で一つとなるのである。より具体的に言えば、「『愛は律法の成就である』『霊はすべてを真理に導く』、つまり恩寵の形態は合理的諸形態の成就なのである。しかし、経験的に把握できるという意味においてではなく、先取りしている、前兆となっている、という意味においてである」[54]。さらにティリッヒは、合理的諸形態は恩寵を通して究極的なものに参与する「力」（Macht）を与えられるとも語る。そのため、その意味では、すべての合理的諸形態の中には、恩寵の力と一つとなっているという「恩寵の秘密」（ein Verborgenes von Gnade）があるのである[55]。

いずれにしても、合理的諸形態は恩寵の形態が実現される器となりうるのであり、逆に恩寵の形態はそうした合理的諸形態を必要とするのである。ティリッヒは、こうした恩寵の形態の現在性に関わる合理的諸形態を「プロテスタント的世俗性」（protestantische Profanität）とも呼んでいる。すなわち、恩寵の形態は、「世俗性の現存の中で具体的である。世俗性がプロテスタンティズムの派生物であり、そしてそれとの協力あるいは敵対の中で結合される限り、われわれはそれを『プロテスタント的世俗性』と呼ぶことができるであろう[56]」。この表現には、恩寵とは「聖なるもの」であり、それが合理的形態を取るとき、それは聖なるものとの対照性を示し、自らの世俗性を現すという意味が込められていると言える。しかし、この表現は、合理的諸形態を俗なるものと聖なるものに分けるということではなく、聖なるものはあくまでも恩寵だけであって、すべての合理的諸形態は、この聖なる恩寵の形態の現実性を担うときに、自らの世俗性を暴露することになるのである。したがって、こうしたプロテスタント原理の立場からすると、そうした世俗性はプロテスタンティズムの派生物ということになる。しかしこの世俗性は、同時に恩寵の形態を担うものでもあるのである。そして、そのとき、世俗性は一つの決定的性格を身にまとうのである。それは、恩寵の形態に対して透明になるということである。透明になることによって、世俗性におけるその現在が「知覚」されるようになるのである。ティリッヒは、それを〈「透明的」形態〉（“transparente” Gestalt）[57]とも呼んでいるが、それが世俗性が恩寵の形態を担うときの決定的な性格となるのである。すなわち、このことは、すでに啓示論の中でも触れられた点ではあるが、啓示においては、啓示を媒介するものは啓示に対して自らが透明となることを通して媒介となりうるように、プロテスタント的世俗性も恩寵を担うとき、それに対して透明となるのである。

このように、〈プロテスタント的世俗性〉は、「プロテスタント的形成の本質的要素[58]」なのである。したがって、プロテスタント的形成にとって、世俗性との関わりが決定的に重要なものとなる。ティリッヒは、この観点から、プロテスタント的形成を以下の四つの原理において表現している。

① 第一原理―「プロテスタント的形成は、その中で明らかに宗教的な諸形体が、それを問うている世俗性に関係づけられている一つの形成である。[59]」

② 第二原理―「すべてのプロテスタント的形態においては、永遠的要素は、現在的状況との関係の中で表現されなければならない。[60]」

③ 第三原理―「プロテスタント的形成は、恩寵の現実性の地盤における、そして冒険の形体の中での形成である。[61]」

④ 第四原理―「すべてのプロテスタント的形態においては、信仰的現実主義の姿勢が表現されなければならない。[62]」

ところでティリッヒは、この世俗性を具体的に二つに大別して論じている。一つは、いわゆる宗教的領域であり、もう一つは自律的文化の領域である。宗教的領域は、さらに〈宗教的認識〉と〈宗教的行為〉に分けられ、前者は神学として、後者は礼拝として論じられている。それによると、神学は、「現実性を担っているその根底がその中に現れ、それを通して見えるほどに、現実性を洞察し、そして記述する[63]」ことをその課題とする。また礼拝は、

「その中で恩寵の形態が自己を表現する諸形体」を用いて、「日常的なものに、究極的な意味を与える」ことを課題とする。[64] それに対して、自律的文化も、同様に恩寵の形態に基づく形成に参与する。しかし、それは一方においては、その批判を受けることにもなる。というのも、それは絶えずそこから遠ざかろうとする傾向があるからである。すなわち、「世俗的世界」は、「恩恵の形態から、それとの本質的関係にもかかわらず、自分を分離する傾向を持っている」。[65] しかし、同時に、その恩寵の形態への参与を通して形成へと向かうのである。そして、文化的形成のすべての営みの根底には、この恩寵の形態への参与があるのである。したがって、「この試みに成功する程度に応じて、思考と行為の世俗的形体は、自分で宗教的になろうとはしなくとも、特別に宗教的なものに近づいていく」のである。またそうした関係を背景として、世俗的思考と行為は「それ自身の根拠と意味についての問題」、つまり「宗教の問題」へと駆り立てられるのである。[66] したがって、恩寵の形態と世俗的文化の間には、一つの弁証法的関係があるのである。ティリッヒは、この関係を〈神律〉（theonomie）という言葉で表現する。この点についても、すでに第3章で触れたが、それは、文化の自律性を認めながらも、恩寵との距離が批判・克服される中にあって、自律的文化が恩寵の形態において支えられ、引き上げられている関係である。ティリッヒは、この神律を、先に触れた〈プロテスタント的世俗性〉と呼んでもよいとしているが、恩寵の形態はそうしたプロテスタント的世俗性を生み出すのであり、すべての文化的営みは、そうした世俗性として、その内に宗教的次元を秘めているのである。[67]

(6) 恩寵の神学

以上概観したように、ティリッヒは恩寵を、批判原理と形成原理の統一である〈恩寵の形態〉として、原理的に捉えている。それは、存在するすべてのものをその根底から揺さぶり、徹底した批判（抗議）へともたらす一方、同時にその批判を通して形成（変革）をもたらすのである。そして、その形成はすべての文化的領域にまで及ぶのである。

ところで、このように存在のすべての領域において恩寵の働きがあると見なすティリッヒの見解は、従来の恩寵論とは大いに様相を異にすると言わなければならない。ここに詳述する余裕はないが、たとえば、ティリッヒが自らもそれと同じ思想的系譜に属すと見なす「恩寵の博士」（doctor gratiae）と呼ばれるアウグスティヌスは、いわゆる「ペラギウス論争」を通してその恩寵論を明確に主張することになったが、そこでの議論の中心はいわゆる〈自由意志〉をめぐるものであった。また、ティリッヒ自身意識してその後継者と自認しているルターとエラスムスとの間で戦われた論争も、同じく自由意志をめぐるものであった。そして、基本的には、アウグスティヌスにおいてもルターにおいても、原罪の妨げによって神の救いへと向かうことのできない人間の意志が強調される反面、恩寵による決定的救いが論じられるのである。その場合、どちらかというとアウグスティヌスにおいては〈愛〉が強調されたのに対して、ルターにおいては〈信仰〉が強調される違いはあるが、いずれにしてもそれは神の全き恩寵として理解されたのである。そうした恩寵論と比して、ティリッヒの恩寵論は、基本的には両者の主張を踏襲しつつも、同時に、恩寵を原理的に捉えることにより、その働きをすべての存在へと展開しており、その点において非常に特徴的であると言わなければならない。そして、このことを可能としているのが、〈形態〉という概念なのである。そこで最後に、あらためてこの〈形態〉概念がティリッヒの神学に占める位置（意味）を確認しておきたいと思う。そのことは、同時に、恩寵論の位置をあらためて確認することにもなるであろう。

まず、ティリッヒ神学全般を見渡すときに気づかされることは、〈恩寵の形態〉という概念は、一連のプロテスタンティズム論の中では繰り返し主張されているが、その他の文献、特にティリッヒの主著である『組織神学』の中では見られないということである。しかし、このことは、〈恩寵の形態〉という考えが、ティリッヒのドイツ時代を中心とする時期に限定されたものであって、その後ティリッヒの思想からは後退した、あるいは消滅したということではないであろう。むしろ、プロテスタンティズム論という限定された領域で語られたことが、ちょうどプリズムを通った光が分解され、拡大されるように、『組織神学』という神学体系の中に拡大・展開されたと見るべきである。というのも、確かに〈恩寵の形態〉という概念自体は『組織神学』の中には見られないが、その考えは、体系的に拡大されて展開されていると見ることができるからである。そして、その最も基礎となっているのが、その構造論である。すなわち、ティリッヒは、存在論的構造に基づいて神と人間との関係を論じているが、この構造的捉え方自体が神と人間との全面的関係を語るものであり、それはまさにティリッヒが〈形態〉として語ったことであるからである。その証拠に、ティリッヒ自身、プロテスタンティズム論において、すでに〈形態〉を〈構造〉とも呼んでいる。すなわち、〈恩寵の形態〉を〈聖なる現実構造〉(heilige Wirklichkeitsstruktur)、あるいは〈聖なる現実の構造〉(heilige Struktur der Wirklichkeit) と言い直している[(68)]。『組織神学』におけるこの〈構造〉については、あらためて論じられる必要があるが、すでに本章において見たように、〈形態〉は無限なものと有限なものとの全面的関係を形成する概念として用いられていたように、『組織神学』でも〈構造〉は同様の働きをしている。ただそれが、〈恩寵の形態〉という用語のように、一つのまとまった表現としてではなく、それぞれが、その体系に占める位置に応じて、一つのほぼ独立したテーマとして扱われているのである。そして、〈恩寵の形態〉論に含まれていた信仰論や啓示論、あるいは神律を中心とする文化論も、『組織神学』においては、相互に関連しているとはいえ、ある程度独立したテーマとして個々に扱われている。したがって、この形態的・構造的捉え方に、ティリッヒ神学の重要な特色を認めることができるのである。そして、この形態的・構造的捉え方こそ、神の恩寵の現実性を可能としているものなのである[69]。そのため、この形態的・構造的な捉え方なくして、問いと答えとの相関の方法からなるティリッヒ神学は、そもそもその基盤を持ちえなかったと言えるであろう。この点について、ティリッヒ自身も深く自覚していたようで、自らの思想的系譜を述懐する中で、次のように語っている。

もしそうしたいなら、人は私をアウグスティヌス的・反アリストテレス的・反トマス的傾向に組み入れることは可能である。それはどういうことかといえば、私は——宗教哲学についていえば——この傾向に属しているということである。しかし、すべての領域においてそうであるわけではない。「形態の哲学者」（Gestalt-Philosoph）、もしくは「形態の神学者」（Gestalt-Theologe）としては、私はアウグスティヌスやプラトンよりもいささかアリストテレスに近いのである。なぜなら原子論的・機械論的・数学的な科学の傾向のほうがアウグスティヌス的プラトン的であって、生命的な有機体の構造性の理念はアリストテレス的だからである[70]。

第Ⅲ部でも見るように、ティリッヒは、基本的にはアウグスティヌスの系譜に立つ神学者である。しかし、一つの点において、すなわちこの形態の考え方においては、アウグスティヌスよりも、しばしばその対極に置かれるアリストテレスに近いというのである。そして自らを〈形態の哲学者〉あるいは〈形態の神学者〉とすら自称するのである。ティリッヒ研究者の一人J・L・アダムスも、基本的にはこの述懐に触発されてではあろうが、ティリッヒの形態論に注目し、ティリッヒを〈形態の哲学者あるいは神学者〉と呼んでいる[71]。すなわち、われわれはこの点にティリッヒ神学の基本構造を見て取ることができるのである。したがってわれわれは、ティリッヒの神学を〈形態の神学〉、さらには〈構造の神学〉と呼ぶことも許されるであろう。それは、批判と形成を通してこの世に関わる神の恩寵を基盤として、すべての存在を総合的・体系的に把握しようとする神学なのである。したがってまた、その意味では、ティリッヒの神学を、より端的に〈恩寵の神学〉と呼ぶことも可能であろう。

注

（1）Paul Tillich, ST III, 223-224.
（2）Tillich, "Ende der Protestantischen Ära? I, II," in GW VII.
（3）Ibid., 163.（『著作集』第五巻、二一七頁）
（4）Ibid.（同）
（5）Ibid., 152.（同上書、二〇三頁）
（6）Ibid., 153.（同上書、二〇四頁）
（7）Ibid., 154.（同上書、二〇五―二〇六頁）
（8）Ibid., 164.（同上書、二一九頁）
（9）Ibid., 160.（同上書、二一四頁）
（10）Ibid., 165.（同上書、二一九頁）
（11）ところで、少し脇道にそれるが、ティリッヒは、同世代のプロテスタント神学者の中で、大衆に注目し、その問題に取り組んだ先駆的な存在であったと言えよう。〈大衆〉は、初期のティリッヒにおける重要なテーマの一つでもあった。ティリッヒは、一九一〇年代末から始まる一連の社会主義に関する発言の中で、しばしば大衆について言及している。特に一九二二年には、「大衆と精神」という論文をまとめている。今ここで、これについて詳しく言及することはできないが、本章の流れの中で重要な点は、ティリッヒは決して大衆を否定的には見ていなかったということである。この点は、大衆論の魁ともなった『大衆の反乱』（*La rebelión de las masas*, 1929）の著者オルテガなどとは、一線を画する点であろう。オルテガは〈大衆〉と〈エリート〉を区別し、〈エリート〉を高い志を持ち、そのために身を捧げることができる存在として捉え、大衆をその対極においているが（オルテガ・イ・ガセット『大衆の反乱』神吉敬三訳、角川書店、一九六七年）、ティリッヒにはそういった区別はない。むしろ、大衆の持つ問題点を指摘しながらも、〈躍動的大衆〉の出現を期する内容となっている。そこには、大衆社会の到来を摂理的なものと見なし、それに真剣に取り組もうとするティリッヒの姿勢が見られる。そして、このことは、ティリッヒの神学全体にも深く反映されていると言える。特に、第2章でも見たように、ティリッヒが弁証学的神学の必要性を自覚するに至った背景には、この大衆社会の存在があったと言える。

(12) Tillich, GW VII, 156.（『著作集』第五巻、二〇七―二〇九頁）
(13) Ibid., 157.（同上書、二〇九頁）
(14) Ibid., 151.（同上書、二〇二頁）
(15) Ibid., 157.（同上書、二〇九頁）
(16) Ibid., 151.（同上書、二〇一頁）
(17) Tillich, MW 6, 302.（同上書、三四頁）
(18) Ibid., 128.（同上書、三五頁）
(19) Ibid., 129.（同上書、三七頁）
(20) Ibid., 130.（同上書、三九頁）
(21) Tillich, ST I, 61.
(22) Tillich, MW 6, 130–131.（『著作集』第五巻、三九頁）
(23) Ibid., 131.（同上書、四〇頁）
(24) Ibid.（同）
(25) Ibid.（同）強調はティリッヒによる。

(26) Ibid.（同上書、四〇―四一頁）
(27) Ibid., 131-132.（同上書、四一頁）
(28) Ibid., 132.（同）
(29) Ibid.（同）
(30) Tillich, GW VII, 54.（同上書、六九頁）
(31) Ibid.（同上書、七〇頁）
(32) Tillich, MW 6, 134.（同上書、四五頁）
(33) Ibid., 135.（同上書、四七頁）
(34) Ibid.（同）
(35) Ibid., 137.（同上書、四九―五〇頁）
(36) Ibid.（同上書、五〇頁）
(37) Tillich, GW VII, 54.（同上書、七〇頁）
(38) ティリッヒは、バルトたちの「預言者的抗議」を評して次のように語っている。「この抗議のラディカルな性格」が「プロテスタンティズムを一方では分派的孤立から守り、他方では世俗性と意味喪失性から守った」。そして、このプロテスタント的抗議は、「今なお現代神学の第一の課題である」とも述べている。(GW, VII, 55.『著作集』第五巻、七〇―七一頁)
(39) 特に後者に関して、ティリッヒは、彼らは「歴史的研究の学問的誠実性が聖なる迷信と教会的妥協を克服した約二世紀にわたった英雄的な闘争をもはや意識していない」と語っている。また、こうした全体的状況について、「危機の神学はこの（預言者的な批判の）火に点火した。しかしそれはただ燃えているのみで、暖かくしたり、明るくしたりはしなかった」とも語っている。(Tillich, GW VII, 56.『著作集』第五巻、七一―七二頁)
(40) Tillich, GW VII, 57.（『著作集』第五巻、七四頁）
(41) Tillich, MW 6, 133.（同上書、四三頁）強調はティリッヒによる。
(42) 以上、ibid.（同）

(43) 以上、Tillich, GW VII, 58.（同上書、七五頁）
(44) Ibid.（同）
(45) Tillich, MW 6, 296–297.（同上書、二六頁）
(46) Ibid., 297.（同上書、二七頁）
(47) Ibid.（同）
(48) Ibid., 297.（同上書、二七頁）
(49) Ibid., 296.（同上書、二五頁）
(50) Ibid.（同）
(51) Ibid., 138.（同上書、五二頁）強調はティリッヒによる。
(52) Ibid., 139.（同上書、五三頁）
(53) Ibid., 139-140.（同上書、五四頁）強調はティリッヒによる。
(54) Ibid., 140.（同）
(55) Ibid., 141.（同上書、五六頁）
(56) Tillich, GW VII, 61.（同上書、七九頁）
(57) Ibid., 60.（同上書、七八頁）
(58) Ibid., 62.（同上書、八〇頁）
(59) Ibid.（同上書、八一頁）①～④の強調は、すべてティリッヒによる。
(60) Ibid., 63.（同）
(61) Ibid.（同上書、八二頁）
(62) Ibid., 64.（同上書、八三―八四頁）
(63) Ibid., 66.（同上書、八六頁）
(64) Ibid., 67.（同上書、八七―八八頁）
(65) Ibid., 68.（同上書、八九頁）

(66) Ibid., 68.（同上書、八九―九〇頁）
(67) Ibid., 69.（同上書、九〇頁）。またティリッヒは、同様に以下のようにも語っている。「プロテスタント的形成は、現実が常に恩寵の形態の直接的表現の中で変形されるところでは、どこにおいても行われる」（ibid., 68. 同上書、八八頁）。あるいは「プロテスタント的形成は、世俗世界においては必然的であり、また自律的形体がいつも究極的意味の所持者になるところでは、それは進行している」（ibid., 69. 同上書、九一頁）。なお、強調はティリッヒによる。
(68) Tillich, GW VII, 57.（『著作集』第五巻、七三―七四頁）
(69) ティリッヒは、神と存在の構造との関係について、次のように語っている。「神は存在の根拠（根底）であるゆえに、神は存在の構造の根拠（根底）である。神がこの構造に従属しているのではなく、構造が神のうちにその根拠を持つのである。神はこの構造であり、この構造による以外神について語ることは不可能である。神は、認識的には存在それ自体の構造的諸要素を通してアプローチされなければならない。これらの要素が神を活ける神、人間の具体的関心事でありうる神にする。これらの要素が、われわれをして実在の根拠を明らかに指し示す象徴を用いることを得させる」（Tillich, ST I, 238）。強調はティリッヒによる。
(70) Tillich, EN I, 130.（『著作集』別巻二、一九〇頁）
(71) James Luther Adams, *Paul Tillich's Philosophy of Culture, Science & Religion* (New York: Harper & Row, 1965), 50.

第8章　認識における恩寵——存在論的認識の優位

はじめに

前章では、信仰義認論の原理とも言える恩寵としてのプロテスタント原理について考察したが、この恩寵は、いわば存在に関する恩寵と言える。それは、罪のゆえに神との隔たりの中にいる人間が、神の恩寵によって一つとされる出来事である。しかしまた、ティリッヒにはもう一つの恩寵論があると言える。それは、すでに神秘主義として間接的・部分的に論じられてきたことであるが、認識に関する恩寵論で、認識の主観－客観構造のゆえに神認識に至りえない人間に、神認識をもたらす恩寵である。これは、存在と理性との両面から捉えられているティリッヒの人間論においては、もう一つの重要な恩寵論であり、このことが語られて初めて恩寵の全体が語られたことになる。そこで、本章では、その恩寵について考察したいと思う。

ところで、ティリッヒは、すでに見たように、神と人間との関係を存在論的概念によって捉え、その神学を展開している。それは、たとえばカール・バルトのような聖書の釈義に基づき、キリストの人格に立脚した神学とは、性格を大いに異にしていると言わなければならない。しかし、ティリッヒにとって、神と人間との関係を存在論的概念でもって捉えることは、その信仰的確信からして本質的なことであり、存在概念をはずしては両者の関係は語りえないのである。そのためティリッヒは、神と人間との関係においては、人格主義的関係よりも存在論的関係が優位を占めることを主張するが[1]、同様のことが神認識に関しても見られるのである。すなわち、神認識に関しても ティリッヒは存在論的認識の優位を主張し、一切の認識に先立って神（＝真理）の存在論的認識があると考える。そしてまた、ティリッヒにおいては、神の存在論的認識が学問的営みの一切の出発点ともなっている。そこで、本章では、このティリッヒの主張する存在論的認識を検討し、それの持つ優位性と恩寵性を明らかにしたいと思う。

第1節　神認識の二つの道

(1) 存在論的認識と宇宙論的認識

ティリッヒは、神と人間との人格主義的関係性に対して存在論的関係性の優位を語るが、同じように認識論においても存在論的認識の優位を論じている。その場合、ティリッヒは、基本的に二通りの認識方法を問題にする。すなわち、存在論的認識と宇宙論的認識である。

すなわち、ティリッヒは、「宗教哲学の二つの類型[2]」という論文の中で、人間には神に到達できる二つの道があるとしている。一つは、「疎外を克服する道」であり、もう一つは「見知らぬ者との出会いの道」である。前者においては、神は何らかの仕方で人間に知られていることを前提としている。そのことは、人間はすでに神との何らかの関係にあり、その関係において自分を捉えていることを意味する。したがって、「人間は、神を発見するときに、自分自身を発見する」ということになる。すなわち、「人間は、人間を無限に超越しているけれども、自分自身と同一な何かを発見する。そのものから人間は疎外されてはいるが、しかし、人間はいまだかつてそれから分離されたことはなかったし、また決して分離されることはできない(3)」。

それに対して、見知らぬ者との出会いとしての第二の道は、偶然的である。というのも、そこには、第一の道に見られるような神と人間との間の必然的な関係は何ら存在しないからである。すなわち、第二の道においては、「彼ら［神と人間］は、本質的に互いに属し合うことはない」ために、両者の間には偶然的な出会いしかないのである。この第二の道は、基本的には合理的推論に基づいて神を認識しようとするもので、その探求において神に出会うことがあるとしても、それは偶然的であり、したがってその探求自体は神認識の蓋然性を高めるとしても、神認識そのものはあくまでも可能性に留まるのである(4)。

ティリッヒは、この第一の道を「存在論的類型」あるいは「存在論的方法」と呼び、第二の道を「宇宙論的類型」あるいは「宇宙論的方法」と呼ぶ。しかし、この類型（方法）は、基本的には認識の問題を扱っているゆえに、それをもっと端的に「存在論的認識」と「宇宙論的認識」と呼ぶことができるであろう。

（2）アウグスティヌス主義とアリストテレス主義

ところで、この二つの認識は、それぞれに歴史的背景を持っており、ティリッヒはその流れの中で両者を捉えている。すなわち、ティリッヒによれば、そもそもこの世のすべての諸力は、特にヘブライズムの預言者たちの働きを通して二つの「絶対」に還元されたと言う。その一つは「宗教的絶対」であり、もう一つは「哲学的絶対」である。そしてそれは、それぞれにおいて探求される究極の対象から言えば、「神」と「存在」ということになる。しかし、二つの絶対について語ることは、それ自体矛盾である。そこで両者の関係が問題となるが、ティリッヒは、それは「神は存在する」（「神は存在である（Deus est esse）」）という簡単な表現においてすでに示されていると言う。すなわち、結論から言えば、両者は根本において一致しているのである。しかし、それは哲学的絶対が宗教的絶対に還元される形において一致しているのであり、宗教的絶対が両者の一致の基盤なのである。そして、この宗教的絶対の立場に立つのが存在論的認識で、ティリッヒによれば、これはアウグスティヌスから始まり、中世のフランシスコ会を経てルターに至り、さらに近代世界へと流れているヨーロッパ思想の一大潮流なのである。それに対して、もう一つの立場である哲学的絶対は、その対極に立つのであるが、それはアリストテレスの影響のもとでトマス・アクィナスにおいて一つの頂点に達した流れで、これも近代世界に流れ込み、しかも存在論的認識よりも強力な流れとして展開しているのである。すなわち、これが宇宙論的認識の潮流である(5)。そして、この歴史的展望からティリッヒは、その『キリスト教思想史講義』において、前者をアウグスティヌス主義（Augustinismus）とも呼び、後者をアリストテレス主義（Aristotelismus）とも呼ぶのであるが、両者の間には深い緊張関係があり、ティリッヒは、この緊張を次のように表現している。「アリストテレス主義とアウグスティヌス主義とのあいだの全緊張関係は、そもそもわれわれの認識は、神の自己自身の認識また神の世界認識への参与であるのか、それともわれわれが世界を外から観察することによって神を認識することであるのかという問いから理解されうる。つまり神がわれわれの認識の最初（Anfang）であるのか、あるいは最後（Ende）であるのか［ということである」(6)。そして、最初とするのがアウグスティヌス主義であり、最後とするのがアリストテレス主義なのである。

以上は、思想史的見地から見られた二つの認識の理解であるが、ティリッヒはさらに内容的見地から、前者を「神律的知識」、後者を「自律的知識」とも呼んでいる。すなわち、「それゆえ、アウグスティヌス主義者とアリストテレス主義者との間の激しい相克の根底に横たわっている問題とは、神律的な認識論か、それとも教会の権威によって補完されるところの自律的な認識論か、という区別であった」(7)。この内容的な区別については、以下で詳しく扱いたいと思う。

(3) アウグスティヌスと新プラトン主義およびプラトン

歴史的展望に触れた関連で、もう一つの点に言及しておくことは有意義であろう。それは、キリスト教思想史を見た場合、アウグスティヌスが存在論的認識の始まりであると見なすことができるが、その思想は、いわばその備えをなしたものとして、新プラトン主義、さらにはプラトン自身にまで遡ることができるという点である。アウグスティヌスが回心に至るにあたり、その重要な契機となったのが新プラトン主義の書物との出会いであったことはよく知られた話である。この書物が実際何であったかは、アウグスティヌスは触れていないが、その出会いについては、次のように告白している。

そこで私は、それらの書物から自分自身にたちかえるようにとすすめられ、あなたにみちびかれながら、心の内奥にはいってゆきました。それができたのは、あなたが助け主になってくださったからです。私はそこにはいってゆき、何かしら魂の目のようなものによって、まさにその魂の目をこえたところ、すなわち精神をこえたところに、不変の光を見ました[8]。

アウグスティヌスについては第9章であらためて扱うことになるが、アウグスティヌスは新プラトン主義の書物を通して、いわゆる〈内面の道〉に導かれ、神との一致を経験するに至った。この点についてティリッヒは、日本で行った「私の神学の哲学的背景[9]」という講演の中で、次のように語っている。「アウグスティヌスは、懐疑主義がギリシア思想全体を支配した時代に生きました。そして、彼自身、懐疑主義の時代を経験したのです。しかし、彼は霊魂——自己自身の霊魂——の深み（depths）に真理があるという経験によって懐疑主義を克服しました[10]」。ティリッヒは、その経験を「無限なものと有限なものとの一致」（the unity of *the infinite and the finite*）と呼ぶのであるが、この無限なものと有限なものとの一致こそ存在論的認識であり、アウグスティヌスはそれを新プラトン主義の書物を通して教えられたのである。さらにティリッヒは、その新プラトン主義について、同じ講演の中で次のように語っている。すなわち、「ここでは西洋思想を今までになく東洋思想に近づけるあることが起こりました。すなわち、それはこの学派「新プラトン主義」の創始者のプロティノスとその偉大な弟子たちのすべてに存在する理性的なものと神秘的なものとの結合でした。プロティノスの展開した最も重要な概念の一つは、自己を失わないで自己を超えていくという意味での『エクスタシー』という概念です[11]」。すなわち、第4章の啓示論のところですでに見たように、このエクスタシー（脱自）という概念こそ、無限なものと有限なものとの一致を経験的に語るものなのである。またティリッヒは、『キリスト教思想史講義』において、新プラトン主義を「ギリシア哲学は、一方においては懐疑主義において終焉したが、他方それは新プラトン主義へと至った」と思想史的に位置づけ、「アウグスティヌスは、懐疑主義を、哲学においては新プラトン主義との関わりを通して克服した」と語っている。[12] そして、新プラトン主義がもたらした影響として三点を挙げる。それは、第一には、それが「新しい確実性、すなわち魂の内なる神の直接的確実性」へと到達する助けとなったということ、第二には、それが「愛なる神が世界の創造の根拠である」という世界理解の基礎を与えたこと、そして第三に、それが「自己自身へと向かう心理学的な通路」を指し示したことである。[13] すなわち、この三点において、新プラトン主義はアウグスティヌスに重大な影響を与えたのである。しかし、ティリッヒの見解によれば、アウグスティヌスは新プラトン主義をそのまま継承したのではなかった。むしろ、内容的には一つの決定的な逆転を引き起こしたのである。すなわち、「アウグスティヌスは、新プラトン主義を受け容れたけれども、それを反対の方向、つまり積極的な方向へと転向させた。新プラトン主義は否定的な哲学、すなわち世界逃避の哲学であった。それは、魂が地上的なものから究極的一者へと高揚することを説いたのである。アウグスティヌスは……それに対して、魂の内面において今ここに神的なものが現在することを強調したのである」。[14] しかし、内容的にはそうした逆転があったとしても、アウグスティヌスは、先に触れた三点において、新プラトン主義を継承したとティリッヒは見るのである。

ところで、この新プラトン主義の背後には、さらにプラトンの世界が控えているわけである。それは、ティリッヒによって、「真理の世界であるイデアまたは本質の世界と、真理であるように見えながら真理でないこの世界、すなわち私たちが生きている世界との区別」として表現されている本質（イデア）と実在との二元論的世界である。[15] この点についてティリッヒは、さらに、先に引用した講演において、「この区別は、霊魂が永遠の世界から変化する現実の世界へと堕落したという神話の中で、プラトンによって表現されています。私たちに残されているものは、『超歴史的記憶』とでも呼ぶことができるもの、すなわち魂がかつて属していた世界の時空を超えた記憶なのです」

と語っているが、[16] この「超歴史的記憶」（transhistorical memory）がエクスタシーによってもたらされるのであり、したがってヨーロッパ思想史全体から見れば、存在論的認識の淵源はこのプラトンにまで遡ることができるのである。

以上のようにティリッヒは、アウグスティヌスの思想の背後にこうした哲学的背景を見るのであるが、それはまたティリッヒ自身が受けた影響でもある。ティリッヒは、その一つ一つについて〈自伝的〉に語っているが、それはティリッヒ研究にとっては大変興味深いものである。すなわち、ティリッヒは次のように語っている。まず、プラトンについては、「私が、私の全生涯を通じて、また私の人生の多くの時期で、繰り返し繰り返し依存してきたのは、プラトンである」[17] と述べている。そして、その影響の一つが今触れた世界観であり、もう一つはプラトンが神話と象徴を用いたことで、これはティリッヒの象徴論に深く反映されている。また新プラトン主義については、特にその「エクスタシー」概念に触れ、「この概念〔「エクスタシー」〕は、私が私の神学に取り入れたものの一つで、そのため私はしばしば『悪者』（bad man）として、すなわち『神秘主義者』（mystic）とどがめられたのです」[18] と語っている。またアウグスティヌスについては、特に先に言及した「無限なものと有限なものとの一致」という概念に触れ、「無限なものと有限なものとの一致〔という概念〕は、宗教経験についての私の思想の基礎的原理の一つとなりました」[19] と述懐している。

いずれにしても、ティリッヒは、アウグスティヌスの背後に新プラトン主義を、そしてさらにその背後にプラトンの存在を認めているのである。

第2節　存在論的認識とその優位性

（1）神＝真理

そこであらためて、神認識の二つの道について、ティリッヒの語るところを尋ねなければならない。まず、存在論的認識であるが、すでに指摘したように、ティリッヒはこの方法の始まりをアウグスティヌスに見ている。というのも、アウグスティヌスは、宗教的絶対と哲学的絶対という問題に対して古典的な解答を与えた人物だからである。すなわち、ティリッヒによれば、アウグスティヌスは、「私が真理を見出したところで、私はわたしの神を、すなわち真理そのものを見出した」と語っているのであるが、そのことは、「二つの絶対は真理の本質において一致する」という解答を語るものなのである。すなわち、ティリッヒの言葉で言えば、「真理はあらゆる哲学の議論に前提されており、真理は神なのである（*veritas is God*）」。そのため、「真理を肯定するとき、人は神を肯定する」ことになる[20]。したがって、二つの絶対があるのではなく、両者は本質において一致しているのであり、それは基本的には宗教的絶対であって、哲学的絶対はいわばそれを暗に目指すものであり、また究極的にはそこに根ざすものなのである。したがってまた、この真理なる神が、すべての認識に先行している。すなわち、先ほどの、神が認識の最初か最後かという言い方からすれば断然最初なのであって、アウグスティヌス主義者は、「神の認識が他のあらゆる認識に先行する、われわれはその神の認識から始めなければならない、われわれ自身の内に真理の原理がある[21]」と主張するのである。したがって、アウグスティヌス主義的認識は、何よりも神認識の先行性を語るものなのである。

(2) 直接的神認識と「存在それ自体」

ところで、このような神認識は、ティリッヒによれば、「直接的」に与えられる。ティリッヒは、このことを、この伝統を中世において継承したフランシスコ会の思想家たちを引き合いに出しながら論じているが、その代表格の一人ボナヴェントゥラによると、「神は魂の中に最も真実に現臨しており、「魂によって」直接的に知られうる」のである。ティリッヒは、この神認識の直接性を、主観(主体)と客観(客体)の問題として論じるが、それによると、魂によって「直接的に知られうる」神とは、「主観と客観との同一性」(the identity of subject and object)なのである。というのも、神は人間の問いの対象とされるとしても、決して対象となることのない存在だからである。それは、「あらゆる問いとあらゆる疑いの中に前提されている真理」であって、それは「主観と客観との分離に先立って」存在しているのである。[22] すなわち、主観と客観との分離に基づく認識に先行している真理そのものが神であり、この神において初めて認識が可能となる。したがって、神は「認識の原理」(principle of knowledge)であり、それはしばしば「光」(「内なる光」)として表現されてきた。すなわち、ティリッヒによれば、この光は、「もろもろの媒介なしにそれ自体において知られうる」ものであり、それはまた「媒介なしに事柄それ自体からくる確信」としての「知恵」を与える。[23] ティリッヒは、この知恵を、「直接的知識」とも呼んでいるが、それは「超越的なもの」、すなわち「存在」、「真理」、「善」といった普遍的範疇に当たるもので、これが「魂の内なる神的光」なのである。[24] そして、その中でも、ティリッヒは特に「存在」に注目している。というのも、「存在とは、知性の中に最初に現れるもの」（*Quod primum cadit in intellectu*）であり、したがってまた、「この存在は（ある何らかの存在者ではなく）純粋な現実であり、またそれゆえに神的」なのである。[25] そしてティリッヒは、この光としての存在を、「存在それ自体」（Sein-Selbst）と呼ぶ。というのも、ティリッヒによれば、この表現が「神についての根本的な言い方」[26] だからである。すなわち、神とは「存在それ自体」であり、それは内なる光として直接的に認識されるものであって、あらゆる認識はそこから出発しなければならないのである。[27]

（3）パルメニデスの衝撃

以上のように、ティリッヒは内的光としての存在を「存在それ自体」と呼び、これこそが「神についての根本的な言い方」であると主張するわけであるが、その概念的考察は以下に譲るとして、ここではまず、そうした主張の背後にあるティリッヒの〈自伝的〉背景を確認しておきたいと思う。

ティリッヒは、先にも触れた日本での講演「私の神学の哲学的背景」の中で、ギリシアの哲学者パルメニデスに言及している。ここでパルメニデスは、歴史的順序からいって最初に取り上げられているが、それはある種の象徴的な意味を持っているように思われる。というのも、西洋思想史において、パルメニデスが初めて〈存在〉という概念を用いたからである。そしてまた、その意義をティリッヒに開示することになったからである。ティリッヒは、古代のギリシア哲学全般に触れながら、そのことを次のように〈自伝的〉に語っている。

私は、西洋世界のすべての哲学の源である最古のギリシア哲学者たち、いわゆるソクラテス以前の哲学者たちの断片――それらは断片としてのみ現存するものですが――を初めて読んだときに受けた強い印象を、今も記憶しています。私は、これらの断片の中に、後の多くの哲学の試みよりもはるかに豊かな内容と深さがあることを感じました。私は、それらの持つ人間の有限性と愚劣さについての深い悲劇的な感情に捕らえられました。それらの様式は、古い時代から現れた古風なものでした。それは、私にとって、あらゆる歴史の最古の時代に見られるような、しっくいなしで大きな石を積み上げて作った巨大な城壁といったイメージでした。そしてそれらは、古代の神々や女神たちのほほ笑みのような神秘的な性格を持っていました。またそれらは、同時に驚くべき抽象力を持っていたのです。ここで、特にパルメニデスの哲学において、初めて存在（*being*）という概念が西洋の歴史に現れたのです。そして存在という概念のあるところには、また非存在（*non-being*）という概念があるのです。私は私の人生に対する態度の全体が、これらの人々の痕跡によっていかに変化したかを今なお感じています。[28]

「存在」についてティリッヒが終生抱いた驚きについては、第6章（3）―（b′）の最後のところですでに触れたが、以上の述懐は、先に触れた新プラトン主義やプラトンへの言及と合わせて、ティリッヒがいかに深くギリシア哲学に触れていたか、またそれのみならず、深くそれに親しみ、そこから自分の思索の糧を得ていたかを示している。

（4）存在論的性格と「無制約的なもの」

ところで、存在論的認識においては、神は「存在それ自体」として直接的に知られうるわけであるが、その場合、厳密に言うと、神の「認識」という言葉は不適切なものとなる。というのも、すでに見たように、認識は基本的には主観－客観構造に基づくものであるが、神はその主観－客観構造を超えた存在であり、またそれに先行する存在だからである。したがってティリッヒは、より厳密には神の認識とは呼ばずに、神の「確実性」とか「確知」(awareness)[(29)]と呼んでいる。すなわち、「そこにおいては［絶対的なものにおいては］、知ることと知られることとの間には何の区別も存在しない。この意味での絶対的なものは、絶対的な確実性を持っている」。したがって、「神は存在である（Deus est esse）、つまり神の確実性は存在それ自体の確実性と同一である」と語るのである[(30)]。そのため、神は単なる認識において知られるのではなく、もっと独自の仕方において知られることになる。

この点についてティリッヒは、認識論の対象に用いられてきた「絶対的」(absolute）という言葉との関連において論じている。すなわち、これはすでにルードルフ・オットーのところで言及されたことでもあるが、ティリッヒは、歴史的考察の一般的議論においては便宜上「絶対的」という言葉を使用しているが、彼自身の認識論を展開するにあたり、それを「無制約的」(unconditional）という言葉に替えている。それは、「絶対的」という言葉には大切な点が欠如しているからなのである。それは、「関係性」という点である。ティリッヒ自身指摘するように、「絶対的」という言葉は「字義通りにとれば『関係をもたないこと』(without relation）を意味する」。それに対してティリッヒは、「無制約的」あるいは「無制約的なもの」という言葉を使用するのである。というのも、それは、「無制約的なものを認める人々に対して無制約的な要求を含み、またそれは合理的な演繹の原理として理解されることはできない」ことを意味しているからである。[31]すなわち、無制約的なものは、無制約的な要求（関係）を求め、それはまた同時に、先に見た主観と客観との構造に基づく一切の認識を超えていることを意味する言葉なのである。その意味で、ティリッヒは、この言葉のほうが「絶対的」という言葉よりも適切であると考えるのである。

その場合、ティリッヒによれば、その「無制約的なもの」は、「存在の力」として、人間の全人格を引き出すような仕方で知られる。すなわち、「無制約的な」関係を求めるのである。[32]そして、その無制約的な関係は、「存在」を通して起こる。すなわち、ティリッヒは、この点について次のように述べている。「それ［存在］は、論理的にも存在論的にも、あらゆる特定の内容に対し先行する。それはあらゆる分離に対して先行し、あらゆる相互作用を可能にする。なぜなら、存在は、同一性の地点であって、この地点なしには分離も相互作用も考えられないからである」。[33]ティリッヒによれば、無制約的なものは、何よりも存在の力として、存在するすべてのものに先行しているのであるが、しかし同時に、それは制約的なものに無制約的な関係を求めるのであり、その関係を可能とするのが存在なのである。というのも、その存在において、究極的には両者の同一性（一致）が実現されるからである。そして、その存在を介して形成される無制約的なものと制約的なものとの関係を扱うのが存在論なのである。そのため、ティリッヒは、いわゆる神の存在論的証明に関して、次のように語っている。「それは議論でもなければ、神の存在について扱ってもいない」、そうではなく、「それはわれわれの精神と存在そのものとの関係についての合理的な記述なのである」。[34]この文章からも明らかなように、存在論とは、何よりも「存在」において見られる神と人間との「関係」に注目する考えなのである。そして、その存在を介して存在それ自体としての神の直接的な確知が与えられるのであり、そうした存在を介しての直接的な神認識（確知）[35]を、ティリッヒは「存在論的」認識と呼ぶのである。そしてまた、いやしくも神認識に至ろうとするならば、この直接的な神認識である存在論的認識なくしては不可能なのである。

(5) 存在論的認識の優位性と恩寵性

以下の項でも検討するように、もう一つの神認識の道である宇宙論的認識は、すでに触れたように、最終的には神認識の蓋然性を高めるだけで、神認識は可能性に留まる。そのために、神認識に限って言えば、存在論的認識は宇宙論的認識に対して優位を占めることになる。この点に関して、ティリッヒは以下のように論じている。すなわち、「このような究極的な現実の諸原理に関する直接的知識に基づいてのみ、われわれは経験的世界の中で真理を認識することができる」。それは、「これらの原理は、個々の認識行為の中に、たとえば個々の理論的判断の中に、現存している」からなのである。そのため、「あらゆる認識行為は神的光によって実現される」、あるいは「あらゆる認識は神秘的である」とも言われうるのである。[36]

さらにティリッヒは、このことを、原理的に次のようにも語っている。「あらゆる認識は、認識するものと認識されるものとの同一性の一点にかかっているのであって、この同一性が個々の認識行為に先行する第一原理なのである。それゆえに、あらゆる認識行為は潜在的に宗教的なもので、たとえ自然科学的あるいは数学的あるいはその他いろいろな認識であってもそうなのである。なぜなら、それらの認識はわれわれの魂の内なる被造的ではない神的な光によってのみ可能となるからである」。[37] すなわち、人間はこの「内なる光」によって神の直接的認識を与えられるのであり、その認識に基づいて他の一切の認識が可能となるのである。それは「あらゆる推論に先行する第一原理」であり、「すべての種類の推論一般を初めて可能とするもの」なのである。[38]

ティリッヒは、この内なる光に立つ認識を存在論的類型と名づけるのであるが、それはまた「直接性の類型」とも「神律的類型」とも呼ばれている。そして、それが可能なのは、繰り返し言及してきたように、この認識においては、「神的なものが、この世のものに対して、先行性（Priorität）を持つ」からなのである。そして、この先行性こそ、認識論における神の恩寵として理解されうるものなのである。(39)

第３節　存在論的認識と宇宙論的認識の相補性

(1) 宇宙論的認識

以上の考察から明らかなように、ティリッヒは存在論的認識に立つのであるが、しかしそれは宇宙論的認識を排除するものではない。むしろ、両者は相補う関係にあり、その理解がティリッヒの組織神学を構成している重要な要素ともなっている。したがって、その点が明らかにされなければならないが、その前に、あらためてもう一方の宇宙論的認識とは何かを確認しておく必要があるであろう。

ティリッヒは、トマス・アクィナスの次の言葉を引用する。「あるものが知られるには、二つの知られ方がある。すなわち、そのもの自体によって知られる道と、われわれによって知られる道とである。それゆえ、私はいう。『神は存在する』というこの命題は、神がご自身である限り、それ自体で知られる。なぜなら、述語は主語と同一だからである。それというのは、神がご自分の存在だからである。……しかし、われわれは神に関して、神がどういう方であるか知っていないのであるから、この命題はそれ自体によっては知られない。そうではなく、この命題は、われわれにとってはもっとよく知りうる事物を通して、すなわち神の［働きの］諸結果を通して明示されなければならない[40]」。この文章に、ティリッヒは二つの点を見ている。一つは、トマスにおいては存在論的認識が完全に退けられていることである。ティリッヒは、「これらの言葉とともに、トマスは存在論的な方法の神経を切断してしまった[41]」と語っている。そして、もう一つは、「この命題は、……［神の働きの］諸結果を通して明示されなければならない」というトマスの考えである。これは、先にも触れたように、理性に基づく推論の道である。すなわち、「神への理性の道は、直接的ではなく間接的である。それは、正しいとしても、無制約的な確かさを与えない推論の道である[42]」。そして、そこで認識されるものは、「われわれの精神によって創作された諸構造」であって、それは「科学と質的に区別されていない」ものである[43]。そのため、この方法によっては、神についての認識は蓋然性を高めるだけであって、存在論的認識が持つ神の直接的知識に至ることはできないのである。その結果、「神は存在する」という命題は、権威によって与えられることになる。すなわち、トマスは、「権威からの論証が教理（神学）にとって最もふさわしい」と語るのであり、この認識論がティリッヒの言う宇宙論的類型なのである。しかし、この考えは、「［権威への服従としての］信仰（credere）と知識（intelligere）とが互いに引き裂かれる」という結果をもたらすことになり、それはやがてドゥンス・スコートゥスやウィリアム・オッカムにおいてさらに徹底化されることによって、存在論的類型に取って代わることになる[44]。その結果、ティリッヒによれば、「彼らの批判は、西欧文化の大部分にとって存在論的な方法を失墜させ、また、その方法とともに直接的な宗教的確実性をも失墜させてしまった[45]」のである。

（２）存在概念の変質

ところで、なぜトマスやそれ以後の批判者たちは存在論的認識を退けることになったのか。このことは、歴史的に見れば、アリストテレスの与えた衝撃とその受容の中で展開されたことであると言えるが、ティリッヒの見解では、そこには存在の問題が深く関わっていたのである。すなわち、ティリッヒによれば、ドゥンス・スコートゥスは、有限な人間と無限な神とのあいだに超えることのできない深淵を見、したがって「有限性からの証明（*demonstrationes ex finito*）であるさまざまな宇宙論的証明が有限性の中に留まっており、無限なものに決して到達できない」という宇宙論的認識の限界を認め、「ただ権威だけが、単なる可能性にすぎない神の合理的な蓋然性を越えゆくことができる」と考えたのである。[46]しかし、まさにこの考えにおいて、存在概念はその「存在論的な性格」を失ってしまったのである。そのため、存在概念は、「有限なものと無限なものとの全く異なる領域を覆う言葉」ではあるが、そこでは、「神は存在それ自体であることを止め、特定の存在となった」のである。[47]すなわち、ティリッヒの考えでは、本来「存在」とは、宇宙論的認識の対象となる存在（個別的存在）とともに存在論的認識の対象ともなる存在（存在それ自体）をも含む概念なのである。しかし、宇宙論的認識においては、存在論的認識に本来含まれているはずの直接的知識としての存在が欠如してしまい、いわば「存在」概念が変質しているのである。その結果、すでに触れたように、神は存在そのものであることをやめ、「特定なものを知る仕方での認識（cognitione particulari）によって知られなければならない」[48]特定の存在となったのである。そして、それをさらに徹底化させたのが、神を「最も単一なもの」（res singularissima）と名づけた「唯名論の父」、オッカムなのである。[49]しかし、ティリッヒによれば、この「最も単一なもの」としての神は、人間の直観や抽象化によっては、すなわち哲学によってはもはや到達できる存在ではなく、それはただ権威への服従によってのみ到達可能なのである。いずれにしても、ティリッヒは、存在論的認識から宇宙論的認識への変遷には存在概念の変質があったことを指摘する。[50]したがって、ティリッヒの存在論的認識の主張には、存在概念の本来的意味の回復が意図されることにもなる。

(3) 存在論的認識と宇宙論的認識の相補性

以上のように、歴史的に見れば、この二つの道は中世の末においては完全に分裂し、存在論的認識に対して宇宙論的認識が優勢になるのであるが(その場合、宗教的確信は失われる)、しかしティリッヒは、両者は相互に補い合う関係にあると考える。すなわち、ティリッヒは、一方では宇宙論的認識の歴史的優勢を認めつつも、他方では存在論的認識の原理的優位を堅持し、その前提において両者の関係について次のように語る。「われわれが直接的確知を持つところの無制約的なものは、推論することなく、文化的ならびに自然的な宇宙の中で再認識されることができる」[51]。すなわち、ティリッヒは、宇宙論的認識によって得られた宇宙の中に存在論的認識によってしか知られえない無制約的なものを再認識できると言うのである。もちろんこのことは、存在論的認識を前提にした発言であり、無制約的なものの確信から宇宙を見た理解である。したがって、このことは当然、宇宙論的認識の立場からは語りえないことである。しかし、この可能性を存在論的認識の立場からは語りうるのであり、またここに宇宙論的認識が存在論的認識に対して持つ積極的な意義がある。その場合、ティリッヒによれば、宇宙論的認識によって得られる宇宙は、存在論的認識によって得られる確信とは対照的に、第一には、「有限なものの有限性の分析」であって、それは「偶然性、不確かさ、過渡性といった概念、ならびにこれらに応じた心理的な概念である不安、憂慮、意味の空虚化といった概念」によって示されるものである[52]。しかし、ティリッヒによれば、宇宙論的認識は、これらのいわば破れを通して無制約的なものを指し示すのであり、現代においては、それは「心療心理学や人間学や実存哲学」によって担われてきたのである。すなわち、それらは「この消極的な方法で無制約的なものを認識するように貢献してきた」のである。ティリッヒは、この方法を「宇宙論的な認識」の第一のものと呼ぶが、それは「私の経験によれば、人々を宗教の意味に導き入れる最も印象深い道」でもあると語る[53]。さらに、それに加え、ティリッヒによれば、宇宙論的認識にはもう一つの認識の方法があると言う。それは、自然の中に、「『全体性』『生命の躍動』『具体化の原理』『形態』といった諸概念――そのすべての中で、何か無制約的なもの、すべてのものを条件づけるものが意味されている――を練り上げ、究極の評価をする」方法である[54]。これは、第一の形態が無制約的なものを消極的に指し示すのに対して、それを積極的に指し示すのである。いずれにしても、ティリッヒは、存在論的認識によってのみ知られうる無制約的なものは、宇宙論的認識によって知られる宇宙の中で再認識されることが可能であり、両者の間には有機的な関係、相互に補い合う関係があるのである。したがって、この世のすべての面において、間接的にではあるが、無制約的なものを何らかの仕方で認めることは可能なのである。しかし、それはあくまでも最初に触れた前提に立った時にのみ言えることであって、したがってティリッヒは、繰り返し次のように語る。「このことは、当然、無制約的なものの存在論的な確知という基礎の上でだけ可能である。すなわち、世俗的な文化は無神論と全く同様に本質的に不可能だという洞察を土台にして、初めて可能なのである。なぜなら世俗的な文化も無神論もともに無制約性の要素を前提としており、また両者とも何らかの究極的関心を表現しているからなのである[55]」。

（4）自然神学の再評価

以上のように、ティリッヒは、神認識への二つの道について語り、存在論的認識の宇宙論的認識に対する優位を主張するのであるが、しかしまた両者は相互に相補う関係にもある。そのため、ティリッヒの認識論においては、まず何よりも存在論的認識の優位性とその恩寵性に注目することが大切であり、それを無視してはティリッヒの神学を理解することはできないのである。しかし、また他方、宇宙論的認識の意義をも正しく評価しなければならない。そこで、以上の本論では存在論的認識について詳述したので、ここでは最後にいわゆる自然神学（natural theology）に触れて、結びとしたい。というのも、宇宙論的認識への評価は、そのまま自然神学の評価に結びつくからである。そして、この点は、自然神学を完全に否定したバルトや、同じ立場に立ちつつも暗黙の内に自然神学に接近したエミール・ブルンナーと比べて対照的であると言える。

ティリッヒの自然神学に対する評価は、いわゆる神の存在証明の事柄と関係している。というのも、両者とも神の認識の問題に関わっており、その点で基本的には共通しているからである。ティリッヒは、『組織神学』第一巻第二部の「存在と神」を終えるにあたり、神の存在論的証明と宇宙論的証明について論じている。(56) それによると、神の存在証明の伝統的な二つの方法のうち存在論的証明に関しては、すでに存在論的認識の項目で見たように、〈認識〉という点では基本的にはその立場を積極的に評価し、それを自分の立場として継承している。しかし、〈証明〉という点では、否定的である。というのも、神はそもそも証明の対象とはなりえないからである。そしてまた、存在論的証明に関しては、基本的には神から与えられた内的光を告白し、それを記述することを使命とするものであって、それはそもそも証明という事柄ではなくなっているのである。ただ、ティリッヒによれば、ここにも問題はあるのであって、それは内的光として与えられた真理をある具体的なものと結びつける危険性である。ティリッヒは、アウグスティヌスにもそれを認め、たとえば神の国を地上の教会と結びつける危険性があったとしている。

　それに対して、いわゆる神の宇宙論的証明は、すでに宇宙論的認識において見たように、問題があるのであり、ティリッヒは基本的にはこれを退ける。しかし反面、この証明にもある意味があるのである。それは、そもそも、神の存在証明は自ら破綻する運命にあるが、しかしこうした試み自体については、ティリッヒは一定の評価をする。というのも、それは意識されていようがいまいが、人間の意識の中には無制約的なものの意識が潜在的にあって、そこから神についての問いかけが起こり、神の存在証明の試みが起こると考えるからである。つまり、人間にとっては、神の存在証明の事柄は、むしろ本性的欲求であり、必然的な試みなのである。その観点からティリッヒは、神の存在証明がそのことを語る限り、その試みには意味があると言うのである。そして、さらにもう一点において、ティリッヒは神の存在証明、特に宇宙論的証明を評価する。それは、すでに見たように、宇宙論的証明が、合理的推論を通して永遠なる神を捉えようとするときに行う分析である。というのも、それは神に至ることはないが、しかし神への問いを深め、整え、それに対する答えに対して備えをする働きがあるからである。すなわち、ティリッヒは、この二点において、神の存在証明を評価するのであり、またそれと同じ理由で自然神学も評価するのである。(57)

したがって、それは積極的な評価とは言えないが、しかし自然神学的試みの〈必然性〉に関してはかなり積極的な評価となっていると言える。そして、ここに、ティリッヒの思想の重要な点を見ることができるのである。すなわち、それは、自然神学に見られるような神への問い、あるいは神の存在証明の欲求という人間の意識に潜む思いを積極的に受け止め、それを活用し、それを媒介として、永遠なる神を指し示そうとする弁証学的な試みである。そして、そうした試みが、ティリッヒの相関の方法や文化の神学といった形で現れているのである。したがって、ティリッヒの神学においては、宇宙論的認識の意義は決して小さくはないのである。しかし、最後に言わなければならないことは、そのことを十分に認めつつも、あらためて存在論的認識の意義を確認しなければならないということである。弁証学的方法が可能なのは、問いそのものに何らかの力があるからではなく、それを引き起こすのは、すでに人間の意識の中にある潜在的な神認識であって、それは恩寵として神から与えられているものなのである。そして、その恩寵としての神認識なくして、一切の認識はありえないのである。

注

（1）ティリッヒは、この考えを、特に以下の小著において明確に論じているが、この内容については、あらためて終論で触れる。Paul Tillich, BRSUR.
（2）Tillich, "The Two Types of Philosophy of Religion," in MW 4.
（3）以上、Tillich, MW 4, 289.（『著作集』第四巻、一七一頁）なお、強調はティリッヒによる。
（4）Ibid.（同）
（5）以上、ibid., 290.（同上書、一七二―一七四頁）なお、発展史についての言及は、筆者が補った言葉である。これについては、またあらためて本章で扱われるであろう。
（6）Tillich, EN I, 198.（『著作集』別巻二、二八八頁）
（7）Ibid., 200.（同上書、二九一頁）
（8）アウグスティヌス『告白』山田晶訳、世界の名著14、中央公論社、一九七九年第一三版、二三八頁。なお、アウグスティヌスの神秘主義に関しては、第9章を参照。なお、この新プラトン主義の書物に関しては、第9章の注（11）を参照。

（9）Tillich, "Philosophical Background of my Theology (1960)," in MW 1.
（10）Ibid., 414.（パウル・ティリッヒ『文化と宗教――ティリッヒ博士講演集』高木八尺編訳、岩波書店、一九六九年、六頁）。なおこの翻訳は、ティリッヒの日本での講演をまとめたもので、講演という性格上、その訳は必ずしも厳密ではない。そのため、本文での訳文は必ずしも翻訳通りではない）。なお、この「懐疑主義」について、アウグスティヌス研究者の片柳榮一は、「アンブロシウスとの出会いによってアウグスティヌスの懐疑主義へのアンガージュマンが始まった」というアウグスティヌス研究者M・テスタール（Maurice Testard）の見解を受け、それは「マニ教とカトリック信仰が理性という視点から徹底的に吟味された」たことによるとし、したがって、「彼の懐疑主義は、単に、真理は見いだしえないという絶望的心情の吐露ではない。むしろ真理の探究、発見という意図のもとになされた、極めて方法的なものだった」と指摘している（片柳栄一『初期アウグスティヌス哲学の形成』創文社、一九九五年、一一二頁）。
（11）Ibid.（前掲『文化と宗教』、五頁）
（12）Tillich, EN I, 127.（『著作集』別巻二、一八六―一八七頁）
（13）Ibid.（同上書、一八七頁）
（14）Ibid., 127–128.（同上書、一八七頁）
（15）Tillich, MW 1, 413.（前掲『文化と宗教』、四頁）
（16）Ibid.（同）
（17）Ibid.（同）
（18）Ibid., 414.（同上書、六頁）
（19）Ibid.（同）。強調はティリッヒによる。さらに、このところでティリッヒは、「ここにまた東洋思想の多くの類型との多くの関係を感じます」（ibid. 同）とも述べ、宗教史的関心からも、無限と有限の一致という思想を捉えていることは興味深い。
（20）以上、Tillich, MW 4, 290.（『著作集』第四巻、一七四頁）
（21）Tillich, EN I, 198.（『著作集』別巻二、二八八頁）

（22）以上、Tillich, MW 4, 290–291.（『著作集』第四巻、一七四―一七五頁）
（23）Ibid.（同）
（24）Tillich, EN I, 198.（『著作集』別巻二、二八八頁）
（25）Tillich, MW 4, 291.（『著作集』第四巻、一七五頁）強調はティリッヒによる。
（26）Tillich, EN I, 198.（『著作集』別巻二、二八八頁）
（27）以上の議論からも明らかなように、神の直接的な認識というのは、神秘主義的要素を含むものである。ティリッヒは、「もし神秘主義が存在それ自体（Being itself）との関係における主観と客観との同一性の体験として定義されるならば、アウグスティヌス的伝統は、当然、神秘主義的と呼ばれうる」と語っている（Tillich, MW 4, 291.『著作集』第四巻、一七六頁）。
（28）Tillich, MW 1, 413.（前掲『文化と宗教』、三―四頁）強調はティリッヒによる。
（29）一応「確知」と訳したが、なかなか適当な訳語が見つからなかった。『著作集』では「確認」という訳語が用いられているが、「確認」では意味が弱いであろう。神についての直接的・直観的な、確実な知識であるから、ここでは一応「確知」と訳した。なお、ドイツ語訳ではGewahrwerdenが用いられている。
（30）Tillich, MW 4, 292.（『著作集』第四巻、一七六―一七七頁）
（31）Ibid., 297.（同上書、一八七―一八八頁）
（32）ティリッヒは、そのような無制約的な、あるいは究極的な関わりを、「全体としての人間がその認識行為に参加すること」（ibid. 同上書、一八七頁）であると語っている。そして、こうした全人格的関わりを、「実存的」とも呼ぶ。それは、人間の全存在が引き出されている状態を語るものであるからである。しかし、ティリッヒは、敢えてこの言葉を使うことを避けている。というのも、この言葉はキルケゴールによって有名になったわけであるが、キルケゴールはそれを「決断」という意味と不可分に使用しているからである。しかし、ティリッヒがこの「実存的」という言葉で語ろうとしていることは、決断の事柄ではなく、「参与」という人間がすでにその中に置かれている状態を語るものなのである。
（33）Ibid.（同上書、一八八頁）

（34）Ibid., 292.（同上書、一七六頁）
（35）ティリッヒは、この直接的な確知は信仰の根幹を形成するものであるが、それ自体を信仰と見なすことはできないとしている。というのも、信仰は、具体的な存在を介しての出来事であるため、そこには確知とともに「冒険」（risk）の要素が入ってくるからである。この点について、次のように語っている。「無制約的なものの直接的な確知は、信仰の性格ではなく、自己確証の性格を持つ。信仰は偶有的な要素を包含し、冒険を要求する。信仰は、無制約的なものの存在論的な確実性と、制約されかつ具体的なあらゆるものについての不確実性とを結合する」（ibid., 299. 同上書、一九一頁）。
（36）以上、Tillich, EN I, 198–199.（『著作集』別巻二、二八八―二八九頁）
（37）Tillich, EN I, 199.（『著作集』別巻二、二八九頁）
（38）Ibid.（同上書、二八九―二九〇頁）
（39）Ibid.（同上書、二九〇頁）
（40）Tillich, MW 4, 292–293.（『著作集』第四巻、一七八頁）
（41）Ibid., 293.（同）
（42）Ibid., 292.（同上書、一七八頁）
（43）Ibid., 293.（同上書、一七九頁）強調はティリッヒによる。
（44）Ibid.（同）
（45）Ibid., 292.（同上書、一七八頁）
（46）Ibid., 294.（同上書、一八一頁）強調はティリッヒによる。
（47）Ibid.（同）
（48）Ibid.（同）強調はティリッヒによる。
（49）Ibid.（同）
（50）ティリッヒは、『組織神学』第二巻の冒頭で、第一巻の出版後に受けたさまざまな批判に答えているが、その中で、存在概念の使用に対して名目論的哲学と人格主義的神学の二者から受けた批判に答えている。その中で、現代の名目論的哲学の、存在概念は実在性を欠く単なる伝達手段にすぎないという批判に対し、存在概念は「非存在に抵抗する存在の経験の表現である」として、その批判の不当性を主張している。そして、現代思想との関連で以下のように語っている。「存在概念は、ギリシアのパルメニデスやインドのシャンカラのような人々においても、これと同様の意味に理解された。またハイデガーやマルセルなどの現代の実存主義者たちによっても、存在概念の意義はこのような意味で再発見された」(Tillich, ST II, 11)。すなわち、ティリッヒもまたこの再発見に連なる一人なのである。なお、ティリッヒは理性についても同様の議論をしている。すなわち、理性は、現代においては「技術的理性」となってしまっているが、本来は永遠なるものを捉えることのできる理性であって、そこに理性の変質を見るとともに、間接的にその回復を語っていると言える(Tillich, ST I, 71–75)。

(51) Ibid., 298.(『著作集』第四巻、一九〇頁)

(52) Ibid.(同)

(53) 以上、ibid.(同)

(54) Ibid.(同)

(55) Ibid., 299.(同上書、一九一頁)なお、この存在論的認識と宇宙論的認識の相補性についての理解が、「文化の神学」の背景をなしていることは明瞭である。

(56) Tillich, ST I, 204以下。なお、原文の小見出しでは、‘the so-called ontological argument’ ‘the so-called cosmological argument’ という表記がなされている。argumentを「証明」と訳すのは適当ではないかもしれないが、伝統的表現にならい、「証明」と訳す。

(57) 以上、Tillich, ST I, 205–209.

第Ⅲ部　ティリッヒ神学と逆説的合一の系譜

第Ⅰ部と第Ⅱ部において、ティリッヒ神学の特質とその内容を見てきたが、われわれはその中心に神と人間との〈逆説的合一〉の思想を見た。すなわち、それがティリッヒ神学の核心であり、またそれをめぐる議論がティリッヒ神学であることを見た。しかし、それはただティリッヒ神学において見られるだけではなく、広く西洋思想全体に渡って見られることも、折々に触れてきた。この第Ⅲ部においては、その折々に触れてきた点を、西洋思想史において、それぞれの時期に重要な位置を占める三人の神学者の中に確認し、ティリッヒが一つの大きな思想的潮流の中に位置づけられることを明らかにしたい。

その三人とは、アウグスティヌスとアシジのフランシスコを語るボナヴェントゥラとルターである。言うまでもなく、アウグスティヌスは古代を代表し、また古代と中世を結ぶ神学者である。またボナヴェントゥラは、アウグスティヌスの流れを汲む中世を代表する神学者である。そしてルターは、そうした流れを継承し、それをさらにプロテスタントの中に注入した神学者である。この三人を選んだ理由は、もちろんそうした重要な時代的位置を占めるからであるが、より直接的な理由は、繰り返し語ってきたように、ティリッヒ自身が、自らを「アウグスティヌス的フランシスコ的伝統」に位置づけているからである。その伝統には、ルターをはじめ多くの神学者の名前が挙げられているが、それを代表するのがアウグスティヌスとフランシスコなのである。ただフランシスコは、いわゆる神学書なるものは残さなかった。その思想を語ったのは、フランシスコ会の第七代総長となったボナヴェントゥラであった。そこで、具体的にはこのボナヴェントゥラの思想を扱うことになる。*

ただ、決定的な問題は、この三者とも巨大な存在であるということである。到底一人の研究者が扱い切れるものではない。しかし、筆者にとっては、それは非常に魅力的なテーマであるだけではなく、〈逆説的合一〉の思想をより全体的に把握する上では、やはり触れざるをえないテーマである。そこで、本書では、何よりもまず、ティリッヒが語るところに沿ってこの三人を扱うことを原則としたい。またこの伝統に関する既存のティリッヒ研究を活用し、同時にティリッヒが語るところをより明確にするために、それぞれの分野の研究成果を用いたいと思う。以上を原則として、以下、三人の神学者の思想の、本書のテーマに沿う基本的なところだけを扱うこととする。ただし、取り扱う順序は、歴史的順序とは異なり、アウグスティヌス、ルター、ボナヴェントゥラの順となる。というのも、ボナヴェントゥラのところで扱われる〈coincidentia oppositorum〉の原理こそ、本書のテーマである〈逆説的合一〉の思想を総括する理論的根拠ともなるものであるからである。

＊　第Ⅲ部では、ティリッヒの語る伝統を検証するために、アウグスティヌスとボナヴェントゥラとルターの三人を扱うが、奇しくもルターは他の二人に言及し、次のように語っている。「ボナヴェントゥラはスコラの学者のなかで最高である。教会博士の中ではアウグスティヌスが第一位、アンブロシウスは第二位、ベルナールは第三位である」。（M・ルター『卓上語録』植田兼義訳、教文館、二〇〇三年、三八五頁）

第9章　ティリッヒとアウグスティヌス――受動的逆説と能動的逆説

はじめに

ティリッヒは、その著『キリスト教思想史講義』[1]において、アウグスティヌスの認識論に言及し、次のように述べている。

認識の目標と方法は、アウグスティヌスの以下の有名な言葉の中に表現されている。……「私は神と魂とを知りたい。それ以外は何もないのか。それ以外の何ものも知りたくない」。すなわち、神が人間に現れる場所は魂である。それゆえアウグスティヌスは魂を知ろうとする。なぜなら、魂において初めて神を知ることができるからである[2]。神はまたその他の対象と併存する一対象ではなく、神は人間の内面において、主観‐客観の分離以前に現在しているのである。……神とはわれわれ自身にア・プリオリなもの、その尊厳性、現実性、論理的真理においてわれわれに先行する前提なのである。神においては主観と客観との分離は克服されており、神はわれわれが自分自身に近いよりも、もっとわれわれに近くある[3]。

さらにティリッヒは、次のような彼自身の概念でもって、このところを結んでいる。

それゆえアウグスティヌス的伝統においては、宗教哲学は魂における直接的神の現在、もしくは――私の言い方によるならば――無制約的なものの経験から出発するのである。これは絶対的に第一のものである。[4]

すなわち、ティリッヒによれば、アウグスティヌスの認識論は、ア・プリオリな神の直接的現在に基づき、そこにおいては主観と客観との分離が克服されているのである。この点についてはすでに前章で見たが、ティリッヒは、この主観と客観との分離の克服を基本的に「神秘主義」(mysticism)と呼び、その意味においてアウグスティヌスの伝統を神秘主義と見なすのである。すなわち、「神秘主義を主観と客観の統一の体験として定義するならば、人はアウグスティヌス的伝統を、当然、神秘主義的と言うことができる」[5]。ティリッヒはこの経験を、彼自身の概念を用いて「無制約的なものの経験」(Erfahrung des Unbedingten)と呼ぶが、それはティリッヒの神学の中心的概念である「究極的関心」という信仰概念と同義である。したがって、神秘主義は、アウグスティヌスの認識論(さらにはその神学)の出発点であるだけでなく、ティリッヒの神学においてもその中心的な位置を占めることになる。そのためティリッヒは、「もしそうしたいなら人は私を、アウグスティヌス的・反アリストテレス的・反トマス的傾向に入れることは可能である」と述べている[6]。

すなわちティリッヒは、自己の神学形成において、自らの神学をアウグスティヌス的伝統に位置づけているのみならず、また神学の形成における本質的なその出発点において、アウグスティヌスと同じ神秘主義を見ているのである。ところで、ティリッヒとアウグスティヌスの神秘主義の見解は、結論から言えば、基本的には同じ構造を持っている。しかし、この神秘主義と不可分の関係にある救済の理解においては、必ずしも両者の主張は同じではない。そうであるとすれば、そのことは同時に、両者の神秘主義の理解も、必ずしも全面的に同じではないということを意味するであろう。したがって、本章では、両者の神秘主義の理解を両者の救済論に注目しながら検討し、それぞれの主張の共通点と相違点を明らかにする中で、ティリッヒが主張する、その神学におけるアウグスティヌス的伝統の位置を再検討したい。ただし、ティリッヒの神秘主義の考えと救済論は、すでに第3章（弁証学的神学の構造）と第6章（信仰義認論）で扱われたので、ここではアウグスティヌスの神秘主義と救済論を考察し、両者の比較・検討を行いたいと思う。

第1節　アウグスティヌスにおける神秘主義

アウグスティヌスの救済についての最も具体的な表現が見られるのは、何といってもその著『告白』(7)である。そこにはまた、その救済と不可分の関係にあるアウグスティヌスの神秘主義の側面も語り出されている。そこで、この『告白』を検討することにより、アウグスティヌスの神秘主義の理解を、その救済論の視点を通して尋ねることにしたい。(8)

ところで、おそらく、キリスト教の歴史の中でも、聖書を別にすれば、アウグスティヌスの『告白』ほど多くの人に読まれ、愛され、また研究されてきた書物はないのではなかろうか。日本でも、宮崎八百吉訳『アウガスチン懺悔録』（警醒社、一九〇七年）以来、初めは『懺悔録』として、またおそらく服部栄次郎訳からは『告白』（岩波書店、一九四〇年）として訳され、百年余りの間に翻訳だけでも十数種を数えている。一冊の書物でこれほど多くの翻訳が出されている本は珍しいのではなかろうか。それほど、日本でも、そして世界でも、多くの人々に読まれ、愛され、また研究されてきたということである。したがって、アウグスティヌス研究の専門家でもない筆者が、これを直接取り上げるということは、しかも翻訳を用いるということは、アウグスティヌス研究から見れば邪道とも言えるであろう。しかし、本書の関心上、その邪道に敢えて挑戦しなければならない。しかし、すでに述べたように、それはあくまでもティリッヒの視点から、それに沿って、その主張を確認する仕方で行うことになるであろう。そして、必要に応じて、アウグスティヌス研究者、特に山田晶と片柳榮一の研究成果の助けを借りながら、論を進めたいと思う。

そこでまず、『告白』にアウグスティヌスの神秘主義を尋ねる場合、ティリッヒの視点から始めなければならない。それは、初めにおいて触れたように、ティリッヒがそこにおいてアウグスティヌスの神秘主義を論じているところの彼の認識論から見ていくことになる。また、認識論は『告白』においても重要なテーマになっている。したがって、その意味においても、『告白』に論じられているアウグスティヌスの認識論を検討しながらその神秘主義を尋ねていくことは適当であろう。

本章の初めに引用したティリッヒの文章に示されているアウグスティヌスの言葉、「私は神と魂とを知りたい。それ以外は何もないのか。それ以外の何ものも知りたくない」（deum et animam scire cupio. nihilne plus? nihil omnino）という、『ソリロキア』の中で語られている言葉は、アウグスティヌスの神認識の態度をよく示している。『告白』の初めの有名な言葉、すなわち、「よろこんで、讃えずにはいられない気持にかきたてる者、それはあなたです。あなたは私たちを、ご自身にむけてお造りになりました。ですから私たちの心は、あなたのうちに憩うまで、安らぎを得ることができないのです」(五九)という賛美の言葉は、この態度の一つの帰結である。しかし、それは初めからアウグスティヌスの明確な態度であったわけではなかった。

むしろ、この態度、山田の言葉によれば、「内面への道」は、アウグスティヌスの宗教的探求(マニ教への入信とその否定も含めて)を通して発見され、獲得されたものなのである。『告白』は、その間の事情を詳しく語っているが、それは一言で言えば、外へ向かう見方から内へ向かう見方への転換である。そして、この転換には、深くキリストの「受肉」(incarnatio)の問題と悪の問題が関連していたのである。(9)

アウグスティヌスは、神を知るに至らなかった当時の自分を振り返り、「私のさけがたい誤謬の、最大の、ほとんど唯一といってもよい原因」として、神を物体的にしか考えられなかったことを告白している。すなわち、「神について思いめぐらそうとしても、容積のある物体しか考えてみることができませんでした」(一七八)。当時のアウグスティヌスは、すべてを物体的に見る見方しかなしえなかったのである。彼はこうも告白している。

このようにして、心がにぶり、自分自身をすら見とおすことのできなかった私は、ある大きさの空間に伸びたり、ひろがったり、かたまったり、ふくらんだりしているもの、あるいは何かこのようなものを受容し、ないしは受容しうるもの以外には、何ものも存在しないと考えていました。

目がはたらくときはいつも形態をとおしてはたらきます。心がはたらく場合にも、ちょうどその形態に相応するような心象によります。しかし私は、それらの心象をつくる精神のはたらきそのものは、心象とは何か異なるものであることには気がつきませんでした。(二一九—二二〇)

アウグスティヌスは心象に束縛されて、精神のはたらきもその心象の持つ物体性と同等のものと考えていたのである。それは、山田も注記の中で示しているように（二二一）、彼の心が「内に」向かわず「外に」向かっていたからなのである。それは、まさに「光は内にあったのに私は外にいたのです」（二二二）と言われているとおりである。そしてこの考えは、特にキリストの受肉に関して否定的意味を与えた。なぜなら、当時アウグスティヌスに影響を与えていたマニ教は、物質を悪と見なしていたからである。それゆえ、彼は次のように回顧している。「あなたが人間の肉の姿をもち、われわれの身体の形体的な輪郭によって限られていると信ずるのはまことにいとわしいことだと、私には思われたのです」（一七八）。そして、悪についても、それを「醜い容積を有している」（一七八）「物体的実体」（一七九）と考えたのである。

このような外に向かう見方を決定的に変えることになったのは、新プラトン主義の書物との出会いにおいてであった。アウグスティヌスはその書物が何であったかは触れていないが[10]、その出会いについては、「［あなた（神）は］恐るべき傲慢にふくれあがっていたある人を通じて、ギリシア語からラテン語訳されたプラトン派のある書物を、私のために配慮してくださいました」（二三三―二三四）と語っている。そして、それがアウグスティヌスを外へ向かう者から内へ向かう者へと変えたのである。その出来事をアウグスティヌスは次のように告白している。

そこで私は、それらの書物から自分自身にたちかえるようにとすすめられ、あなたにみちびかれながら、心の内奥にはいってゆきました。それができたのは、あなたが助け主になってくださったからです。私はそこにはいってゆき、何かしら魂の目のようなものによって、まさにその魂の目をこえたところ、すなわち精神をこ

えたところに、不変の光を見ました。（二三八）

アウグスティヌスは、新プラトン派の書物に導かれ、外へ向かう見方から自分の魂へ、さらに自分の魂を越えたところへ、そしてそこで光る「不変の光」へと深められていったのである。その光は、「私を造ったがゆえに私の上にあり、造られたがゆえに私はその下にあった」光であり、それゆえに「真理を知る者はこの光を知り、この光を知る者は永遠を知る」と告白するのである（二三八）。なぜなら、神は物体ではなく、すべてものを存在させている「在りて在る者」であることが知られたからである。アウグスティヌスは、『告白』において、その告白を始めるにあたり、まず神を賛美することから始めているが、その中で次のように語っている。

ですから、神よ、もしあなたが私のうちにましまさぬならば、自分は存在しない。絶対に存在しないでしょう。それともむしろ、もし私があなたのうちにいないならば、自分は存在しないであろうというべきでしょうか。すべてのものは、あなたから、あなたによって、あなたにおいて存在するのですから。（六〇―六一）

したがって、アウグスティヌスは、被造物についても次のように語るのである。

それから私は、あなたの下にある他のものをながめて、それらのものが完全な意味で存在しているのではなく、全然存在しないわけでもないことをみとめました。たしかに存在はしています。なぜならそれらのものはあなたによって在るのですから。にもかかわらず存在しません。なぜならそれらは、あなたがましますと同じものではないのですから。じっさい、真実の意味で存在するのは、変わらずにとどまるものだけなのです。

（二三九）

アウグスティヌスは、この観点から、悪についての考えも変えられるのである。すなわち、それまで悪を実体と考えてきた考えは、すべてのものは神に創造されたのであり、したがって実在するすべてのものは善であって、悪なるものは実在ではないということに気づかされるのである。すなわち、「すべての善はあなたが造られたのであり、およそ実在するものであなたがお造りにならなかったものは絶対にない」。したがって、「存在するかぎりは善いものなのです」と告白するのである（二四〇）。それに対し、悪とは、むしろ人間の意志に基づく「不義」に根ざすものなのである。それは、「至高の実在である神、あなたからそむいて、もっとも低いものへと落ちてゆき、内なる自己を投げすてて、外部にむかってふくれあがってゆく転倒した意志」（二四三）であり、その転倒した意志において、神と出会う内なる自己を捨て、神に背くことが悪なのである。[11] しかし、それは「不変の光」において、アウグスティヌスの心から拭い去られ、内なる世界へと招き入れられたのである。アウグスティヌスは、ここに至るまでの歩みを次のように語っているが、そこにわれわれは、山田も指摘するように、アウグスティヌスの「神秘的神認識体験」（山田注記、二四五）を見ることができるであろう。

このようにして私は段階的に、もろもろの物体から身体をとおして感覚する魂に、そこから、身体の感覚をとおして外部の情報をうける魂の内なる能力に――ここまでは動物にもできます――、さらにそれをこえて、身体の感覚から得られるものを判断する推理能力へと上昇してゆきました。しかしそれも自分のうちの可変的なものに属すると悟り、知性的自己認識にまで自分をたかめ、思考を習慣からひきはなして、反対するさまざまな幻想の群れから身を遠ざけ、ある光をそそがれたことを悟り、「不変のものは可変のものにまさる」と何の疑いもなくさけんだとき、その光によって「不変なもの」自体を知ったのです。（中略）そしてついに、おののくまなざしで「存在するもの」を一瞥するにいたりました。（二四四―二四五）

アウグスティヌスは、後に（回心後）、母モニカと永遠の生命について語り合ったとき、同様の経験をする。それは実に麗しい母と子の信仰の語らいであるが、われわれはそこにより濃密な神秘的体験の表現を見ることができるであろう。それは以下のようなものであった。

さて私たちは、知恵について語り、あえぎもとめながら、全心の力をこの一挙にこめて、ほんの一瞬それにふれました。そして深いためいきをつき、そこに「霊の初穂」を結わえのこして、ことばに始めと終わりとがあるわれわれ人間の騒々しい口舌の世界にもどりました。しかしそれは、ご自身のうちにとどまりながら老いることなく、しかも万物をあらたになしたもうわれらの主なる御言とは、何とまあ似ても似つかぬものだったことでしょう。（三一四）

ここでアウグスティヌスは、彼らが語り合い、そして慕い求めた永遠の知恵、永遠の生命に触れた瞬間について語っている。それは「目も見ず、耳も聞かず、人の心にも思いうかばないもの」（三一三）であるにもかかわらず、しかし全心の力を込めて触れえた一瞬であった。それは、紛れもないアウグスティヌスの神秘的経験である。それは彼自身を保持しながらも、なお彼自身を超越している体験であり、われわれはここにティリッヒが語る主観と客観との分離を超える超越的一致の明確な経験を見ることができるのである。

しかし、この神秘的経験において経験されたことは、神の国において経験する喜びの「前味」でもあるが、先に触れた「不変なもの」を知った段階（回心前）での神秘的な経験は、アウグスティヌスに神を慕いあえぐ思いを与えたとはいえ、次節で見るように、本当の救いの経験に至らせるものではなかったのである。

第2節　アウグスティヌスにおける救済論

アウグスティヌスは、内面への道に至ったとはいえ、しかしなお本当の救いには至っていなかったのである。そのことについて、アウグスティヌスは次のように語っている。「しかし当時、それらプラトン派の書物を読み、それによって非物体的な真理の探求をすすめられた私は、目に見えないあなたのものを被造物をとおして悟り瞥見しましたが、ただちにつきはなされ、魂のうちにひそむ闇のため、まだながめることの許されていない何ものかがあることを感じました」（二四八）。アウグスティヌスは、彼が悟り瞥見したものに留まることができなかったのである。真理（神）を知り、その存在を確信しながらも、しかしなおそこに満たされないものを感じていたのである。それは、彼をその真理につなぎ留めておく何かであり、それなくしては本当の救いはなかったのである。アウグスティヌスは、その思いを、「もはやあなたについてそれ以上確実な認識を得たいとは思わず、ただあなたのうちにもっとしっかりととどまりたいと願うばかりでした」（二五四）と告白している。

その何かとは何か。それは、アウグスティヌスを神へとつなぎ留めるもの、すなわち仲保者の存在であった。しかしアウグスティヌスは、神を認識する道を知ったとはいえ、そこに留まるための仲保者を理解できなかったのである。それは、一つには、プラトン派の書物によって、かえって自分が知者であるとの自惚れを深くしていったからである。「じっさい私は、罰を身いっぱいにうけながら、知者と思われたいという欲望をいだきはじめ、そのようなわが身を泣くことなく、かえっていっそうおのが知にふくれあがってゆきました」（二四九）。もう一つは、キリストの受肉の意味が理解できなかったからである。当初、アウグスティヌスは、そこには目を留めず、キリストをただ「何人も比肩することのできないずばぬけて知恵のある人」としてしか考えていなかったのである（二四六）。

しかし、こうしたアウグスティヌスを、キリストへと向ける出来事が起こったのである。それは、パウロの書物との出会いであった。ここでアウグスティヌスは、新プラトン派とキリスト教との決定的違いを知るのである。彼はそれを、「僭越と告白とのあいだに何という大きな相違があるか」（二四九）と語っている。山田は、その注記の中で、「僭越」とは「自己の知にたのんで思いあがること」であり、それに対して「告白」とは「自己の弱さを率直にみとめ、救い主イエス・キリストをうけいれること」であると（同上）、アウグスティヌス自身の告白から解釈しているが、それはパウロの書物を通して、正にキリストの謙遜を知ることにおいて起こったのである。それは、御言が肉となるという受肉において示されたキリストの謙遜であり、この謙遜が救いへの決定的な鍵となったのである。なぜなら、ただこの謙遜の道のみが、人間の弱さを担いうるものであったからなのである。アウグスティヌスは告白して、次のように語る。

キリストはまた、私が自分の弱さのゆえにとることのできなかった食物に肉をまぜてくださいましたが――御言は肉となりたもうたのですから――、それは、あなたが万物をそれによってお造りになった知恵が、幼い私たちの乳となるためでした。（二四六）

さらに、またこうも語っている。

それは、いつかご自分に服するであろう人々の傲慢をいやし愛をはぐくみながら、彼らをたかぶりの座からひきおろし、ご自分のもとにひきよせて、もうそれ以上彼らが自負心を増長させることなく、かえって足もとに自分たちと同じ皮衣《かわごろも》をまとったかよわい神の姿を見て弱くなり、力を失ってその前にひれふし、かわりにそのかよわい神が立ちあがってひれふした彼らをおこしたもうためでした。（二四六）

アウグスティヌスは、キリストの謙遜において、初めて神と一つである道を見出したのである。そして、この発見において、「あなたの使徒のうちもっとも小さい者といわれるパウロの書を読んだとき、これらのことは何ともいいようのないしかたで、はらわたにしみこんでゆきました。私はあなたの御業について考えて、恐れおののきました」（二五三）と告白せざるをえなかったのである。[12] しかし、アウグスティヌスが決定的な救い、すなわち回心に至るには、もう一歩踏み越えなければならない最後の難関があった。それは、キリストの謙遜に従うことを阻んだ、彼の肉欲であった。彼は率直に、「けれども私はまだ、女性のことで頑固にしばりつけられていました」（二五六）と告白している。また、「あなたの愛に身をゆだねるほうが自分の欲情にとらえられているよりまさることはもう確実にわかっていて、意にかない自分をなっとくさせるのは前者であるのに、しかも後者のほうにこころよく縛られていたのです」(二六七)とも語っている。アウグスティヌスは、自分ではなすべきことを知っていたにもかかわらず、「まだぐずぐずとためらっていた」(二五六)のである。しかし、アウグスティヌスにとって、そこを撃ち破ることができなければ、本当の救いとはならなかったのである。

この撃破が実現し、その回心に至ったのは、ある意味では偶然のことであった。それは、直接的には、この苦悶の中で隣家から聞こえてきた子供たちの声、アウグスティヌスには、「とれ、よめ。とれ、よめ」(tolle, lege. tolle, lege.)と聞こえた言葉であった。そのときアウグスティヌスは、それを「聖書をひらいて、最初に目にとまった章を読めとの神の命令にちがいない」(二八六)と解釈し、急いで聖書を開いたのである。そして最初に目に触れた言葉が、ローマ人への手紙一三章一三、一四節の言葉、「宴楽と泥酔、好色と淫乱、争いと嫉みとをすてよ。主イエス・キリストを着よ。肉欲をみたすことに心をむけるな」(山田訳)という言葉であったのである。これは、アウグスティヌスがそれこそまさに自分に対して語られた言葉であると確信せざるをえなかったほどに、そのときのアウグスティヌスの心を見抜いた言葉であった。そして、アウグスティヌスはこの言葉に深く打たれ、そして回心したのである。アウグスティヌスは、そのときの思いを次のように語っている。「私はそれ以上読もうとは思わず、その必要もありませんでした。というのは、この節を読み終わった瞬間、いわば安心の光とでもいったものが、心の中にそそぎこまれてきて、すべての疑いの闇は消え失せてしまったからです」(二八六)。

その「安心の光」とは何か。それは、『告白』の冒頭で、「私たちの心は、あなたのうちに憩うまで、安らぎを得ることができない」(五九)と語る、その安らぎであることは、疑いのないところであろう。この偶然としか言えない聖書の言葉との出会いを通して、アウグスティヌスは一切をキリストの謙遜に委ね、キリストの謙遜に生きる者となったのである。そして、そのとき初めて魂の苦悶の日々から解放され、神の安らぎの中へと入れられたのである。すなわち、「昇らんがために、神にむかって昇らんがために、降りなければならな」かったのである（一四八）。アウグスティヌスは、『告白』の中で、繰り返し神を賛美しているが（そして告白自体、神への賛美であるが）、次の言葉はその中にあって、最もよくこの回心（救い）のときのアウグスティヌスの思いを語っているように思われる。

それにしても、この長い年月のあいだ、私の自由意志はどこにいたのでしょうか。それは何という深く沈んだひそやかなかくれ家から、一瞬にして呼びだされ、わが助け主、贖い主なるイエス　キリストよ、うなじをあなたのやさしいくびきのもとに、肩をその軽い荷のもとにゆだねるようになったのでしょうか。むなしい甘美なものを失ったことが、突然私にとって、何という甘美なことになったことでしょう。かつては失うことを恐れていたものを、いまではすてることがかえってよろこびとなったのです。

じっさい、それらのものを私からとり除き投げすててくださったのは、真実の最高の甘美にましますあなたでした。あなたは、それらのものを投げだし、かわって私のうちにおはいりになりました。（中略）もう私の精神は、よい地位を得るために奔走したり、利益をもとめたり、肉欲の中をころげまわったり、情欲のできものをひっかいたりして、われとわが身をさいなむあの心労から解放されてしまいました。そして私の輝きであり富であり救いである主なる神、あなたにむかい、子どもっぽい片言でもって話しかけていました。

（二八九―二九〇）

第3節　ティリッヒとアウグスティヌス――受動的逆説と能動的逆説

以上、アウグスティヌスの神秘主義と救済論についての見解を概観したわけであるが、それとすでに論じられているティリッヒの神秘主義と救済論とを比較した場合、表面的には雰囲気は大分異なる。ティリッヒにおいてはより理論的で体系的な学術的論述がなされているが、アウグスティヌスにおいては自伝的回想において、しかも告白という特異の形式において述べられている。しかし、そうした表面的な相違にもかかわらず、両者の間には重要な共通点を見出すことができるのである。

まず何よりも、ティリッヒが主張する、理性の主観 - 客観構造の分離の克服という神秘主義の中心的質は、ティリッヒが語るように両者の神秘主義の基本的構造である。アウグスティヌスが母モニカとの語らいの中で経験した一瞬の悟り、永遠の生命の前味は、この世のものではないものの脱自的経験であり、しかも神的なるものの直観的認識を含むものであった。また、その背後にある、神と人間との関係についても、類似した理解が見られる。すなわち、ティリッヒにおいては、神は存在それ自体として、すべてのものの存在の力であり、同時にすべてのものにある存在の否定的力を克服する力としての人間の究極的関心である。それゆえに、すべてのものはこの究極的関心への参与を通して、それ自体としては、それに値しないにもかかわらず、自己否定を通してその媒介となり、啓示の担い手となることができるのである。それに対し、アウグスティヌスにおいても、本当に存在するのは神だけであり、その意味で神は存在そのものであり、神なくしていかなる存在もその存在を得ることはできないのである。それゆえ、すべて存在するものは神を賛美するものとして理解されるのである。ティリッヒは、中世の神秘家たちに言及して、「彼ら［ボナヴェントゥラ他］の努力の背後には、『存在それ自体』――同時に『真理それ自体』でもある『存在それ自体』（esse ipsum -verum ipsum）――の直接的確知という神秘主義的－アウグスティヌス的原理があった」[13]と述べているが、まさしくこの点において、ティリッヒもこのアウグスティヌスの系譜に属するのである。

さらにもう少し詳細に検討するならば、ティリッヒが主張する具体的神秘主義の理解も、アウグスティヌスの中に容易に見て取ることができるであろう。アウグスティヌスが決定的救いと見なしたものが、まさにキリストの謙遜への、ティリッヒの表現を用いるならば、「参与」であることを思うとき、われわれはそこにもまた具体的神秘主義を見るのである。また、その参与において、アウグスティヌスがこの世の甘美なものを捨て去ることにおいてかえって神の甘美さを経験したことは、ティリッヒが強く主張する「逆説的」性格を物語っていると言える。

ところで、このような重要な点での共通点を両者の間に見ることができるのであるが、しかし同時に、特に救済論に注目するとき、われわれはそこに相違もまた見るのである。すでに触れたように、ティリッヒにおいて最も強く主張されていることは、救済の逆説的性格である。受容されえないにもかかわらず受容されていることを受容するという逆説的信仰である。それは、救済の出来事の恩寵性を明確に語るものであり、また同時に一切の自己救済的試みを否定するものである。その意味で、この逆説性は、ティリッヒが宗教の克服の表現として、すなわち「宗教の曖昧性、それの世俗化、それの魔神化に対する勝利の表現」として語る「プロテスタント原理」に結びついている[14]。

それに対し、アウグスティヌスも、すでに指摘したように、キリストの謙遜を自らの謙遜として生きると言うとき、そこには神へと上昇するために下らなければならないという理解がある。一切のこの世の甘美なものを捨て去る中に、かえって一切のもの、すなわち神ご自身を味わう甘美さがある。しかし、それは、一つの紛れもない逆説性ではあるが、ティリッヒが主張する逆説性とは必ずしも一致しない。なぜなら、ティリッヒにおいては、逆説性の持つ受動的面が強調されているのに対して、アウグスティヌスにおいては、その能動的面が強調されているからである。それは、救済の具体的現れを比較するとき明らかである。ティリッヒにおいては「にもかかわらず」の〈勇気〉、しかも「絶望する勇気」が語られ、アウグスティヌスにおいては神への〈賛美〉が語られている。それはまた、ティリッヒにおいては信仰の〈主体〉に中心が置かれ、アウグスティヌスにおいては信仰の〈客体〉に中心が置かれているとも言えるであろう。したがって、それを〈受動的逆説〉と〈能動的逆説〉と呼ぶことも可能であろう。もちろん、これは強調点の相違であって、どちらか一方しか含まないというのではない。しかし、その相違は明らかであろう。

この点について、ティリッヒ自身、決して無頓着であったというわけではない。彼は、「新しい存在の逆説、恩寵による信仰を通しての義認の原理は、パウロ、アウグスティヌスおよびルターの経験の中心にある。しかし、それは一人一人において違った色合いをもっている[15]」と語り、その相違を以下のように指摘している。

パウロにおいては、強調点はキリストによってもたらされた「新しい時代」（the new eon）における律法の克服にある。（中略）アウグスティヌスにおいては恩寵は実体の性格を持っていて、人々の中に注入され、それは愛を創造し、歴史の最後の時代を確立し、そこでは教会を通してキリストが支配したもう。（中略）ルターにおいては、義認は罪に対する神の怒りと、神との人格対人格の関係に導く神の赦しとの個人的体験であって、パウロやアウグスティヌスにおけるような宇宙論的・教会論的枠組はない。これがルターの思想の限界であって、それが知的正統主義と情緒的敬虔主義をもたらした。彼においては、主観主義に均衡を与えるものが

なかったのである。(16)

ティリッヒは、アウグスティヌスにおいては、恩寵は実体的な性格を持ち、それは愛を生み出すと語る。それは、すでに触れたように、何よりもキリストの謙遜を通した神との〈甘美なる〉交わり（一致）でもあった。したがって、われわれはそこに、キリストを媒介とした神との逆説的な合一を見ることができるであろう。そして、それは神を賛美する告白へと至るのである。われわれは、そこにアウグスティヌスの大きな特色を見るとともに、またティリッヒとの相違を見るのである。すなわち、逆説的合一という点においては両者同じであるが、そこには、それぞれの個性が見られるのである。(17)

注

（1）Tillich, *Vorlesungen über die Geschichte des christlichen Denkens*, EN I.

（2）片柳榮一は、その著『初期アウグスティヌス哲学の形成』（創文社、一九九五年）において、この「魂」について、次のように語っている。「この［新プラトン主義との］出会いを通してアウグスティヌスは、神探究の真の場を見いだした」。そして「その場とは魂であり、この魂のうちに彼は恒久的なものとしての神の現臨を覚知しているのである。彼にとって神の現臨とは魂のうちにあって、外なる物体的世界を判断する根拠となるものであり、彼はそれを美とも形相 forma とも形姿 species とも呼んでいる」（一六六―一六七頁）。したがってまた次のようにも語っている。「アウグスティヌスは後にこの［真なるものの魂への現臨という］事実を真理の魂への照明として説明しなおすのであるが……彼が言いたいのは、この真理が現臨し、照明する魂の場が、人間が神的なものに出会う場であるということである」。したがって、アウグスティヌスは、この魂において神を探究し、また「知解する」（intelligere）のである（一八六頁）。
（3）Tillich, EN I, 130.（『著作集』別巻二、一九一頁）
（4）Ibid.
（5）Tillich, Die Frage nach dem Unbedingten, GW V, 1978, 125.（『著作集』第四巻、一七六頁）
（6）Tillich, EN I, 130.（『著作集』別巻二、一九〇頁）
（7）文献は、山田晶訳『告白』（世界の名著14、中央公論社、一九七九年、第一三版）を使用。以下、『告白』からの引用箇所は、随時引用文の後に頁数のみを記す。
（8）『告白』だけでアウグスティヌスの神秘主義について論じることは十分ではないであろう。しかし本章の目的は、ティリッヒに主眼があり、アウグスティヌスの伝統としてティリッヒが見る神秘主義が、どのようなものであるかを明らかにすることである。したがって、その限りにおいては、『告白』は十分にその役割を果たすと考えられる。
（9）山田は、incarnatioを「托身」と訳しているが、プロテスタントの伝統に従い、本論では「受肉」と訳す。
（10）片柳は、この新プラトン主義の書物について、次のように語っている。「多くの研究者は……ヴィクトリヌスがラテン訳したプロティヌスの『エンネアデス』の数篇であろうと推測する」、「さらにクルセルは、……アウグスティヌスが『神の国』一〇巻で取り上げているポルフィリオスの『魂の帰還』もミラノですでに読んでいた可能性があるという」との研究史を踏まえ、「アウグスティヌスは、ポルフィリオスを通して新プラトン主義的な世界に導かれ、ポルフィリオスを介して間接的にプロティヌスの論文の抜粋を手にしていた可能性が大いにありうると考える」と結論づけている。ただし、「言えるのは、彼が読んだのはわずかな書であり、しかも彼は……かなり自由に独自の関心から或る高次のリアリティそのものを求めて、新プラトン主義の書に接していった」（片柳前掲書、一四二―一四四頁）。
（11）この「悪」について、片柳は次のように語っている。「アウグスティヌスは新プラトン主義との出会いを通して……悪は善の欠如privatio boniであることを理解するようになるが、この理解は人間的悪の根源が人間の自由意志に存することを改めて深く教えることになる。……人間の自由意志に人間の罪と苦悩の責任が帰されていくことになる。

ここにアウグスティヌスは、神とは異なる人間存在の固有性を明らかに自覚していくのである」（同上書、八〇頁）。さらに片柳は、この悪の問題を、形相の観点から、次のように指摘している。「アウグスティヌスが新プラトン主義の二世界論、分有論より得た認識とは、……我々が感覚でとらえる事物は、それ自身によって確固とした実在を持つのではなく、……永遠の形相を模倣し、それに与ることによって存在を保っているのであり、悪とはこの形相を欠くことであり、この形相から離反することであり、それ自身は実体的ではないという認識である」（二三五頁）。さらにまた、罪についても、「人間的悪である罪は、永遠の形相への背反、離反aversioである」（同）と語っている。

　ところで、ここで重要なのは、形相に伴う分有論であろう。片柳は、存在するものは形相を持たなければならないとするアウグスティヌスの考えに言及し、以下のアウグスティヌスの言葉を紹介している。「［無からの創造において］未だ形相づけられていないが、何らかの仕方で形相づけられうることを開始したものは、神の恵みによって形相を受容しうるのである。というのも形相づけられてあることは善いことであるから。それ故形相の可能態も何らかの善なのである。それ故形相を与えたもうた、全ての善の創造主は、形相の可能性も創造されたのである。このように存在するものは、存在する限り、そして未だ存在していないものは、存在が可能である限りにおいて、それを神に負うのである。これは言い換えれば、形相づけられたものは、形相づけられた限りにおいて、未だ形相づけられていないものは、形相が可能である限りにおいて、それを神に負うのである」（『真の宗教について』）。この形相の考えについて、片柳は、「［アウグスティヌスにおいては］存在するものとは形相づけられたもののことであり、形相づけられたものは善であり、その故に存在は善なのである。……この形相の分有論が『存在するものは、存在する限り、善であり、悪は存在の欠如である』というアウグスティヌスのテーゼを支えているのである」と指摘している（二三〇―二三一頁）。この形相の分有論は、ティリッヒの〈参与〉の概念に通じるものがあり、大変興味深い。いずれにしても、存在するものは、その形相において永遠の形相を分有する限り、存在するのであり、それは善なのである。

（12）片柳は、受肉におけるキリストの謙遜に、アウグスティヌスが「神的な知性 intellectus が身体を取って現れたキリスト」を見ていたことは十分に推測しうるとし、アウグスティヌスのキリストへの信仰を次のように語っている。「アウグスティヌスは、権威の道とも言われたキリストへの信仰、つまりイエスのうちに真理なる神的知性が我々に現臨するという信仰において、真理発見に絶望する懐疑を克服し、真理を求める意志を育て、日々自らの精神の目を感覚から引き離し、上へ向けることを目指したのである。信仰によって理性を浄めるとアウグスティヌスは繰り返し語るが、そこで意味している信仰とは、神的知性が我々の直中に現臨し、感覚的事物の判断において感覚的事物を越えて判断の尺度、根拠としての神的なものに至るという我々の為すべきことの模範をその存在と行為において示している方を信じるということである。しかもこの模範である方が目指すべき神的知性そのものであることを信じることにおいて、限りない安らぎと励ましの中で、理性的探求にいそしむことが可能となる」(三六五頁)。すなわち、真理を求めてやまないアウグスティヌスは、キリストの謙遜の中に、真理そのものであるキリストを見出すことにおいて、そこに「限りない安らぎと励まし」を得たということなのである。

(13) Tillich, ST I, 41.

(14) Tillich, ST III, 245.

(15) Ibid., 226–227.

(16) Ibid., 227.

(17) こうした個性は、ここでティリッヒが語るように、次章で扱うルターとの関係においても見られるのである。ここで、それを先取りして言及すれば、ティリッヒは、ルターの信仰義認論を——ティリッヒはそれを「受容の心理学」(psychology of acceptance) として捉え直したのであるが——「教会史における最も深いもの」と評価しながらも(Tillich, ST III, 227)、そこに主観主義に陥ってしまう危険性と、また限界を見ている。しかし、筆者から見れば、これはまた同時に、ティリッヒ自身にも当てはまる問題点であるとも言える。ティリッヒは、その主著『組織神学』の特に第三巻において、歴史とその中における教会について広範に扱っている。その限りでは、ルターに対する批判はティリッヒには直接には当てはまらないであろう。しかし、義認論をその救済論の中心に据え、その主観性に重きを置く神学を展開している限りでは、ティリッヒもルターと同じ危険性を含んでいると言わなければならない。

第10章　ティリッヒとルター——神秘主義をめぐって

はじめに

第6章ですでに見たように、ティリッヒの教派的背景はルター派である。しかも、ティリッヒ自ら、「出生、教育、宗教的体験、神学的思索のいずれにおいても、私はルター派に属している」[1]と語るように、それは非常に自覚された仕方でのルター派であった。しかし、ティリッヒがルター派と言う場合、そこには二通りの意味がある。一つは、ルター以後、正統主義へと発展していった歴史的意味でのルター派であり、もう一つは、ティリッヒ自身が特に意識的に受け止め、自らがその継承者の一人として自覚しているところのルター派である。前者に関しては、たとえば、ルターとルター派との違いを確言する言葉の中で、ティリッヒは次のように語っている。「もし人が彼［ルター］をルター主義と同一視するならば、彼の偉大さを評価することは不可能であろう。ルター主義はそれとは全然別種のものであって、それはプロテスタント正統主義や政治的運動やプロシアの保守主義や他の多くのものと結び合ったものである。これとルターは何の関係もない」[2]。もちろんティリッヒ自身も、歴史的にはこのルター派に属することになるのであるが、すでに見たように、その意識にあるルター派は必ずしもこの歴史的意味でのルター派と同一ではなかった。これもすでに引用した文章であるが、ティリッヒは自分の信仰の実体について次のように述べている。「［私の］実体はルター派であり、またいつまでもそうである。つまり、実存の『頽落態』についての意識、進歩の形而上学をも含めたあらゆる社会的ユートピアの拒否、生の非合理的・魔的性格についての洞察、宗教の持つ神秘的要素の重視、個人的および社会的生におけるピューリタン的律法性の拒絶などにおいてそうなのである(3)」。すなわち、この文章において指摘されているいくつかの特徴的要素において、ティリッヒは自分をルター派と自覚していたのであり、それは必ずしも歴史的意味でのルター派と同一のものではなかったのである。

ところで問題は、そのようにティリッヒによって自覚的に捉えられたルター派が、果たしてどれほどルター的であるのかということである。ティリッヒが自らを歴史的意味でのルター派と一線を画しながらも、明確に自らをルター派として表明するとき、そこには歴史的意味でのルター派よりも自らによって自覚的に捉えられたルター派のほうが、ルター自身により近いという意識があることは明白である。しかし、そこで自覚的に捉えられているルター派が、どれほどルター的であるかは、検討を要する問題である。そしてこれは、ティリッヒ研究において重要なテーマであるのみならず、〈逆説的合一の系譜〉をテーマとし、その中にルターも位置づけている本書においては、さらに重要なテーマとなる。

しかしながら、ティリッヒ研究を振り返った場合、ティリッヒとルターとの比較研究は必ずしも多いとは言えない。たとえば、ジョン・キャリー（John J. Carey）は、今までのティリッヒ研究の中で、比較的この点を扱っているものとして二つの文献を挙げている。一つは、ジェイムズ・アダムズ（James Luther Adams）の「パウル・ティリッヒ対ルター(4)」であり、もう一つはヴィルヘルム・パウク（Wilhelm Pauck）の「パウル・ティリッヒ――十九世紀の後継者(5)」である(6)。しかし、キャリーも言うように、両者とも内容的には必ずしも十分なものではない。特に後者は、ルター派神学者たちとの関連には触れているが、ルターそのものとの関連には触れていない。むしろ、われわれにとっては、そういった問題意識に立って書かれたキャリー自身の論文「ティリッヒとルター――ルターとルター派についてのティリッヒの弁証法的観点の考察」(7)のほうが有益であろう。この中でキャリーは、ティリッヒがどれほどルターに依存しているかという点を中心に扱っているが、それは四つの観点から分析されている。すなわち、神学的方法、神概念、人間論、そして義認概念の四つである。というのも、この四点において両者にはある共通性が見られるからである。そして、その結論として述べられていることは、以下の通りである。すなわち、「生まれも文化もルター派であり、またいくつかの批判的な神学上の諸点ではルターの影響を受けているとはいえ、ティリッヒが典型的なルター派の信条を告白する神学者でなかったことは明らかである。いくつかの点で、彼とルターとの相違は、彼の［ルターへの］依存と同じほど深かった(8)」。おそらくこの判断は、ある程度妥当なものだと言えるであろう。その点については、本章の最後であらためて触れたいと思う。またこの四点を取り上げて、両者を比較検討していることは大変興味深い。ただし、キャリーの結論は、全体的に見て、大変漠然としたものであることは否めない。それは、本格的なティリッヒとルターの比較研究ではなく（それ自体、非常に大きなテーマであり、また困難なテーマでもある）、むしろその素描のようなものであるため、その性格からして、それはやむをえないとも言える。

しかし、以上の全体的結論とは別に、本書にとってより重要である義認論に関しては、キャリーは以下のように結論づけている。「ルターはよりキリスト中心的であり、また語彙的には伝統的にパウロの線に立っている。ティリッヒは、因襲的概念を打ち破り、この古い真理を新しい方法で表現するために心理学的言語を用いる。しかし、神学的実体においては、彼は再びルターのすぐ側に立つ(9)」。すなわち、この結論も大変漠然としたものではあるが、言わんとするところは、ティリッヒとルターの義認論は、表現形式においては異なるが、内実においてはほぼ同じであるということである（ルターはよりキリスト中心的ではあるが）。本書では、こうしたキャリーの見解を一つの手がかりとして、ティリッヒとルターのそれぞれの神学的背景をなす神秘主義の視点から両者を比較検討し、両者の義認論の相違について考察したいと思う。

ところで、なぜ神秘主義なのかと言えば、それは、それが本書のテーマであるからであるが、それと同時に、それがティリッヒとルターとの共通の、しかもそれぞれの神学において重要な位置を持つ内容でもあるからである。特にティリッヒは、神秘主義においてルターと結びついているとの深い自覚を持っていた。その点についてティリッヒは、先に引用した言葉に続けて、次のように明言している。すなわち、「単に宗教的・神学的思惟においてのみならず、また私の学問的・哲学的思惟においても、ルター主義的内実が現れている。ルター主義がこれまで直接哲学的に現実化されたのは、ルター主義的神秘主義とその哲学的代表者たるゲルマンの哲学者ヤーコプ・ベーメにおいてのみである。彼の哲学を媒介することによってルター主義的神秘主義は、シェリングおよびドイツ観念論に影響を及ぼし、シェリングによって十九、二十世紀の非合理主義および生の哲学に影響を与えているのである」[10]。ティリッヒ自身が、シェリングおよびドイツ観念論、さらに十九、二十世紀の非合理主義および生の哲学の強い影響を受けていることを思い起こせば、この述懐はティリッヒが自ら「ルター主義的神秘主義」の中に身を置いていることを証言している言葉であると言っても過言ではない。すなわち、ティリッヒ自身、神秘主義を通してのルターとの深い結びつきを意識しているのである。しかも、この神秘主義は、ルターの思想の中核をなす信仰義認論に深く関わっている。したがってわれわれは、この「ルター主義的神秘主義」とは何かを問うことにより、ティリッヒがルターとどのような関係にあったのかをある程度解明することができると考えるのである。

そこで本章では、問題をティリッヒとルターの義認論に絞り、その内容を神秘主義の視点から比較検討し、ティリッヒの抱く自覚的ルター派がどこまでルター的であるかという問題の解明に一つの光を当てたいと思う。そして同時に、本書のテーマである〈逆説的合一〉の系譜におけるルターの位置についても確認したい。

第1節　問題の所在

初めに、ルターと神秘主義の問題を扱うにあたり、問題の整理をしておく必要があるであろう。というのも、ルターと神秘主義との問題は、決して単純ではなく、これに関してはさまざまな見解が見られるからである。そこでまず、ティリッヒの見解を検討する前に、この問題についてのおおよその見当を付けておくことは、以下の議論において有益と思われる。ただし、筆者はルターの専門家ではないため、ルター研究者の成果を援用しつつ、問題点の整理を試みたいと思う。

まず、単純に言って、そもそもルターの神学を神秘主義という用語をもって語ることができるのかどうかという問題がある。この点については、わが国のルター研究者の中でも、一つの対照的な立場が見られる。それは、少し時代は遡るが、石原謙と佐藤繁彦との立場である。全体的に見て、石原が否定的な立場に立つのに対して、佐藤は肯定的な立場に立っている。文献としては少し古いが、この両者の立場の相違にルターと神秘主義に関する基本的問題を垣間見ることができる。特に、石原の提示した問題点は、以下で見るように、その結論は今日では受け入れ難いものになっているが、ルターと神秘主義との関係を見ていく上で一つの目安となると思われる。そこで、初めに、石原の見解を検討することにより、問題の所在を明らかにしたい。

石原は、「M. Lutherと神秘主義」(11)という論文においてこの問題を扱っているが、それは次のような二つの問題提起をめぐってなされている。

①「第一には、ルーターは其内的発展に際して何れ程神秘主義から影響されたか、殊に彼の宗教改革の原理は神秘主義の影響の下に始めて見出されたのであるか。」

②「第二にはルーターと神秘主義との一致は単に外観的のものでなく、根本思想に於ての一致に基づいてゐるか否か。」(12)

石原はこの二点に集中してルターと神秘主義との関係について考察するのであるが、第一の点はさらに二つに分けられている。それは、ルターの思想形成において影響を与えたと想定される神秘主義は、概ね二つに区分されるからである。すなわち、その一つは、ルターとの直接的関連があると見なされる『ドイツ神学』ならびにしばしばその著者と想定されるタウラーと、もう一つは中世神秘主義一般である。まず前者の神秘主義に関しては、石原は、ルターのいわゆる福音の再発見の時期を一五〇九年から一三年までの五年間と仮定した上で、次のように結論づけている。「若し彼の改革原理の発見［いわゆる福音の再発見］が一五一三年よりも遅くないとすれば、此事実が既に、彼の回心の回想的叙述が何れも神秘家に就て沈黙している理由を説明してゐる。何となれば彼がタウラー及び『独逸神学』を読んで強い感動を与へられたのは一五一六年初であって、早くても一五一五年より前に遡り得ないからである。故に彼が既に所有してゐた真理を其等の書中にも見出して喜んだといふことは有り得るが、其等から学んだとは考へられない」(13)。また後者の神秘主義に関しても、石原は否定的である。すなわち、石原によれば、中世カトリック教会自体が神秘的傾向を持っており、その傾向は中世末期に近づいて一層強いものとなったが、ルターに関しては、「彼の心は意外に神秘主義には向いていなかった」のである。というのも、この時期のルターは意志を信仰の本質と見なすオッカム主義者であって、その観点から救いを求め苦悶していたため、神秘家が見出したような意義を神秘主義に認めるには至らなかったからなのである。したがって、石原は次のように結論づけている。「彼は最初神秘説に対して全く無関心であり、而して一五〇七、八年頃から其に接し始めても自ら進んでそこに解決の道を求める気にはならなかった」[14]。ただし石原は、そうしたルターの態度が、アウグスティヌスの研究によって変化したことを認めている。すなわち、「併しアウグスティヌス等を研究してから［石原によれば、ルターのアウグスティヌス研究は遅くとも一五〇八年末には始まる］神秘説との関係も密接になるやうになった」[15]。その結果、初期の『詩篇講義』や『ロマ書講義』には、神秘主義の痕跡が見られるのである。しかし、ここでも問題は、それがどの程度のものであったのかということであるが、それに関する石原の評価は全体的に見て低く、それは基本的には表層的なものとして捉えられているにすぎない。その結果、石原はルターと神秘主義の関係について、以下のように総括している。「其影響は主として二の方向から考へられる。第一は神秘主義の静観的な優しい情調が彼の感情の上に及ぼした感化で、彼は之によって、神はノミナリスムスの教へる恐怖の神、怒の神ではなしに、愛の神、常に其子等を愛しみ之に恵みを与へ悩みを癒し必要なるものを備へる神といふ一面を強く感ずるやうになつた。かくてオッカムの教によつて生ぜられた緊張が解けて来た。第二は寧ろ表面的一時的のものである。神秘家の書を読書するに従つて彼の用語概念考へ方等の上に其影響が現はれて来、殊に独逸神秘主義に接するに及んで益々著しくなつた。けれ共此等の影響は彼が宗教的根本問題を解決せんとするに当つては力なかつた。［中略］解決の鍵は他から与へられずに彼自身の内に存してゐた。ここに新しい独創的な嘗て存しなかつた或者があつた。彼自らの語を以て言へば der heilige Geist また das Wort Gottes, das Evangelium Christi 之が使徒パウロを通して彼に新しい認識を教示した。其際アウグスティヌスもベルンハルトも又独逸神秘家も彼に光を与へなかつた。唯だ『聖霊によつて与へられた』ものが彼等に同じく存するのを見て、更に其が確かめられることを得た丈けである」[16]。以上のように、石原は、ルターの思想形成において神秘主義の影響は表面的一時的なものであったと見るのである。

それに対して、もう一つの問題、つまりルターの思想はそれ自体どの程度神秘主義的であるかという問題であるが、結論から言えば、これに対しても石原は否定的である。すなわち、石原はルターの根本思想をsola fide（「信仰によりてのみ」）とsolo verbo（「言葉——神の——によりてのみ」）の二つの原理に見、この二つの原理と神秘主義との関連を解明するのであるが、その主張は概ね以下のようなものである。すなわち、石原によれば、まずsola fideは、信仰と行いとの矛盾を仮定した原理であるが、内的傾向を持つ神秘主義は外的なもの（行い）に価値を置かないが、それゆえに却って外的行いを排除せず、特に神秘的意義を持つサクラメントを排除しないのである。また神秘主義は神的実在との一致、すなわち「人なく我なく唯だ神あるのみの境涯」を目指すため、道徳的生活を排除するが、ルターの語る信仰には愛の行いである道徳が伴うのである。さらに、聖化は信仰者の生涯にわたる戦いと努力の中で獲得されていくものであるが、神秘主義者はそれを一挙に実現するものとして考えており、その生活には真剣な罪との戦いが欠けているのである。すなわち、石原はこの三点において、神秘主義はsola fideの原理に対立するものであると見なす[17]。またsolo verboの原理に関しても同様の判断を下すのであるが、この場合のほうが両者の対立はもっと明確であると言う。それは、何よりも、キリスト教は神の言葉を通した啓示（＝キリスト）に基づく宗教だからである。石原は、この対立点を四つにわたって指摘しているが、そこには神秘主義に対する石原の理解がよく示されている。その点を箇条書きで示すと、以下のようになる[18]。

①　solo verboの原理は、キリスト教を神の言葉であるキリストに基づかせるゆえに、それを明確に「歴史的宗

教」とするが、神秘主義は基本的に「自然的宗教」である。
② solo verbo の原理は聖書原理を産み出すが、これはカトリック的教義と反教義的熱狂（それは神秘主義的な逐語霊感説に至る）との双方を退ける。
③ solo verbo の原理は神の言葉に基づく教会を形成するが、神秘主義はそれを生み出す力がないだけではなく、それを解体する傾向を持つ。しかも、神秘主義は教会という文化的組織なくしては成立しえない。
④ solo verbo の原理は、サクラメントを神の言葉に基づく恩寵の媒介と考え、カトリック教会の化体説を否定するのに対し、神秘主義は神秘的媒介を否定せず、それに基づく儀式を排除しない。

すなわち、石原はルターの思想を sola fide と solo verbo との二つの原理において捉え、それを信仰に基づく神の言葉の（歴史的）宗教と理解するのに対して、神秘主義は「『言葉』即ち基督の福音といふ歴史的啓示を通さずして神を表象すること」を主張し、神と被造物との関係を「創造的秩序」において理解する「自然的宗教の精神化」したものなのである。したがって、石原は次のように結論づける。「之［sola fide と solo verbo を原理とする宗教］がルーターの宗教である。其中に神秘主義と傾向を同じうし又影響を受けたらしく見えるものもないではないが、根柢に於ては決して一致し得ないものであつたことは確実である」[19]。

以上のように、石原は、中世の神秘思想がルターに与えた影響と、ルターの思想自体がどれほど神秘主義的であると言えるかについて論じているが、この二つの視点はルターと神秘主義の問題を見ていく上で重要であると言える。特に以上の問題がルターの宗教改革的思想（信仰義認）の形成との関連で捉えられている点は重要である。逆に言えば、神秘主義の問題は、そうした本質に触れるテーマでもあるということである。したがって、以下で扱う内容も、最終的には信仰義認をめぐるものとなるであろう。すなわち、ルターは信仰義認の原理の形成においてどれほど中世の神秘主義の影響を受けたのか、またその原理はどれほど神秘主義的と言えるのか、そのことをめぐりながら、ルターと神秘主義の関係が問われることになるであろう。

第2節　ルター主義的神秘主義

そこで次に、ティリッヒの言う「ルター主義的神秘主義」とは何かに目を向けたいと思う。ただしティリッヒは、この主題については必ずしもまとまった論述はしていない。それは、ルターについての論述の中で、いわば断片的に出てきている。そこで、ルターについてのティリッヒの論述を概観する中で、その点を明らかにしていきたい。ティリッヒは、その著『キリスト教思想史』[20]において、ルターについてのかなりまとまった論述を展開している。それは、ルターに対する深い共感に基づいているが、その基底にある視点は、「正統主義に対する経験主義の反動」という項目の中で、以下のように語られている。少し長いが、そのまま引用したいと思う。

聖書的使信を通じて語りかける神の霊の力によって、ルターはローマ教会の客観主義に対して革命を実行した。彼は、初期の発展の過程の中で、神秘主義的要素に非常に影響を受けた。彼はドイツ神秘主義の時期に属する信仰書の古典、いわゆる『テオロギア・ゲルマニカ』の深い感化を受けた。地球の表面を変えたルターの教えの爆発的な力を生み出したものは、ルターの神経験であった。この経験は何であったか。それは教義の批判ではなかった。その種のものなら、ルター以前にも多くのものがあった。彼の立場の大抵のものは、彼以前にすでにいわゆる前改革者たちによって理論的に形成されていた。神との個人的な関係において起こった出来事こそ、爆発的な力を発揮した。それは、知的ないし道徳的な種類の人間が達成した業に基づいていたであろうか、それとも神が与えるもの、特に神の赦しを心から受け入れる態度に基づいていたであろうか。後者こそ決定的なものであった。このようにしてすでに宗教改革時代においてわれわれが神秘主義的と呼ばねばならない要素が存在していた。そしてそれが、敬虔主義という反正統主義的運動において再び宣言された。この運動は、まず十七世紀にドイツにおいて起こり（シュペーナーとフランケ）、次にイギリスのメソジズムにおいて（ウェスレー兄弟）、最後に、聖霊が自己の中に臨在していることを主張する、この国［アメリカ］の無数の分派運動において起こった。(21)

以上の文章に明言されているように、ティリッヒがルターの中に見ている神秘主義的要素とは、何よりもルターの神経験であり、その内実は神の赦しに与る救済的経験であった。ティリッヒによれば、それがローマ・カトリック教会の持つ客観主義を打破する爆発的力となったのである。そしてそれは、ルター以後のプロテスタント教会の歩みが、正統主義に代表されるような硬直したものとなるたびに、それを打破する力として歴史の中に繰り返し出現してきたのである。したがってティリッヒは、いわばルターから発出するプロテスタント神秘主義とも呼べる流れを見ているのである。こうした見方が可能であるとすれば、ルターにおける神秘主義的要素は、プロテスタント教会の歴史において、非常に重要な意味と位置を持つことになる。そこで、もう少し立ち入って、ティリッヒが理解するルターの神経験とは何かを検討したい。

ティリッヒは、先の引用文からも明らかなように、ルターの意義を、ローマ・カトリック教会の伝統に対する

「改革者」に見ている。ティリッヒによれば、ルターはカトリック教会の伝統を〈突破〉した改革者であり、何よりもその点にルターの存在意義があるのである。「私がルターについて語る場合に考えていることは、……ローマ体制を突破することに成功した人物だということである」[22]。それでは、ルターはどういう意味で突破したのか。ティリッヒは、その点について、次のように述べている。「ルターは、ローマ・カトリック的宗教をそのようなものとしてきたキリスト教の三つの歪曲を突き破り、そしてその突破によって彼は新しい宗教を創出したのである」[23]。

そこで、その三つの歪曲とは何かが問題となるが、ティリッヒによれば、それは中世カトリシズムが持っていた神と人間との「客観的、量的、相対的関係」である。というのも、E・トレルチの言葉を用いれば、ローマ・カトリック教会自体がヨーロッパ中世世界全体に対する巨大な救済の施設であったからである[24]。それは、具体的には、二つの部分からなる。一つは、神の恩寵を媒介するサクラメントであり、もう一つはそれに対応する人間の「道徳的自由」である。そして、両者が相まって、人間の救済が実現すると考えられたのである。しかし、ティリッヒによれば、それは客観的、量的、相対的なものであって、そうした仕方においては、人は決して救済の確信に至ることはできないのである。なぜならば、救済にふさわしい功績を上げることは誰にもできないからである。むしろ、そうした仕方を追求すればするほど、人は罪責意識と絶望に苛まれることになる。そして、その不安と絶望を人一倍深く味わったのが、取りも直さずルター自身であったのである。

それでは、ルターがそうした行き詰まりの中からその三つの歪曲を突破し、新たに創出することになった「新しい宗教」とは何か。ティリッヒによれば、それは神と人間との新しい関係、すなわち「客観的、量的、相対的」関係を打ち破る、「人格的」、「質的」、「絶対的」関係を形成する宗教である。すなわち、神との客観的関係ではなく人格的関係を生み出す宗教こそ新しい宗教であり、そうした人格的関係においてのみ救いの確信に至ることができるのである。したがって、ティリッヒにとっては、宗教改革とは、客観的関係に立つカトリック的神関係から、人格的関係に立つプロテスタント的神関係への転換なのである。ところで、ティリッヒはこの人格的神関係を「信仰」として捉え、それを次のように説明している。「[信仰とは]信じるに値する何かあるものを信じることではなく、われわれが受容されていることを受容することである。それは量的な関係ではなく、質的な関係である。つまり人間は、神から分離しているか、それとも分離していないか、そのいずれかなのである。……それはローマ的体系とは異なって、無条件的関係であって、条件的関係ではない。……人が神と結びついているとき、彼は完全にそして絶対的に神に近いのであり、そうでないならば彼は神から分離しているのである」[25]。すなわち、ティリッヒは、第6章ですでに検討したように、信仰を「受容」という概念で捉えるのであるが、それは、人間が罪のゆえに神から分離しているにもかかわらず、神ご自身はそうした人間を受け容れてくださっていることを受け容れること、すなわち「受容されていることを受容すること」(Annahme des Angenommenseins)を意味している[26]。したがって、それは神による人間の受容を人間が受容するという二重の意味での受容であり、またそこには「にもかかわらず」という逆説的意味が本質的質として含まれているのである。ティリッヒは、この受容としての信仰に、神と人間との本質的な関係を見るのであり、その人格的関係、すなわち神と人間との再結合としての逆説的交わりこそ、ティリッヒがルターの信仰の中核に見たものであったのである。したがって、われわれはこの神との人格的な関係にティリッヒの見るルターの神秘主義を見て取ることができるのであるが、その本質は、繰り返しになるが、あくまでも「人格」にある。それは、次のような、ルターの言葉をなぞりながら語ったティリッヒの言葉に明示されている。「信仰が人格をつくり、人格がわざをつくるのであって、わざが人格をつくるのではない(WA I, 118f.)。……一個の人間を人格とするのは、生における究極的な意味である」[27]。すなわち、人間は、神との人格的な関係としての信仰において、生の究極的な意味である神を持つのであり、そのとき初めて、真実の意味で一個の人格として形成されるのである。したがって、神との人格的な関係としての信仰に見られるルターの神秘主義は、以下であらためて検討するように、「信仰神秘主義」あるいは「人格神秘主義」と呼ばれうるものなのである。

ところで、この「信仰神秘主義」あるいは「人格神秘主義」とも呼びうる神秘主義は、ティリッヒによれば、いわゆる熱狂主義者（セクト主義者）たちの神秘主義とは明確に区別されるべきものなのである。この点について、ティリッヒ自身両者を対比的に論じているため、そのことを概観することは、ルターの神秘主義を明確にする上での一助となるであろう。ティリッヒが指摘している点は六つあり、箇条書きで示すと以下のようになる。（なお、ティリッヒはここで、ルターの立場と他の宗教改革者たちの立場をほぼ同等視しているため、広く「宗教改革者」という表現を用いている。）

①信仰の依拠するところについて。宗教改革者たちは「外なる言葉」（聖書）に基づき、熱狂主義者たちは「内なる言葉」に基づく。

②十字架の理解について。宗教改革者たちは十字架による救済の客観性を強調し、熱狂主義者たちは十字架を自らに引き受けることを強調する。

③啓示について。宗教改革者たちは啓示を「聖書において証言されている歴史的啓示の客観的出来事」と結びつけて捉えるが、熱狂主義者たちはそれを無視し「現実的な人間の状況における直接的啓示」を信じる。

④洗礼について。宗教改革者たちは幼児洗礼を「先行の恩寵」として固執し、熱狂主義者たちは「成人した人間の主体的参与と自主的決断」を重んじ、成人洗礼に固執する。

⑤自己認識について。熱狂主義者たちは「自分たちこそ真の教会を体現しており、その成員は選ばれた者たち

である」と自認したが、宗教改革者たちはそのような「自派に所属しないすべての人に対する愛」に欠けた思想は持たなかった。

⑥終末の理解について。宗教改革者たちは主に垂直的次元において考えたのに対し、熱狂主義者たちは水平的次元で考えた(28)。

以上が、ティリッヒが指摘する六つの点である。ただし、念のため付言するが、それぞれの特色は、完全にどちらか一方にしかないということではなく、両者を比較すると主にこうした対照的な相違が見られるという指摘である。しかし、以上の比較から明らかなことは、ティリッヒが理解しているルターの神秘主義は、しばしば熱狂主義者たちに対して指摘される主観的・直接的神秘主義とは大きく異なるということである。それは、聖書の証言に基づき、恩寵によって与えられるキリストとの人格的な交わりであり、それは独善的な自己認識とは無縁な他者への愛へと開かれたものなのである。すなわち、それは、ティリッヒがしばしば用いる用語で言えば、「キリスト神秘主義」(Christ-mysticism)と呼ばれるべきものなのである。したがって、ルターに見られる神秘主義は、E・ブルンナーが批判するような直接的・体験的神秘主義とは明確な一線を画すると言わなければならない(29)。そしてまた、このルターの神秘主義こそ、ティリッヒ自身が継承した神秘主義でもあったのである。

以上のように、ティリッヒが理解するルターと神秘主義の関係は、石原に見られた二つの問題点から見れば、両方とも肯定的に捉えられていると言える。そして何よりも、ルターの信仰の質として神秘主義が見られていることは重要である。しかし、ティリッヒが理解している神秘主義が、果たしてルターの神秘主義と言えるのかどうかについては、あらためて検討される必要があるであろう。

第3節　ルターと神秘主義

前節では、ティリッヒの論じるルターの神秘主義について概観したが、ここであらためて、ルターの神秘主義が西洋の神秘思想の中でどのような位置あるいは特色を持つものであるのか、ルター研究の視点から検討を加えておきたいと思う。というのも、神秘主義の概念は非常に広く、一言で神秘主義と言ってもさまざまなタイプが見られ、またそれらは相互に影響し合っているからである。ただし、それは非常に大きなテーマであり、筆者の手に余るものである。そこで、この点についてもルター研究者たちの研究成果を用いながら、その基本的な点を概観したいと思う。具体的には、このテーマをめぐって金子晴勇が著した『ルターとドイツ神秘主義』(30)を一つの手がかりとし、さらにその他の研究者の見解も踏まえながら検討を加えたいと思う。

本書における金子の視点は、ヨーロッパ思想史の底流にヨーロッパ的霊性の流れを見、しかもその中心にルターの存在を見るものである。(31)すなわち、金子は、キリストないしはキリストによって啓示された神との「神秘的合一」を、信仰の内面性を形成する「霊性」として捉え、これを理性的な精神性と区別して扱っている。その際、理性は「信仰内容を合理的に解明し、知識を組織的に叙述していく」働きをなすのに対して、霊性は「理性によっては把握しがたいキリスト・神・神性との信仰による一体化をめざ」すものとして理解されている。したがって両者の関係は、「理性が霊性によって生かされている限り理性活動に誤りは生じない」という、いわば表裏一体の関係をなしている。(32)金子は、そういった霊性の流れがヨーロッパ思想の底流として存在しており、その中心にルターを見ることができると言うのである。そしてまた、その霊性を神秘主義として捉えている。したがって、ルターに注目し、ルターと神秘主義との関係について問う場合、本書の立場は明確である。というのも、ルター研究者の中には、第一節で見た石原のように、そもそもルターに神秘主義を認めることができるのかどうかという点で、疑義を呈する者もいるからである。[33] しかし、金子によれば、こうした論争は、カール・ホル（Karl Holl, 1866–1926）以来、[34]「神秘主義によってルターの罪悪思想が深化したことが一般に認め[35]」られるようになってから、決着が付けられたのである。しかし、ルターと神秘主義の関係を認めるとしても、それを積極的に評価するのかあるいは消極的評価に留まるのかでは、態度の分かれるところである。その点についても金子は、初めはどちらかというと消極的に解釈されたが、E・フォーゲルザンクやH・A・オーバーマン等のより詳しい研究によって、今日ではルターと神秘主義の間に積極的な関係が認められるようになっていると言う。[36] またルターはいつ頃から神秘主義の影響を受けるようになったのかという問題に関しても意見の分かれるところであるが、金子はかなり早い段階から神秘主義を受容していたと見る。というのも、『第一回詩篇講義』（一五一三―一五一六）には、すでに「アウグスティヌス、ディオニシウス・アレオパギタ、ベルナール、ジェルソン、シュタウピッツ」などの神秘思想の影響を見て取ることができるが、それは「なかでもエルフルトの修道院時代以来、アウグスティヌス修道会の基本思想を受容し、とりわけ修道院付属の神学院におけるペトルス・ロンバルドゥスの『命題集』の講義、また遅くとも一五〇九年には開始しているアウグスティヌスの著作への集中的な研究を通して神秘的な傾向をもつようになり[37]」、その結果神秘思想を積極的に受容するに至ったと見られるからである。

それでは、あらためてヨーロッパ思想史全体から見た場合、ルターの神秘主義はどのような位置を持ち、またどのような特色を持つ神秘主義であると言えるのか、その点が尋ねられなければならない。その場合重要であると思われるのは、金子自身が評価し、また自らの立脚点ともしている類型化の方法である。これはフォーゲルザンクの主張以来一般的になってきたものであるが、金子もそれを神秘主義研究の有効な手段として継承している。というのも、一般に西洋の神秘主義は「神秘的合一」(unio mystica)をその基本的性格としているが、その形態にはさまざまなタイプが見られるからである。そこでまず、その類型から見ると、金子によれば、ルターに先立つ神秘主義には大きく分けて三つのタイプが見られると言う。すなわち、ギリシア的類型、ラテン(ローマ)的類型、ドイツ的類型の三つである。またそれぞれを代表するものは、ごく限定して言えば、ディオニシウス・アレオパギタ(偽ディオニシウス)、ベルナールとボナヴェントゥラ、そしてドイツ神秘主義といった人たち、あるいはグループである。このうち直接ルターに影響を与えたものは後者の二つであるが、ルターにはこの三つの類型すべてに対する関わりが見られ、金子によれば、ルターはそれらを批判的に受容する仕方で神秘主義思想を深めていったのである。そしてまた、ルターにおいて形成された神秘主義が新たな源流となってその後の神秘思想に影響を及ぼしていったのである。その全体の流れについて、金子は次のように総括している。「ルターに流入し、ルターから派生した神秘主義の流れは、キリスト教の歴史とともに発展してきており、その主流を分類してみると、おおよそ次のような傾向となる。(1)一二、一三世紀の中世盛期のラテン的神秘主義、(2)一四、五世紀のドイツ神秘主義、(3)一六世紀のルター派の神秘主義、(4)一七、八世紀の自然神秘主義という四大潮流から成り立っている」[38]。さらに金子は、これに先立つものとしてギリシア的類型とアウグスティヌスを加えているが、そうした壮大な潮流の中心に、いわばその分水嶺のような存在としてルターが聳えているのである[39]。それでは、そういった位置を持つと見なされるルターの神秘主義は、どのような特色を持つものなのか、三つの類型とそれぞれに対するルターの態度を概観しながら、その点について確認しておきたい。

①ギリシア的類型

まず、ルターに影響を与えた三つの類型の一つ、ギリシア的類型との関わりであるが、金子によると、ルターには確かにその代表格であるディオニシウス・アレオパギタとの関係が見られるが、それは肯定から否定へ、そして否定から拒絶へと向かうものであると言う。すなわち、ディオニシウスの神秘思想の特色はその〈否定神学〉に見られるが、それは何よりも神を人間の理性を超えた存在として捉えている。そのため、神は人間の「自然的光」である理性では到達しえない「光を超える闇」であり、人間は神について沈黙するか否定的にしか語りえないのである。金子によれば、こうした神観念はルターの「隠れたる神」（Deus absconditus）に通じる面があり、確かに初期のルター（『第一回詩篇講義』）にはディオニシウスに対する肯定的見解が見られる。しかし、そこにはすでに批判的視点もなくはなく、それは次の書物（『ローマ書講義』）で顕在化している。というのも、そもそもルターの「隠れたる神」という概念はキリストの啓示との関連で語られているのに対して、ディオニシウスにおいてはその啓示（キリストの受難）が真剣に受け止められていないとルターには見えたからなのである。ルターにとっては、ディオニシウスの語る神秘的神体験は、受肉した言葉によってのみ可能なのである。さらに金子によれば、その後の書物において、ルターのこの態度は明確な拒絶へと至り、否定神学を新たに捉え直すまでに至っている。すなわち、否定神学とは単なる思弁的神学ではなく、それは「聖なる十字架と試練」であって、それこそが正しい否定神学なのである。というのも、その「十字架と試練のなかでは神は明らかには見分けられないけれども、わたしたちが既に語ったかの呻きが現に存在している」(40)からなのである。

②ラテン的類型

それでは、その後に続く二つの神秘主義の類型とルターはどのような関係を持っているのであろうか。まず、ラテン的類型であるが、金子によると、それはシトー会やフランシスコ会の土壌において生まれてきた神秘主義で、修道院的敬虔に立脚しているが、反面ディオニシウス・アレオパギタの神秘神学を受容しており、そのため両者の折衷的立場を取っている。内容的に言えば、「ラテン的な類型は主体的で人格的な傾向を示しており、意志・愛・敬虔な行為・キリスト中心主義などに固く立ちながら、キリストにおいて自己の意志と神の意志とを一致させ、両者が同形となる仕方で『神秘的合一』を人格的に捉えている[41]」。

以上の点を、もう少し詳しく検討してみると、この類型は特にベルナールとの関連において、その影響が見られる。すなわち、シトー会の修道院長として活躍したベルナールは、「中世における霊性の伝統を形成した修道思想を代表する神秘主義者」であるが、その神秘主義は、一般に〈花嫁神秘主義〉と呼ばれている。ドイツ神秘主義に顕著に見られるのは、「自己の意思を無となすことによって神の意思のうちに流入する」思想であるが、ベルナールのそれは特に愛の四つの段階として表示されている。すなわち、自己のために自己を愛する「自己愛」(amor sui)、自分のために神を愛する「欲望の愛」(amor concupiscentiae)、神のために神を愛する「友情の愛」(amor amicitiae)、そして忘我的な「神の愛」である。それはまた、真理認識の三段階として、謙虚、離脱、拉致としても表示されているが、それはいずれにしてもキリストと「一つの霊」になる体験であり、これは基本的に〈愛の神秘主義〉と呼ばれるべきものであるが、特にそれは、ベルナールの『雅歌の説教』を通して、一般に〈花嫁神秘主義〉(Brautmystik)として知られるに至っている[42]。金子によれば、ルターはこの神秘主義においてベルナールに深く共感し、ベルナールへの私淑と親愛感は生涯を通じて変わらなかったほどである。しかしルターは、その後ノミナリズムの神秘主義や直接の師であるシュタウピッツの神秘主義の影響を受けて、それを独自に展開していくことになる。というのも、ベルナールがシトー会の精神に立って「禁欲と観想」をその神秘主義の基礎に据えることにより「功績思想」を完全に払拭し切れなかったのに対して、ルターは「信仰のみ」に立脚していくことになったからである。(43)

このベルナールに加え、金子が指摘するもう一人のラテン的類型の代表者であるボナヴェントゥラは、フランシスコ会を代表する神学者であるが、その神秘主義はベルナールと同じように基本的には〈キリスト神秘主義〉である。しかしその道程は、花婿キリストとの甘美なる一致ではなく、苦難に満ちた「十字架の抱擁」であり、したがって〈苦難の神秘主義〉となっている。しかし、以下で見るように、この要素もルターに見られるものなのである。ただし、そこには相違もある。ボナヴェントゥラは、その主著『魂の神への道程』において、魂が神へと至る神秘的超越の六つの段階を論じているが、それは「知性と意思との統合によって」神と魂との合一へと至ろうとするものので、金子によれば、ルター自身、初めこれに熱狂し、それを試みたほどであったが、しかしそれは結局失敗に終わっていると言う。なぜならば、結局のところ、ルターはボナヴェントゥラが言うような段階説ではなく、キリストのみに集中し、またそこに見られる形而上学的考察にも関心が持てなかったからである。(44)

③ドイツ的類型

以上のラテン的類型に対し、もう一つルターに重要な影響を与えたものとしてドイツ的類型がある。まずその一般的な特質を見ておくと、これはそもそもドミニコ会に属するエックハルトによって創始された神秘主義であるため、意志や実践的な敬虔よりも知性に重点が置かれ、神を知性的に観照することが強調された。すなわち、ドイツ神秘主義では、「『神秘的合一』がキリストとの一致よりも神との合一に求められ、人格的な神よりもその背景にある隠された神の深淵、もしくは神性の内に没入して、神の存在と一つになるという汎神論」に傾く傾向が見られた。そのため、それはやがて異端視されるに至るが、しかし、金子によれば、エックハルトの後を継いだタウラーが、「汎神論的な表象をキリスト教的な表象に改めることによって」、ドイツ神秘主義を正統的キリスト教に近づけることになり、そのタウラーからルターは多大の影響を受けることになったのである。(45)

そこで、その内容にもう少し立ち入ってみると、タウラーの書物を通してルターに間接的に影響を与えることになったエックハルトの基本的思想は、金子によれば、「世界と時間とが創られた創造以前の始源」にまで遡り、「神における人間の永遠の誕生と先在」を論じている点に見られる。そこにおいては、「すべては未分化の神性」の状態にあり、したがってエックハルトの神秘主義は、その神性に帰還することを究極の目標としている。すなわち、「創造以前の神性において先在していた神と人とが一つであるという『一性』が神秘的合一のモデル」になっており、その究極には人間が神となるという「神化」が目指されている。したがってこの考えには、人間は「神の同種、神の同族」であるという考えがあり、この類同性に基づいて人間は創造以前において神と一つであったし、また人間には創造以前の始源の要素が隠されていると説かれ、その要素（神を認識する能力）は「魂の火花」、「理性」、「魂の根底」などと呼ばれている。(46)そして、神と人間との一致は、基本的に「認識」における一致（「認識の同形性」）が目指されているのである。(47)そのため、こうしたエックハルトの神秘主義は、ラテン的類型があくまでも神と人間との間の距離を保持したのに対し、それが解消され、汎神論的な傾向を示すことになる。

ところで、金子によれば、このようなエックハルトの思想を継承したタウラーも、基本的には創造以前の状態を希求する「帰趨性」を「根底」概念に認め、そこに「神化」を見る。しかしタウラーは、その創造以前の状態を被造性を超えるものと見なす一方で、人間をあくまでも被造物であると見なしており、したがって人間は「非被造性と被造性との二重構造からなる動的な運動」を行うものとして理解されている。そして、その運動の中で「神化」すると考えられており、その神化は神の恩恵によってなされるのである。[48] すなわち、金子はそこに汎神論的思考が超えられている点、そして同時にエックハルトとタウラーの明確な相違点を見ている。

ところで、ルターはこのタウラーから大きな影響を受けることになったのであるが、金子の指摘を概観すると、その内容は大体以下の二点にまとめられる。一つは、ルターとタウラーの神秘体験の共通性である。金子によれば、タウラーの神体験の中心には「地獄の責め苦」(höllische Qual) があり、これがタウラーの説教の中に繰り返し出てくるが、それはまたルターの神体験でもあった。そして、両者とも、そのような「地獄的」体験を通して、我意を地獄へと放棄し、「純粋に神の意志に合致する」経験をしたのである。[49] さらにまた、両者に共通して見られる点は、「純粋受動」に関するものである。金子によれば、ルターは、「ドイツ神秘主義の基本的主張である神の子の誕生」に関するタウラーの文章の欄外注記において、「救いの全体は、……万事において意志を放棄することである。そして神を無一物になって信じることである」と語り、純粋受動の不可欠性について語っている（ただし、神の子の誕生については語っていない）。またタウラーも、神の子の誕生の説教において、魂の根底における神との合一（神化）を妨げる我意を徹底して放棄することによって無の中に沈むとき、「謙虚の根底」から神の働きを受容し、神の像が回復されると考える（「成義」としての「義認」）。その限り、両者には共通性が認められる。しかし、金子の指摘によれば、その背景にあるタウラーの考えは、「人間は本性的に神の像に造られているので、魂の根底に神を受け入れることができ、合一と神化が起こり、神の人が回復される」とするもので、この考えによれば義認が生じる場所はあくまでも魂の根底であり、そのため「根底に帰ることが恩恵への準備となるという功績思想」[50] をどうしても払拭できないという問題が残るのである。そして、この点が「信仰義認」を説くことになるルターと根本的に異なる点なのである。ちなみに、金子の見解によれば、このタウラーと並んでルターが高く評価する『ドイツ神学』では、タウラーのこの問題は克服されている。すなわち、そこでは「神と人との断絶が先行しており、そこにある根源的な距離は神の側からの一方的な働きかけによって克服され、神と人とが結合されている。ここに人間からの功績や準備といった働きは否定され、ひたすらなる受動性としての魂の根底が説かれている」[51]。したがって、金子は、「こうした霊的な生活は概念的には神秘主義の伝統に従っており、神学的には未熟であったとしても、内容的には神の義認とそれに対する信仰を意味しており、ルターの信仰義認論の形成過程において積極的に受容されたといえよう」[52]と語っている。しかし、この『ドイツ神学』においては、その救済はあくまでも「それが自己の内に生じないならば無意味である」と説く神秘神学に留まるもので、ルターが語った信仰義認に含まれる「自己の外にある『他なる義』(aliena iustitia)や imputatio による義認としての法廷的な『宣義』[53]」といった点は欠けており、そこにルターとの明確な相違があるのである。

以上のように、金子の研究によれば、ルターは中世の神秘思想との出会いと対話を通してその神学思想を深めていったのである。そしてそれは、その直接の師でもあるシュタウピッツの影響などと相まって信仰義認として結実していった。その形成の時期的問題等は、本論の直接の問題ではないので省略するが、いずれにしても金子は、信仰義認という宗教改革的思想の形成の背後に神秘主義の決定的な影響があったことを見て取るのであり、また信仰義認の思想自体がルターの神秘主義を語るものなのである。すなわち、それは信仰義認を形成する内的生であり、〈キリスト神秘主義〉、〈信仰神秘主義〉、〈人格神秘主義〉、さらに〈義認神秘主義〉、〈交わりの神秘主義〉として総括することのできるものなのである[54]。

第4節　ティリッヒとルター――神秘主義をめぐって

以上見たように、ルターの神秘主義は、〈キリスト神秘主義〉、〈信仰神秘主義〉、〈人格神秘主義〉、〈義認神秘主義〉、さらに〈交わりの神秘主義〉等として捉えられる、実に内容豊かな神秘主義であると言える。ところで、金子は、その神秘主義の本質について、中世神秘主義を振り返る中で、あらためて論じているため、最後にその点を確認しておきたい。金子によれば、中世の神秘思想には、基本的に神に至る三つのプロセスがある。すなわち「離脱」(excessus) と「脱自」(exstasis) と「拉致」(raptus) である。「離脱」は神秘的体験の第一段階であり、それは「外からくる光や声によって感覚を通してつながっている世界との関わりを断ち切り、自己の内面に向かうこと」である。また「脱自」はその第二段階で、これは自己に帰還した魂が、「その精神の力によって神の光と声に意識を集中し、自己自身をも超越しようとする」ことである。しかし、この脱自は、「同時に神からの光の照射と呼びかける声とを伴った啓示がなければ成立しない」。そのため、そこには超越者が魂を高処に引き上げる働きが伴い、その時の「高揚した脱魂状態」が最後の段階である「拉致」と呼ばれる体験となる。ところで、金子によれば、この三つのプロセスは、神と人間との間に「類同性」(similitudo, conformitas) の原理が存在するゆえに可能なのである。すなわち、この原理に基づいて、「人が神の『ようになる』ということが神秘的合一を生み出す基礎条件」となっているのである。しかし、現実の人間に目を向けるとき、人間の持つ「根源的な罪性」はこの類同性を成り立たないものにしている。そこで、この問題に対する対応が問われることになるが、この問題に対し、中世の神秘主義者は、あくまでも「罪深い個人性を捨て去り、神のうちに没入して、神が自己の霊の主体である点にまで到達」しようとしたのである。したがって、そこには不可避的に「功績思想」が入り込んでくることになった。それに対してルターは、基本的には神と人間との神秘的合一を認めながらも、神と人間との間に類同性を認めることはできず、ただ非類同性しか認めることができなかった。その結果、「非類似の関係にもかかわらず」、なお「信仰という関係において与えられる逆対応的な合一」という形においてのみ、神と人間の神秘的合一が実現されていることを見て取るに至ったのである。[55] そのため、この「逆対応的合一」をその本質とする〈信仰神秘主義〉が、ルターの神秘主義の中核を成しているのである。[56] そして、それは、われわれの言葉で言えば〈逆説的合一〉と言える。したがってわれわれは、信仰の持つこの逆説性において、ティリッヒの神秘主義とルターの神秘主義が同質のものであることを見て取ることができるのである。

ただし、ルターの場合、その信仰神秘主義は主として神の言であるキリストとの一体であるため、それは当然〈キリスト神秘主義〉ともなり、また〈人格神秘主義〉とも見なすことができる。しかもそれは、ベルナールが語る〈愛の神秘主義〉を内に含みながらも、同時にキリストの受難との一体からなる〈苦難の神秘主義〉ともなっている。そのため、それは、キリストを中心とする、より豊かな理解となっている。その点、ティリッヒにおいては、キリストは「新しい存在」として存在論的に捉え直されており、対照的である。しかし、両者において、共に神と人間との「交わり」も強調されている。すなわち、ルターにおいては、その信仰神秘主義においてキリストと魂との一体化と同時にキリストと魂との「交換」が起こっている。すなわち、「キリストと魂は一体となり、したがって両者各々の所有も幸運も不運も、あらゆるものが共有され、キリストの所有したもうものは信仰ある魂のものとなり、魂の所有するものがキリストのものとなる」（『キリスト者の自由』第十二）。すなわち、キリストの義と信仰者の不義との「喜ばしい交換と奪い合い」が起こるのである。[57] それゆえに、それは〈義認の神秘主義〉[58]とも言えるのであるが、それはまたキリストとの一体化（交わり）を生み出すため、それは〈交わりの神秘主義〉とも言うことができる。この点について、ルター研究者の今井晋は、ルターに〈交わりの神秘主義〉を見ることに賛同し、以下のように述べている。「パウロ研究家のダイスマン（『パウロ』一九二五年）やシュナイダー（『パウロの受苦の神秘主義』一九二九年）が神秘主義を『合一の神秘主義』（unio mystica）と『交わりの神秘主義』（communio mystica）の二種類に峻別し、後者を新約聖書なかんずくパウロの神秘主義の決定的な特質であるとして積極的に評価し、前者を非キリスト教的として退けることはよく知られている。……しかしルターに認められるように、真実はむしろ両契機の逆説的統一にこそキリスト教固有の神秘主義が成立すると考えられないであろうか。したがってこれを『合一即交わりの神秘主義』（unio-communio-Mystik）と規定すべきであるという提唱（武藤一雄『宗教哲学の新しい可能性』一七ページ参照）がなされるのも十分首肯できるところである」[50]。もし、この「合一則交わりの神秘主義」を認めることができるならば、われわれは、その中に存在におけるキリストとの一体化を見て取ることができるであろう。確かに、ルターは、金子の論じる限りでは、キリストを存在論的には理解していない。そのため、そこには当然われわれが注目してきた〈参与〉の概念を見ることはできない。しかし、注（38）にも記したように、ルターにも「根底」（Grund）の概念があり、そこでの神と人間との一致が見られている。したがって、ルターの信仰神秘主義に「合一即交わりの神秘主義」を認めることができるならば、われわれはそこに〈逆説的合一〉の実質を見ることは許されるように思う。すなわち、表現は異なるとしても、ティリッヒの神秘主義とルターの神秘主義には重なり合う同質性を見ることができると結論づけることができるであろう。したがって、われわれは、初めに触れたティリッヒ研究者キャリーの結論、「ルターはよりキリスト中心的であり、また語彙的には伝統的にパウロの線に立っている。ティリッヒは、因襲的概念を打ち破り、この古い真理を新しい方法で表現するために心理学的言語を用いる。しかし、神学的実体においては、彼は再びルターのすぐ側に立つ」との結論に同意するものである。すなわち、ここでキャリーが「心理学的言語」と言っているのは、すでに触れた「受容の受容」としての信仰のことであるが、その背後には存在論的な参与の出来事があり、それを踏まえての表現である。したがって、そのことを確認した上で、われわれはキャリーの結論に賛同するのである。ただし、キャリーも指摘するように、両者の間には相違があるのも事実である。ティリッヒは、初めに見たように、特に神秘思想において、自分自身をルターの流れの中に見ているが、その中心的な信仰義認に関しても、基本的には同質的であるとは言えても、一致しているわけではない。それは表現の相違のみならず、その理解の幅にも違いがあると言わなければならない。今井は、その理由を、以下のように見ている。「要するにティリッヒは『ルター的ティリッヒ』(Lutheran Tillich)を自認するとしても、彼の表現するルターは『ティリッヒ的ルター』(Tillichian Luther)であったといえるであろう」[60]。今井は、その原因として、ティリッヒはいわゆる「ルター学者」ではなく、独自の神学思想を展開した組織神学者であったという点に見ているが、この指摘は的を射ていると言える。しかし、全体的に見ると、少なくとも義認論においては、ティリッヒとルターに〈逆説的合一〉という質を認めることはできるように思う。そして、その点において、ルターは、ティリッヒが語る〈アウグスティヌス的フランシスコ的伝統〉に属すると言えるであろう。

注

（1）Paul Tillich, GW XII, 45.（『著作集』第十巻、五五頁）
（2）Tillich, EN I, 238.（『著作集』別巻二、三四七頁）
（3）Tillich, GW XII, 45.（『著作集』第十巻、五五頁）
（4）James Luther Adams, "Paul Tillich on Luther," in *Interpreters of Luther: Essays in Honor of Wilhelm Pauck*, ed. Jaroslav Pelikan, (Philadelphia: Fortress Press, 1968).
（5）Wilhelm Pauck, "Paul Tillich: Heir of the Nineteenth Century," in *From Luther to Tillich: The Reformers and Their Heirs*, ed. Marion Pauck (San Francisco: Harper & Row, 1984).
（6）John J. Carey, *Paulus Then and Now* (Macon, GA: Mercer University Press, 2002), 1.
（7）John J. Carey, "Tillich and Luther: A Consideration of Tillich's Dialectical View of Luther and Lutheranism," in *Paulus, Then and Now*, 2002.
（8）Ibid., 20.
（9）Ibid.
（10）Tillich, GW XII, 45-6.（『著作集』第十巻、五五―五六頁）
（11）石原謙「M. Lutherと神秘主義」（一九一七年）、『石原謙著作集』第六巻、岩波書店、一九七九年。
（12）同上書、二九頁。
（13）同上書、三二頁。
（14）同上書、四〇頁。
（15）同。
（16）同上書、四三頁。
（17）以上、同上書、四五―四八頁。
（18）同上書、五〇―五六頁。

（19）同上書、五八頁。
（20）Tillich, HCT.
（21）Ibid., 311.（『著作集』別巻三、二八―二九頁）
（22）Tillich, EN I, 238.（『著作集』別巻二、三四八頁）
（23）Ibid., 239.（同）
（24）たとえば、トレルチは、その著『近代世界の成立に対するプロテスタンティズムの意義』の中で、ヨーロッパ中世の教会を次のように論じている。「この教会文化は、絶対的で直接的な神の啓示にたいする信仰と、この啓示を救済施設（Erlösungsanstalt）ならびに教育施設としての教会のなかで組織化することにもとづいていた」（『トレルチ著作集８　プロテスタンティズムと近代世界Ｉ』堀孝彦訳、ヨルダン社、一九八四年、二〇頁）。なお、本書では、トレルチについて言及する機会はほとんどないが、本書はトレルチの歴史理解を踏まえている。特に近代の捉え方や、後で扱うアウグスティヌスの歴史的位置づけなどにおいて、トレルチの見解に従うものである。なお、トレルチに関しては、『トレルチ著作集』（ヨルダン社）はじめ、その他多くの翻訳とともに、以下のような日本人研究者による優れたトレルチ研究があり、参考にした。
大林浩『トレルチと現代神学――歴史主義的神学とその現代的意義』日本基督教団出版局、一九七二年。
Toshimasa Yasukata, *Ernst Troeltsch: Systematic Theologian of Radical Historicality* (Atlanta: Scholars Press, 1986).
近藤勝彦『トレルチ研究』〈上・下〉教文館、一九九六年。
佐藤真一『トレルチとその時代――ドイツ近代精神とキリスト教』創文社、一九九七年。
（25）Tillich, EN I, 240–241.（『著作集』別巻二、三五〇―三五一頁）
（26）Ibid., 259.（同上書、三七八頁）
（27）Ibid.（同）
（28）以上、ibid., 252–254.（同上書、三六八―三七一頁）
（29）周知のように、ブルンナーは、その著『神秘主義と言』（*Die Mystik und das Wort*, 1928）において、シュライエルマッハーを批判する中で、キリスト教信仰は超越的な神の言に対する信仰であって、体験的内在主義と結びつく神秘主義とは異なることを主張し、神秘主義そのものを退けている。わが国の研究者で、この点を取り上げて批判しているものとしては、武藤一雄著「信仰と神秘主義――特に使徒パウロの神秘主義について」(『神学と宗教哲学との間』創文社、一九六一年）が挙げられる。また、この書物に関連して言えば、K・バルトが、ブルンナーのシュライエルマッハー批判に対し、豊かなシュライエルマッハーの神学を「神秘主義と言」という一面的、かつ単純化した仕方で批判しているのは誤りだとし、それを痛烈に批判していることは興味深い（バルト「ブルンナーのシュライエルマッハー論」、『カール・バルト著作集』第4巻、新教出版社、一九九九年)。

(30) 金子晴勇『ルターとドイツ神秘主義』創文社、二〇〇〇年。

(31) 金子は、もちろんルターの神学的主張の中心に「信仰義認」があることを認めるのであるが、それと同時にその底流をなすものとして神秘主義があることを主張するのである。両者の関係については、以下の本文において随時扱われることになる。

(32) 金子、前掲書、三一四頁。

(33) この点に関して、ルター研究家の今井晋は、特にルターの信仰と神秘主義の関係をめぐって以下のような三つの見解（グループ）が見られることを指摘している（今井晋『ルター』人類の知的遺産26、講談社、一九八二年、二〇一二一頁)。

①「信仰と神秘主義との両者の融合ないし混合が主張もしくは要請される」グループ――R・オットー、F・ハイラー等（弁証法神学以前）

②「神秘主義をもって単純に体験主義的内在主義とみなし、信仰を、これに対して超越的な神の言に対する信仰にほかならないとする」グループ――弁証法神学者、G・ハインツェルマン、W・V・レーヴェニッヒ、F・K・シューマン等

③「神秘主義そのものを、キリスト教の信仰に固有の神秘主義と然らざる神秘主義――あるいは正しい神秘主義と正しからぬ神秘主義、あるいは広義の神秘主義と狭義の神秘主義――に区別することに見出そうとする」グループ――E・シェーダー、A・ダイスマン、J・シュナイダー、H・E・ヴェーバー、P・アルトハウス等

ちなみに、以上の今井の分類は、「十字架の神学」で著名なルター研究者W・V・レーヴェニッヒ（Walther von

Löwenich）の分類にかなり沿ったものとなっている。参考までに紹介すると、レーヴェニッヒは、その著 ***Luthers Theologia crucis,*** **(Witten: Luther-Verlag, 1967) (München: 1929)**、（ヴァルテル・フォン・レーヴェニヒ『ルターの十字架の神学』岸千年訳、グロリヤ出版、一九七九年）で、以下のように分類している。

①「信仰と神秘主義とが相容れないことをきわめて強く教える」系列――バルト、ゴーガルテン、ブルンナー

②「[信仰と神秘主義の] 二つが一つに結びついていることを同様に断乎主張する」系列――オットー、ハイラー

③「資格ある神秘主義と資格なき神秘主義との間の区別に解決を見る」系列――シェーダー、ダイスマン

なお、レーヴェニッヒ自身は、「全体として見て、われわれは、第一の系列をよしとしなければならない」（岸訳、同上書、一八七頁）とし、ルターについても、「信仰」に立つルターの十字架の神学と神秘主義は「相容れない対立関係に立っている」（二一〇頁）と結論づけている。しかし、この本が最初に出版された一九二九年以降、ルター研究は、第一回詩篇講解の訂正版が出るなど研究状況が大きく変わり、レーヴェニッヒ自身、同著の第四版の付記で、「再び『ルターの十字架の神学』を書くとすれば、全く構想を新たにするとともに、ルターと神秘主義との関係その他についても、本書に示されているものとは異なった見解を示すであろう」（同上書、訳者「あとがき」、二三五頁）と記している。その改訂版が出されることはなかったが、レーヴェニッヒが、ルターをもっと神秘主義に近づけて理解した可能性は高いと言える。また、同著の中で、レーヴェニッヒは以下のように主に三項目にわたって神秘主義を批判しているが、これは神秘主義に対する当時の典型的な批判と言えるだけではなく、あたかもティリッヒを対象にしたかのような批判でもあり、参考までに掲載する。

①神秘主義は、みな、存在論的に思索する。神秘主義は、神を「最高の存在者」という概念のもとにおいてのみとらえることができる。神と造られたものとは、存在の概念によって一つの括弧のなかへ入れられる。

②神秘主義は、その考えにおいて、存在の範疇を越えないので、本格的な宗教的影響力もまた、十分にあらわれるにいたらない。……存在の範疇が、ひとたび、すべてを支配することになれば、神と人間との間の差異は、無限と有限との間の差異とともに崩壊する。人格性の考えは、実現されない。したがって、宗教の推進する目標は、一つとなることであって、交わりではない。……［しかし］信仰は、神への没入を知らなくて、いつも、「われとなんじ」という交わりのなかで神の前に立つことを知っている。

③罪は、神秘主義にとって、被造物的なものであり、信仰にとっては、神の意志に対する不従順である。罪科の思想が神秘主義のなかで、厳密な意味で、場所をもたないことが、最も重大な欠陥である。（以上、同上書、一八八頁）

レーヴェニッヒは、以上の点を指摘し、その議論を次の言葉で結んでいる。「信仰は、それ自体を捨てるのでなければ、決して神秘主義に移行しえないこと、したがって、『信仰の神秘主義』あるいは『義認の神秘主義』といった表現は、誤まった考えを生じさせるに役立つだけである」（同上書、一八九頁）。これは、信仰と神秘主義は相容れないという大前提に立つ議論であって、その捉え方は非常に狭いと言える。

(34) 一九一七年一〇月三一日、宗教改革四〇〇年記念日にカール・ホルが行った画期的な記念講演「ルターは宗教をどう理解したか」に端を発し、ルター・ルネッサンスが起こった。これは、「宗教改革後のプロテスタンティズムの神学思想史がつくりあげた、もろもろのルター像に対し、歴史的—批判的な対決を遂行し、ルター自身に帰ってルターを新しく見直そうとするルター研究の革新運動」を意味した。（以上、今井、前掲書、二九六頁）

(35) 金子、前掲書、二三八頁

(36) 今井は、「一九六六年第三回ルター研究国際会議の討議テーマのひとつとして『ルターと神秘主義』がとりあげられ、H・A・オーバーマン、E・イーゼルロー、B・ヘグルンドなどの研究家によって報告がなされ、ルター固有の神秘主義思想の再認識と積極的評価がなされた」と述べている。（今井、前掲書、二二二頁）

(37) 金子、前掲書、二三八頁。なお、金子は一貫して「ディオニシウス」と表記しているので、金子の文章においては、この表記を用いる。

(38) 同上書、六頁。金子が、このような神秘主義の展開を見て取ることができた大きな要因に、「根底」(Grund)の概念がある。これはエックハルトにその淵源を見ることができるのであるが、金子によれば、それはエックハルトからタウラーへ、そしてタウラーからルターおよびルター以後の神秘思想へと継承されていった重要な概念なのである。すなわち、金子によれば、「根底」とは元来低地や谷、あるいは土台や基盤を意味する言葉であるが、それがエックハルトやタウラーにおいて「感性や理性を超える霊性の次元」を表現するものとして宗教的意味に用いられるようになったのである。したがってそれは、「人間学的概念」であるとも言えるが、特にタウラーにおいては、それは神を受容する「受動的能力」として明確に規定されることになる。ただし、この神と人間とが出会う場としての「根底」においては、神が人間に向かっているのか、人間が神に向かっているのかで見解が分かれるが、金子は後者の見解（それは、「エックハルトから近代の神秘主義にわたって」、「魂の根底」という言葉で表現されてきた）に立っている。ところで、この概念がタウラーを経てルターへと継承されていくのであるが、金子の見解によると、それはそのままの表現で継承されていくのではなく、人間学的概念の対応の結果そう言えるのであって、ここに金子の独自の主張（発見）が見られる。すなわち、タウラーにおいては「感覚」「理性」「心情」という三つの人間学的区分が見られ、このうち「心情」が「根底」と同義語として用いられているのに対し、ルターではその三区分に対応するものとして「感覚」「理性」「信仰」（「肉的な人」「心霊的な人」「霊的な人」）の三区分が見られ、この「信仰」（「霊的な人」）が「根底」概念に相当するものと見なされている。また特に『マグニフィカート』（一五二一―一五二二年）において、「根底」の位置に「霊」の概念が用いられるようになり（それに先立つ『七つの悔い改め詩篇講解』（一五一七年）では「根底」概念が用いられている）、この著書以後「根底」概念に代わって「霊」概念が多用されることになると言う。すなわち、金子によれば、ルターは「霊」を「人間の最高、最深、最貴の部分」と呼び、「そこに信仰と神の言葉が内住する」と語っており、内容的にはそれはまさにタウラーの「根底」概念に当たるものであるが、より聖書的な表現を好むルターによって「霊」概念が多用されることになったのである。しかし、金子によれば、ルター以後、この「根底」概念はルターから分離していった聖霊主義者たちによって、さらにルター派の神秘主義者によって用いられるようになり、その結果、この「根底」概念をめぐって、「エックハルトとタウラーに始まり、ルターを経てベーメやシェリングに至る神秘思想史の展開」を見て取ることができるのである。（以上、同上書、一四―一七頁）

(39) 以上の全体的流れを概観した上で、金子は次のように締め括っている。「これらの神秘主義の展開の中心にルターが立っており、その歴史を研究することによって近代ヨーロッパの精神史にこれまで隠されていた底流が解明されるのみならず、神秘主義の流れから形成されているヨーロッパ的霊性と内面性、および信仰の特質が明らかになるであろう」（同上書、六頁）。

(40) 同上書、四五頁。

(41) 同上書、三一―三二頁。
(42) 以上、同上書、四五―四八頁。
(43) 同上書、四九―五二頁。
(44) 同上書、五二―五七頁。
(45) 以上、同上書、三二頁。
(46) 同上書、五八―六〇頁。
(47) 同上書、六四頁。
(48) 同上書、六五―六七頁。
(49) 同上書、七一頁。
(50) 以上、同上書、七二―七三頁。
(51) 同上書、七八―七九頁。
(52) 同上書、七九頁。
(53) 同上書、八〇頁。
(54) 今井は、神秘主義をルターの思想における「永遠なるもの」として捉えている。すなわち、「ルターの教理が、彼の信仰の神髄［ケルン］すなわち奥義に関わるときにのみ時代の制約を超えた、ルターにおける『永遠なるもの』が顕わとなる。そしてルターの信仰の神髄ないし奥義とは、ほかならぬ彼固有の神秘主義である」（今井、前掲書、三一五頁）。
(55) 以上、金子、前掲書、三五―三六頁。
(56) 今井は、カール・ホルの貢献として、ルターの神学思想の固有性を「対立における逆説的統一」に見た点に認めている（今井、前掲書、二九九頁）。またカール・バルトは、一九三三年のルター記念祭の講演「ルター記念祭一九三三」の中で、ルターの徹底した逆説性を想起させるような、次のような発言をしている。「われわれを驚愕させるのは、この男［ルター］の、ほとんどたくましく働く、つねに活気のある精神的健康である。……だがこの男がその端をふらふら歩いていた深淵を知らないならば、彼を誤解することになるだろう。……この男が、自分のすべての友人や敵よりも悪魔の方をよく識っていると主張したのだ。この男が、それに対してはみずからのなかに何の支えも見いだささなかった〝試練〟から逃れたと、くりかえし主張したのだ。すべては何と〝不健全〟であろう！　矛盾なのか？　違う。彼がこの病いのなかで死ぬほど苦しんでいるということがまさに、ルターの健康なのだ」（ハインリヒ・ボルンカム『ドイツ精神史とルター』谷口茂訳、聖文舎、一九七八年、五四七頁）。

(57) 金子、前掲書、二九八頁。

(58) 同上書、一五九頁。

(59) 今井、前掲書、三三一―三三三頁。

(60) 同上書、三〇九頁。

第11章　ティリッヒとフランシスカニズム
――〈coincidentia oppositorum〉をめぐって

はじめに

ティリッヒは、自らの思想的立場を、「アウグスティヌス的フランシスコ的伝統」に位置づけている。これは、ティリッヒの思想をヨーロッパ思想史の中で捉えるとき、非常に重要な発言であるのみならず、また大変興味深い発言でもある。というのも、しばしば「第二のキリスト」と呼ばれ、今なお多くの人々に敬愛されている十三世紀（中世盛期）の聖人アシジのフランシスコと、二十世紀を代表するプロテスタント神学者の一人であるティリッヒが、思想的に深く共鳴し合うとするならば、それは単に思想的次元にとどまらず、信仰的探求の次元においても、軌を一にする可能性があることを語るものだからである。それは、別言すれば、あの五つのスティグマを受けるほどにキリストと一体となったと語り伝えられているフランシスコの生き方が、現代においても生きられる可能性として、ティリッヒによって新しく語られたことを意味する。

しかしながら、フランシスコを思想的、神学的に捉えることは、ほぼ不可能に近いことであろう。何よりも、フランシスコは神学者でもなければ、思想家でもなく、徹頭徹尾キリストの福音に生きた人である。書き残したものはごくわずかであり、そうした点でもキリストに似ている。しかし、福音書が書かれ、また多くの書簡が残されることによって、キリストの生涯と思想が今に伝えられているように、フランシスコについても、かなり早い時期に伝記が書かれたのみならず、またその信仰と生き方を思想的に捉え直す人物が出現した。それは、フランシスコ会の第七代総長になったボナヴェントゥラである。ボナヴェントゥラは、混乱したフランシスコ会を立て直すために、正統のフランシスコ伝を著したのみならず、その師父の信仰を神学的に捉え直し、キリスト教思想史の中に深く位置づけた。したがって、思想的に、ティリッヒの発言、すなわち自分は「アウグスティヌス的フランシスコ的伝統」にいるという主張を論証しようとする場合、その格好の対象として現れてくるのが、このボナヴェントゥラなのである。そして、実際、その視点から、このティリッヒの発言を検討した研究書も存在している。それは、ジョン・P・ドゥアリイ（John P. Dourley）の研究である。また、その内容をさらに原理的に捉え直したとも言えるものに、エバート・H・カズンズ（Ewert H. Cousins）の研究がある。そこで、本章ではこの二つの研究に注目することにより、ティリッヒの主張を検証し、その思想的関連性とその本質を探りたいと思う。ただし、本章では、特にボナヴェントゥラの思想を原理的に捉えたカズンズの研究に重心を置いて扱いたいと思う。というのも、そのほうが両者の思想を総括的に理解できるだけではなく、キリスト教思想史における両者の位置づけも、より明確になるからである。

第1節　ティリッヒとボナヴェントゥラ（一）
――〈参与〉（participation）をめぐって

（1）フランシスコとボナヴェントゥラ

ドゥアリイは、その著『パウル・ティリッヒとボナヴェントゥラ――ティリッヒのアウグスティヌス的フランシスコ的伝統に立つとの主張に対する評価』(1)において、ティリッヒとボナヴェントゥラの思想を比較検討することを通して、副題に示されたティリッヒ自身の主張、すなわち自分は「アウグスティヌス的フランシスコ的伝統」に属するという主張を検証している(2)。その際、ドゥアリイが用いた方法は、ティリッヒとフランシスコを直接比較検討するということではなかった。というのも、それは事実上不可能であるからである。それは、すでに触れたように、ティリッヒは神学者として十分な書物を著しているが、フランシスコはそういった書物を一切残していないからである。そのため、両者を書物を通して神学的に比較検討することはできない。そこで、ドゥアリイが用いた方法は、フランシスコの信仰と思想を事実上語る存在としてボナヴェントゥラに注目し、ボナヴェントゥラとティリッヒを比較検討することであった。この方法は、ティリッヒ自身が、フランシスコの信仰を語るものとしてボナヴェントゥラにしばしば言及していることからしても、十分有効であると言える。また、何よりも、ボナヴェントゥラ自身が自ら語るように、特にその主著である『魂の神への道程』(3)は、フランシスコと一体となって、その信仰を言葉化したものであることを思うと、ボナヴェントゥラの書物を通してフランシスコの信仰を聞くという態度は、十分根拠のあることなのである。ちなみに、ボナヴェントゥラは、『魂の神への道程』の初めにおいて、次のように語っている。

私は、至福なる師父フランシスコの模範に倣い、この平和を渇望し求めておりました。罪人なる私は、至福なる師父の亡きあと、師父に代って兄弟たちの第七代総長の役目を、全く相応しからぬ身ながら引き継いだのでありますが、そうするうちに次のようなことが起ったのでした。つまり、神の導きによって、幸いなる方の帰天より三十三年目に、私は、安息の地をアルヴェルナ山に求め、愛によって精神の平和を探し求めつつ、そこに引き籠りました。そして、そこに留まって、心のうちで神へのある精神的上昇について思いを凝らしておりますと、他のこともさりながら、特にかの奇蹟のことが心に想い浮かびました。かの奇蹟というのは今しがた言った場所で幸いなるフランシスコその人自身に起った、十字架にかけられたお方の形をした翼を有つ熾天使《セラフ》の幻視のことであります。この奇蹟について深く考えますと、直ちに次のことが私にわかりました。すなわち、かの幻視は、師父自身が観想中に宙に浮いて脱我の状態にあったこと（suspensio）と、そこに至る道とを示唆しているということです(4)。

この書が書かれたのは、フランシスコの帰天から三十三年目の一二五九年ことであったが、その二年前の一二五七年にボナヴェントゥラはフランシスコ会（正式名称は「小さき兄弟会」）の第七代総長に就任している。しかし、当時フランシスコ会は内部に分裂の危機を孕んでいた。すなわち、フランシスコの徹底した清貧の生活を生き抜こうとする「厳格派」とこれを緩和しようとする「修道院派」との対立があった。また、それ以外にも、新しい時代の中で、フランシスコの精神をより明確にしていく必要があった。そうした中、ボナヴェントゥラは、師父フランシスコが兄弟たちが反目するのを憂えてアルヴェルナ山に籠もったように、この場所へと籠もったのである。[5] そして、そのとき、フランシスコの受けた奇蹟に思いを寄せたのである。そして、ついに一つの確信を与えられたのである。それは、フランシスコが見た熾天使《セラフ》の幻視は、フランシスコが観想の中で「脱我の状態」にあったことと、「そこに至る道」を示唆しているということである。ボナヴェントゥラは、この確信に基づいて、また自身、フランシスコが味わったと同じ平和に立たされて、『魂の神への道程』を書いたのである。そして、その「魂の神への道程」は、熾天使が持っている六つの翼にちなんで、六つの段階において理解されている。すなわち、フランシスコが五つのスティグマを受けるほどにキリストと一体となったと言われるのと同じように、ボナヴェントゥラも、フランシスコがスティグマを受けた同じ場所で、やはりフランシスコが見たと言われる熾天使の幻視を通してフランシスコと一体となる経験をしたのである。したがって、それに基づいて書かれたこの書物は、言ってみれば、ボナヴェントゥラの口を通して、師父フランシスコが語っている書物なのである。そして、そのことは、この書物に限らず、ボナヴェントゥラの思想全体にも言えることなのである。

（2）ティリッヒとボナヴェントゥラとの比較

ドゥアリイは、ティリッヒとボナヴェントゥラの思想をそれぞれ取り上げ、個別に検討を加えたあと、最後に両者を比較検討し、ティリッヒ自身の主張を検証している。しかし、それは漫然となされたわけではなく、主として、ティリッヒの議論に沿って展開されていると言える。というのも、それは、繰り返しになるが、ティリッヒ自身の自分は「アウグスティヌス的フランシスコ的伝統」に属するという主張に対する検証であるからである。そこで、初めにドゥアリイの論点を簡単に確認し、その後ドゥアリイの結論を検証したいと思う。

幸い、ドゥアリイは、自らその論点を紹介しているが、それによると、まず初めにドゥアリイがティリッヒの思想として取り上げるのは、十三世紀に対するティリッヒ自身の理解である。それは、アウグスティヌスの伝統に負っているフランシスコ学派とアリストテレス学派とが入れ替わった時代であるが、ドゥアリイによれば、ここで主としてティリッヒが取り上げているのは、〈同一性の原理〉と〈参与〉の機能についてである。(6) すなわち、アウグスティヌス的フランシスコ的伝統においては、「神は［人間の］精神によって最初に知られている方」であるが、それは、「人間はその自己意識の中に神の直接的意識を持つ」という〈同一性の原理〉がその中核にあり、そこには人間精神が神的なものに〈参与〉するという機能が働いているからなのである。すなわち、ティリッヒはこの点を中心に十三世紀の思想を考察するのであるが、十三世紀以後、アリストテレス的思想が流布し、その結果アウグスティヌス的フランシスコ的伝統が肯定してきた〈参与〉による人間の神との直接性の類型が否定されるに至り、西洋の宗教意識に多大のダメージが与えられたと見なす。そこでティリッヒは、アウグスティヌス的フランシスコ的人間理解を新たに回復することを自分の神学の課題と捉えるのである。この点を踏まえた上でドゥアリイは、次にティリッヒの体系の中の主要な主題を取り上げ、この〈参与〉の理解がその体系全体を通してどのように作用しているかを論じる。特に、ティリッヒの「参与に基づく存在論と認識論」(participational ontology and epistemology)が、啓示との関連における知識、宗教経験、象徴等の理解において、どのように機能しているかに注目する。さらにまた、この「参与に基づく存在論」が、三位一体的生にさまざまな程度において参与している人間の生についての理解において、どのように機能しているかを論じる。(7)

そうした点を検証した後、ドゥアリイはボナヴェントゥラの検証へと向かうのであるが、そこで何よりも論じられていることは、ボナヴェントゥラの三位一体論に見られる〈参与〉の存在論である。すなわち、ボナヴェントゥラの神学は明確な三位一体論を取っており、それはボナヴェントゥラの思想の中核をなすばかりではなく、その神学と形而上学（哲学）の全体を通して作用している。そのため、ドゥアリイは、まずその三位一体論が、三位一体の考察から引き出された表現論と範型論を通して、ボナヴェントゥラの〈参与の存在論〉をどのように基礎づけているかを論じ、次に、その「参与に基づく存在論」が、ボナヴェントゥラの認識論、創造と堕罪の理解、救済論、さらに人間の神についての知識にどう関係しているかを論じるのである(8)。

すなわち、以上のような点を中心に、ドゥアリイはティリッヒとボナヴェントゥラの思想をそれぞれ個別に検証するのであるが、最後に、それを踏まえて、両者の比較検討を行い、以下のような結論に至っている。まず、ドゥアリイは、最終的な結論として、「ボナヴェントゥラとティリッヒの神学に見られるこれらの呼応する諸点に基づいて、われわれは、ティリッヒの神学はボナヴェントゥラが代表する神学的伝統との実質的な継続の中にまさに立っている、と結論づけることができる」と断言し、ティリッヒの主張を全面的に認める。そして、その「呼応する諸点」について、以下のように論じている。すなわち、「われわれは、両者が三位一体的生のダイナミックさに関して、非常に類似した考えを持っていることを示した。両者は、彼らの神学的人間論を、人間の三位一体的生への参与に基づかせる。両者は、三位一体的生への人間の直接的な、しかし曖昧で歪められた参与の点から、宗教的生のダイナミックさを見る。両者は、宗教的人間の状況を、人間がこの生来の参与を増大させること、あるいはさらに歪めることに見ている(9)」。ドゥアリイは、何よりも、両者が神を三位一体的生として捉え、それへの人間の参与を見ていることにおいて、共通していると見る。そして、それに基づいて、さらに認識論においても共通していると見るが、そこで重要な役割を果たしているのはロゴスである。すなわち、「両者は、精神（mind）と現実との統一における真理の到達を、三位一体的生におけるそれらの共通の起源に、特に御父の創造的力の表現としてのロゴスの中に位置づける。したがって、両者は、堕罪と救済の宗教的次元を、それらのそれぞれの存在論と認識論にもたらす。両者は、個人の本質あるいは理念がその完全な表現をロゴスの中に見出すことを肯定する。両者は、神の創造に対する超越性を、御父の無尽蔵の力――それは御父からの御子の内‐三位一体的発生（intra-trinitarian procession）においてのみ完全に表現されうる――の上に確立し、また両者は、すべての創造された形式あるいは構造はロゴスから由来し、またその完全な表現においてロゴスに参与するという主張において、神の徹底的な内在を肯定する」。さらにまた、この真理は象徴において表現されることにおいても、両者は共通しているのである。すなわち、「両者は象徴についての類似した理解を持つ。ボナヴェントゥラはティリッヒと異なり、象徴の起源に関しその書物の中で特別の項目は設けていないとはいえ、彼自身の神学的著作は多くの象徴を用いており、またティリッヒの象徴を特徴づけている合理的明晰性と宗教経験との同じ結合を確証している」[10]。

さらにまた、両者は、神学と哲学が一致するという理解においても共通している。というのも、その背後に今見たロゴスが存在しているからである。すなわち、「両神学者とも、哲学と神学を、ロゴスにおけるそれらの共通の基盤――それはまた精神のこれらの活動の間に鋭い境界を引くことはない――を通して、相互に非常に親密に結びつけて見ている。両者は、人間の意識（consciousness）の中に、潜在的ではあるが直接的な神の気づき（awareness）のある形式を肯定する。この神はまた活ける神でもあるため、この直接的な神の意識は、両神学者によって、三位一体の特殊なキリスト教的啓示と関連づけられている」[11]。逆にまた、両者は、この直接性を認めないアリストテレスに対して批判的である点でも共通している。すなわち、「両者はアリストテレスの世界観にある不満を示している。この不満は、究極的には、アリストテレスの哲学が、創造および精神（mind）の神への参与の現実性と強さとを、強く肯定することに失敗しているという、両者の共通する見解から由来していると、われわれは論じた。両神学者は、彼ら自身の仕方において、この体系によって世界と精神に与えられている自律は、それが人間と神との間に確立した距離のゆえに、実在を宗教的と考察することに対立していることを肯定する」[12]。最後に、両者は救済論においても共通しているのである。すなわち、「最後に、両者は、創造の秩序と恩寵あるいは救済を密接に関連づけている。というのも、彼らは、人間が神の主導の下でのこの現臨の強化を通してのみ、その人間性を獲得することができる仕方において、神の人間への現臨を肯定するからである」。ドゥアリイは、以上の点を指摘し、ティリッヒとボナヴェントゥラの間に「大いなる一致点」があると結論づけるのである[13]。

ところで、以上の指摘からも明らかなように、両者の共通性と類似性は、〈直接性の原理〉（＝〈同一性の原理〉）と〈参与〉の機能に還元できるとも言える。ドゥアリイも以上の指摘を踏まえて、次のように語っている。「最後の分析において、これらすべての類似点は、人間は直接的に、また意識的に、三位一体の生のダイナミックさに参与しているという、彼らが共通して保持する立場から由来する。したがって、二人の神学者の間のすべての類似性を基礎づける究極の原理は、彼らの存在論と認識論において働いている参与の理解なのである。両神学者とも、すべての創造は三位一体の構造に参与し、創造の総和である人間は、彼の自己意識において、三位一体的生への参与を意識し、その結果、人間は彼の十全な人間性の獲得に関し、三位一体的生へのより十全な参与に秩序づけられていることを論じる」[14]。

したがって、ドゥアリイの見解からすれば、両者の共通性は、突き詰めて論じれば〈参与〉の概念に行き着くのであり、それこそがティリッヒとボナヴェントゥラを決定的に結びつけ、ティリッヒ自身の主張を裏付けるものなのである。そこで、以上の点を確認した上で、次にわれわれはエバート・H・カズンズの研究に目を向けたいと思う。というのも、ドゥアリイが捉えた〈参与〉の内実は、有限なものと無限なものとの一致であるが、カズンズの研究は、この〈一致〉の原理の論考において、さらにティリッヒとボナヴェントゥラとの根本的繋がりを論証するものとなっているからである。

第2節　ティリッヒとボナヴェントゥラ（二）
――〈coincidentia oppositorum〉をめぐって

『ボナヴェントゥラとCoincidence of Opposites』(15)の著者エバート・H・カズンズは、本書においてボナヴェントゥラの神学の本質を〈coincidence of opposites〈coincidentia oppositorum〉〉の原理に見ている。この〈coincidentia oppositorum〉という概念は、ニコラウス・クザーヌスにおいて言明されたものであるが、すでにボナヴェントゥラに見られ、しかもボナヴェントゥラの思想の根幹をなすものと理解している。カズンズはその内実はボナヴェントゥラに先立ってこの原理を語る思想の流れがあり、またボナヴェントゥラのあとにもこの原理を生命とする思想の流れがあることを示している。すなわち、〈coincidentia oppositorum〉を中核的原理とする思想の潮流がヨーロッパのキリスト教思想にはあり、その中でもボナヴェントゥラはこの思想を雄弁に語るいわば代表的存在なのである。そして、それは二十世紀の思想にも流入しており、しかもその一つがティリッヒの神学であると言う。したがって、ティリッヒの思想とフランシスカニズムの関連に関心を持つわれわれとしては、ここに重要な指摘を見ることができるのである。しかも、すでに見たように、ドゥアリイはティリッヒとボナヴェントゥラの思想を比較検討し、両者に本質的連関を見ているが、このカズンズの書物はそれをさらに原理的に捉え直す研究ともなっていると言える。そこでわれわれは、この書物においてカズンズが論じている〈coincidentia oppositorum〉とは何か、またそれはどのようにしてボナヴェントゥラの思想に見て取られているのかを検討することにしたい。

ところで、一つ問題なのは、この〈coincidentia oppositorum〉を何と訳したらよいかということである。本書では、このところまで、一般に広く用いられている〈対立の一致〉という訳語を用いてきた。しかし、これを日本語に訳す場合、一つの言葉で語ることは難しいように思える。英語では〈coincidence of opposites〉と訳されているが、特に〈opposites〉という概念は、ニュアンスの微妙に違う複数の意味を含んでいる。しかも、ボナヴェントゥラの思想においては、それは種々の具体的な表現をもって語られている。そのため、たとえば〈opposites〉を「反対」と訳すことができるが、「反対」という言葉だけでは非常な物足りなさが残る。あるいは、「対立」とも訳せるが、この言葉は逆に不必要な緊張感を生み出すようにも思える。また、同じような問題を感じたのか、ある人はこれを「反対対立」と二語を合わせて表記しているが[16]、これもまたあまりおさまりがよくない。そこで、一つの対応としては、〈coincidentia oppositorum〉をそのまま用いることも可能であるが、本章では、やはり何らかの訳語を用いたほうがよいと考え、本章以外の他の箇所との整合性を欠くことになるが、敢えて、暫定的な言葉としてではあるが、「対極」という訳語を用いることにした。これも、特に三位一体の三つの位格の関係に用いられるとき、あまり適当とは思えないが、ボナヴェントゥラの議論の全体を見回したとき、一番落ち着きがよいように思える。そこで、本章では、〈coincidentia oppositorum〉（coincidence of opposites）を「対極の一致」と訳したいと思う。またしばしば単独で用いられる〈opposites〉は、「対極」あるいは「対極するもの」等と訳すことにする。

（1）〈対極の一致〉の思想史的流れ

まずカズンズは、〈対極の一致〉の原理をかなり広範囲にわたって見ている。すなわち、原始的神話に見られる天なる神と地なる母との聖なる結婚から、創造者でもあり破壊者でもあるインドのシバ神に見られる神的なるものの破壊的側面と恩恵的側面との結合、あるいは中国の道教に見られる対極の調和（闇と光、弱さと強さ、男と女の調和）なども含め、さらにヨーロッパ思想全体に〈対極の一致〉の原理を見ている。すなわち、ヨーロッパにおけるその最初のものとしては、すでにギリシア哲学にその痕跡が見られるとし、しかもそれはソクラテス以前まで遡ることができると見ている。たとえば、カズンズによれば、ヘラクレイトスは次のような言葉を残している。「神は昼であり夜であり、冬であり夏であり、戦争であり平和であり、飽満であり飢餓である。すべての反対のものは神において一つである」。この原理は、その後キリスト教にも流入し、偽ディオニュシオスやアウグスティヌスなどを経て中世に至り、そして中世末に至ってニコラウス・クザーヌスにより〈coincidentia oppositorum〉と明言されることになったのである。そして、この原理は、近代においては、ヘーゲルの弁証法的観念論やマルクスの弁証法的物質主義に、さらに二十世紀においてはC・G・ユングの心理学やトーマス・アルタイザーの「神の死の神学」――それは「キリストのケノシズム的受肉の中に聖と俗の弁証法的一致を見ている」――、そしてティリッヒの神学にも見られるとする。(17) したがって、カズンズはかなり広範囲にわたって〈対極の一致〉の原理を見るのであるが、しかしそれらは必ずしも同一のものではない。この原理は、その言葉自身が語るように、反対のもの、対立しているもの、あるいは対極に位置しているものが、実はその根底においては一致しているということを語るものであるが、そこにはむしろ幅があるのであり、ある種の区別が見られるのである。

(2) 〈対極の一致〉の原理的意味

カズンズは〈対極の一致〉の原理を三つのタイプに分けて論じている。すなわち、「統一」、「相違」、「統一と相違」の三つのタイプである。[18] それによると、最初の「統一」は、〈対極の一致〉の原理を前提としながらも、相違を飲み込んでしまうタイプである。すなわち、このタイプは、「対極のものが一つとなるところまで一致してしまう」ため、そこには相違がなくなってしまい、もはや統一しかないのである。そのため、そこでは対極するものは「幻想」と見なされるか、あるいは無‐相違的統一へと変形させられているのである。カズンズは、それを「一元的視点」とも呼び、[19] その具体的な例としてシャンカラの思想に言及しているが、その詳細については省略する。

第二のタイプである「相違」は、やはり〈対極の一致〉の原理を前提としながらも、ここでは「純粋な統一」がなく、対極するものがそのまま残るタイプである。すなわち、「対極するものは、いかなる真実の統一にも至らないほどに、対極したものとして留まる」のである。この具体例は数多く挙げられている。それは、古代ギリシアのレウキッポスやデモクラトゥスの原子論から、ゾロアスター教の二元論、またグノーシスやマニ教の二元論が挙げられている。さらに、カズンズによれば、それは旧約聖書の中にも、「ヘブライの宗教的意識と近東の内在的な自然神との戦い、および神の超越の感覚の勝利」として反映しており、またその超越の感覚はイスラム教において頂点に達していると言う。さらにまた、このセム族的感覚はキリスト教の遺産ともなっており、受肉において神と創造の一致が肯定されているにもかかわらず、神の超越性と、神と創造との対極の感覚は残っていると言う。そして、それはまたプロテスタントの伝統においても見られ、カルヴァンやキルケゴールの中にも、そしてまた現代においてはバルトの中にも顕著に見られると言う。[20]

ところで、カズンズは、この二つのタイプに対して、「対極」と「一致」が共に十全に保たれている〈対極の一致〉を取り上げ、それを第三の「統一と相違」のタイプとして理解しているが、この第三のタイプこそが、ボナヴェントゥラの〈対極の一致〉なのである。すなわち、このタイプの〈対極の一致〉においては、「対極するものは、対極するものとして留まり続けながら、同時に純粋に一致している」。したがって、「それらは、真の統一において結合しているが、しかしそれは相違を相殺することのない統一なのである」。それどころか、対極するものは、統一されることにおいて、むしろその相違を明確にするのである。カズンズの表現によれば、「むしろ、それはまさに相違を強める統一なのである。対極するものがより親密に結合されればされるほど、それらはますます相違したものとなる」。カズンズは、このタイプを、「補足するものを相互に肯定する一致」とも呼ぶ。というのも、「対極にあるものは相互に補足し、またそれらの統一を通して対極する個々のものを相互に強化する」からなのである。[21]

カズンズは、ボナヴェントゥラの〈対極の一致〉はこの第三のタイプに属すると見なし、またすでに触れたように、キリスト教思想にこのタイプに属する流れがあることを見る。しかし、それは、第一のタイプが主としてヒンズー教であり、第二のタイプが主としてユダヤ教・イスラム教であると言明するのに反し、第三のタイプをキリスト教であると言明することは躊躇されている。というのも、すでに触れたように、キリスト教思想には第二のタイプに属するものも少なからず見られるからである。しかも、キリスト教は、一方では神と世界との相違についてのセム族的な肯定を持ち、また同時にその一致を語る受肉論を持っているため、どちらか一方のタイプに限定することは難しいのである。そのため、カズンズは、「キリスト者は相違のクラス［第二のタイプ］に絶対的に属することはできず、少なくとも受肉の領域においては統一と相違を肯定しなければならない」と語る。[22]

またカズンズは、キリスト教はこうした対極的な構造を持つために、この問題を扱うにあたって、そこには二つのアプローチのあることを見ている。一つは、第二のタイプの「相違の側」から出発するアプローチであり、もう一つは第三のタイプの「統一と相違の側」からアプローチする道である。また前者には、さらに二つの流れが見られると言う。すなわち、「アリストテレス的トマス主義的伝統の二重構造」と「古典的プロテスタンティズムのより弁証法的アプローチ」である。カズンズによれば、トマスは〈理性〉によって知られる「自然の領域」と、〈啓示〉によって知らされ、〈信仰〉によって受け入れられる「超自然の領域」との二つに分けている。そのため、人間は〈恩寵〉によって超自然の領域に引き上げられ、その相違が克服されることによって、初めて三位一体の神的命に入れられるのである。それに対して、古典的プロテスタンティズムは、そうした二重構造を否定するが、人間の罪の観点から「神と人間との間の相違」を肯定する。そして、その隔たりはキリストによって架橋され、人間に救いがもたらされるのであるが、この伝統においては、神と人間との関係は、トマス主義の伝統よりも「より弁証法的」であると言う[23]。

この相違から出発するアプローチに対して、ボナヴェントゥラは、「統一と相違」から出発するのであるが、その立場を取る流れは、一般に「新プラトン主義」と呼ばれてきた。あらためて、カズンズの言葉を用いれば、「この伝統は、ギリシア教父たち、偽ディオニュシオス、アンセルムス、ヴィクトリア学派、ハレのアレクサンダー、そしてボナヴェントゥラを貫いている。またそれは、その後の思想においては、ニコラウス・クザーヌスやルネサンスのプラトン主義者たちにおいて継続し、ドイツ・ロマン主義において表面に現れ、そして二十世紀になってさまざまな形式をとって再び現れた[24]」。カズンズは、この流れにはかなりの多様性が見られるとするが、しかし、そこには「重要な共通する要素」があり、それがすでに繰り返し見てきた「統一と相違」のタイプとしての〈対極の一致〉の原理なのである。カズンズは、それをまた「相補する対極の一致」とも、またより丁寧に「相補するものを相互に肯定する対極の一致」[25]とも呼んでいるが、ボナヴェントゥラは、この原理を生命線とする新プラトン主義の「代表格」なのである。

(3) ボナヴェントゥラの〈対極の一致〉——五つのクラスをめぐって

カズンズは、ボナヴェントゥラの書物全般を対象とし、その根底にある〈対極の一致〉の原理を明らかにしているが、そのときカズンズは、その対象を大きく二つに分けて扱っている。すなわち、ボナヴェントゥラの主著である『魂の神への道程』に至るまでの書物と、それ以後の書物である。カズンズによると、〈対極の一致〉の原理は、彼の書物の初めから、特に三位一体論と範型論(exemplarism)にすでに内在しており、またキリスト論においても〈対極の一致〉の基本要素は初めから見られるが、それはまた「彼の書物の進展の中で徐々に顕著になり、また自己‐意識化されていくようになった」ものでもあるのである。そして、この時期の最も重要な書物は、『魂の神への道程』であるが、カズンズによれば、この書物において、「キリスト中心性が、神の性質と、創造、三位一体、キリスト論、聖霊の降臨に対するその関係の領域において、〈対極の一致〉が意識されるに伴い、前面に出てきている」のである。したがって、ここまでの時期を一つと捉えて、そこに見られる〈対極の一致〉を考察している。しかし、カズンズによれば、キリスト中心性が十全に実現するのは*Collationes in Hexaemeron*(『天地創造詳述』)の時期になってからである。というのも、その時期に至って初めて、キリストは「すべての対極が一致する『媒介』(medium)」として理解されるようになるからである。しかし、ボナヴェントゥラにおいては、この最終段階においても、この〈対極の一致〉の原理は「特殊な論理」として「十分な抽象的自己意識」にまでは至らなかったのである。そのため、ボナヴェントゥラには〈対極の一致〉という明確な思想はあるが、その概念化はないのである（むしろ、そういった関心自体なかったと言ったほうが適切であろう）。それが概念化されたのは、ニコラウス・クザーヌスに至ってからである。[26] しかし、〈coincidentia oppositorum〉という明確な表現には至らなかったとはいえ、ボナヴェントゥラの思想はこの原理を中核とするものであり、その豊かな内容に満ちているのである。そこで、あらためて、カズンズが論じるボナヴェントゥラの〈対極の一致〉の思想を検討することにしたい。

すでに見たように、ボナヴェントゥラの〈対極の一致〉は、「統一と相違」の一致の原理であるが、カズンズによれば、それは「一つの統一的タイプ」があるということではない。むしろ、その逆であって、ボナヴェントゥラの思想には、ボナヴェントゥラが扱う神学のそれぞれの領域において〈対極の一致〉の「特殊なタイプ」を見て取ることができるのである。したがって、カズンズがボナヴェントゥラに見る〈対極の一致〉とは、そうした特殊な「タイプ」に基づくものであり、その特殊な「タイプ」として捉えられている全体が〈対極の一致〉として論じられているのである。そこで、その特殊な「タイプ」としての〈対極の一致〉に目を向けなければならないが、カズンズはそれを最終的に五つの「クラス」に分けて論じている。そのため、ここではその五つの内容が検討されなければならない。

①第一のクラス——神格に見る〈対極の一致〉

まず最初に指摘されているのは、神格（Godhead）に見られる〈対極の一致〉である。カズンズによると、この神格には「神性の非顕現的側面と顕現的側面の一致」が見られる。これは、いわゆる内在的三一論と経綸的三一論に相当するものである。より具体的には、経綸的三一論に相当する顕現的側面には、「三位一体のダイナミックな対極にあるものの一致」、すなわち「御子における御父の自己‐表現と、聖霊の統一における御子を通しての帰還」が見られる。また内在的三一論に相当する非顕在的側面においても「三位一体内のダイナミックな発出」があり、それが「統一と多様性の一致のための基盤」を与えていると言う。というのも、「三位一体の各位格は神的性質の統一において共存している」からである。さらに、この神格の中に認められている対極のものとは、より具体的には、「沈黙と語り」、「闇と光」、「単一性と多産性」、「基盤と発出」、「自己‐充足性と自己‐交流性」、「統一と多様性」などと表現されている。しかし、ここで重要なのは、ボナヴェントゥラにおいては、これらの対極にあるものが、神の存在そのものであるため、それは「永遠であり、必然的である」ということである。つまり、これらの対極のものは、神性の内部に存在するものであって、決して被造物に拠るのではないということなのである。すなわち、カズンズの表現を用いれば、「たとえ被造物がいないとしても、この両極性は存在するであろう。というのも、それは神的神秘それ自体に結びついているからである[27]」。おそらく、この考えは、キリスト教の神秘主義を理解する上で、非常に重要な視点を与えることになろう。というのも、神秘主義というと、人間の側から神へと至ろうとする人間の試みのように理解され、頭から否定されることが多いからである[28]。カズンズも、おそらくその点を意識して、「神性内に〈対極の一致〉を意識することは、最高に重要なことである。というのも、三位一体のキリスト教的神秘主義は、被造物とは無関係に、神の中に〈対極の一致〉があることを意味するからである」と語っている[29]。この神自身の内に〈対極の一致〉があることが、第一のクラスの決定的特色なのである。

②第二のクラス——神と創造の関係に見る〈対極の一致〉

次にカズンズは、ボナヴェントゥラのもっぱら神格に集中した議論から、さらに創造の議論へと目を転じ、そこに見られる神と創造との関係の中に〈対極の一致〉を認めている。それは、具体的には、「創造者と被造物」、「無限なものと有限なもの」、「永遠なるものと時間的なもの」、「初めと終わり」という特殊なタイプの〈対極の一致〉である。

ところで、カズンズによれば、この第二のクラスで重要なのは、これらの対極にあるものを結合する「媒介」の存在である。というのも、被造物が現れる段階で、神と被造物とを結ぶ「媒介」が不可欠となるからである。そして、その媒介となるのが、キリストなのである。しかしキリストは、まず何よりも、「神的領域における人格的媒介」として理解されている。というのも、「キリストは御言葉として三位一体のダイナミックな対極の中心にいる」ゆえに、「三位一体の人格的媒介（persona media）」であり、第一のクラスの特殊な〈対極の一致〉をもたらしているからである。しかしまた、まさにこのゆえに、このキリストは第一のクラスである神的領域と第二のクラスである創造の領域とを結合する「媒介」でもあるのである。なぜなら、キリストは、「三位一体の人格的媒介」であると同時に、また「形而上学的媒介（medium metaphysicum）」として二つの領域を媒介するからである。

ところで、第二のクラスは、キリストという媒介を通して第一のクラスと結合されるわけであるが、そのとき、カズンズによれば、この第二のクラスは第一のクラスを反映することになり、ボナヴェントゥラはそこにいわゆる「範型論」（exemplarism）を見ているのである。すなわち、もろもろの被造物は、「それらの神的範型」を反映しているのであり、しかもその反映は「ヒエラルヒー的パターンに段階的に見られるさまざまな対極の一致のタイプ」として見られるのである。そしてまた、カズンズによれば、ボナヴェントゥラの照明の認識論は、この範型論に基づいて、つまり「可変的で、具体的、有限的、特殊的なもの」と「不可変的な永遠の理性（rationes aeternae）」との「連続」を通して、すべての知識にある〈対極の一致〉を含んでいるのである。

③第三のクラス――受肉者キリストに見る〈対極の一致〉

カズンズが指摘する第三のクラスは、「受肉における物理的媒介(medium physicum)としてのキリスト」である。ここでも、そこに見られる特殊な〈対極の一致〉は、第二のクラスと同じように、「創造者と被造物」、「無限なものと有限なもの」、「永遠なるものと時間的なもの」「初めと終わり」の対極の一致である。しかし、第二のクラスと根本的に異なるところは、それが受肉したキリストに見られている点である。そのため、第二のクラスでは、すべての被造物はキリスト(御言葉)を通して神性に結びつけられていたが、受肉では御言葉は本質的にキリストの人性に結びついている。そのため、第三のクラスでは、第二のクラスで見られた「宇宙的範型論」よりも「神性と創造とのより親密で複雑な結合」が見られるのである。すなわち、範型論で見られた〈対極の一致〉とは異なるもっと特別な一致、つまり「キリスト論的あるいは受肉論的」とも呼べる〈対極の一致〉が見られるのである。[30]

ところで、カズンズは、このキリスト論的対極を「宇宙論的」対極とも呼び、そこに三つのタイプを見て取っている。それによると、第一のタイプは、「最大-最小(maximum-minimum)」である。これは、キリストには「最高のものと最低のもの」、「神性と創造」あるいは「神性と物体」が結合しているからである。第二のタイプは、「小宇宙-大宇宙(microcosm-macrocosm)」である。というのも、受肉は「すべての創造の大宇宙を反映している小宇宙である人間」において起こったことであるからである。すなわち、人間の中では「物質と精神」が結合されており、「物理的創造と諸天使」のすべての段階が反映されているからである。さらに、カズンズによれば、この第一のタイプと第二のタイプが結合して第三のタイプである「アルファ-オメガ(Alpha-Omega)」が構成されている。というのも、最大と最小の結合は、「キリストの中にすべての創造を集約し、同時にそれを神性との新しく、より親密な結合にもたらす、宇宙における最強度の極致(the greatest intensity of perfection)」をキリストのうちに確立するからなのである。したがって、キリストは「創造の頂点、全宇宙のアルファとオメガ、全被造物の中で最初に生まれたもの、すべてが向かっている目標」となる。その結果、これら三つの〈対極の一致〉のタイプは、「ボナヴェントゥラが論ずる〈対極の一致〉の全形式の最高点」を形成するのであり、キリストはこの三つの〈対極の一致〉として「宇宙の中心に立つ」のである。そのため、カズンズは、キリストを「キリスト教的曼荼羅」の中心とも呼び、また「すべてのものの御父への帰還の旅程」の中心とも呼ぶ(31)。

④第四のクラス――善と悪に見る〈対極の一致〉

カズンズが指摘する第四のクラスは、「善と悪との形而上学的相違」に基づく。そのため、これは「罪と救済」に関連している。したがって、カズンズはこの対極を「救済論的対極」(soteriological opposites) とも呼び、これをボナヴェントゥラの「数学的媒介」(medium mathematicum) あるいは「論理的媒介」(medium logicum) というキリスト概念から論及している。それによると、罪は、〈対極の一致〉の「全く新しい領域」を世界にもたらしたのである。というのも、「善と悪」の対極は、宇宙論的対極に見られたような「調和的バランス」ではなく、対立であり、そこには絶えず戦いがあるからである。すなわち、「悪は善の否定である。それは善を歪め、惑わせ、堕落させ、欺く。それは命を約束し、死をもたらす。それは成就を申し出、破壊で終わる。事実、それは善のすべての創造的な力と内的論理をひっくり返し、逆さまにする。悪は善の創造性を破壊へ、善の真理を欺瞞へ変える」。したがって、またこうも指摘されている。「罪を犯したとき、人は創造的力と調和を持つ善の秩序を転倒させ、それらを対極のものに変える。すなわち、創造を破壊に、真理を欺瞞に、報酬を処罰に、善の肯定的論理を悪の否定的論理に変える」。そのため、そこに見られるのは、あくまでも対立であって、一致は認められないのである。しかし、こうした悪の世界に神–人キリストが出現し、救済をもたらしたのである。すなわち、カズンズによると、「神–人における宇宙論的対極が救済論的対極をもたらす」。というのも、「神–人の持つ肯定的対極は悪の否定的対極に直面し、それらを対極のもの、つまり善に変える」からである。さらに分析的に見れば、「キリストは、数学的媒介として宇宙の深淵に入り、論理的媒介として悪の論理をその対極のものに変える。すなわち、真理を再確立するために欺く者を欺き、死から命をもたらす」。したがって、このキリストにおいて、初めて「救済」（〈一致〉）が見出されることになるのである。(32)

ところで、この救済の在り方に関し、カズンズは、アンセルムスとの関連においてそれを捉え直している。それによれば、ボナヴェントゥラはアンセルムスの満足説を取り入れ、〈対極の一致〉の論理からそれに新しい光を当てているのである。すなわち、「罪は有限な人間によってもたらされた無限の違反を含んでいる。この違反は人間が取り除くことができない疑いを打ち立てる。それは、宇宙に入ってくる新しい〈対極の一致〉――罪の処罰を受け入れることにより、紛糾された極を結合し、宇宙に調和を回復することができる神–人――にとって、必然的なのである」。このことは、キリストが「悪の論理を受け入れること」によってなされるのである。つまり、「キリストはサタンとの論争に入り、悪の破壊的論理を自らに引き受ける」。そして、その論争に勝利するのである。というのも、「キリストは自身の中に受肉のクラスのすべての対極――最大–最小、大宇宙–小宇宙、アルファ–オメガ、そして宇宙の中心――を含む神–人であるゆえに、サタンとその破壊的論理に対し勝利することができる」からなのである。すなわち、キリストは、「苦難と死を通して悪の論理に従うことにより」、また「その復活を通して死を命に変えること」により、「悪の全領域を、その破壊の論理に沿って、その対極のものに変える、論理的媒介」なのである。(33)

⑤第五のクラス——魂の御父への帰還における〈対極の一致〉

第五の、そして最後の〈対極の一致〉は、すべてのものが御父に帰還することの中にある。カズンズによれば、ボナヴェントゥラはこの帰還を、キリストの三つの観念、すなわち「倫理的媒介」(medium ethicum)、「政治的媒介」(medium politicum)、「神学的媒介」(medium theologicum)において扱っている。そこでは、キリストは「魂の配偶者」として理解され、またそこには「神秘的な脱自へ至る魂の通路へ導く最大の〈対極の一致〉」があるのである。より詳しいカズンズのまとめによれば、「魂の帰還は、魂が神の似像(image)——有限なものと無限なものとの一致——であるという事実に基づく。罪を通して魂はその原型(Archetype)から離れたが、受肉した御言葉とその救済の働きによって修復される。キリストは、数学的媒介として、十字架の形において交差している二つの垂直な線を通して、失われた魂の中心を修復する。一度悪の救済論的対極が受肉の御言葉の宇宙論的な対極によって変えられたならば、魂は、その中心としてのキリストと共に、道徳的・神学的徳において神の似像として成長することができ、また注ぎ込まれた観想を通して神秘的脱自へと成長することができる。脱自や至福の幻視においてすら、魂は神性との差異のない統一に飲み込まれることはない。〈対極の一致〉は、時間の終わりまで、永遠を通して存続する。というのも、魂と神との統一が親密であればあるほど、その唯一無比性は強められるからである」(34)。

しかし、このことは、魂にのみ起こるのではない。それは、すべての存在にも起こるのである。すなわち、「魂のみがその原型に帰還するのではなく、創造と歴史のすべてのものが、その神的源泉に立ち返る旅上にある。永遠の御言葉は、形而上学的媒介として、被造物の発出(exitus)と帰還(reditus)のアルファでありオメガである。すべてのものは、御言葉を通して創造の活動の中に発出し、またすべてのものは範型論を通して御言葉に立ち返る。

御言葉において、すべての被造物はその初めと終わりの一致を見出す」。すなわち、受肉したキリストは、創造のアルファでありオメガなのである。というのも、すでに触れたように、「キリストは最大－最小と大宇宙－小宇宙との複雑な相互関係を通して、宇宙の普遍的中心である」からであり、また「特別な仕方において、キリストは歴史の中心であり、その究極の極地である」からなのである。カズンズによれば、この歴史の中心というキリストの観念を通して、ボナヴェントゥラは彼の神学の二つの極、すなわち「三位一体の極とキリスト中心の極」を結び合わせるのであり、その結果、ボナヴェントゥラは、ヨアヒム派の異端を避けているのである（「そこでは、聖霊の時代が御子の時代に取って代わり、救済史における御子の中心性を変える点に至る」）。以上の点を踏まえ、カズンズは、キリストとその位置について次のようにまとめている。すなわち、「キリストは、三位一体の人格的媒介（persona media）であるゆえに、彼は歴史的過程の中心に留まる。ちょうど、創造の全体が、痕跡として、人格的媒介としての御言葉でもって、全体の三位一体を反映するように、救済史は完全な三位一体を、その中心に位置する受肉した御言葉でもって、反映する。したがって、永遠の三位一体と時間的過程の対極は、唯一の人格的媒介――それでもって、歴史的過程の最高点は、三位一体の生の中心にある〈対極の一致〉に参与する――において結び合わされる」[35]。

⑥五つのクラスを結ぶ〈媒介〉としてのキリスト

すでに上記の記述においても明らかなように、カズンズが指摘するボナヴェントゥラの五つの形而上学的クラスは、その相違を維持したまま、キリストにおいて一つに結び合わされている。したがって、そこでのキリストの働きは〈媒介〉（medium）としての機能、あるいは〈中心〉（center）としての位置を持つ。そのため、カズンズの表現をそのまま用いれば、キリストは「対極の五つのクラスを貫く統一する糸」なのである。つまり、それは「全クラスにおいて作用する対極の一致の特殊な形式」でありながら、さらに「対極するものが収斂し、また維持されるところの、その中心」なのである。すなわち、「たとえば、三位一体においては、キリストは人格的媒介であり、永遠に御父と御霊の中心である。受肉においては、神的性質と人的性質は、それぞれの同一性が維持される仕方において、御言葉の人格において結合されている」。しかも、「神性は人性を飲み込まず、また人性は有限性の中にそれ自身を失わせる点まで神性を縮小させることはしない」のである。したがって、上記のケースのそれぞれにおいて、「相補うものを相互に肯定することの一致」があるのであり、いずれのケースにおいても〈対極の一致〉はすべてを解消するような統一に陥ることも、それ自体を徹底した分離に二極化することもないのである。したがって、「ボナヴェントゥラの体系の各クラスは、媒介というキリストの観念によって、相補うことの構成的なモデルの中に明らかに位置づけられ、また他の二つの構成的なモデルの中に引き込まれるのを避けている。すなわち、その二つとは、対極するものがそれらの対局するものを失う地点にまで一致するような、無‐相違的統一か、あるいは、いかなる純粋な一致も生じないような、二極化された相違のモデルである」。したがって、五つのクラスのそれぞれにおいて、統一と相違は、媒介というキリストの観念を通して、各クラスに、そのクラスの形而上学的相違に応じて一貫して適応されながら、相補うものを相互に肯定することの中で維持されているのである[36]。

ところで、善と悪との相違に基づいている第四のクラスのケースにおいては、より正確を期することが必要であろう。というのも、善と悪は、相補うものの一致に応じて関連づけられているのではないからである。カズンズによれば、それらは対立し、またユニークに関連し、三つのすべての構成的なモデルの局面を具現化している。すなわち、「一つの観点から見ると、善と悪は徹底的に対極にあるものとして関連している。というのも、それらは相互に対立しているからである。他方、悪はそれ自身を善と偽装し、無-相違的統一の構成的モデルに入り込もうとする。他の見方からすると、善と悪は統一と相違の仕方によって関連づけられている。というのも、悪は善の否定であり、その否定的イメージは善の力と魅力のあるものを維持するからである」。しかしながら、悪が欠いているものは、「相補うものが善との創造的な一致に入るために要求される肯定的側面」である。カズンズによれば、このことは、悪を悪とするのは、まさにそれが誤った〈対極の一致〉であるという事実にあることを示唆している。したがって、悪からの救済は、真の〈対極の一致〉の最も偉大な実現である神-人によってしかもたらされないのである。すなわち、「悪の誤った論理に入ることにより、キリストはその〈対極の一致〉の歪みの根に突入し、その歪みをまさにそれをその対極のものに変えることによって克服する」のである。そのため、この第四のクラスにおいてすら、相補の一致のモデルとしてのキリストの観念は、なお有効なのである。というのも、それはまさに、「キリストは三位一体の人格的媒介であり、悪の誤った論理に効果的に入って行き、それを善に変えることができる神-人」だからなのである。(37)

このようにして、キリストは、五つのクラスにおいて見られた〈対極の一致〉を可能とする究極の〈対極の一致〉であり、このキリストに三位一体における一致と、三位一体と創造世界との一致は依拠しているのである。

第3節　ティリッヒとフランシスカニズム

以上のように、カズンズは、神-人キリストにある〈対極の一致〉をすべての〈対極の一致〉を実現する〈媒介〉と理解し、またそれゆえにすべての存在を結びつける〈中心〉であるとしている。そして、このキリストに最も明確に現れた〈対極の一致〉こそ、ボナヴェントゥラの神学の中核をなし、何よりもその三位一体論を構成するのみならず、三位一体と創造世界を結ぶ範型論や、すべての存在の神への帰還というダイナミックな動きを構成する原理であると捉えるのである。そしてまた、初めに触れたように、この原理をその中核とする思想の歴史、すなわち「新プラトン主義」の歴史の中で、ボナヴェントゥラはそれを代表する存在ともなっているのである。そこで、最後に、この「新プラトン主義」とボナヴェントゥラの関係が検討されなければならないが、本章での関心はあくまでもティリッヒとボナヴェントゥラにあるため、最後にその点を確認して終わりたいと思う。

カズンズ自身、ボナヴェントゥラと新プラトン主義の思想家たちとの比較を試みているが、その中でティリッヒにも言及している。すなわち、カズンズは、ティリッヒをカール・ラーナーと共に、新プラトン主義の伝統に属する二十世紀神学者として位置づけ、その理由を述べているが、その内容は主に二点に絞られている。一つは、三位一体論についてである。カズンズの表現によれば、「ティリッヒの体系は、ドイツ・ロマン主義から現れており、それはキリスト教的新プラトン主義の伝統の持つ三位一体的諸テーマに、それ自身の表現を――しばしば問題のある仕方で――与えている」。より詳しくは、「ティリッヒの思想の〈深みにおける〉分析（an in-depth analysis）は、ティリッヒの人間と人間の状況についての取り扱いが、ボナヴェントゥラが共通するアウグスティヌス的源泉から分かち持つ、三位一体的痕跡とイメージの伝統を反映している」。すなわち、カズンズは、深みの分析に基づくティリッヒの三位一体の理解が、ボナヴェントゥラの範型論に見られるのと同様に、すべての存在が神的なるものの反映として理解されている点を指摘するのである。そして、そうした関係が成り立つ背景に、〈対極の一致〉の原理を見ることができるとするのである。(38)

カズンズが注目するもう一つの点は、認識論である。「主観性における人間の神の知識」の問題である。そして、むしろ、このほうを重視している。というのも、これは二十世紀神学の主要なテーマであり、また「〈対極の一致〉に遭遇する最も経験的方法の一つ」でもあるからである。カズンズの指摘によれば、ティリッヒにおいては、「人間は、人間的主観性の有限な構造の中に、存在（Being）の無制約的な基盤としての神の現臨（presence）を持つ」。そのため、「人間の主観性は、有限なものと無限なものとの一致の場である」。カズンズによれば、この「主観性を通した神へのアプローチ」は、アウグスティヌスの伝統に属する方法なのである。またカズンズは、ティリッヒ自身がそのことを自ら表明していることに触れ、本章でも初めに注（2）で触れたその主張の文章を引用している。そこで、ティリッヒがこの伝統の中心に見ていたのは、「神の知識の直接性」（the immediacy of the knowledge of God）であった。そして、それを踏まえて、カズンズは、ティリッヒを以下のように位置づけている。「ティリッヒは、ボナヴェントゥラと初期フランシスコの伝統との継続の中で、彼自身の立場を発展させている。そして彼は、このアプローチを基礎づける以下のような原理の形式を与えている。すなわち、『人間は、主観と客観との分離と相互作用に先立つもの（prius）である無制約的な何かに、直接的に気づいている』。この原理の光の下で、ティリッヒは人間の神の知識、神の象徴的表現、そして存在論的確信と信仰の危機についての彼自身の教説を発展させた[39]」。

以上のように、カズンズは、主に三位一体論と認識論との二つの点において、ティリッヒをアウグスティヌス的フランシスコ的伝統に位置づけることができると見なすのである。そしてまた、そのことは、ティリッヒの神学を正しく理解する上でも重要な点であることを指摘する。というのも、ティリッヒに向けられた批判の多くは――カズンズは、主にバルティアンと新トミズムの批判を挙げる――、その点を見失ったゆえの不当な批判と見なさざるをえないからである。いずれにしても、以上の点においてカズンズは、ティリッヒとボナヴェントゥラは同じ思想に立つ神学者であると見なすのである。

ところで、最後に、二人の論証を踏まえて、あらためてティリッヒの主張が妥当であるかの検証が必要となるが、まず以上で扱ったドゥアリイの議論もカズンズの議論も、表現は異なるが、同じ原理を指していると言える。ドゥアリイが注目した〈参与〉の概念も、カズンズが指摘した〈対極の一致〉も、それは存在論と認識論における神と人間との、あるいは無限なものと有限なものとの一致を語るものであり、それは深くティリッヒの思想に根ざすものである。そもそもティリッヒの出発点は、シェリングの研究にあったが、そこでティリッヒが出会ったのは〈同一性の原理〉であった。しかも〈対立の原理〉を止揚する仕方での〈同一性〉の主張であり、それはここで言う〈対極の一致〉を語るものである。また、カズンズも指摘しているように、ティリッヒは何よりも神の認識論において、アウグスティヌス的フランシスコ的伝統を意識している。それはすでに第8章で触れたので省略するが、それは認識の直接性を語るものであり、それはまた存在論においても展開されている。ティリッヒの神学はしばしば哲学的神学、あるいは存在論的神学などと呼ばれるが、ティリッヒが存在論を用いたのは、何よりも存在における無限なものと有限なものとの一致を見ていたからであり、存在論はその一致を語る哲学なのである。そして、そうした理解は、またティリッヒの信仰論にも見て取れるのである。ティリッヒが定義する「究極的関心」あるいは「究極的関わり」という信仰は、何よりも「究極的なもの」〈神〉と人間とのダイナミックな一致を語るものであり、そこにおいても〈対極の一致〉がその基底をなしている。したがって、ティリッヒの神学は、そうした絶対的な〈一致〉を根底とした神学であり、すでに与えられている〈一致〉において、すべての存在と認識がそれに〈参与〉する仕方において展開されているのである。さらにまた、そうした根底的〈一致〉を〈恩寵〉と見なすこともできるのであり、その意味から言えばティリッヒの神学は、この一致の恩寵に立つ神学であるとも言えるのである。

以上のような点を考察すると、ティリッヒの神学は、カズンズがボナヴェントゥラの神学の核心に見た〈対極の一致〉を、同じくその中核に据えている神学であると言える。そして、そのことは、取りも直さず、ティリッヒの神学は、彼自らが主張するように、「アウグスティヌス的フランシスコ的伝統」に属することを意味する。そして、同時に、ボナヴェントゥラにおいて実質的に明確にされた〈対極の一致〉の原理にティリッヒも連なるということは、アウグスティヌスから始まりフランシスコにおいて力強く開花した新しい敬虔の歩みにも属すると言える。その意味では、その新しい敬虔の流れを〈フランシスカニズム〉[40]と呼ぶことができるとすれば、ティリッヒもその流れに属する二十世紀の神学者であると言えるであろう。

注

（1）John P. Dourley, ***Paul Tillich and Bonaventure: An Evaluation of Tillich's Claim to Stand in the Augustinian-Franciscan Tradition*** (Leiden: Brill, 1975). 以下、PTBと略記する。

（2）たとえばティリッヒは、「宗教哲学の二つの類型」という論文の中で、以下のように述べている。「ヘールのアレクサンダー、ボナヴェントゥラ、アクアスパルタのマシューによって代表される十三世紀スコラ主義のフランシスコ学派は、神学の諸原理の教説にアウグスティヌス的解決を発展させ、アリストテレスの影響にもかかわらず、宗教哲学の存在論的類型を維持した。彼らの全強調は、神の知識の直接性にあった。ボナヴェントゥラによれば、『神は正に魂に全く真実に現存し、直接的に知られうる』。神は、神自身において、すべてのものに共通する一者として、媒介なしに、知られうる。というのも、マシューが語るように、神は知識の原理、最初の真理であり、その光において、他のすべてのものは知られうるからである」(Paul Tillich, TC, 13)。
(3) Bonaventura, *Itinerarium mentis in Deum*, 1259.
(4) ボナヴェントゥラ『魂の神への道程　註解』長倉久子訳註、創文社、一九九三年、五―六頁。
(5) 以上、同上書、「解説」、九二―九四頁。なお、「アルヴェルナ山」の名に関して、「現代イタリア語の呼称によって、ラ・ヴェルナ山と記しているものもある」と注記されている。(同上書、註、四七頁)
(6) ドゥアリイは、この〈同一性の原理〉を〈直接性の原理〉(principle of immediacy)とも呼んでいる。(ibid., 8)
(7) 以上、ibid., 158-159. なお、以上の論述は、ドゥアリイが最終章(第五章)で、あらためてその論点を紹介した文章に基づく。
(8) 以上、ibid., 115-116. なお、以上の論述は、ドゥアリイが、ボナヴェントゥラの思想を扱った第四章の初めに、その論点を紹介しているが、それに依拠したものである。
(9) 以上、ibid., 189.
(10) Ibid. 強調はドゥアリイによる。
(11) Ibid., 189-190.
(12) Ibid., 190.
(13) 以上、ibid.
(14) Ibid., 190.
(15) Ewert H. Cousins, *Bonaventure and the Coincidence of Opposites* (Chicago: Franciscan Herald Press, 1978). 以下、BCOと略記する。
(16) クザーヌス研究家の八巻和彦は〈coincidentia oppositorum〉を「反対対立の合致」と訳しており、その理由を次のように述べている。「この用語は、従来『対立の一致』と訳されることが多かったが、私はこう訳すことにする。その理由は、第一に、クザーヌスの『oppositiones』には『反対』、『対立』、『矛盾』の意味が含まれており、また『coincidentia』には、『対立する二つのものが一致して一なるものになる』場合と、『対立する二つのものが共通の一なる場で出会っている』場合の二つの意味のいずれかが含まれているからである」(八巻和彦、矢内義顕編『境界に立つクザーヌス』、知泉書館、二〇〇二年、三九二―三九三頁)。
(17)以上、Cousins, BCO, 15.
(18)Ibid., 18.
(19)Ibid.
(20)Ibid., 18–19.
(21)Ibid., 20.
(22)Ibid., 22.
(23)Ibid., 23.
(24)Ibid., 25.
(25)Ibid., 22.
(26)以上、ibid., 200.
(27)Ibid., 201.
(28)たとえば、弁証法神学者の一人エミール・ブルンナーのことを思い起こせば十分であろう。ブルンナーは、神秘主義を人間的な業として徹底的に批判し、排除した。しかし、ボナヴェントゥラの神秘主義の理解から見ると、それは非常に表層的であり、全く的外れの批判なのである。
(29)Ibid. また、このこととの連関でカズンズは、キリスト教の神は「無時間的な絶対者、分割され得ない一者、あるいは純粋な行為」などとは見なされないとしている。
(30)以上、ibid., 202.
(31)以上、ibid., 203.
(32)以上、ibid., 203–204.
(33)以上、ibid., 204–205.
(34)以上、ibid., 205.
(35)以上、ibid., 205–206.

（36）以上、ibid., 206–207.
（37）以上、ibid., 208.
（38）以上、ibid., 262.
（39）Ibid., 263.
（40）この名称は必ずしも一般的ではないかもしれないが、ティリッヒ自身〈Franciscanism〉という表現を用いているし、また日本でも『フランシスカニズムの系譜』（石井健吾、フランシスコ会連合本部、一九七九年）といった表現が見られる。

終　論

はじめに

以上三部にわたって、ティリッヒの弁証学的神学の特質とその中心に位置する〈逆説的合一〉の思想について考察し、その歴史的位置について検討した。その個々の内容から明らかなように、ティリッヒは「聖なるもの」という宗教経験から出発し、シェリングの二つの原理、すなわち「同一性の原理」と「対立の原理」との総合という第三の道を歩む中で、その弁証学的神学を発展させたのである。そして、その総合を可能としたのが、ティリッヒが新たに捉え直した信仰義認論であり、その中核に本書が〈逆説的合一〉と呼ぶ神と人間との根源的一致が存在したのである。そして、その一致は、ティリッヒにのみとどまるものではなく、広く西洋思想全般にも見られるもので、それはティリッヒが「アウグスティヌス的フランシスコ的伝統」と呼ぶ一連の思想的潮流であり、それは個々の思想家によって特色はあるが、基本的には存在における神と人間との逆説的合一と認識における直接的神認識をその特徴とする。それは、極言して言えば、神から出発し、神に立ち返る思想である。ただし、そこには人間の罪という根本的な対立があるため、それを克服したキリストを媒介とする逆説的合一を不可欠とする。そのため、それを中核とする思想でもあるのである。

ところで、本論を閉じるにあたり、いくつかの点を検証しておかなければならない。それはまず、哲学的特質を持つティリッヒの神学が、人格神を中心とする聖書の宗教と、どれほど整合性を持つのかという点である。また第二に、そうした特質を持つティリッヒ神学に向けられた批判である。この二つの検証は、ティリッヒ神学の特質を一層明らかにするであろう。そして最後に、今度は逆にティリッヒ神学に与えられた積極的評価である。その検証は、ティリッヒ神学の持つ将来に向けての可能性を開示してくれるであろう。

第1節　ティリッヒ神学に対する検証
――聖書的宗教と存在論をめぐって

ティリッヒの神学を顧みるにあたり、あらためて確認しておかなければならないことは、ティリッヒの存在論的神学は、聖書が語る神と人間との人格的交わりの世界と、果たして合致するのかどうかという問題である。すなわち、神を「存在それ自体」と語り、キリストを「新しい存在」と語り、聖霊を「霊的現臨」と語るティリッヒの神学は、果たして聖書的なのかという問題である。幸い、この最も問題があると思われる点について、ティリッヒ自身、その著『聖書的宗教と究極的実在の探求』(1)において真っ向から取り組んでいる。そこで、そこで展開されているティリッヒの議論に、しばし耳を傾けたいと思う。

（1）人格主義的関係性と存在論的関係性の対立

ティリッヒは、聖書的人格主義（personalism）と存在論（ontology）との比較検討において、聖書的宗教を、その客観的側面から主観的側面へと考察することにより、両者の相違を八項目にわたって論じている。それらのうち、最初の五項目は聖書の人格主義の客観的側面に関連し、残りの三項目はその主観的側面に関連している。

まず、ティリッヒによれば、聖書的人格主義は、宗教的出会いの我–汝関係という構造に基づくため、それが排他的で徹底的な人格的関係という概念を含む限り、それは他のあらゆる宗教の人格主義とは異なると言う。なぜなら、聖書の神の無制約的な性格のみが神に対する関係を徹底的に人格的なものとするからである。したがって、聖書の神との究極的関わりにおいてのみ人間は完全に人格的であり、またこの交わりにおいて究極的な聖書の神も完全に人格的なのである（BRSUR, 26–28）。ところで、ティリッヒによれば、この基本的理解に基づく聖書の人格主義は、この神–人関係の客観的側面において二つの基本的特徴を持つ。それは、第一に、神–人関係の「相互的」性格であり、第二にその関係を形成する「言葉」である。ティリッヒによれば、すべての人格関係は自由な相互性に基づいており、それはまた聖書の人格主義においても本質的な要素なのである。その意味では、神は部分的にではあれ人間に依存するとさえ主張されるが、しかし神と人間との間のこの自由な相互性こそが、聖書の宗教の動的な性格の根源なのである。それに対し、存在論はその分析的、静的性質のゆえに、この相互的性格に矛盾するように思われる。また第二の特徴である言葉も、人格対人格の関係が言語の媒介を通して生じるゆえに、また聖書の宗教が言葉による啓示に基づいているゆえに、聖書の人格主義にとって本質的である。しかし、この点においても、存在論は、存在それ自体としての神が、存在するすべてのものに、完全にではないとしても、すでに現存していることを主張するゆえに、すなわち人間の神への「参与」（participation）が問題とされているゆえに、神からその言語性を奪うように思われるのである（BRSUR, 29–34）。

さらに、ティリッヒによれば、聖書の人格主義は、神の顕現というその客観的側面において三つの特徴を持っている。その中の最も顕著な特徴は、「創造の本質的善性」と「創造者と被造物との間の無限の距離」を主張する創造論である。この二つの主張は、共に「無からの創造」の教理に代表されているように、創造されたすべてのものは神に依存しており、それ以外の仕方では存在しえないという聖書の根本的な理解に基づいている。しかし、この神顕現の第一の特徴に対し、すでに述べたように、存在論は存在するすべてのものの基盤としての存在それ自体について語るため、結果として、それは無限なものと有限なものとの同一性を語ることになり、そのため存在論は神と人間との間の距離を奪うように思われる（BRSUR, 35–37）。また神顕現の第二の特徴は、キリスト論にある。その中心は、神の言葉が一人の人間の生涯、すなわちイエスの生涯において歴史的姿をとったことを主張する受肉論で、ティリッヒによれば、ここに聖書の人格主義の完成がある。なぜなら、イエスの人格として現れた言葉、すなわち「ロゴス」は、神の自己顕現の「原理」であるため、逆に言えば原理が歴史において成就したゆえに、われわれは聖書の人格主義の完成について語ることができるからである。この点において、存在論もロゴスについて語るが、しかしそれは一般化され普遍化されたロゴスであって、それは歴史的事実となったロゴスとはなじまないのである（BRSUR, 37–39）。さらに神顕現の第三の特徴は、聖書の歴史的理解と終末論に根ざしている。ティリッヒによれば、聖書の宗教は、現実に対し「歴史的」理解を持っている。それは「救済史」としての歴史理解であり、それは初めと終わり、およびキリストという中心を持つ直線として理解されている。したがって、歴史は常に「新しいもの」を創造し、それはまた「究極的に新しいもの」、すなわち「新しい世界の完全な構造的変革、現実全体の更新」へと向かっている。そのため、そこに歴史における救いと終末論的希望がある。それに対し、存在論は、存在論的必然性の観点から現実を解釈することによって歴史的に新しいものを排除するように見えるため、聖書の宗教の持つ終末論的希望を損なうように思われるのである（BRSUR, 39–42）。

以上の聖書の人格主義の持つ五つの特徴は、聖書の宗教の客観的側面の考察に基づいていたのに対し、ティリッヒが次に指摘する三つの特徴は、その主観的側面の考察に基づいている。すなわち、ティリッヒによれば、その第一のものは人間の倫理的存在に関連している。というのも、聖書的人格主義の持つ倫理の中心は「決断」にあるからである。しかも、それは常に「究極的決断」であり、「無限の重さ」を持つ決断である。すなわち、この決断がなされるとき、それは人の運命を決定するという決定的帰結を引き起こす。また同時に、この決断が人間を人格とする。なぜなら、人格は決断をする主体であり、決断することによって人格となるからである。したがって、決断とは聖書的人格主義の主観的側面における最も重要な要素であり、それなくしては聖書の倫理はありえないのである。しかし、存在論の持つ非人格的性格は、ここでもまたこの決定的に重要な倫理的決断の要素とは相容れないように思われる（BRSUR, 43–47）。さらに主観的側面が持つもう一つの特徴は、人間の社会的実存に関連している。すなわち、ティリッヒによれば、歴史における神の目的は個人を救うことであるが、しかしそれは個人を個人として扱うことではなく、「神の国に参与する者」、すなわち「神のもとにあるすべての存在の統一に参与する者」として救うことなのである（BRSUR, 47）。この意味において、預言者や使徒の使信は集団に対して語られており、また彼ら自身、彼らの民族の経験と伝統の中で活動したのである。確かに、聖書の宗教はしばしば預言者の孤独について語っているが、ティリッヒによれば、それは分離のための孤独ではなく、「集団を精神的に、彼とともに、彼の孤独へともたらし、そうすることにおいて肉体的にその集団へと帰ってくる者の孤独」（BRSUR, 48）である。したがって、いずれにせよ、彼らは集団との不可分の関係にあり、彼らの社会的実存はその使信に根ざす本質的事柄なのである。それに対し、ティリッヒによれば、存在論的問いは、哲学者によって経験される孤独、すなわち「自己を共同体から分離する哲学者の孤独」において提起されるため、それは「自己を共同体に結びつける預言者の孤独」とは全く相容れないのである（BRSUR, 49–51）。しかも、この相違は、より具体的な問題として、アガペーとエロースの対立として見られると言う。なぜなら、聖書の宗教のアガペーは、「具体的なもの、個別的なもの、一回限りのもの、今ここにあるところのもの」に心を向けるのに対し、哲学者のエロースは、「普遍的なもの、すなわち永遠の本質（理念）」を見ようとするからである（BRSUR, 50–51）。

最後に、ティリッヒは、聖書的宗教の主観的側面の特徴として、信仰と罪について論じている。しかし、それは今までの議論とは異なり、より批判的、否定的な観点からなされている。このところに、われわれはティリッヒの議論全体の転換点を見ることができるのであるが、その場合、その批判的議論の規範となっているのは、彼の信仰概念、すなわち「信仰とは究極的関心によって捕らえられている状態である」（Faith is the state of being grasped by an ultimate concern.）という「究極的関わり」（ultimate concern）と要約される信仰についての定義である（BRSUR, 51）。すなわち、ティリッヒによれば、聖書の観点からすれば、信仰は「全人格的行為」であり、したがってそこには人間の精神的機能の「意志」「知識」「感情」の一切が属する。しかし、ティリッヒの信仰概念から見るならば、それはしばしば究極的関わりとしての信仰ではなく、人間の精神的機能の一種の「帝国主義」（imperialism）に陥っているのである。すなわち、「信仰は、ある時には、情緒的脱自の地点に、ある時には単なる道徳的服従の地点に、またある時には、権威に対する認識的服従の地点に接近する」（BRSUR, 53）。これらの危険性の主要な理由は、聖書的信仰が共同体の信仰、すなわち民族の信仰であり、また教会の信仰であるという事実に根ざしている。なぜなら、この信仰に参与する者は、その共同体の「象徴的、典礼的表現」に参与するため、しばしば究極的関わりとしての信仰の代わりに、「ひとまとまりの諸教理」を受け容れることでもって信仰とする危険に陥るからである。しかし、この危険は、すでに見たように、社会的実存が聖書の宗教の重要な要素であるゆえに、容易に回避することはできないのである（BRSUR, 53–54）。さらに、この点において、すなわち聖書の信仰が共同体の信仰への参与に基づくという点において、もし存在論が「何であれ信仰をもって同意することから身を引くこと」（BRSUR, 54）を哲学の条件とするならば、それは聖書の宗教とは根本的に異なるのである。また、この関連において、ティリッヒは罪について論じているが、それによれば、罪とは「不信仰」（disbelief）であり、それは「神からの疎外の状態」と、同時に「予備的関心を究極的関心の位置へと高めること」の両面を意味している（BRSUR, 55）。この罪は究極的関わりとしての信仰によってのみ克服されるのであり、したがって罪の問題も信仰の問題に見られた聖書の宗教と存在論との矛盾に巻き込まれているのである。

このように、ティリッヒは、八つの項目において、聖書の人格主義と存在論との相違を論じているが、そこから容易に帰結されることは、この議論の限りでは、両者はその一般的性格からその中心的事柄に至るまでことごとく矛盾し、両者の結合は不可能であるということである。両者の対比において明らかとなるそれぞれの特性は、一言で言えば、聖書の人格主義においては我と汝の関係に基づく人間と神との人格的〈対向性〉であり、存在論においては究極的関わりの関係性に基づく人間と神との存在論的〈合一性〉である。すなわち、より対比的に言えば、前者は関係性をなすその両極に注目し、後者は関係性そのものに注目しているとも言える。われわれは、このところに、ティリッヒの議論に見られる人格主義的関係性と存在論的関係性のそれぞれの特性を見ることができるのである。

しかし、ティリッヒの議論は、ここで終わるのではない。むしろ、彼の主題は、上記の相違にもかかわらず、聖書的人格主義と存在論は本質的に一致し、それゆえに両者の「総合」（synthesis）は可能であるとする点にある。すなわち、この両者の相違の徹底した認識から、そのいずれかにつくというのではなく、むしろ両者の本質的同一性を見出すことにより、両者の総合という「第三の道」（BRSUR, 57）を歩もうとするのである。それは、ティリッヒにとって、可能であるばかりでなくまた必然なのである。なぜなら、存在論の問題は、哲学の一領域の問題ではなく、それは存在するすべてのものに関わり、したがってまた、それは聖書の宗教にも含まれているのみならず、それにとっても本質的事柄であるからである。そこで、次に、ティリッヒが論じる両者の本質的関係に注目しなければならない。

(2) 人格主義的関係性と存在論的関係性の総合

『聖書的宗教と究極的実在の探求』の後半において、ティリッヒは聖書の人格主義と存在論との本質的関係を、今度は逆に、聖書の宗教の中心的事柄から一般的性格へと目を転ずることにより、論じている。しかし、その点に注目する前に、われわれはティリッヒの人間理解を概観しておかなければならない。なぜなら、聖書の人格主義と存在論との本質的関係についてのティリッヒの議論は、この人間理解に基づいているからである。

ティリッヒによれば、人間とは「問いを問うことができる存在」（the being who is able to ask questions）（BRSUR, 11）である。このことは、問いを問う人間は、彼が問うところのものを持っていないが、しかし同時に、少なくともその一部は持っている、ということを意味する。人間は彼が問うものを持っていないゆえに問うのであるが、しかしそれを部分的に持っているゆえに問うことができるのである。(2)この人間理解は、人間の本質的、根源的在り方に根ざしている。すなわち、人間の存在とは、すでに見たように、「存在と非存在との混合」(a mixture of being and nonbeing)(BRSUR, 11)であり、したがって非存在の脅威の中にいる人間にとって存在こそが究極的な問いなのである。人間は存在を持っているが、しかし持っていないのである。すなわち、人間は存在の力に属しているにもかかわらず、そこから疎外されているのである。より厳密に言えば、存在を存在たらしめる存在の力、存在それ自体は、自らにそれを持たない人間にとって究極的関心であり、それゆえに人間は存在の問いを問うのであり、またそれを問わなければならないのである。そして、この点において、信仰者の状況も哲学者の状況も変わらないのである。なぜなら、存在の問いは、人間の究極的関心の事柄であるゆえに、それはすべての者に対し同様の情熱を引き起こすからである。したがってティリッヒは、「究極的実在の問いを問う者と信仰の状態にある者とは、彼らの関心の無制約的性格に関して同等である」(BRSUR, 58)と語る。しかしながら、同時に二つの究極的関心が存在するということはありえないため、ティリッヒによれば、信仰者の究極的関心こそが真に究極的な事柄への関心であり、信仰者はたとえ存在の問いを直接問わないとしても、それを間接的に問うているのである。なぜなら、神は究極的実在であるゆえに、究極的関心であるからである。この意味において、信仰は存在論的問いを、それが明確に問われようが問われまいが、その内に含んでいるのである(BRSUR, 59)。

しかしながら、この理解には、いわゆる信仰と理性、宗教と哲学、との対立的理解に見られるような、存在論的問いが信仰への疑いをもたらし、それを破壊するかもしれないという恐れを含む可能性がある。しかし、信仰と懐疑は、すでに本論で見たように、本質的には決して矛盾しないのである。むしろ、両者は本質的連関を持つのである。なぜなら、ティリッヒによれば、信仰とは、「それ自体とそれ自体に含む懐疑との間の絶えざる緊張」であるからである。信仰は、「無制約的なあるものの直接的意識」を含むのであり、またそれゆえに「それ自身に不確実性の危険を担おうとする勇気」を持つのである。すなわち、信仰は「否」の不安にもかかわらず「然り」を言うのであり、したがってまた、それは、それ自身と存在論的問い——その前条件は徹底した懐疑にもかかわらず——とを結び合わせているのである（BRSUR, 60–61）。

ところで、然りと否とが結合されているこの信仰の状況は、また哲学者の状況でもある。すなわち、ティリッヒによれば、「彼［哲学者］は彼が知っていることを疑うが、しかし彼は、彼が知っている他の何かに基づいてまさにそうするのである。なぜなら、先行する『然り』のない『否』はないからである」（BRSUR, 62）。したがって、この然りと否との観点から、ティリッヒは聖書の宗教と存在論との関係を、「哲学者は持たないで持ち、信仰者は持っていいて持たない」（*The philosopher has not and has; the believer has and has not.*）（BRSUR, 62）と規定する。すなわち、この点において、聖書の宗教と存在論は互いを見出す共通の場を持つのである。

ティリッヒは、この聖書の宗教と存在論との基本的理解に基づいて、さらに両者の本質的連関を、すでに扱った八項目において、今度は信仰の事柄から一般的性格へと逆にたどることによって論じている。すなわち、まず信仰に関して、ティリッヒは哲学的回心と哲学的信仰について論じることにより、聖書の宗教との関連を見出そうとしている。それによると、神学的観点から見れば、一般に理性は盲目であり、そのため神を認識できないゆえに、その眼が聖霊の啓示的顕現によって開かれなければならない、と考えられている。しかし、ティリッヒによれば、それと同様の理解が哲学史においても見られるのである。すなわち、哲学においても、実存的関心の事柄として究極的実在に遭遇した者のみが、それについて意味深く語ることができるとする理解があり、したがってまた存在論も「回心、眼の開かれること、すなわち啓示的経験」を前提としているのである（BRSUR, 65）。そして、この立場から、ティリッヒはさらに、「哲学的信仰」(philosophical faith) について語る。それは、「知恵を求める愛の純粋な対象」への信仰を意味し、それはすべての哲学に内在しているのである。この哲学的回心と信仰は、宗教的回心および信仰と同一のものではない。しかし、ティリッヒによれば、前者は後者の一部であり、したがってそれはすべての者の持つ可能性なのである。その限りにおいて、聖書的人格主義と存在論は、信仰という中心的事柄において、同等の質を持つのである (BRSUR, 66)。

この同一性は、聖書の人格主義の主観的側面の重要な要素である倫理的決断においても見られる。その場合、この倫理的決断は、「恩寵」の観点から捉えられている。すなわち、ティリッヒによれば、人間が本質的にあるところのものへと決断するならば、それは人間の力によってのみ為しうることではなく、むしろ、それは「恩寵からの決断」(a decision out of grace) なのである。しかし、このことは、人間の責任を否定したり、人間から決断する自由を奪うことではない。なぜなら、この決断の状況は、「自由と運命」という存在の存在論的要素に基づく事柄であるからである。すなわち、人間の決断は、決断する「自由」に基づいているが、同時にそれは、人間を通して働く「決断する力」に、すなわち恩寵に基づいているのである (BRSUR, 67)。この「自由」と「運命」として総括される二つの要素は相互依存的であり、これが決断の状況を形成しているのである。したがって、決断は倫理的であると同時に存在論的なのである。また、この決断から生じる聖書の人格主義に見られる「服従」と、存在論の特色である「参与」も、同様の観点から見られるならば、決して矛盾しないのである。むしろ、参与と服従は、自由と運命との関係と同じように、相互依存的なのである。すなわち、聖書の宗教の重要な主張である愛の倫理に関し、ティリッヒは、「愛の存在である神の存在に参与しない者は、神の愛に従って行動することはできない」(BRSUR, 69) ことを論じる。すなわち、愛の行為は服従に先立つ参与を不可欠とするのであり、したがってそれは倫理的であると同時に存在論的でもあるのである。

聖書の人格主義のもう一つの主観的要素である孤独と愛に関しても、ティリッヒは聖書の宗教と存在論の間に同様の一致を認める。すなわち、孤独に関しては、哲学者のみならず預言者もまた究極的状況の孤独を知っており、また預言者のみならず哲学者もその共同体へと帰るのである。なぜなら、基本的には両者とも、存在論的問題を、彼らの共同体の究極的関心として語るからであり、またそれゆえに同じ孤独を経験するからである。というのも、ティリッヒによれば、存在論自体が究極的関心の究極性において語られるゆえに、それは伝統的で一般的な生活とは次元を異にし、その中で生きる者にとっては「躓きの石」となるからであり、したがってまた究極的事柄について語る者は、共同体の中で語るにもかかわらず、そこからの孤独を経験せざるをえないからである（BRSUR, 70–71）。したがって、この孤独に関連して論じられた聖書の宗教のアガペーとしての愛も、哲学者のエロースとしての愛と決して矛盾するものではないのである。むしろ、両者とも、同じ神への愛の中に含まれているのである。すなわち、ティリッヒによれば、神に対する渇望は、「愛としての神に対する渇望」としてのアガペーであると同時に、「真理としての神に対する渇望」としてのエロースでもあり（BRSUR, 72）、神への愛において、アガペーとエロースの対立はないのである。

このように、ティリッヒは、聖書の人格主義の主観的側面に見られた特徴のすべてにおいて、存在論との一致を探求するのであるが、それはまたその客観的側面の特徴においても論じられる。すなわち、神の自己顕現の三つの象徴である創造論、キリスト論、終末論に関しても、ティリッヒは、そのおのおのが存在論的解釈を必要とし、また事実それを受け容れてきたことを論じる。特にそのことは、創造論に関して顕著である。なぜなら、神の創造と神による世界の維持との問題が問われるならば、その答えはことごとく存在論的とならざるをえないからである。

すなわち、神による世界の維持が神による絶えざる創造として理解されるならば、それは必然的に「存在の根底」、「存在の力」といった神の存在論的理解に関わるのである（BRSUR, 73–75）。またキリスト論に関しても、先に論じられた普遍的ロゴスと歴史的ロゴスの矛盾も、存在論的視点から見られるならば、存在しないのである。なぜなら、普遍的ロゴスがイエスという具体的姿において歴史の中に現れ、またそれゆえにイェスはキリストと呼ばれるという考え自体が、キリスト論と存在論とを結合しているからである。すなわち、「イエス・キリストという名称が存在論を含んでいる」（BRSUR, 76）のであり、キリストの受肉について論じる限り、何人も存在論を避けることはできないのである。また同様の議論から、終末論の問題も必然的に存在論的なのである。なぜなら、「永遠は時間的なものを超越していると同時に、それを内に含んでいる」（BRSUR, 78）からである。

最後に、ティリッヒは、聖書の人格主義の客観的側面の一般的性格である神‐人関係について、すなわちその二つの特徴である相互性と言葉について論じる。それによると、神の言葉とは、通常の言葉とは異なり、それは「人間の精神の中に聖霊によって創られる一つの出来事」である。それは「駆り立てる力」であり、同時に「無限の意味」であって、それは存在それ自体の力における一要素であり、さまざまな形態において自己を表現する存在の力である。そのため、ロゴスは存在論を含むのみならず、ロゴスの存在論なくして神の言葉を理解することはできないのである（BRSUR, 78–79）。さらに、もう一つの要素である相互性については、その限界が語られる。すなわち、ティリッヒによれば、神と人間との相互性が最もよく現れるのは祈りにおいてであるが、神はわれわれの祈りの対象であるのみならず、またわれわれを通して祈る方でもあるため、神は決して単なる一対象とはなりえないのである。すなわち、ここに神と人間との相互性の限界があり、このことはわれわれを存在論の問題へと導くのである。なぜなら、神は人間との相互性において、それを超越すると同時にそれを内に含むゆえに、聖書の人格主義の相互性に対峙する存在論の参与の問題へとわれわれを向かわしめることになるからである（BRSUR, 80-81）。

以上の議論において明らかなように、ティリッヒにおいては、聖書の人格主義と存在論は、初めに論じられた両者の相違にもかかわらず、本質的に一致しているのであり、聖書の人格主義は存在論を含むのみならず、それを不可欠としているのである。なぜなら、「存在の根底は人格的存在の根底であって、その否定ではない」（BRSUR, 83）からである。存在は人格的存在をも含むのであり、存在についての存在論的問いは、「人格神についての聖書的概念を理論的に扱うのに必要な基礎」（BRSUR, 83）を創り出すのである。すなわち、この人格主義と存在論との本質的関連について、ティリッヒは次のように述べている。「このことは、一人の人格である神との我々の出会いは、すべての人格的なものの根底であり、したがって一人の人格ではないところの神との出会いを含んでいるということを意味する」（BRSUR, 83）。すなわち、一人の人格である神は、同時に「人格的なものそれ自体、すべての人格の根底であり深淵であるところの神」によって超越されているのであり、神と人間との出会いには人格的要素と非人格的要素との絶えざる緊張があるのである（BRSUR, 83）。すなわち、われわれの表現で言うならば、人格主義的関係性は存在論的関係性に根ざすのであり、存在論的関係性が人格的関係性を形成するのである。ここに、聖書の人格主義と存在論の不可分の関係があるのであり、したがって両者の総合を目指す第三の道は、可能であるばかりでなく、また必然的な課題ともなるのである。

このようにティリッヒは、聖書における人格主義の圧倒的優位性にもかかわらず、存在論の優位性を主張し、存在論的関係性に基づくその体系化を全面的に肯定するのである。そしてティリッヒは、そのことを大胆にも次のように語るのである。「パスカルに抗して、私は言う、アブラハム、イサク、ヤコブの神と哲学者たちの神とは同一の神である、彼は一人の人格であると同時に、また一人の人格としての彼自身の否定でもあると」（*Against* Pascal

I say: The God of Abraham, Isaac, and Jacob and the God of the philosophers is the same God. He is a person and the negation of himself as a person.）（BRSUR, 85）。

（３）人格主義的関係性に対するティリッヒの批判

すでに見たように、聖書の宗教と存在論の対立的見解から同一的見解への転換点が、ティリッヒの信仰概念に基づく聖書の宗教の信仰批判にあったことは、非常に象徴的であり、またティリッヒの存在論的関係性の主張を理解する上で重要である。すなわち、この批判において、ティリッヒは、存在論的関係性が人格主義的関係性を含むのみならず、またそれに対し積極的役割を持つことを主張するのであり、その点に存在論的関係性の優位性を見ているのである。そして、こうした主張の背景には、聖書の人格主義的な信仰理解に対する批判があったのである。その点について、ティリッヒは次のように語っている。

もし哲学者や科学者が、最もしばしば見受けられる宗教の歪曲であるところのもの、すなわち、信仰の主知主義的、主意主義的誤解のゆえに、宗教を非難することをやめてくれるならば、良いのだが。しかし、もし信仰の概念が、それほどしばしば、それほど根本的に歪曲されるとするならば、しかも神学さえもが、またさらに悪いことには教会の通常の説教や教育さえもが、その歪曲に責任があるとするならば、聖書の信仰概念の中には、ほとんど不可抗的に、その誤解へと追いやる何らかの要素があるのではないか。そして、聖書的信仰概念の人格主義的性格（personalistic character）こそがこの状況の原因ではないのか。そして、結局のところ、まさにこのような状況が、聖書的信仰と自律的理性の総合を決定的に妨げているのではないか（BRSUR, 52）。

すなわち、ティリッヒは、聖書の宗教の根本問題を、その人格主義的性格に見ているのである。なぜなら、この人格主義的性格に、信仰の誤解をほとんど不可抗的に引き起こす要素があるからである。それは、言うなれば、神と人間との人格主義的関係を形成している神と人間との間の「距離」である。それは、聖書の人格主義の二つの一般的な客観的特徴である神－人関係の相互性と言葉による啓示に、如実に示されている。すなわち、この「距離」は、聖書の人格主義における不可欠の要素であり、これなくして人格主義的関係性はありえないのである。しかし、同時に、この要素は、すでに指摘されたように、精神の諸機能の一種の帝国主義を引き起こす危険があるのである。すなわち、「情緒的脱自」、「単なる道徳的服従」あるいは「権威への認識的服従」へと陥る危険があるのである。そして、これらの危険は「距離」の問題が解決されない限り、克服されえないのである。したがって、ティリッヒによれば、信仰は「参与」を必要とするのである。なぜなら、参与こそ、この距離を克服するからである。すなわち、「参与は行為と思考に先立つ、なぜなら、参与は罪が、すなわち疎外が克服されるところの新しい存在を与えるからである。そして、究極的関心の事柄であるものへの参与が信仰なのである」（Participation precedes action and thought, for participation gives a new being in which sin, or estrangement, is conquered. And participation in that which is of ultimate concern is faith.）（BRSUR, 55）。

神と人間との間の距離、すなわち人間の実在的状況において、ティリッヒによって疎外として理解される神と人間との隔たりは、究極的関心の水平的次元における探求において明らかとされたように、個々の存在の、また個々の意味の、それらの基盤への参与、最終的にはその究極的参与なくしては克服されえないのである。そして、そのことは、神が存在それ自体として、すなわち存在と意味の基盤として、またその力として、すべての存在に現存し、またすべてのものが、そこから疎外されているにもかかわらず、それに属しており、それに究極的実在と意味への信仰において根ざしているゆえに、可能なのである。すなわち、この参与こそ、すでに信仰義認論において論じられたように、ティリッヒの究極的関心としての信仰の質であり、またこの信仰概念に基づく存在論的関係性の、その関係性そのものでもあるのである。人格主義的関係性が距離に基づくのに対し、存在論的関係性はこの参与に基づくのであり、その点において人格主義的関係性の限界を克服しているのである。したがってまた両者は、この信仰において一つとなるとも言える。ティリッヒは、その著『存在への勇気』の最後のほうで、信仰とは、「存在するすべてのものを超越しており、しかも存在するすべてのものがそれに参与しているところの存在の力によって捕らえられている状態」(the state of being grasped by the power of being which transcends everything that is and in which everything that is participates) であると述べ、「この点において、神秘主義的な経験と人格的な出会いとは一致する」と語っている。なぜなら、両者において、信仰は「存在への勇気の基盤」ともなるからなのである。(3)

いずれにしても、以上の意味で、存在論的関係性は人格主義的関係性に対して、前者が後者を含むとはいえ、強調されているのである。したがって、繰り返しになるが、この存在論的関係性がティリッヒの神学的体系の基礎であり、またティリッヒがその初めから保持し続けてきた彼の神学の本質的要素なのである。そして、そのことは、バルトに対する次の言及の中にも、明瞭に示されていると言える。「ある神学者たちが信じているように、あたかもキリストによる啓示が天から隕石が落ちて来たかのように見なすが、そういうものではない。このような考えは、パウロに反する。実際には、すべての歴史を貫き、キリスト教が究極的啓示と見なすものを準備する、普遍的な啓示の力があるのである」(4)。歴史には、神と人間とを結びつける普遍的な啓示の力があるのであり、それはバルトによって代表される、ティリッヒが「超自然主義的」啓示と呼ぶ啓示概念とは異なるのである。ティリッヒは、この歴史における普遍的啓示に神と人間との存在論的関係性を見たのであり、それに基づいてその神学を展開したのである。

第2節　ティリッヒ神学に対する批判
——哲学と神学との総合をめぐって

以上のような哲学的特質を持つティリッヒの神学は、さまざまな批判を受けてきた。その中心は、何と言っても哲学と神学との総合の試みにあると言えるであろう。ティリッヒは、さまざまな境界に立って思索した神学者であるが、その最も根本的な学問上の境界は、ティリッヒ自身も語っているように、哲学と神学との境界であった。そして、その境界に立って、その総合を試みたところにティリッヒ神学の特色があると言える。しかしまた、そこに大きな問題もあり、両方の立場から批判を受けることになった。すなわち、しばしば哲学の側からは哲学的議論の不十分さが指摘され、また神学の側からは、哲学的議論に対する批判が数多く出された。たとえば、ユニオン神学校時代の同僚であり、また友人でもあったラインホールド・ニーバーは、ティリッヒがナチス政権によってフランクフルト大学を解職されたとき、ティリッヒをユニオン神学校に招くことに尽力した人でもあるが、『パウル・ティリッヒの神学』に寄せた論文「聖書の思想とティリッヒ神学における存在論的思弁」(5)において、ティリッヒの人間理解に関して、特に罪とその責任をめぐって、それが存在論に基づくゆえに曖昧になっているとして批判している。すなわち、ニーバーは、ティリッヒの罪理解は、「本質から実存への移行」という存在論的次元に根ざしており、それゆえ堕落の神話が「超越的堕落」として理解されていることを問題とする。そして、それは何よりも歴史的堕落の神話であることを主張するとともに、存在論的思弁は、結局のところ、悪の問題を人間の有限性そのものに還元してしまうと批判するのである。すなわち、「まさに潜在性の現実化において、現実は曖昧となる、すなわちそれは善であると同時に悪となる。それゆえに、人間の罪性は『存在論的運命』である」[(6)]。すなわち、ニーバーによれば、ティリッヒの罪理解においては、罪は本質から実存への移行において「自ら」「自動的に」生じるために、それは人間の存在論的運命となり、そのためそれは罪に対する人間の責任を解消してしまうと言うのである。

このニーバーの批判をめぐっては、ニーバー研究者の髙橋義文も、その著『ラインホールド・ニーバーの歴史神学――ニーバー神学の形成背景・諸相・特質の研究』（一九九三年）において、「認識論をめぐるティリッヒとの対論」との一節を設けて論じている。髙橋はこの問題を、「ニーバー神学の教養学的諸相」を論じた中の一章「神話・象徴論と神学的認識論」において扱っているが、髙橋によれば、ニーバー神学において、「神話・象徴論」は「ニーバー神学の方法論的基礎視角を決定づけるのみならず、ニーバー神学の内的特質にまで深く関係する」ものであるため、それはニーバー神学の「鍵」とも「核」とも見なされうるものなのである[(7)]。そしてまた、それは、本論ですでに見たように（神話についてはほとんど触れる機会はなかったが）、ティリッヒ神学においても重要な位置を持っている。しかも、髙橋によれば、両者の間に、神話と象徴をめぐる理解に特別の齟齬はなく、むしろ「ニーバーの神話・象徴論はティリッヒに由来するものではないが、両者の理解には本質的な共通性がある」[(8)]のである。しかし、髙橋によれば、それにもかかわらず、ニーバーにはどうしても容認できない点があった。すなわち、それがティリッヒの「存在論的思弁」であって、ニーバーはティリッヒ神学を高く評価しながらも、この点においてはどうしても疑義を呈せざるをえなかったのである。そして、それを表明したのが、先ほど触れた論文なのである。

髙橋は、この論文と、後であらためて触れることになるティリッヒの反論「ラインホールド・ニーバーの認識論」ともう一つの論文「ラインホールド・ニーバーの神学における罪と恩寵」を丁寧にたどり、その論点を明確にした上で、ニーバー研究の立場からティリッヒ神学の問題点を指摘している。それによると、まず両者の論点は、「ティリッヒの存在論にははたして、歴史的ドラマ的過程がニーバーにおけると同様に本質的構成的にあるのかどうか」(9)という点であり、この点から見れば、「ニーバーのティリッヒに対する執拗な疑念は正当なものであった」とし、ティリッヒの語った「本質から実存への移行」という理解には「歴史的プロセス」が欠如しており、それは堕罪の「垂直的分析」に留まっていると結論づけている(10)。すなわち、髙橋によれば、「罪は、自然と自由の逆説的な合流点としての人間の本質的性質を背景に、『人間の自由における創造性と破壊性という二重の可能性』において生起するもの」と理解するニーバーから見れば、「罪の問題は、存在の垂直的分析から必然的に導出されるものではない」のである(11)。したがって、髙橋も、ニーバーと共に、ティリッヒの「本質から実存への移行」という存在論的な堕罪の分析に、ある「必然性」を見、それを問題とするのである。というのも、そうした必然性においては、人間の自由と責任は曖昧なものとされてしまうからなのである。

さらに、こうした哲学的・存在論的議論に対する批判に加え、しばしばティリッヒ神学の要とも言えるその方法論にも批判が向けられた。特にティリッヒが「問い」と「答え」とを結び合わせる「相関の方法」はモノローグであって、真の対話とはなっていないと批判された。たとえば、芦名も、その点を取り上げ、まず現象学的記述の扱いについて次のように指摘している。「意味体験の中に与えられているものの分析（意味意識の現象学的記述）から意味の問題へアプローチするとき、日常のコミュニケーションや言語行為といった『意味』の持つ相互主観的な連関が失われてしまう。なぜなら、体験の主観性のなかで構成された『意味』は、問いと答え、主張と反論、指令と恭順といった原理的に交換可能な相互主観的な関係を扱うことができないからである。ここに欠けているのは他者との対面状況におけるコミュニケーションである」[12]。芦名は、現象学の持つ本質的問題をこのように指摘し、このコミュニケーションの欠如を「批判的現象学」に立ったティリッヒの方法論にも見るのである。そして、こう批判している。「残念ながら『組織神学・第一巻』で定式化された『相関の方法』は問いと答えの原理的な交換可能性を適切に扱い得るものではなかった。これはティリッヒにおいて意味概念と相互主観的コミュニケーションとの結び付きが十分に理解されていなかったことを示す。問いと答えの図式も、意識の志向関係として、つまり意味連関の根拠への意味付与作用（問い）とその充実作用（答え）という関係で理解されるにとどまっている」[13]。

しかしながら、このような批判の中でも最もシニカルな批判を行ったのは、ティリッヒの同労者であり、同世代人であり、また同年者でもあったバルトではなかったろうか。バルトは、ティリッヒの神学と哲学の総合の試みそのものに対し、次のような批判を行っている。

純粋の夢のような願いがあったとすれば――それはまったく「真実であるには、あまりに美しすぎる」――それは哲学的神学あるいは神学的哲学の理念である。そこで企てられることは、法律的にも（神の認識と人間の認識というように）、あるいは事実としても（始源的-最終的認識と、現在の人間的認識というように）、二様のものであるものの区別を「神律的に」説明し、相互の概念的な結合によってこれを解消することである。だがここで現実に可能なことは――神における全学の統一、学の人間的完成という始源と目標における全学の統一の展望をそこなうことなく――そうした安価な、つまりちょっとした思索家としての才能や楽しみによっ

て比較的容易に完成されてしまうような綜合を断念するということである。(14)

バルトは、ティリッヒの神学的総合の試みを、「安価な」、「ちょっとした思索家としての才能や楽しみによって比較的安易に完成されてしまうような」試みにすぎないと語るのである。そして、「ここで現実に可能なこと」は、そうした「綜合を断念する」ことだと語る。それは、神と人間との質的差異を認識し、キリストの啓示にのみ集中したバルトから見れば、ティリッヒが取り組んだ総合の試みは、「二様のもの」を解消させ、一様のものに変えてしまう、思索家の安易な「純粋の夢のような願い」としか映らなかったのである。(15)

しかし、こうしたシニカルな批判は、同世代のバルトに留まるものではなかった。二〇一四年に出版されたティリッヒの『存在への勇気』第三版の序文を書いたハーヴィー・コックスは、その中で、ティリッヒの神学は、一方では多くの称賛を受けながらも、他方ではさまざまな批判から逃れられなかったことを指摘し、次のように言及している。

彼［ティリッヒ］は神学界の内外からの痛烈な批判を逃れることはできなかった。ある現代哲学者たち、特に実証哲学あるいは言語分析に関心のある人たちは、彼の仕事を［哲学と神学との］橋としては全く見ていない。彼らはそれを、重苦しいドイツ哲学の過去からの集約として退けた。他にも批判があった。ある古典の学者は、「勇気？」「勇気は異教の徳で、キリスト教の徳ではない」と嘲った。(16) 他の者は、「この『神を超える神』とは何か？」「これは見え見えの偽装された無神論に過ぎないのではないか？」と書いた。(17)

「神を超える神」とは、すでに触れたように、ティリッヒがその『存在への勇気』の最後のところで論じたことであるが、コックスが紹介するように、そうした表現に「見え見えの偽装された無神論」（thinly disguised atheism）を見る人たちがいるのである。それは、一部ではあるとしても、確かな事実であり、そこにティリッヒの総合の試みに対する深い疑いの眼差しがあることは否定できないのである。

こうした批判は、極論とも言えるが、そこまで行かないとしても、他にも厳しい批判が出ている。特に、本書では、ティリッヒの〈逆説的合一〉を中核とする信仰義認論を基軸として論じているが、その点についても批判がある。たとえば、近藤勝彦は、信仰義認論を形成する「プロテスタント原理」をめぐって、二つの点から批判を行っている。その第一の点は、「『プロテスタント原理』が想定している『究極的関心』あるいは『無制約的なものに捕らえられていること』という信仰概念の不十分さ」である。すなわち、より具体的には、『この信仰概念は、主体的信仰（fides qua creditur）を語り、客観的信仰、もしくは信仰内容（fides quae creditur）を語ってはいない。……それによってティリッヒの信仰概念とプロテスタント原理は、キリスト教的信仰内容（三位一体論的、キリスト論的、贖罪論的な信仰内容）と結合せず、それをも突き抜けていくのではないか」と指摘している。[18] さらに、第二の批判点は、「『プロテスタント原理』は歴史的な対象的現象に具体化されることがない」という点である。すなわち、「『プロテスタント原理』は『新しい存在』と同様に歴史を超えており、歴史的に具体化・現象化しない。それはまた過去化しない。……それは結局、歴史化しない、歴史的に現実化しないということである」。近藤は、このことを「原理は歴史に受肉しない」とも語るが、この「原理と歴史の乖離」を問題とするのである。そして、この点を踏まえて、「それが彼の思想の強さであるとともに、また無力さでもある」と結論づけている。[19] この「原理と歴史の乖離」の指摘は、近藤がティリッヒをはじめとする実存思想に立つ神学全体に対して抱いている疑義でもあるが、特に歴史的啓示を重視する近藤の立場からは、こうした原理的捉え方は、あまりにも抽象的過ぎて、それこそ現実から乖離してしまっているのである。そして、そうした思想は、近藤の目から見れば「無力」なのである。

それでは、そうした批判に対して、どう答えればよいのであろうか。幸い、こうした批判に対し、ティリッヒ自身も十分に承知しており、特に『組織神学』第一巻が出されたあと、その哲学的特色に向けられた多くの批判について、第二巻の初めにおいて答弁している。それは、さまざまな批判を、ティリッヒ自身がまとめる仕方で答えている。そこでまず、その答弁を確認し、ティリッヒ神学に対する批判点を顧みたいと思う。

ティリッヒは、自分が受けた批判を以下の三点にまとめている。第一点は、ティリッヒが「存在それ自体」と定義した神観念について、第二点は、組織神学における存在概念の使用について、第三点は、ティリッヒが用いた「相関の方法」についてである。このうち、第一と第二の点は、前節での議論の中ですでに触れられていることであるが、一応、ここでの答弁に耳を傾けたいと思う。まず、第一の点であるが、ティリッヒはなぜ神を「存在それ自体」と定義したかについて、「自然主義と超自然主義の彼方」という視点から答えている。それによると、「超自然主義」というのは、「他のすべての存在者に並んで、もしくは他のすべての存在者の上に存在する一存在者――最高存在者――としての神を、他のすべての存在者から区別する」考えである。しかし、ティリッヒによれば、そうした超自然主義的神は、有限的範疇を神に当てはめることになるため、結局のところ神を有限的なものにしてしまうという反論が自然主義から生じると言う。それに対し、自然主義は、「神を宇宙とか、宇宙の本質とか、宇宙の特別な力などと同一視する」考えで、神を「実在の力と意味」とする理解である。しかし、それに対しては、それは「有限物全体とその無限の根拠との間の無限の距離」を否定し、その結果「神」なる語は自由に「宇宙」なる語と入れ替えられてしまうという反論が超自然主義から生じると言う。したがって、ティリッヒによれば、それぞれの問題を克服するためには「第三の道」が必要となる。そして、それが、ティリッヒが語った「存在それ自体」としての神観念だと言うのである。すなわち、ティリッヒによれば、それは存在の力を語る限りでは自然主義の見解と一致するが、ティリッヒの理解はそこに留まらないで、さらにそれとの関係を「自己超越的」「脱自的」に捉えており、その点において異なると言う。というのも、「存在の根拠としての神は、彼がその根拠であるところのものを無限に超えている」からなのである。すなわち、「神は世界に対して（*against*）ある」。しかし、ティリッヒによれば、同時に、「神は世界のために（*for*）ある」。そのため、その超越と参与の二重の関係において神は経験されるのである。したがってそれは、「聖なるもの」のところでも触れたように、「精神の状態としての脱自」は「実在の状態としての自己超越」として起こるのである。すなわち、これがティリッヒの語る「第三の道」であるが、それは言い換えれば、神秘的合一をその中核とする道であるとも言える。神を「存在それ自体」と語ることは、この神秘的質を語ることでもあるのである。それゆえに、ティリッヒの第三の道とは、誤解を恐れずに言えば、超自然主義でも自然主義でもなく、その両者を包含する神秘主義の道なのである。[20]

　ティリッヒの第二の答弁は、存在論的概念の使用である。この点については、前節で十分に論じられているので、ここではそれ以上言及しないが、ただ一点、ティリッヒが『存在への勇気』の中で語った『神を超える神』についてのみ言及しておきたい。それは、「見え見えの偽装された無神論」とまで批判された点であるが、幸い、ティリッヒ自身がそうした批判を意識してか、ここで答弁しているので、そのことにのみ言及しておきたい。すなわち、ティリッヒは次のように答弁している。「何よりもまず、それは教理的な発言ではなく、弁証学的な発言である。……それは徹底的懐疑の極限的状態においてすら、なお自己肯定の勇気を与える。そのような状態にあっては、宗教的なまた神学的な言語による神は消失する。しかし、なおあるものが残る。それは、無意味性の中にもなお意味が肯定される懐疑の真剣さである。この無意味性の中の意味の肯定、懐疑の中の確実性の源泉は、伝統的有神論の神ではなく、『神を超える神』、すなわち、そのための名を持たない人々、神なる名さえ持たない人々においてもなお働いている存在の力である」[21]。ティリッヒは、深い懐疑の中にあっても、それを超え出るある肯定性を見て取るのである。そのため、それは、聖書の語る有神論を超える存在の力としか語りえないものなのである。したがって、それは決して「非人格的」(impersonal)ではなく、ティリッヒによれば「超人格的」(supra-personal)なのである[22]。またそれゆえに、それは決して非聖書的でもなければ、ましてや無神論でもないのである。

ところで、ティリッヒの最後の答弁は、「相関の方法」に関するものであるが、これも、ある程度、本論ですでに論じられたことであるので、ここではティリッヒの主張の確認に留めたいと思う。ティリッヒによれば、「相関の方法」というのは、何よりも「二要因の独立性と相互性との統一」を語るものなのである。それは、具体的には実存的「問い」と神学的「答え」との二要因に関するものであるが、ティリッヒによれば、まずその独立性とは、「問いから答えを、また答えから問いを引き出すことはできない」ことを意味する。すなわち、「人間の苦境の分析から神の自己顕現を引き出すことはできない」。なぜなら、神は人間を超えた存在だからである。また逆に、「人間的実存に含まれている問いを啓示的答えから引き出すことも、等しく誤りである」。というのも、「啓示的答えは、それが答える側の問いがないならば無意味である」からである。なぜなら、「人は彼が問うたことのない問いに対しては、答えを受けることはできない」からである。ティリッヒによれば、そうした答えは、ただ「愚かなもの」、「理解され得ない言葉の組み合わせ」にすぎず、何の意味もない。したがって、「実存的問いと神学的答えは相互に独立している」のである。しかし、両者はまた、相互依存的でもある。ティリッヒによれば、それは「神学的円環」として語られることで、それ以上の説明はないとする[23]。したがって、このことはすでに言及済みであるので、ここでは省略するが、いずれにしてもティリッヒは、問いと答えの独立性と相互性とを主張することによって、相関の方法に関する批判や疑念に答えるのである。

このように、ティリッヒは自分に向けられた批判に答えるのであるが、その批判の中心は哲学と神学との総合に関するものであり、ティリッヒの答弁もその正当性の主張に終始している。しかし、そこに見られる批判は、それぞれの立場から見ての疑念であり、また批判である。したがって、それは、ティリッヒ神学に対する積極的評価というよりは、一歩引いた立場からの批判、あるいは一面的な批判であるとも言える。先に見た、近藤の批判に関しても、そうした面が指摘できるのではなかろうか。確かに、原理的な捉え方には歴史性・具体性が欠如しているように見えるかもしれない。しかし、本論でも論じたように、それは歴史を無視したものではない。むしろ、ティリッヒは歴史的考察からプロテスタント原理を捉えており、その背景には歴史が踏まえられているのである。また原理的捉え方そのものも、ティリッヒにおいては、それは精神と存在の深みにおいて捉えられた霊的確信を語るものであって――そのため、それはどうしても具体的なものを脱却し、原理的にならざるをえない――、その限り、それは決して非現実的なものではない。それどころか、それは、個人的信仰においても、神学的な取り組みにおいても、それを形成する力の源となるものである。そしてまた、そうした原理を基軸とする思想（神学）も決して無力なものとは言えないであろう。その点については、次節であらためて検討したいと思う。

またニーバーと髙橋の批判も、大変厳しい点を突いているが、そこにもティリッヒとの関心の相違や若干の無理解が見られるように思う。ニーバーの批判に対しては、ティリッヒ自身が直接答えているので、それに耳を傾けてみると、ティリッヒはまず、「もし存在論的範疇が、神、人間、および世界から、自由と機会を奪うとするならば、すなわち堕罪と救済が現実の必然的構造であるならば、ニーバーが存在論を拒否していることは正当化されるであろう」[24]としながらも、そこには二つの誤解があると反論している。すなわち、第一に、たとえ存在論的用語の代わりに、たとえば「自己」という用語を用いるとしても、人は「自己」を語ることによって存在の問題を回避することはできないということである。なぜなら、中心化された自己を持つ者は、存在の全体に根ざしており、そのため何人も存在の問題を避けることはできないからである。第二に、ティリッヒは決して個人の責任を軽く扱ってはいないということである。むしろ、ティリッヒは、あくまでも、「中心化されて自己であるすべての人は、責任性と必然性との二重の性格を持つ」[25]ことを主張している。したがって、どの立場に立つかで、見えるものが違ってくるとも言えるのではなかろうか[26]。

さらにバルトのシニカルなティリッヒ批判に対しも、ティリッヒの存在論的関係性の見地から、総合としての体系化の試みを積極的に見るならば、一方的にこの批判を受け容れることはできないであろう。確かに、ティリッヒの体系化の試みを否定的に見る場合、そこに概念的結合によって二様のものを解消してしまう危険性がある。しかし、関係性を積極的に評価することなくして体系化への展望は得られないのであり、それは神と世界についての総合的理解を目指す者にとっては——それをシニカルに否定する者にとっては別であるが——不可欠なのである。しかも、ティリッヒにおいて、体系的理解は、個人の関心の問題であるのみならず、すでに論じられたように、その究極的関わりとしての神秘的な宗教経験に基づくのであり、哲学的関心とも相まって、その必然的帰結でもあるのである。したがって、存在論的関係性に基づくティリッヒの体系的視点は、その関係性に注目する不可避的結果として、その両極である神と世界についての十分な把握を欠く危険性がある一方、それはまたすべてのものに関わり、それを包摂する、普遍性を持つのである。そこに、われわれは、ティリッヒの体系的視点の意義と同時にその問題を認めざるをえないのであるが、それはまたティリッヒの存在論的体系の質そのものでもあるのである。ティリッヒの神学は、肯定的意味においても、否定的意味においても、神と人間との関係性に注目し、それに基づいてその体系を展開したのであり、その意味において、われわれはティリッヒの神学を「関係性の神学」とも呼ぶことができるであろう。そして、そこに、ティリッヒ神学に対する積極的評価を見ることとは不当なこととは言えないように思う。

また、コックスが言及した批判に対しても、確かに、ティリッヒの神学にはそうした批判を招く側面はあると言える。しかしまた、それを積極的に評価することも可能であるように思う。事実、コックス自身は、『存在への勇気』はある意味ティリッヒ自身の「自伝的肖像」であるとした上で、ティリッヒの魅力をその「人間的勇気」(human courage) に見ている。そして、その勇気とは、「人々を怯ませるような現代の難題を、安全な正統派に退くのでもなく、あるいは冷笑的な懐疑主義に退くのでもなく、果敢に凝視しようとすること」であったとし、また「彼自身の懐疑と不安に向かい合い、それを受容することこそ、彼の勇気であった」と語るのである。(27)

おそらく、ティリッヒ自身の取り組んだ総合の試みをどう評価するかで、その賛否は分かれるのではなかろうか。あくまでも、バルトのように、「ちょっとした思索家としての才能や楽しみによって比較的容易に完成されてしまうような」ものと見なすのか、さらには、「見え見えの偽装された無神論」とすら見なすのか、それとも、ティリッヒの取り組みに、それこそ勇気を見、その取り組みを積極的に評価するのか、そこが分かれ目であろう。もちろん、筆者は後者に立つ者である。そこで、次に、ティリッヒの神学を積極的に評価する人たちの声に耳を傾けたいと思う。

第3節　ティリッヒ神学に対する評価
——特に「解放の諸神学」から

前項で見たように、ティリッヒの神学に対してはさまざまな批判が見られるが、また同時に多くの評価も見られる。特に「経験の原理」に立つティリッヒの神学に注目した本書との関係で見ると、一九六〇年代以降台頭してきた「解放の諸神学」[28]の中に、いくつかの重要な共鳴する声を聞くことができる。なかでも、それは、ティリッヒがその後期に活躍したアメリカ合衆国で、六〇年代後半頃から発言力を高め始めた黒人神学とフェミニスト神学に顕著である。そこで、その両者のティリッヒに対する共鳴点を顧みる中で、ティリッヒ神学の意義と可能性を考察したいと思う。

(1) 黒人神学からの評価

まず、少し脇道から入りたいと思う。序論の中で、ティリッヒの説教に言及したところで、それが人々を大いに癒やしまた勇気づけたことに触れたが、それは、ティリッヒの小著『存在への勇気』が出版されたときにも同様であった。パウク夫妻は、この小著を次のように紹介している。「その息子ルネに献じられているこの本は、一九五〇年の夏に書かれ、同年の秋、イェール大学でのテリー講義として公表されたものである。二年後に出版されると、それは忽ちにしてベストセラーとなった[29]」。この小著は、いろいろな物議をも呼び起こしたが、ティリッヒの名を大学関係者以外の間にも一躍有名にしたほど、その反響は大きかったと言われている。そして、パウク夫妻は、その顕著な事例として、次のようなエピソードを紹介している。

ある時は、彼の『存在への勇気』が、殆ど奇蹟的と言えるような回復をもたらしたことがあった。ある若い女流芸術家が、薬とアルコールに溺れて、自殺未遂になったことがあった。ティリッヒの知人であった彼女のカウンセラーが、この本を彼女に与えたところ、彼女は一夜にして、それによって生まれかわったように感じるに至った。(30)

この話はもう少し後が続くのであるが、この一事例からも、この小著の反響の大きさが見て取れるであろう。しかし、その反響は、不特定多数の人たちというのみならず、ある特定の人たちにも大きな影響を与え、深い共鳴を引き起こすことになったのである。それは、アメリカの黒人たちである。もう少し厳密に言えば、黒人神学者たちである。それは、アメリカの黒人たちにとって、アメリカで黒人として存在することは、それ自体勇気のいることであったからである。黒人神学の草分け的存在であるジェイムズ・H・コーンは、もともとはカール・バルトの神学で学位を得た人であるが、その後神学を教える中で、自分がそれまで学んできた「白人」の神学では黒人たちに語ることができないとの壁に突き当たり、新たに黒人の経験から語る必要を感じたとき、当時盛んになっていたストークリー・カーマイケル（Stokely Carmichael, 1941–1998）らの唱えた「ブラック・パワー」の呼びかけに触発され、『黒人神学とブラック・パワー』(31)を書くことになったが、この中でティリッヒの語った「存在への勇気」に触れ、こう語っている。

ブラック・パワーの意味のさらに深い解明が、パウル・ティリッヒの〈存在への勇気〉に関する分析の中に見出されるであろう。〈存在への勇気〉とは、「人間の本質的な自己肯定と対立する人間の実存の諸要素にもかかわらず、人間が自分の存在を肯定するところの倫理的行為」である。だから、ブラック・パワーは、人間化する力（humanizing force）である。というのは、それは自分の存在を肯定しようとする黒人の試みであり、自分を非人間化する白人権力を、〈他者〉であるにもかかわらず、〈汝〉として認めようとする黒人の試みだからである。白人社会の構造は、〈黒人の存在〉を〈非存在〉とか〈無〉にしようと企図している。実存哲学では、非存在は通常存在を脅かすものと同一視されている。それは、人間の実存を肯定することができないという永遠に現存する可能性である。だから、存在への勇気は、存在をおびやかす非人間化する勢力を追放することによって人間の存在を肯定する勇気である。(32)

コーンがこの書物を書いたのは一九六九年で、それは牧師であり公民権運動の指導者でもあったマーティン・ルーサー・キング・ジュニア（Martin Luther King, Jr.）が暗殺された翌年のことであった。アメリカ社会、特に黒人層は、計り知れない衝撃を受けたこの事件を通して、アメリカの白人社会は、「〈黒人の存在〉を〈非存在〉とか〈無〉にしようと企図している」社会として、あらためて経験されたのである。そして、その中で、アメリカで黒人であることの勇気があらためて問われたのである。そうした中で、コーンは「ブラック・パワー」の声に押し出されて、その声の中に、「[黒人の]存在をおびやかす非人間化する勢力を追放することによって人間の存在を肯定する」〈存在への勇気〉を見たのである。そしてまた、自らそれに勇気づけられて、それを高らかに語ることになったのである。その意味でも、それはまさに〈存在〉への勇気、すなわち黒人で〈ある〉ことへの勇気（courage to be black）を語るものであったのである。おそらく、アメリカの特定の人たちの中で（個々人は別として）、ティリッヒの語った〈存在への勇気〉について、これほど深く共感した人たちはいなかったのではなかろうか。そして、それはただ、「ブラック・パワー」を唱えた人たちだけではなく、長い奴隷制度とその後に続いた人種隔離制度の中で、黒人の地位向上のために苦闘した多くの黒人指導者たちも、それどころか白人社会の抑圧に耐え、時には命を失った無数の名もない黒人たちも、「非人間化する勢力を追放する」思いにまではならなかったとしても、この勇気を心のどこかに秘めて生きたのではなかろうか。そして、現実の生活において、黒人たちにこの勇気を与え続けたのは、キリスト教であったのである[33]。そしてまた、この〈存在への勇気〉は、黒人のみならず、さまざまな抑圧の下で存在そのものが危機にさらされ、それゆえ解放を求めているすべての人たちに、必要とされている力であるとも言えよう。

ところで、コーンは、ティリッヒが語ったこの勇気にのみ共感したのではない。コーンは、神学的方法論においてもティリッヒに深い共感を覚えている。それは、ティリッヒが「状況」を重視し、その状況に存在する諸問題を明らかにし、それにキリスト教のメッセージで答えようとした、まさに弁証学的神学そのものに、共感を覚えたのである。コーンは、『黒人神学とブラック・パワー』を書いた翌年、『解放の黒人神学』[34]を著すが、この中でコーンは、解放の神学としての黒人神学を次のように定義している。「キリスト教神学は解放の神学である。それは、『世界における神の存在を、抑圧された共同体の実存状況に照らして述べ、解放の諸力を、イエス・キリストをその内容とする福音の本質に関係づける理性的研究である[35]』」。このコーンの定義は、黒人の置かれている「状況」とキリストの「福音」とを関係づけるもので、それは上で触れたティリッヒの方法論に呼応する内容となっている。さらにコーンは、より具体的に、「生存の神学（survival theology）としての黒人神学について語ることは、黒人神学がそれから生まれ出てくる、共同体の『状況』（condition）に言及することである」[36]と語っている。そして、その状況を、「生と死の緊張」、「自己同一性の危機」、「白人の社会的・政治的権力」の三点から語るのであるが、その中でも「生と死の緊張」は、〈勇気〉の場合と同じように、存在論的次元から捉えられており、この点でもティリッヒの議論に通じている。すなわち、コーンによれば、黒人神学が問題とする「中心的な問い」とは、「黒人の人間性を人間実存の非合法の形式と運命づけている社会の中で、どうしたらわれわれは生き残れるだろうか」という問いなのである。それは、存在の概念でもって、次のようにも語られている。「白人の定義によれば、白人性とは『存在』（being）であり、黒人性とは『非存在』（nonbeing）である。黒人にとっては、このような状況の中で自己の存在を肯定することは、死刑宣言のもとで生きることを意味する」[37]。すなわち、コーンは、白人たちが圧倒的に支配するアメリカ社会の中で、黒人はその存在そのものが絶えず非存在（無）へと至らしめられる危機にさらされており、その中で、いかにして存在を勝ち得ていくのか、この根本的な問題に、キリストの福音から答えようとしたのである。したがって、それはまさに、ティリッヒが語った「生きるべきか、死ぬべきか」（「あるべきか、あるべきでないか」）（to be or not to be）の問題であり、黒人たちは、絶えずこの「ジレンマ」に苦しめられているのである。すなわち、「『生きるべきか、死ぬべきか』が黒人共同体にとってのジレンマである。すなわち、自らの人間性を主張して殺されるのか、それとも、生に執着して非人間化していくのか、のジレンマである」[38]とコーンは語っている。

またそうした中にあって、黒人は「自己同一性の危機」にも直面しているのである。この危機に対してコーンは、何よりも、「奴隷主によって故意に破壊されてしまった過去を回復する試み、つまり、昔の人々の用いた生き残るための象徴をよみがえらせ、かつ新しい象徴を創造する試み[39]」の不可欠性を主張する。コーンは、ここでもティリッヒの象徴論に触発されて「象徴」の重要性に注目し、具体的には、その中心に象徴としての〈黒人性〉(blackness)を見るのであるが[40]、そうした象徴を通しての黒人の人間としての自己同一性の回復に、黒人神学の本質を見るのである。そのことを、コーンは、「キリストの福音の本質は、黒人の人間性の問いをめぐって立ちもし倒れもする」と語るが、そこにもまた、人間の問題は同時に神の問題でもあるというティリッヒの理解が反映されている。そして、この点について、コーンは次のように語っている。「他の関連で、パウル・ティリッヒは次のように書いている。『人間は神を発見する時に自己自身を発見する。すなわち、彼は自己を超越してはいるが、自己自身と同じあるもの、自己がそれから疎外されてはいるが、決してそれから切り離されたこともないし、また切り離されうるものでもないあるものを発見するのである』。……［その指摘のように］黒人の自己同一性への探求は神への探求である。なぜなら、神の自己同一性は黒人の自己同一性であるから[41]」。このように、コーンは、ティリッヒの神学に大いに触発されながら、その黒人神学の形成を模索しているのである。われわれはここに、ティリッヒ神学に対する一つの明確な積極的評価を見ることができるであろう。

(2)　フェミニスト神学からの評価

以上で見た黒人神学からの評価の声は、さらに同じ「解放の諸神学」と見なされるフェミニスト神学からも聞こえてくる。たとえば、カトリックのフェミニスト神学者の一人メアリー・アン・ステンガーは、その論文「パウル・ティリッヒとローマ・カトリック神学に対するフェミニストの批評[42]」において、フェミニスト神学に対するティリッヒ神学の有効性について論じている。ステンガーによれば、「ローマ・カトリックのフェミニストたちは、伝統的な神学および宗教的・社会的構造にある家父長主義に対し、それを偶像崇拝と不正義として挑戦してきた」[43]。そして、そうした先駆者として、ステンガーは、メアリー・デリー（Mary Daly）とアン・カール（Anne Carr）に言及している。それによると、デリーは、ティリッヒが論じた「プロテスタント原理」を「誤った安全性」（ここでは「家父長主義」）に対する抵抗として用いることを呼びかけ、そうした「偶像崇拝」を教会から取り除かれるべき第一の悪と名づけた。そして、「偶像崇拝を超えて真に究極的なものへと進み行くことが、彼女の非常に影響を及ぼした著書『父なる神を超えて』の主たる目的である」[44]と語っている。この文言からも明らかなように、「偶像崇拝」とは制約的なものに無制約的（究極的）に関わることで、これはティリッヒがその信仰論の中で定義した言葉であるが、ステンガーによれば、デリーはローマ・カトリック教会の家父長主義を偶像崇拝として位置づけ、ティリッヒが語った「プロテスタント原理」を梃としてその克服に尽力したのである。

また同様に、ステンガーによれば、カールもティリッヒの偶像崇拝に対する批判をフェミニスト神学の源泉とし、またその批判のためにティリッヒの象徴論を活用している。というのも、ティリッヒの象徴論は、象徴されるべき究極的なものと象徴自体（それは有限なものである）を明確に区別しているからである。すなわち、カールは、神やキリストの象徴、たとえば神に帰せられる「父」という象徴が持つ機能を批判して、「フェミニスト神学は、予備的な関心、あるいは制約的な関心が無制約的な意義へと高められるとき、つまり有限なもの（男性性）（malenss）が無限なもののレベルに引き上げられるときに生じる偶像崇拝を暴く」[45]と語るのである。さらにまた、両者とも、ティリッヒが語った宗教的象徴の持つ逆説的構造が、偶像崇拝的象徴を批判するだけではなく、偶像崇拝を避ける基準ともなることを評価し、またティリッヒがそうした偶像崇拝と破壊的諸結果（失望と不正義）とを関連づけていることも評価している。

以上の点に加え、ステンガーによれば、フェミニストたちは、ティリッヒがしばしば語った「力」（power）についても評価している。もちろん、それは家父長主義的力のことではなく、ティリッヒが「存在の力」として語った力である。それは、支配する（dominating）力ではなく、何かを実現する「権能を与える」（empowering）力である。すなわち、「伝統的神学に対するフェミニストの批判の重要な要素は、支配的力のイメージと構造の否定であり、また神を象徴し、新しい社会的・宗教的構造を据えるときの権能（力）（empowerment）の肯定である」(46)。

また、フェミニストたちは「女性の経験」を重視するが、この点もティリッヒの神学に通じている。この点についてステンガーは、ティリッヒ神学の限界に触れつつも、次のように語っている。「ティリッヒは、彼の神学を、彼自身の時代の中で普遍的な人間経験を語ることと見ているが、その『普遍性』は彼の神学を解放の神学とすることを妨げている。彼の諸範疇は、現在の状況を批判し、変革することよりも、それを分析することにより多く捧げられている。しかし、彼の諸範疇が、現代の女性の経験のような、抑圧の特定の文脈にもたらされるならば、それらは解放する努力の一部として用いられる」(47)。このように、ステンガーは、ティリッヒの限界を指摘しつつも、人間の経験に深い関心を寄せるティリッヒの神学を評価するのである。そして、そのことは、多くのフェミニスト神学者たちが、その経験を通して、ティリッヒに触発されつつ、新しい象徴の探求や新しい霊性の把握に努力していることに現れていると言う。すなわち、象徴に関して言えば、たとえば、ティリッヒが語った「存在の根底」（ground of being）という言葉に触発され、その「根底」という言葉に母性性を認め、女性神学の新しい象徴として用いようとしている(48)。また霊性に関しても、たとえば、すべての存在の「内的接合性」（interconnectedness）を強調する女性神学者たちが現れている。ステンガーによれば、それは、「すべての人間の中に、また自然との関係の中に、非闘争的、非ヒエラルキー的、非支配的な関係の様式を想定する」ものであり、それはまた、「神秘的に経験されるだけではなく、性差別、人種差別、階級差別を根絶する政治的努力へと人々を導く」ものなのである。(49)

ところで、このようにステンガーは、ティリッヒ神学がカトリックのフェミニスト神学者たちに少なからぬ影響を与えてきたことを論じているが、またステンガー自身も、そうした経緯を踏まえながら、ティリッヒ神学から、特に三つの象徴を借り受け、自分の神学に応用しようとしている。そして、その三つの象徴とは、「存在の力」(power of being)、「新しい存在」(New Being)、「霊的現臨」(Spiritual Presence)である。すなわち、ステンガーは、「生活の闘いに参与する存在の力としての神」に注目し、ティリッヒが『存在への勇気』の中で語った、「有神論の神を超える神の存在の力」を評価し、その「霊的な存在の力」が、人々に力を与え(empower)、正義を求める努力を継続させると語るのである。(50) また、すべての存在の「内的接合性」にも賛同し、その可能性を、「存在の力が、すべての実在と私たちとの一致の根である」ことに見ている。(51) また、「新しい存在」に関しても、それを「自己疎外と疎遠を克服するフェミニストの経験を実現する新しいエネルギー」として捉え直している。(52) そして、ステンガーは、この二つの象徴をさらに統合するものとして「霊的現臨」を捉え、またその内容も、ティリッヒの理解を超え、特にすべての者の正義を実現に導くものと考える。すなわち、「霊的現臨は、生活の曖昧性と不安から私たちを一瞬解放する一種の神秘主義的参与(mystical participation)を通して、私たちを力づける(empower)ことができる。しかし、その霊的現臨は、さらに私たちに、共同体を建設し、他者に私たちの相互依存を気づかせ、教会で、また私たちの地球上の社会の中で、正義のために働き、また地球と私たちとの関係のバランスを取る勇気を与えることができる(53)」。

以上のように、ステンガーは、彼女自身もティリッヒ神学からの影響を受け、それを自身の神学に生かそうとしているが、このティリッヒの神学について、その論文を閉じるにあたり、以下のように総括している。

パウル・ティリッヒの神学は、伝統的な家父長主義的ローマ・カトリック神学に対する批判においてのみならず、すべての人間に力を与え、すべての創造の相互依存性を表現する、新しい神学的アプローチの発展においても、フェミニストのローマ・カトリック神学の重要な源泉であったし、また今でもそうである。ティリッヒと彼の神学は、家父長主義の下で生きたし、また彼の思想は当時においては『新しい』ものであったとしても、あの古い家父長主義的な構造の諸要素をいまだ保持していた。しかし、私たちが正義と調和を求める闘いにおいて私たちを力づける『新しい』霊的深さを探究するとき、私たちは、「古い」ものの洞察に基づいて建設し、またそれを超えて、私たちの現状を語る新しい表現の様式へと向かわなければならない。このことは、単に家父長主義的言語を「仕上げる」ことではなく、霊的現臨（Spiritual Presence）、すなわち私たちの生活への永遠なるものの参与を表現し続けることのできる他の言語を生み出すことである。[54]

すなわち、ステンガーは、ティリッヒが与えた思想とその概念への洞察が、新しいフェミニスト神学を生み出す上で、今後とも重要な役割を果たすに違いないと語るのである。そして、それはまさに、ティリッヒが語った「私たちの生活への永遠なるものの参与」を新しく語ることなのである。ステンガーは、最後に、ティリッヒ神学の持つ重要性を以下のように指摘して、その論文を締め括っている。「いつものように、私たちが曖昧さの下に立つとき、偶像崇拝に対する批判、つまりティリッヒが私たちに与える道具は、家父長主義的神学（ティリッヒの神学も含めて）に対して、さらにまた私たち自身の新しい神学的努力に対しても、適応されうるのである」。[55]その道具とは、ティリッヒが「プロテスタント原理」とも呼んだ、批判原理である。それは、この世の何ものであれ、永遠の神に取って代わることはできないこと語るものであるが、ローマ・カトリックのフェミニスト神学者が、その最後に、その「プロテスタント原理」について言及していることは、非常に興味深いと言える。

いずれにしても、ティリッヒ神学には、ローマ・カトリックの側からも、ティリッヒに対するこうした肯定的評価が見られるということは、新しい時代、新しい神学に適応する、ある柔軟性があるということではなかろうか。すなわち、ティリッヒが人間の置かれている状況と経験を重視し、存在の深みにまで洞察を深め、その根底にある神と人間との一致を見定め、その在りようを存在論的に捉え直し、それを踏まえてキリスト教の福音を新しく語ったことは、いろいろな批判はあるとしても、新しい時代、新しい神学に対し、新しい発展の可能性を与えることになったのではなかろうか。そして、その取り組みは、伝統的な神学に対しても、一石を投じることになったと言えよう。その点については、以下の「むすび」においてあらためて触れたいと思う。

むすび――教義神学における神秘神学の回復

教父神学の研究者A・ラウスは、その著 *The origins of the Christian mystical tradition from Plato to Denys* (1981)[56]（『キリスト教神秘主義の源流――プラントンからディオニシオスまで』）で、紀元五世紀末のディオニシオス・アレオパギタに至るまでの教父時代の神秘神学の発展を論じているが、その時代はまた教義神学が形成された時代でもあったと言う。そして、それは決して偶然のことではなく、両者は根底において相互に連動しており、相互に補足するものなのである。すなわち、ラウスは、「これらの世紀につくり出された重要な教義、三位一体の教義と受肉の教義とは、神秘的な教えを教義の形に定式化したものなのである」[57]と指摘し、その両者の関係を次のように説明している。「神秘神学は、キリストにおいてご自身を啓示したもうた神、聖書によってわれわれの内に住みたもう神を直接に感知するための脈絡を提供する。他方、教義神学は、この直接感知を客観的用語のうちに正確に表現しようとし、したがって逆に、この客観的用語によって、このように啓示された神の神秘的理解、キリスト教に固有な神秘的神理解が獲得される」[58]。したがって、ラウスの主張が正しいとすれば、神秘神学と教義神学とは本来表裏一体の関係にあり、前者がなければ後者はなく、また後者がなければ前者は明確に獲得されることはないのである。しかし、問題は、その両者が分離してしまったことなのである。ラウスは、それが何時、如何にして起こったかを見極めることは困難であるとしながらも、すでに古代において、「この事態が少なくとも西方において起こってしまったことは、……ほぼ疑いえない」[59]としている。そして、ラウスによれば、その結果、ラウスの研究対象である教父神学の研究そのものにも、本来存在しなかったこの分離が持ち込まれるようになったのである。そのため、ラウスはそうした問題意識を持ってこの書物を著したのであるが、その点について次のように語っている。「本書の目的の一つは、教父神学の中核ともいえるその神秘思想を論ずることによって、教父研究の不均衡を是正し、教義神学において提起されている様々な論点が、神秘神学の地平から根底的に影響をうけており、この地平において解明されることを示すにある」[60]。すなわち、本来は表裏一体の関係にあったが、今は分離してしまった教義神学の本来の意味と躍動性を、本来は一つであり、しかもそれを根底から支えていた神秘神学の存在と内容を明確にすることによって、回復させようと言うのである。それは、一言で言えば、教義神学における神秘神学の回復と言える。

そして、それを目指したのが、ラウスの書物であったのである。しかし、それはまた、ティリッヒがその神学において試みたことであったとも言えるのではなかろうか。たとえば、ティリッヒも、三位一体の考察において、すでに指摘したように(61)、同様のことを語っている。すなわち、ティリッヒによれば、すべての教義は神の霊的現臨の経験に基づくものであり、それは「人間の精神において脱自的に現存する神の様態」で、それは「神的なものの本性の中に実在する何ものかの反映」なのである。したがってティリッヒは、そこに三位一体的思考へと導いた何らかの要因を見る。そのため、三位一体的思考は、何よりも「事実に基礎を持っている（fundamentum in re）」のであり、それは「宗教的発見であり、成文化され、弁護されるべき」もので、教義学は、絶えずそこに立ち返ることが不可欠なのである。すなわち、ティリッヒは、伝統的な教義学を重んじつつも、その根源にある宗教経験にいま一度立ち返り、そこからあらためてその教義学を構築し、それを現代人により意味のあるものにしようとしたのである。大きく言えば、そこにティリッヒ神学の現代的意義があると言えるであろう。そしてまた、その原動力ともなったのが、ティリッヒの深い宗教経験であり、なかでもわれわれが〈逆説的合一〉と呼ぶ神秘的経験であったのである。そのため、序論の第2節「研究史」でも言及したように、ティリッヒ神学がそうした神秘を本質とする限り、カトリック神学者のフレデリック・パレラが語った次の言葉に、われわれはあらためて共感するのである。すなわち、「プラトン的－アウグスティヌス的－フランシスコ的な参与の存在論においてその神学を創造することにより、ティリッヒは古典的神秘主義と神秘主義的神学者たちにおいて見出された存在論的観点——そこにおいては、神は直接的に知られうるのであり、また神は人間の自己認知の基盤でもある——を回復したのである(62)」。

二十世紀神学を始めたと言われるバルトや、「弁証法神学」あるいは「危機の神学」と呼ばれたそのグループは、厳しい宗教批判を行った。宗教は何よりも神に至ろうとする人間の試みであるとして徹底的に退けられ、それに代わって啓示が語られたのである。そして、それと同時に、神秘主義に対しても、同様の視点から厳しい批判が加えられた。たとえば、弁証法神学に属すると見なされたブルンナーは、神秘主義を論じたところでも触れたように、神秘主義を徹底的に批判し、退けた。そして、それがまた、二十世紀のプロテスタント神学全般の動向でもあったのである。しかし、そうした中、唯一と言っていいほど、神秘主義の価値を大胆に語ったのが、ティリッヒであったのである。そして、それと同時に、宗教についても、その理解は全く異なるが、その価値を評価し、そのことを大胆に語ったのである。

しかし、神秘主義を重視したとはいっても、それは宗教経験に深く根ざす神との本質的合一という神秘的・霊的次元を明らかにしたということであって、社会に背を向け、何か恍惚的境地に唯我独尊的に生きたということでは全くない。また、弁証法神学者たちが神秘主義を批判したように、神へと至ろうとする人間的努力について語ったのでもない。それどころか、ティリッヒ自身、歴史と現実の諸問題に真っ向から取り組み、その葛藤の中でその神学を深めていったのである。そして、その時代に対し、新しくキリスト教の使信を語ろうとしたのである。それが、ティリッヒの弁証学的神学であり、まさにそれを生み出したものこそ、霊の深みにおいて経験され、捉えられた、神と人間との〈逆説的合一〉であったのである。

注

（1）Paul Tillich, BRSUR. 以下、この書からの引用文、あるいは論述の箇所は、その直後に頁数を記して示す。

（2）ティリッヒは、このことを認識の面から語っているわけであるが、また存在の面からも語るのである。その場合、それは「待つ」ということになる。すなわち、ティリッヒは、「わたしは主を待ち望みます、わが魂は待ち望みます」で始まる詩篇一三〇篇五―七節とローマ人への手紙八章二四―二五節に基づく説教「待望」（Waiting）において、次のように語っている。「詩篇の作者は、彼の全存在が主を待つと語り、神を待つことが、ただ神に対する私たちの関係の一部ではなく、むしろその関係全体の状態であることを示しています。私たちは神を所有しないことによって神を持っているのです。／しかし、待つことは持つことではありませんが、それはまた持つことでもあるのです。私たちが何ものかを待つという事実は、何らかの仕方で私たちがすでにそれを持っていることを示しています。待つことは、未だ現実でないものを予期することです。もし私たちが希望と忍耐を持って待つなら、私たちが待っているものの力はすでに私たちの内に働いています。究極的な意味において待つ人は、彼が待つものから遠く離れていません。絶対的な真剣さを持って待つ人は、すでに彼が待つものによって把握されているのです。忍耐を持って待つ人は、すでに彼が待つものの力を受けているのです」（Tillich, SF, 151）。すなわち、認識の面では「問う」ことにおいて、また存在の面では「待つ」ことにおいて、人は神との関係を持つのである。また、ここでも、ティリッヒがこの二つの面で人間を捉えていることが見て取れるであろう。

（3）Tillich, CB (1979), 173.

（4）Tillich, Vorlesungen über die Geschichte des christlichen Denkens, EN, 23.（『著作集』別巻二、三三頁）

（5）Reinhold Niebuhr, "Biblical Thought and Ontological Speculation in Tillich's Theology," in Charles W. Kegley, ed., *Theology of Paul Tillich* (New York: Pilgrim Press, 1982). 以下、TPTと略記。

（6）Ibid., 256.

（7）高橋義文『ラインホールド・ニーバーの歴史神学――ニーバー神学の形成背景・諸相・特質の研究』聖学院大学出版会、一九九三年、一二八頁。

（8）同上書、一四七頁。

（9）同上書、一五九頁。なお、強調は高橋による。

（10）同。

（11）同上書、一六〇頁。
（12）芦名定道『ティリッヒと現代宗教論』北樹出版、一九九四年、九八頁。
（13）同上書、九九頁。
（14）カール・バルト『カール・バルト著作集10』井上良雄、加藤常昭訳、新教出版社、一九六八年、二九五頁。なお、強調はバルトによる。
（15）逆に、ティリッヒは、バルトに対して、次のような批判を行っている。「バルトに対する私の批判は――私はその預言者的な発端において多くのことを学んだのであるが――それが神話的なものをその文字通りの意味にとった場合の不条理性から解放するための、方法論的手段を見つけていないということである。そこにおいて私の神学的努力は彼の努力と根本的に違っている」（Tillich, VIII, 231.（『著作集』第六巻、二一九頁）。ティリッヒは、「具体的で普遍的な」存在であるキリストの理解に触れる中で、「文字通りに理解された神話はすべて不条理である」として批判し、その観点から非神話化を試みたブルトマンを評価するが、その中でバルトを批判している。ティリッヒによれば、ブルトマンが理解した世界の三区分（神の領域、悪魔の領域、人間の領域）は、あくまでも「象徴」として理解されるべきなのである（ただ、この点については、第4章でも触れたように、ブルトマンが行ったことは非神話化ではなく、非直解化であるとして批判している）。
（16）この点に関しては、ティリッヒは、すでに『存在への勇気』の中で論じている。すなわち、ティリッヒは、トマス・アクィナスの勇気論に触れて、「勇気とは特にキリスト教的徳である信仰と希望と愛とに結び合わされている」と語り、そこに「一つの発展」を見ている。より具体的には、「勇気の存在論的側面が信仰（希望を含む）の中に取り込まれ、他方勇気の倫理的側面が愛の中に、つまり倫理的原理の中に取り込まれていくという発展が見られる」（Tillich, CB (1979), 8）と見ている。すなわち、ティリッヒは、そうした仕方で、すでにトマスにおいて、ギリシア的徳（勇気）とキリスト教的徳（信仰、希望、愛）が融合していったと理解している。
（17）Tillich, CB, 3rd ed., with a new introduction by Harvey Cox (New Haven: Yale University Press, 2014), xxiii.
（18）近藤勝彦『キリスト教弁証学』教文館、二〇一六年、二八六―二八七頁。
（19）同上書、二八七頁。

(20) 以上、Tillich, ST II, 5-8. なおティリッヒは、このところで、その道を歩んだ者として、「アウグスティヌス、トマス、ルター、ツヴィングリ、カルヴァン、シュライエルマッハーなど」の名を挙げ、彼らは「たとえ十分ではないにしても、この道を知っていた」（ibid., 7）と語っている。

(21) Ibid., 12. なお、この「神を超える神」についての私見は、すでに第6章において述べた通りである。

(22) Ibid.

(23) 以上、ibid., 14-16.

(24) Niebuhr, TPT, 93.

(25) Ibid., 95.

(26) 少し余談になるが、ティリッヒは、親友であり、同僚でもあったニーバーとも、本論で見たような徹底した議論を戦わせたが、マリオン・パウクによると、「ティリッヒの議論と討論のスタイルは、決して対決的ではなかった」。それは、ニーバーが、ティリッヒを「平和の神学者（a pacific theologian）」と呼んだことにもよく示されていると語っている。（Tillich, DF (HarperCollins, 2001), xi）

(27) Tillich, CB (2014), xxiv.

(28) ここで「解放の諸神学」（the theologies of liberation）について概観しておきたい。以下の記述は、解放の諸神学に深い共感を持ち、自らも『荊冠の神学』を著した栗林輝夫の『現代神学の最前線』（新教出版社、二〇〇四年）を基礎に、その他必要な文献を加えてまとめたものである。

まず、「解放の諸神学」とは、現代世界における抑圧的諸問題からの「解放」を唱え、イエス・キリストの福音を抑圧された者の視点から再解釈し、抑圧の構造的変革を目指す一連の神学と言えよう。解放の諸神学で対象とされる抑圧的諸問題とは、人種、民族、性、経済、社会、政治等と多岐にわたり、またそれらはしばしば複合しているため、それに応じてその神学も多様である。しかし、そこには大別すると、ラテン・アメリカの「解放の神学」、アメリカの「黒人神学」、欧米を中心とする「フェミニスト神学」、その他が見られる。

そもそも現在用いられている意味での「解放の神学」という言葉が登場したのは一九六〇年代後半のラテン・アメリカにおいてであった。ラテン・アメリカは大航海時代にスペインとポルトガルの植民地とされ、二十世紀に入ってからはアメリカの経済圏に取り込まれ、第二次世界大戦後は一層アメリカ経済に依存するようになったが、その結果貧困が拡大する一方、政治的にも独裁者たちによる圧制に苦しめられることになった。そうした中、貧困と抑圧からの解放を求める声がカトリックの司祭や信徒たちから上がったのである。解放の神学の誕生は一九六八年にコロンビアで開催された第2回ラテン・アメリカ司教会議（いわゆる「メデジン会議」）であると言われているが、その代表者はペルーの司祭であったグスタヴォ・グティエレス（Gustavo Gutiérrez, 1928-）である。「解放の神学の父」とも呼ばれるグティエレスは、希望を論じたE・ブロッホやJ・モルトマンに触発されて***Theologia de La Liberaction***, 1971（『解放の神学』関望、山田経三訳、岩波書店、一九八五年）を著し、自分たちの取り組みを「人間が尊厳をもって生き、自らの運命の主人公となることのできる、公正な兄弟愛にみちた社会を建設しようとする闘い」であるとし、従来の主導概念であった「発展」に代えて「解放」こそふさわしいと語った（邦訳、ⅳ頁）。またその実現のためにマルクス主義の社会的分析を導入した。この時期、こうした主張に共鳴する多くの神学者が現れたが（ブラジルのレオナルド・ボフやウルグアイのホアン・ルイス・セグンド等）、反面、マルクス主義に対する反発からアメリカでは反米的と見なされ、カトリック教会内でも一部からは解放の神学はイデオロギーであって神学ではないといった批判が生じた。しかし、教皇庁は一九八六年の教書で解放の神学の積極的な影響力を評価するに至っている（以上、学校法人上智学院新カトリック大事典編纂委員会編『新カトリック大事典』研究社、「解放の神学」より）。また近年においては、そうしたマルクス主義をめぐる議論よりも、ラテン・アメリカの文化的基層、特に従来否定的に見られてきた民衆宗教に関心が移りつつあると言われている。というも、解放の推進のためには、文化の基層にまで浸透し、そこから福音の再構築が目指される必要があるからである。

こうしたラテン・アメリカの動きとほぼ軌を一にして、アメリカでは黒人の解放を目指す黒人神学が台頭した。アメリカの黒人たちは一九六〇年代半ばになってようやく白人社会と同等の公民権を獲得するに至ったが、人種差別と貧困は根強く、そうした抑圧からの解放を求める闘いが神学においても起こったのである。その先駆けとなったのは、一九六四年に出版されたジョゼフ・ワシントンの『黒人宗教』で、黒人の神学的洞察の有意義性が主張された。また一九六九年には黒人教会全国委員会が声明を出し、「黒人神学は黒人解放の神学である」と主張した（以上、A・E・マクグラス『キリスト教神学入門』神代真砂実訳、教文館、二〇〇二年、一六九頁）。そうした中、より本格的な黒人神学を展開したのが、ジェームズ・H・コーン（James Hal Cone, 1938–2018）であった。コーンは若き黒人指導者S・カーマイケルらの唱えた「ブラック・パワー」の主張に触発され一九六九年*Black Theology and Black Power*（『イエスと黒人革命』大隅啓三訳、新教出版社、一九七一年）を書き、また翌年には*A Black Theology of Liberation*（『解放の神学――黒人神学の展開』梶原寿訳、新教出版社、一九七三年）を書くが、この中でコーンは、聖書が語る神は何よりもその民をエジプトの奴隷状態から解放した神であるゆえに、キリスト教神学は本質的に「解放の神学」であり、またそれは「解放の諸力を、イエス・キリストをその内容とする福音の本質に関係づける理性的研究」（梶原訳、同上書、一七頁）であるとし、アメリカで抑圧されているのは「黒人」であるゆえに、それは必然的に「黒人神学」（Black Theology）にならなければないと語った。七〇年代には、こうしたコーンの主張に共感する多くの黒人神学者たちが登場し、またラテン・アメリカの解放の神学との協働も試みられたが、反面コーンの主張自体がバルト的範疇を用いたものであったことや、黒人神学者たちの議論が必ずしも分析的、説得的ではなかったことが批判された。そして、それを補うことになったのが八〇年代に登場した第二世代で、その代表者はコーネル・ウエスト（Cornel West, 1953–）である。ウエストは、非常に多面的な神学的議論を展開しているが、その代表的書物の一つである*Race Problems*, 1993（『人種の問題』山下慶親訳、新教出版社、二〇〇八年）では、「緊急な黒人の国内的諸問題を、世界中の企業グローバリゼーションにおける切迫した階級的・性差別的諸問題に関連づけなければならない」と語り、また「ますます相互依存的になった資本主義的市場世界における環境、消費者、労働者の保護」を民主主義の一層の推進と共に行わなければならず（山下訳、同上書、一一頁）、そのためにも黒人指導者は「存在している諸権力（権力機構の黒人的要素を含めて）を批判し、道徳的再生と政治的反乱のヴィジョンを提出するような」「人種超越的な預言者」とならなければないと語った（同上書、八二頁）。また現在、黒人神学はさらに新しい展開を見せているとも言われており、その一つは黒人神学をあらためて組織神学的に考察しようとするもので、ジェームズ・H・エヴァンス（James H. Evans, 1950–）はそうした神学を代表する一人と目されている。

　ところで、解放の神学と言った場合、もう一つ重要なのはフェミニスト神学である。これも上記の二つの神学とほぼ同じ一九六〇年代後半にアメリカで起こり、その後少し遅れてヨーロッパでも展開され、世界に広がった。その前史として十九世紀から始まった女性の平等を求めるフェミニズム運動があるが、フェミニスト神学を代表する一人E・シュスラー・フィオレンツァ（Elizabeth Schussler Fiorenza, 1938-）は、二〇〇四年に来日した際の講演・説教を収録した『知恵なる神の開かれた家』（山口里子、上沢伸子、吉谷かおる、大森明彦訳、新教出版社、二〇〇五年）の中でその歴史を総括的に振り返り、多様な形態を持つフェミニズムを、ジェンダーの観点から規定され支配された存在ではなく、「完全な市民」であることを主張する女性の闘いとして捉え、また多様なフェミニスト神学についても、それは「神と世界に関する男主流の理解を本質的・根本的に改めることだけではなく、女性たちを指導的立場から排除し、二級市民としておとしめてきた宗教制度を変革すること」で、それを「女性たちの完全な市民権」の主張と男性の女性に対する「社会・文化・教会における支配と搾取の構造」の「変革」を通して実現する理論と運動であるとした。具体的には、従来の男性中心的な聖書解釈や神学あるいはそれに基づく家父長的制度に対し、それらを主として女性の視点による新しい聖書解釈と神学形成を通して変革しようとするものである。特に神を父と表現する従来の男性的な神の像に対して、神は女性性も持ち、同時に男性と女性を超えるものであるとの観点から、それに代わるものとして「神／女神」（God/dess）（*Sexism and god-talk*, Boston: Beacon Press, 1983）（R・R・リューサー『性差別と神の語りかけ』小桧山ルイ訳、新教出版社、一九九六年）とか、最近では女性性を持つ「カンノン（観音）」、「ソフィア」（シュスラー・フィオレンツァ）といった表現が提言されている。また聖霊に関しても、そのヘブライ語「ルーアッハ」が女性形であることから、特にドイツを中心に聖霊の女性性への注目が高まり、東洋からもそれを「気」と同一視するような発言が見られる。またキリストに関しても、従来の父権的・排他的と見なされるキリスト論に対する批判から、特に福音書に描かれたイエスの新しい解釈へと向かい、イエスは男性と女性を統合した全き人間存在として、共存と交わりの中で成長する新しい人間性の象徴として語られ、また「ソフィア」「解放者」「治癒者」等としても語られるようになった。またそれと同時に、教会や神学研究における女性の役割の拡大も主張されていった。しかし、他方、こうした動きに前後して、フェミニスト神学の内部においてもいろいろ変化が生じ、すでに八〇年代には、白人女性中心のフェミニスト神学に対し、その他の女性たちからそれぞれのコンテキストからの批判と発言が見られるようになった。その結果、たとえば黒人女性の間ではウーマニスト（Womanist）神学が、またヒスパニック系女性の間ではムヘリスタ（Mujerista＝アメリカに住むラテン・アメリカ人女性の抑圧的諸経験を表す言葉）神学などが起こった。また日本でもフェミニスト神学への関心は高く、特に女性や被抑圧者の視点から見た聖書解釈の研究が成果を上げてきている。ただしそれらは必ずしも日本やアジアといった独自のコンテキストに立つものではなく、むしろ歴史研究を中心としたもので、基本的には欧米のフェミニスト神学の影響下に留まっていると言える。

こうした解放の諸神学の取り組みは、アジアや日本においても拡大されることになった。韓国では、一九七〇年代に、民主化を求める闘争の中から抑圧された民衆の解放を求める「民衆（ミンジュン）の神学」が生まれた。これは、直接的には七〇年代の朴政権の独裁に対する民主化の闘いを契機としているが、その背景には長い日本の植民地支配やその後の政治的抑圧に対する闘いの歴史がある。詩人の金芝河（キム・ジハ）は民衆の神学を代表する一人であるが、獄中で書かれたその「良心宣言」（一九七五年）は、その目指すところを豊かに語るものである。また日本でも被差別部落に対する差別からの解放を目指し、栗林輝夫（一九四八―二〇一五）が一九九一年に『荊冠の神学』（新教出版社）を著した。栗林はラテン・アメリカの解放の神学や黒人神学などから多くを学びつつ、韓国の白丁（ペクチョン）やインドの不可触民、その他の被差別者たちとの連帯意識の中で、被差別部落に対する差別問題にメスを入れ、その克服を目指す指針を示したが、何よりも差別問題に対するキリスト者や神学者の意識の変革とそれに取り組むプラクシスの重要性を訴えた。

一九六〇年代後半に出現した解放の諸神学は、それまでの西洋中心の神学世界を一変したとも言える。しかし、それらのコンテキストから発する主張と取り組みは、絶えず普遍性を追求してきた従来の神学と必ずしもかみ合っているとは言えず、今後両者のそれぞれの意義を認め合う中での神学形成が重要となろう。

（29）Wilhelm and Marion, Pauk, *Paul Tillich: His Life & Thought* (New York: Harper & Row, 1976), 225.（ヴィルヘム・パウク、マリオン・パウク『パウル・ティリッヒ 1生涯』田丸徳善訳、ヨルダン社、一九七九年、二七二頁）

（30）Ibid., 227.（同上書、二七四頁）

（31）James H. Cone, *Black Theology and Black Power* (New. York: Seabury Press, 1969).（J・H・コーン『イエスと黒人革命』大隅啓三訳、新教出版社、一九七一年）

（32）Ibid., 7.

（33）以下の注（34）で言及するコーン著『解放の神学——黒人神学の展開』の序文を書いた、当時ニューヨークのユニオン神学校教授であったC・エリック・リンカーンは、その中で、キリスト教が黒人にもたらした勇気について、以下のように語っている。「アメリカにおける黒人の巡礼の旅は、その宗教のゆえに苦痛が和らげられた。黒人の宗教は、その回りに彼の生活が構築される組織原理であった。黒人の教会は、彼の学校、公会堂、政治的舞台、社交クラブ、画廊、音楽学校であった。それは『至聖所』（sanctum sanctorum）であるとともに、文化会館であり、体育館であった。宗教は人間との交わりであり、また神にまみえることであった。それは、忍耐が何の希望も与えない時に、なお彼に耐える力を与える特別な支えの力であり、自らの非人間化に直面しつつも、なお創造的でありうる勇気であった」（梶原訳、三—四頁。なお、この序文は初版の一九七〇年版に収められたものであるが、筆者が入手できた二〇一六年版［第5版］には収められていないため、翻訳を用いる）。

（34）James H. Cone, *A Black Theology of Liberation* (New York: Orbis Books, 2016 / Philadelphia: J. B. Lippincott, 1970).（『解放の神学——黒人神学の展開』梶原寿訳、新教出版社、一九七三年）

（35）Ibid., 1.

（36）Ibid., 11.

（37）Ibid., 12.

（38）Ibid.

（39）Ibid., 13.

（40）コーンは、ティリッヒの象徴論の重要性について、次のように語っている。「この関連でわれわれは、黒人神学が、あらゆる神学的言語の持つ象徴的性格について、パウル・ティリッヒが述べているところを、真剣に取り上げていることに注目したい。われわれは、神を直接的に叙述することはできない。われわれは、文字では語りえない現実の諸次元を指示している、もろもろの象徴（symbols）を用いざるをえない。それゆえ、黒人神学について語ることは、ティリッヒ的な象徴理解を念頭に置きつつ語ることになる。黒人性（blackness）に焦点を当てるということは、……黒人性は一つの存在論的象徴（an ontological symbol）であって、アメリカにおいて抑圧とは何であるのかを最もよく叙述している見える現実（a visible reality）である、ということを意味しているのである」（ibid., 7–8）。

(41) Ibid., 15. なお、引用されているティリッヒの文章の出典は、Tillich, TC, 10である。
(42) Mary Ann Stenger, “Paul Tillich and Feminist Critique of Roman Catholic Theology,” in Raymond F. Bulmann, Frederick J. Parrella, eds., *Paul Tillich: A New Catholic Assessment* (Collegeville: Liturgical Press, 1994).
(43) Ibid., 174.
(44) Ibid.
(45) Ibid., 175.
(46) Ibid., 177–178.
(47) Ibid., 179.
(48) Ibid., 181.
(49) Ibid., 182.
(50) Ibid., 183.
(51) Ibid.
(52) Ibid., 184.
(53) Ibid., 185.
(54) Ibid.
(55) Ibid., 186.
(56) Andrew Louth, *The origins of the Christian mystical tradition from Plato to Denys* (Oxford/New York: Clarendon Press / Oxford University Press, 1981).
(57) A・ラウス『キリスト教神秘思想の源流――プラトンからディオニシオスまで』水落健治訳、教文館、一九八八年、九頁。
(58) 同上書、九―一〇頁。
(59) 同上書、一〇頁。
(60) 同上書、一〇―一一頁。

(61) 以下の論述は、本書第3章第3節の「(3) 三位一体論――ティリッヒの批判と提言」で論じたことである。

(62) Bulmann, and Parrella, eds., *Paul Tillich* (1994), 252.

あとがき

一九九二年四月に聖学院大学人文学部が開設され、そのチャプレンとして（当時は宗教主任と呼ばれました）奉職して以来、教育（授業）とキリスト教活動に従事しながら、ほぼ年に一篇ずつ、ティリッヒについての論文を大学の研究雑誌である『聖学院大学論叢』に掲載してきました。この度、それをまとめて（他の冊子に掲載されたものも含まれていますが）、「聖学院大学研究叢書」の一冊として出版することになりました。

振り返ってみますと、私のティリッヒ研究は、東北大学時代、宗教学研究室の指導教授であった故楠正弘先生のお勧めがあって始まったものです。始めたころは、ティリッヒという名前も組織神学という言葉も、全く馴染みのないもので、暗中模索の日々でありました。その後、大学院を経て東京神学大学に編入学し、しばらくティリッヒから遠ざかった時期もありましたが、アメリカでの留学時代から再びティリッヒ研究に取り組み、聖学院大学に奉職してからは、次第にティリッヒの神秘主義的側面に関心を持つようになりました。そのため、おのずから神秘主義に関する論文が多くなりましたが、そうした取り組みの中で、ティリッヒの持つ神秘主義的特質の理解が、次第に神と人間との〈逆説的合一〉という言葉に収斂していきました。そのため、私のティリッヒ研究は、最終的には、この一点をめぐるものとなりました。ある意味、〈逆説的合一〉とは単純な真理です。しかし、それはまた、永久《とわ》に尽きることのない、永遠なる神に触れる、凝縮された単純さであるとも言えます。

この〈逆説的合一〉とは、ティリッヒ研究によって見出されたものですが、それはまた、私自身が、魂のどこかで追い求めていたものでもあるように思います。それがティリッヒ研究を通して浮き彫りにされ、明確化されたとも感じています。そのため、本書は、ティリッヒの研究書ではありますが、それはまた私自身の密かな信仰告白ともなっています。

本書に収められた各論文の初出は、以下の通りです（本書の各章のタイトルは初出時とは異なります）。

第1章　「パウル・ティリッヒの神学と『聖なるもの』」『聖学院大学論叢』第18巻第3号、二〇〇六年三月

第2章　「ティリッヒの弁証学的神学の理念をめぐって」『聖学院大学論叢』第8巻第2号、一九九六年一月

第3章　（一部）、「関係性の神学——ティリッヒの体系的視点とその根本問題」、聖学院大学キリスト教センター編『キリスト教と諸学』第6号、一九九一年（なお、この一部は、終論第一節にも用いられている）

第4章　「パウル・ティリッヒと実存主義」『聖学院大学論叢』第13号第1号、二〇〇〇年九月

第5章　「初期ティリッヒにおける二つの原理——同一性の原理と対立の原理をめぐって」『聖学院大学論叢』第11巻第3号、一九九九年三月

第6章　「P・ティリッヒの信仰義認論をめぐって」『聖学院大学論叢』第9巻第2号、一九九七年二月

第7章　「ティリッヒの恩寵論——その基本的構造をめぐって」『聖学院大学論叢』第18巻第1号、二〇〇五年一〇月

第8章　「ティリッヒにおける存在論的認識の優位——認識における恩寵」『聖学院大学論叢』第18巻第1号、二〇〇五年一〇月

第9章　「ティリッヒの神学におけるアウグスティヌス的伝統について——特に神秘主義と救済論をめぐって」『聖学院大学論叢』第5巻第2号、一九九二年一二月

第10章　「ティリッヒとルター――神秘主義をめぐって」『聖学院大学論叢』第15巻第2号、二〇〇三年三月
第11章　「ティリッヒとフランシスカニズム――〈coincidentia oppositorum〉をめぐって」『聖学院大学論叢』第21巻第2号、二〇〇九年三月

本書を出版するにあたり、今まで多くの方々に支えられてきたことをあらためて思い起こし、感謝の念に絶えません。何よりも、大木英夫先生（元東京神学大学学長、元学校法人聖学院理事長・院長）と近藤勝彦先生（元東京神学大学学長、元聖学院大学特任教授・聖学院キリスト教センター所長）には、神学校時代から滝野川教会での伝道師・副牧師時代、そして聖学院大学において、そしてまた、その後の歩みにおいても、公私にわたって大変お世話になってきました。特に近藤先生には、神学の学びにおいて、絶えず直接間接にご指導をいただいてきました。この場を借りて、両先生に厚く御礼申し上げます。また、ティリッヒ研究をまとめるようお勧めくださった髙橋義文先生（聖学院大学大学院客員教授、元三育学院短期大学学長）に、心から感謝を申し上げます。身近なところから、絶えず励ましと導きをいただきました。また、研究の誠実さと緻密さと情熱において、近藤先生とともに、いつも私の密かな模範であった元同僚の安酸敏眞先生（北海学園大学学長、元聖学院大学教授）にも、心からの感謝の意を表します。またいつもいろいろと励ましの言葉をかけてくださる、同僚であり、また同じ教会員でもある、森田美千代先生（聖学院大学大学院客員教授）に、感謝申し上げます。

この度、本書を「聖学院大学研究叢書」の一冊として上梓することができましたのは、清水正之先生（学校法人聖学院理事長、聖学院大学学長）をはじめとする関係者の方々のご高配によるもので、厚く御礼申し上げます。また出版に際しては、聖学院大学出版会の木下元部長と花岡和加子様に、大変お世話になりました。心より感謝申し

上げます。木下様は、遅々として進まない作業を、本当に終始忍耐をもって推し進めてくださいました。また花岡様は、注をはじめ論文の体裁を整え、一冊の書物へと生まれ変わらせてくださいました。その専門家としてのお仕事に、心から敬服いたします。

先に触れましたように、本書は私自身の信仰告白でもあり、その意味では、本書はティリッヒ神学を借りた、私の信仰の理論編であるとも言えます。それに対し、その実践編とも言えるものは、ティリッヒ研究の傍ら行ってきた、アメリカのバプテスト教会の牧師であり、また公民権運動の指導者でもあったマーティン・ルーサー・キング(Martin Luther King, Jr.)の研究です。たまたま私が、キングの生地であり、また公民権運動の時代、キングがその活動の拠点としたジョージア州の州都アトランタにあるエモリー大学に留学したことがきっかけで、キングがより身近な存在となり、キング研究が始まりました。そして、次第にキングの魅力に引き付けられるとともに、その牧師としての生き方に深い共感を覚えるようになりました。またキング自身、ボストン大学に提出した博士論文でティリッヒを取り上げたこともあり、神学研究においてもティリッヒとキングは結びつき、そうした点からもキング研究へとのめり込んでいきました。キングは、博士論文において、ティリッヒの存在論的神観念を批判していますが、しかしまた、ティリッヒから影響を受けているところも多々あり、両者の研究にはなかなか興味深いものがあります。そしてまた、私個人にとっても二人は深く触れ合うところがあり、キング研究は私の信仰の実践編ともなってきました。そこで、今後はそれをまとめ、一書にしたいと考えています。

拙い書物を世に送り出すにあたり、多くの不安とためらいもありますが、ますます混迷を深める現代にあって、こうした特異なテーマを持つ書物が、永遠を求める人たちの心のどこかで、何らかの光となって、たとえかすかであっても輝いてくれるならば、望外の喜びであります。そしてまた、本書がそのようにして神に用いられるならば、それに優る幸いはありません。

二〇一八年二月　間もなく東日本大震災から丸七年を迎えることを覚えながら

菊地　順

《著者紹介》

菊地　順　（きくち・じゅん）

1955年生まれ。東北大学文学部卒業、同大学院文学研究科博士課程後期中退、東京神学大学大学院（修士）修了、米国エモリー大学大学院（Th.M.）修了。博士（学術、聖学院大学）。1986-89年、日本基督教団滝野川教会伝道師・副牧師。1992年、聖学院大学人文学部宗教主任、専任講師に就任。現在、聖学院大学政治経済学部チャプレン、同教授、聖学院キリスト教センター所長。

〔**著書**〕『信仰から信仰へ』（日本伝道出版）、『とこしなえのもの』（同）、『永遠の言葉――〈キリスト教概論〉』（編著、聖学院大学出版会）ほか。

〔**論文**〕「M. L. キングの神人共働論」『聖学院大学総合研究所紀要』59号、2015年、「M. L.キングの人間論」『同』60号、2015年、「M. L.キングとR. B. グレッグ」『同』64号、2017年など。

ティリッヒと逆説的合一《ぎゃくせつてきごういつ》の系譜《けいふ》

2018年 6 月25日　初版第 1 刷発行

著　者　菊　地　　順

発行者　清　水　正　之

発行所　聖学院大学出版会

〒362-8585　埼玉県上尾市戸崎 1 番 1 号

Tel. 048(725)9801／Fax. 048(725)0324

E-mail : press@seigakuin-univ.ac.jp

印刷所　株式会社堀内印刷所

ISBN978-4-909022-83-7　C3010

（価格は本体価格）

〈聖学院大学研究叢書1〉

「文明日本」と「市民的主体」

福沢諭吉・徳富蘇峰・内村鑑三

梅津順一著

開国と明治維新は、近代日本の為政者と人民に思想的に大きな課題を突きつけた。それは日本の目指す政治体制、為政者の役割、人民の生き方、あるいは国際社会における自国の位置付けを、世界に向かって「理解されるもの」として語る必要からであった。本書では、「文明日本」と「市民的主体」の二構想を諭吉・蘇峰・鑑三の思想を通して明らかにする。

A５判　二八八頁　五八〇〇円　品切れ

978-4-915832-38-3（2001）

〈聖学院大学研究叢書2〉

歴史と探求

レッシング・トレルチ・ニーバー

安酸敏眞著

中間時における真理の多形性をとく「真理の愛好者」レッシング、「徹底的歴史性」の立場でキリスト教的真理の普遍妥当性と格闘したトレルチ、歴史の有意味性を弁証しつづけたニーバーのそれぞれの思想的連関を考察し、著者の神学的・宗教哲学的立場から偶然的な歴史的真理と必然的な規範的真理の関係性を明らかにする。

A５判　二一二頁　五〇〇〇円

978-4-915832-39-0（2001）

〈聖学院大学研究叢書3〉

エラスムスとルター

一六世紀宗教改革の二つの道

金子晴勇著

自由意志の問題は、古代から中世、近代にかけて、アウグスティヌスとペラギウス、エラスムスとルター、ジェズイットとポール・ロワイヤルの思想家たち、さらにピエール・ベールとライプニッツなどの間で激烈な論争が繰り広げられた哲学と神学の重要主題であった。本書では自由意志と奴隷意志論争を焦点にルネサンスと宗教改革という二つの精神上の運動を述べる。

A５判　二七八頁　五八〇〇円

978-4-915832-50-5（2002）

〈聖学院大学研究叢書4〉

医療と福祉における市場の役割と限界

イギリスの経験と日本の課題

郡司篤晃編著

イデオロギーの対立が消滅して、グローバリゼーションが進行し、あらゆる場面で経済競争が激化している。医療・福祉などの社会保障の分野でも例外ではない。そのサービスの質と平等を確保しつつ、いかにそれらのシステムを効率化していけるかが各国で模索されている。本書は、この重要な主題を論じたものである。

A5判　一九九頁　五〇〇〇円

978-4-915832-56-7 (2004)

〈聖学院大学研究叢書5〉

地域に求められる人口減少対策

発生する地域問題と迫られる対応

平　修久著

人口減少は住民という縮んでしまうパイの奪い合いを意味し、自治体の淘汰に繋がりかねない。しかしこの危機感は特に東京都市圏に含まれる自治体の間で芽生えていない。本書は、自治体へのアンケート調査をもとに、「人口減少期に対応する意識と政策」を分析し、人口減少というこれまで自治体が前提としてきた人口増加とはまったく異なるシナリオを提示。

A5判　二〇二頁　四八〇〇円

978-4-915832-60-4 (2005)　品切れ

〈聖学院大学研究叢書6〉

アメリカにおける神の国

H・リチャード・ニーバー著

柴田史子訳

本書は、アメリカの社会学者、倫理学者、また神学者として知られる著者が、アメリカにおいて「神の国」という思想がどのように展開したかを歴史的に論じた古典である。一九三七年の出版であるが、アメリカとは何かを神学的に解明しており、現代のアメリカのキリスト教、アメリカ社会を理解するうえで欠くことのできない書物である。

A5判　二一四頁　三〇〇〇円

978-4-915832-71-0 (2008)

〈聖学院大学研究叢書7〉

とはずがたりの表現と心

「問ふにつらさ」から「問はず語り」へ

標宮子著

『とはずがたり』は一九三八年に発見され、埋もれた古典として話題になった文献であるが、それ以降、研究者によって地道な注釈研究がなされてきた。本書は、それらの成果を踏まえながら、作品の背景である宮廷貴族の生活を解明し、主題となっているさまざまな人間関係の中で苦悩する著者の生き方を現代に甦らせている。

A5判　五六八頁　九〇〇〇円　品切れ
978-4-915832-72-7（2008）

〈聖学院大学研究叢書8〉

ニーバーとリベラリズム

ラインホールド・ニーバーの神学的視点の探求

高橋義文著

神学的リベラリズムと政治的リベラリズムとの明示的・暗示的な取り組みを背景に、ニーバー特有の歴史との関係における超越的神学的視点を明らかにする。社会福音運動、マルクス主義、「民主的行動を目指すアメリカ人」（ADA）、アイロニー、ピューリタニズム、それらとニーバーとの関わり、ニーバーの教会論、モルトマンとハワーワスのニーバー批判などを論じている。

A5判　四三八頁　八〇〇〇円
978-4-907113-06-3（2014）

〈聖学院大学研究叢書9〉

近代日本精神史の位相

キリスト教をめぐる思索と経験

村松晋著

近現代日本の思想家の「論理」とともに、その論理を通底する世界――思想家をしてそのような営みをなさしめた、精神の原器とも言うべきもの――に著者は一貫して関心を注ぐ。それゆえ「思想史」ではなく「精神史」を冠する。前田多門、南原繁、坂口安吾、松田智雄、波多野精一、氷上英廣、井上良雄、吉満義彦などを論じている。

A5判　三二四頁　六八〇〇円
978-4-907113-07-0（2014）